城市轨道交通应急管控理论与实践

Theory and Practice of Emergency Management and Control of Urban Rail Transit

任 刚 张 宁 马景峰 著

科学出版社
北 京

内 容 简 介

网络化条件下的城市轨道交通系统遇到自然灾害、社会安全、设施设备故障等突发事故及高强度客流风险冲击时，运营安全面临着巨大挑战。本书综合运用复杂网络、应急管理、交通工程等多学科手段，从城市轨道交通全过程应急管控的角度，提出网络性能评价优化、运营风险辨识评估、大客流识别控制、运营时刻表优化、应急处置体系设计、多维度应急接驳等理论模型和方法，并以南京地铁为例开展实践应用。

本书兼具知识性和学术性的特色，可作为本科生、研究生学习城市轨道交通应急管控相关课程的学习资料。同时，本书也可供从事轨道交通规划建设、运营管理和教学科研的相关人员参考。

图书在版编目(CIP)数据

城市轨道交通应急管控理论与实践/任刚，张宁，马景峰著. —北京：科学出版社，2023.9
ISBN 978-7-03-076287-0

Ⅰ. ①城⋯ Ⅱ. ①任⋯ ②张⋯ ③马⋯ Ⅲ. ①城市铁路－交通运输管理－研究 Ⅳ. ①U239.5

中国国家版本馆 CIP 数据核字（2023）第 169468 号

责任编辑：惠 雪 郑欣虹 曾佳佳 / 责任校对：郝璐璐
责任印制：张 伟 / 封面设计：许 瑞

科 学 出 版 社 出版
北京东黄城根北街 16 号
邮政编码：100717
http://www.sciencep.com

国安县铭成印刷有限公司 印刷
科学出版社发行 各地新华书店经销

*

2023 年 9 月第 一 版　开本：720×1000　1/16
2023 年 9 月第一次印刷　印张：22
字数：444 000
定价：199.00 元
（如有印装质量问题，我社负责调换）

前　言

当前我国城市轨道交通已迈入快速发展阶段，北京、上海、广州、深圳、南京等部分城市的轨道交通线路规模化、网络化运营新时期已经到来。网络化条件下的城市轨道交通系统受到自然灾害、社会安全、设施设备故障等突发事故及高强度客流风险冲击时，运营安全面临着更大的挑战。

为了应对网络化、常态化的城市轨道交通安全压力，2015年5月、2018年3月国务院办公厅先后印发了《国家城市轨道交通运营突发事件应急预案》《关于保障城市轨道交通安全运行的意见》，要求建立健全城市轨道交通运营突发事件处置工作机制，完善应急预案体系，提升应急处置能力，维护社会正常秩序。城市轨道交通应急管控是一项涉及风险辨识、评估、防控和应急处置等全过程的复杂系统工程，我国各级政府及运营企业极为重视城市轨道交通安全与应急能力建设，虽然已取得巨大成就，但在理论和实践两方面仍存在一些不足。

为此，本书综合运用复杂网络、应急管理、交通工程等多学科手段，从城市轨道交通全过程应急管控角度，提出网络性能评价优化、运营风险辨识评估、大客流识别控制、运营时刻表优化、应急处置体系设计、多维度应急接驳等理论模型和方法。具体包括：构建基于城市轨道交通网络特性分析的多准则韧性评估与优化模型；剖析基于轨道交通客流特性的大客流形成机理，甄别车站内大客流关键节点，提出基于车站客流安全状态等级的客流风险辨识与评估方法；综合车站客流控制方法、线路列车运输组织、各车站大客流预警等级等影响客流控制的重要因素，建立客流多站协同动态控制方法；以换乘时间最小化为目标构建基于列车-站点交互的网络时刻表优化模型，实现线路所有车站预警等级的整体降级和线路客流动态控制；设计城市轨道交通应急处置体系，提出城市轨道交通与地面公交线路应急接驳和联动疏运策略。

与此同时，作者重点与南京地铁运营有限责任公司合作，开展以"三手册一规范"（即风险辨识手册、风险评估手册、应急预案操作手册、安全隐患排查规范）和"两系统一平台"（即运营安全监测与风险管控系统、客流异常状态识别与预警系统、可视化应急联动指挥平台）为核心的理论成果实证研究和实践应用。

全书由任刚设计结构并统稿，前言和第1章由任刚、张宁、马景峰撰写，第2章由任刚、张洁斐、沈毅（南京农业大学）撰写，第3章由李兆君（滁州市滁宁城际铁路开发建设有限公司）撰写，第4章由任刚、卢佳撰写，第5章由沈毅

（南京农业大学）、任刚撰写，第 6、7、8 章由张宁、马景峰撰写。

  本书在研究、撰写和出版过程中得到了很多帮助。感谢南京地铁运营有限责任公司张建平、赵振江、袁春强、谷寒青、薛辉、裴欢、姜秋耘等领导和同仁的支持，感谢王义、张旻沁、俞志钢、叶斌、陈佳洁、欧阳滢爽、周哲祎、徐磊、朱彤、范浩轩、钱叠、诸赛等研究生在数据调查、资料整理、图表绘制方面的贡献（除单独标注单位的人员外，其他人均为东南大学师生）。本书受国家重点研发计划课题"超大城市轨道交通网络安全保障与主动防控关键技术及应用研究"（编号：2020YFB1600701）和国家自然科学基金项目"韧性视角下多模式公共交通网络应急接驳设计方法"（编号：52072068）联合资助。

  限于作者的理论水平及实践经验，书中不足之处在所难免，恳请读者批评指正。

2022 年 10 月 10 日

目 录

前言
第1章 绪论 ··· 1
  1.1 研究背景与意义 ··· 1
  1.2 国内外研究现状 ··· 4
    1.2.1 轨道交通供给特性分析 ·· 4
    1.2.2 网络客流特性分析 ·· 6
    1.2.3 应急管控与客流控制 ··· 12
    1.2.4 应急接驳公交路径优化 ·· 16
    1.2.5 目前研究的不足 ··· 18
  1.3 本书结构与内容 ··· 19
第2章 城市轨道交通网络性能评价与优化 ··· 21
  2.1 网络拓扑表征方法 ·· 21
    2.1.1 网络拓扑结构生成 ·· 21
    2.1.2 网络拓扑结构主要特征 ·· 23
  2.2 网络韧性评估与优化方法 ··· 24
    2.2.1 韧性的定义与内涵 ·· 24
    2.2.2 基于韧性评估的网络修复时序决策方法 ···································· 25
    2.2.3 案例分析 ··· 28
  2.3 网络连通可靠性优化模型 ··· 32
    2.3.1 连通可靠性评价指标选取 ··· 32
    2.3.2 网络优化模型建立 ·· 34
    2.3.3 案例分析 ··· 35
  2.4 网络级联失效模型与鲁棒性优化模型 ·· 40
    2.4.1 双向耦合级联失效模型 ·· 41
    2.4.2 基于流量重分配的鲁棒性优化模型 ·· 43
    2.4.3 案例分析 ··· 44
  2.5 本章小结 ··· 51
第3章 城市轨道交通运营风险辨识与评估 ··· 52
  3.1 故障致因分析模型 ·· 52

3.1.1 系统主要因素分析 ... 52
3.1.2 影响因素邻接矩阵建立 ... 53
3.1.3 可达矩阵计算 ... 55
3.1.4 可达矩阵分解及递阶层次结构建立 ... 56
3.2 风险辨识方法 ... 60
3.2.1 常用方法 ... 60
3.2.2 方法选择 ... 62
3.2.3 实施流程 ... 63
3.3 风险评估方法 ... 73
3.3.1 常用方法 ... 73
3.3.2 方法选择 ... 76
3.3.3 LEC方法的取值研究 ... 76
3.3.4 实施流程 ... 79
3.4 本章小结 ... 80

第4章 城市轨道交通大客流识别与控制 ... 82
4.1 车站最大服务能力计算 ... 82
4.1.1 车站客流集散过程 ... 82
4.1.2 车站最大服务能力定义 ... 82
4.1.3 车站最大服务能力计算模型 ... 83
4.1.4 案例分析 ... 86
4.2 车站大客流识别 ... 89
4.2.1 车站客流状态划分 ... 89
4.2.2 车站大客流识别方法 ... 94
4.2.3 案例分析 ... 106
4.3 多站客流协同动态控制模型 ... 113
4.3.1 车站协同动态控制描述 ... 113
4.3.2 大客流多站双向协同动态控制模型 ... 115
4.3.3 案例分析 ... 123
4.4 本章小结 ... 137

第5章 城市轨道交通运营时刻表优化 ... 138
5.1 时刻表调度基本理论 ... 138
5.1.1 时刻表调度模式 ... 138
5.1.2 优化目标和方法 ... 140
5.2 客流需求特征分析与短期预测 ... 143
5.3 基于列车-站点交互的线路时刻表优化模型 ... 150

  5.3.1 模型描述 ··· 151
  5.3.2 模型求解 ··· 156
  5.3.3 案例分析 ··· 158
 5.4 基于换乘时间最小化的网络时刻表优化模型 ························· 163
  5.4.1 模型描述 ··· 163
  5.4.2 模型求解 ··· 168
  5.4.3 案例分析 ··· 169
 5.5 本章小结 ·· 173

第6章 城市轨道交通应急处置体系设计 ································· 174
 6.1 应急处置体系架构 ·· 174
  6.1.1 构建原则 ··· 174
  6.1.2 职能结构 ··· 175
  6.1.3 运行机制 ··· 176
  6.1.4 管理制度 ··· 179
 6.2 应急信息管理 ··· 181
  6.2.1 应急信息分类 ··· 181
  6.2.2 应急信息发布 ··· 191
 6.3 应急保障资源管理 ·· 194
  6.3.1 资源类型 ··· 194
  6.3.2 管理类型 ··· 200
 6.4 应急预案管理 ··· 212
  6.4.1 文件体系 ··· 213
  6.4.2 分类分级 ··· 214
  6.4.3 预案构成 ··· 216
  6.4.4 预案管理 ··· 219
  6.4.5 有效性分析 ·· 227
 6.5 应急处置机制 ··· 235
  6.5.1 预防预警 ··· 236
  6.5.2 先期处置 ··· 239
  6.5.3 应急响应 ··· 241
  6.5.4 应急处置 ··· 245
  6.5.5 线网联动 ··· 248
  6.5.6 恢复运营 ··· 249
 6.6 本章小结 ·· 250

第7章 城市轨道交通与地面公交多维度应急接驳 ………………………… 251
7.1 城市轨道交通故障情境下的公交衔接网络设计 ………………………… 251
7.1.1 城市轨道交通与公交复合网络构建 ………………………… 251
7.1.2 网络设计策略分析 ………………………… 253
7.1.3 公交接驳线路设置 ………………………… 254
7.2 应急客流重分配模型 ………………………… 257
7.2.1 运营中断对城市轨道交通客流的影响 ………………………… 257
7.2.2 基于随机效用理论的应急客流重分配模型 ………………………… 264
7.2.3 基于客流重分配结果的疏运需求计算 ………………………… 269
7.3 城市轨道交通与地面公交应急接驳运行组织设计 ………………………… 271
7.3.1 城市轨道交通列车临时交路运行组织 ………………………… 271
7.3.2 地面公交应急接驳开行联动 ………………………… 275
7.3.3 案例分析 ………………………… 278
7.4 本章小结 ………………………… 281

第8章 南京地铁网络化运营应用实践 ………………………… 282
8.1 安全风险辨识与评估 ………………………… 282
8.1.1 风险辨识案例分析 ………………………… 282
8.1.2 风险评估案例分析 ………………………… 299
8.2 安全隐患排查治理 ………………………… 304
8.2.1 基本要求 ………………………… 304
8.2.2 实施要求 ………………………… 308
8.3 应急预案操作 ………………………… 311
8.3.1 客运分公司应急操作 ………………………… 311
8.3.2 乘务分公司应急操作 ………………………… 318
8.4 安全风险防控与应急处置系统 ………………………… 322
8.4.1 运营安全监测与风险管控系统 ………………………… 322
8.4.2 客流异常状态识别与预警系统 ………………………… 323
8.4.3 可视化应急联动指挥平台 ………………………… 330
8.5 极端恶劣天气地铁风险管控与应对实战 ………………………… 332
8.5.1 案例背景 ………………………… 332
8.5.2 暴雪前风险预防 ………………………… 332
8.5.3 暴雪中应急处置 ………………………… 332
8.5.4 暴雪应急处置效果 ………………………… 334
8.6 本章小结 ………………………… 335

参考文献 ………………………… 336

第1章 绪　　论

1.1　研究背景与意义

作为大城市公共交通网络的重要组成部分，城市轨道交通线网具有运能大、速度快、时间准、污染少、安全舒适、人流密集、反应迅速、系统封闭等特征，在缓解大城市交通拥堵方面具有独特优越性，适宜我国大中城市的发展模式。

面对持续快速增长的城市交通需求与日趋严峻的交通拥堵，我国提出了构建以轨道交通为骨干的多层次城市交通网络体系，许多大城市的轨道交通在近十几年经历了从单线运营时代到网络化运营时代的快速过渡。截至2020年底，中国累计有45个城市开通城轨交通运营线路7978.19km[1]（不包括中国香港、澳门特别行政区及台湾省数据），2020年底中国城轨交通运营线路制式结构详见图1-1。其中，地铁6302.79km，轻轨217.60km，单轨98.50km，市域快轨805.70km，有轨电车485.70km，磁浮交通57.70km，自动旅客捷运（automated people mover，APM）系统10.20km。我国城市轨道交通的建设和运营已迈入规模化、网络化运营时期。以南京地铁为例，截至2020年底，轨道交通运营里程为394.7km，地铁线网有10条线路、174座车站，地铁线路总长378km[2]。

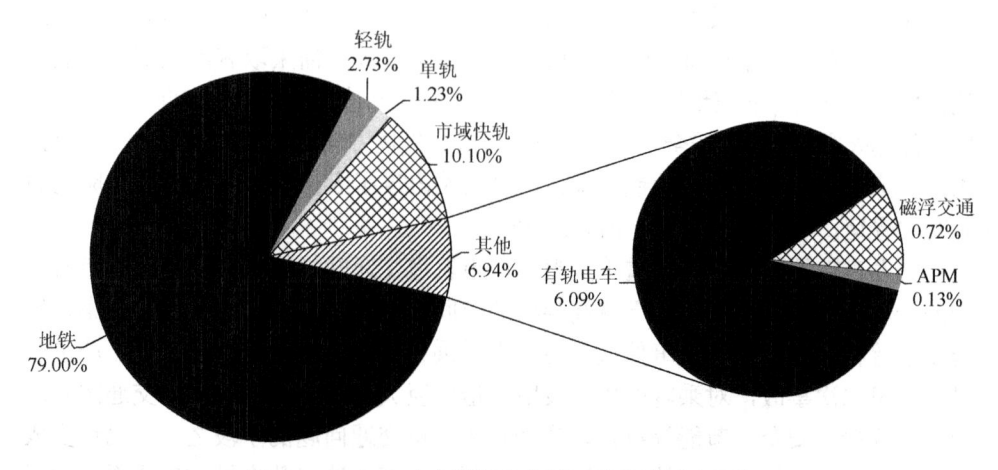

图1-1　2020年底中国城轨交通运营线路制式结构

然而，随着城市轨道交通线网规模的不断扩大，客流量急剧增加，高强度客流往往造成列车延误、乘客滞留、人群踩踏等风险。特别是城市轨道交通一般处于地下空间，具有空间封闭性、人员设备集中的特点，由于设备设施故障、人员操作失误、自然灾害突发等因素，一旦发生突发事件可能造成巨大的经济损失、乘客伤亡，对整个城市的交通系统带来严重影响。

城市轨道交通车站大客流冲击带来的列车延误、乘客滞留甚至人群踩踏等风险正威胁着轨道交通的安全运营。对于城市轨道交通事故中规模小、持续时间短、发生频率高的"小短频"事故，一般通过轨道交通运营计划调整即可快速疏散。但是运营区间中断事故等严重事故，虽然发生概率小，造成的影响却很大。众多城市轨道交通已进入网络化运营阶段，一旦发生局部运营区间中断，不仅会造成本区域的运营延误、运能降低、秩序混乱，而且会对相邻车站和线路的运营秩序带来严重冲击，在乘客从站内疏散到站外的过程中，若没有及时的疏散方案，城市地面交通将会被持续影响，发生二次事故的潜在危险急剧增加，甚至造成地面交通的瘫痪。

近年来，国内外城市轨道交通已引起多起事故[3]。例如，1999年5月，白俄罗斯地铁内由于车站客流密度过大发生踩踏事故，造成54人被踩死，多人受伤；2005年元旦，由于客流量远超预期，深圳地铁1号线暂停运营42min；2008年3月，在北京东单地铁站5号线换乘1号线通道内，载着数百名乘客的水平电动扶梯发生故障，导致部分乘客摔倒，造成13名乘客受伤；2011年8月，南京地铁2号线一列开往油坊桥方向的列车刚离开下马坊站约200m，车厢外突然冒出火花，第三和第四节车厢上下错位近0.5m，南京地铁2号线新街口站内大量乘客滞留；2012年10月，广州地铁1号线列车在坑口出现故障，经现场处理仍无法排除，为确保安全，调度人员组织该车在花地湾站清客，并且第一时间从西朗站（现西塱站）投入备用列车调整间隔，造成沿线客流量过大，需采取客流控制与疏散措施；2015年7月，北京地铁机场线三元桥至3号航站楼区段（下行方向）一列车车厢顶部起火冒烟，机场线全线中断运营，市区至机场方向拥堵严重；2016年11月，由于受降雪的影响，郑州地铁换乘站紫荆山站出现了人流骤增的现象，排队场面壮观如春运，从排队到坐上车需要近1h。

突发事件的频繁发生严重干扰整个城市轨道交通网络的正常运营，城市轨道交通一般处在较为封闭的地下或高架桥的空间里，具有空间封闭、人流密集、环境复杂等特点，突发中断事件极易造成大量乘客在轨道交通系统内滞留，严重时甚至引发二次事故，对乘客的生命及财产造成巨大损失。同时，轨道交通因其运量大、快捷、安全、节能等特点，作为解决城市交通问题的手段之一，已逐步成为城市客运交通的骨干，轨道交通运营中断极有可能造成整个城市交通系统的崩溃。因此，及时疏运滞留客流，保障乘客正常出行，降低运营中断损失，已经成为城市轨道交通应急管理的重中之重。

为了应对网络化、常态化的城市轨道交通安全压力，2015年5月，国务院发布了《国家城市轨道交通运营突发事件应急预案》（国办函〔2015〕32号），旨在建立健全的城市轨道交通运营突发事件处置工作机制，科学有序高效应对突发事件[4]。当轨道交通系统本身针对运营区间中断事件启动应急预案，难以减缓或消除客流滞留与延误时，必须借助地面客运交通资源，及时调配外部运力，以替代或补充下降的轨道交通运能。在此情况下，公交车以其调度灵活方便、便于部署、运力大等优点，有必要也必须承担起为轨道交通系统提供接续功能的责任。利用地面应急接驳公交协同调度，能够达到快速响应、持续保障。这样才能确保在相对独立和固定的轨道交通系统发生突发事件后，城市不丧失主体客运服务能力，同时给轨道交通系统自身运输秩序的恢复留出必要的时空余地。

由于轨道交通与道路交通系统分属不同部门，在城市轨道交通出现运营中断的突发重大事件时，如何更好地衔接整合两种交通方式，直观高效地进行决策，使不同交通方式之间协同运转，提高应急接驳公交疏运能力和效率有重要意义。现阶段轨道交通发生区间中断后，一般做法是按照既定的疏散预案利用应急接驳公交进行疏散，缺乏轨道交通与公交协同的可视化调控系统，不能最大程度发挥公交应急接驳的作用。目前，很多城市都在积极地探索依靠信息技术改善管理模式，以信息化带动城市交通管理现代化。有效利用城市轨道交通与道路交通运行数据，发挥交通资源最大效益，建立可视化决策支持系统，实现城市轨道交通运营中断下应急接驳公交调度、运营、管理的信息化、现代化和智能化，使疏散过程可视、可控、实时，增强城市交通的应急管理和服务水平，从而有效支持有关部门的决策，推动智慧交通城市的建设。

开展城市轨道交通应急管控理论与实践研究，有助于解决以下一些问题：

（1）运营安全问题突出。很多城市本就对轨道交通重建设、轻管理，再加上急剧增长的出行需求与有限的设施通行能力矛盾日益突出，容易产生大客流，造成乘客冲突严重及设备故障率变大，诱发安全隐患。

（2）车站大客流辨识方法研究不足。现有研究主要是孤立分析一些指标对大客流进行辨识，不仅指标考虑不全，且缺乏一个系统性和整体性的量化评估标准进行大客流的辨识。

（3）安全管理水平偏低。许多国内城市大都依靠经验对大客流进行控制，不具有实时性，少有的城市构建了大客流预警系统，但也多是止于单个车站，无法对一条线路或者网络进行大客流协调动态控制。

基于以上背景，构建基于城市轨道交通网络特性分析的多准则韧性评估与优化模型，剖析基于轨道交通客流特性的大客流形成机理，甄别车站内大客流关键节点，提出基于车站客流安全状态等级的客流风险辨识与评估方法，综合车站客流控制方法、线路列车运输组织、各车站大客流预警等级等影响客流控制的重要因素，构建客流多站协同动态控制方法，以换乘时间最小化为目标构建基于列车-站点交互的网络时刻表优化模型，实现线路所有车站预警等级的整体降级和线路客流动态控制，因地制宜地设计城市轨道交通应急处置体系，提出城市轨道交通与地面公交线路应急接驳和联动疏运策略，对于我国城市轨道交通运营安全管理具有十分重要的理论价值和实践意义，同时有助于促进对相关交通科学问题研究的拓展与深化。

1.2　国内外研究现状

众多专家学者对城市轨道交通已展开多年研究，其中大多聚焦于城市轨道网络化运营特性分析、城市轨道交通网络结构优化及城市轨道交通网络客流分配等研究。在城市轨道交通网络化运营中突发事件频发情形下，有关城市轨道交通的应急客流疏运、路网运输组织及公交接驳联动等方面的研究越来越受到重视。

1.2.1　轨道交通供给特性分析

关于城市轨道交通供给特性的研究围绕车站服务能力与网络结构特性两个方面展开。

1. 车站服务能力

城市轨道交通车站服务能力是当前城市轨道交通领域的研究热点，这是因为车站服务能力关系到车站客流组织、车站设备配备和列车运行。目前，关于车站服务能力模型的研究主要分为仿真建模与数学建模两类。

1）仿真建模

仿真模型适合于从不同角度描述车站，但很少考虑车站服务能力计算问题。Kaakai等[5]提出了一种基于混合Petri网的仿真模型，该仿真模型能够帮助交通部门执行性能评估程序；Yalçinkaya[6]基于离散事件仿真和响应面方法（response surface methodology，RSM）的建模方法解决了地铁规划过程中固有的平均乘客出行时间优化问题。上述研究的重点是如何对车站进行建模及评估设备的使用或服务水平（level of service，LOS），但现有的文献无法提供集成了仿真模型的车站服务能力计算方法。

2）数学建模

数学模型常常被称为分析模型，一般通过数学公式或代数表达式对地铁车站系统进行建模。大多数文献从局部的角度研究了车站服务能力的问题。《运输能力和服务质量手册》（*Transit Capacity and Quality of Service Manual*，TCQSM）[7]和

《地铁设计规范》[8]是处理地铁站每个要素（设施）通行能力的成果，但它们并不成体系。Lam 等[9]首先确定了列车停站时间与香港轻铁站拥挤情况之间的关系，并建立了列车停车延误的回归模型；Harris 和 Anderson[10]进行了不同列车类型上下车时间的测算；曹守华等[11]根据乘客上车时间的实地数据，分析了上车乘客的时间特征，建立了平均上车时间的分段线性数学模型；乘客到达过程是连续和稳定的，并且可以假设遵循泊松分布[12]；陈绍宽等[13]通过乘客运动分析，考虑到地铁站的空间设施，提出了用于乘客疏散的基于 M/G/c/c 的楼梯和通道的通行能力计算模型；Xu 等[14]通过概率模型，研究地铁站站台滞留乘客（到达站台的乘客将无法在相同的周期内离开（上车）并且应该等待下一个周期）。Davidich 等[15]评估了等待行人的影响，并提出了一个元胞自动机模型，用于分析和预测危急情况下的等待区通行能力；Seriani 和 Fernández[16]分析了地铁公交换乘空间的通行能力，为智利圣地亚哥提出规划指南。Fernández 等[17]证明了公共交通站台门中行人饱和流量的存在，并展示了不同条件下列车门的各种通行能力。许心越[18]分析车站服务能力的特性及影响因素，在拥挤排队网络理论基础上分别提出车站服务能力的解析和仿真分析方法，形成车站服务能力的计算分析方法体系。国内外学者侧重于研究车站的设施通行能力，没有整体上对车站服务能力的评估或计算进行研究。

2. 网络结构特性

目前，世界上的诸多大城市，如伦敦、巴黎、柏林、香港、北京等早已形成轨道交通网络，随着轨道交通的建设及发展进入网络化时期，关于轨道交通网络拓扑结构及网络复杂相关性的研究越来越受到关注。

在轨道交通网络特征及评估方面，曹仲明和顾保南[19]总结了城市轨道交通具备的五种基本网络结构及其相关运营特性，并分析了网络结构的优化程度及每种结构对城市结构的影响；畅明肖等[20]以 2015 年北京市轨道交通路网为基础，建立起轨道交通网络样本，运用复杂网络理论比较全面地分析了北京市轨道交通网络的静态结构特性及动态加权特性；袁朋伟等[21]构建脆弱性因素辨识模型，对城市轨道交通系统的脆弱性问题进行了讨论；王志强[22]等运用复杂网络的理论与方法，对轨道交通路网可靠性进行了仿真分析；Zhang 等[23]分析了上海轨道交通网络的脆弱性，并且对城市轨道交通进行了网络化分析，得到了网络的个性和共性；Sun 等[24]和 Yang 等[25]分别分析了上海地铁网络和北京地铁网络的脆弱性和鲁棒性；Latora 和 Marchiori[26]讨论了波士顿地铁网络的小世界特性；Derrible 和 Kennedy[27]全面分析了地铁网络的复杂性和鲁棒性。

一些学者结合乘客出行行为和不同事件类型，对轨道交通网络突发事件影响评价问题进行了深入研究。洪玲等[28]基于图论理论建立了城市轨道交通网络中断评价模型，选择单位时间段内的客流需求构建各站点间起讫点（origin-destination，

OD）出行分布矩阵，研究了站点受影响客流的评价问题。赵岩[29]研究了不同类型、不同性质的突发事件对轨道交通线网连通效率、换乘性能等造成的影响，从网络层面预测事件影响扩散规律，寻找网络中的关键节点和关键线路。Sun 等[30]利用自动售检票（automatic fare collection，AFC）刷卡数据挖掘，识别运营干扰与中断条件下不同类别的异常客流分布特征，分析乘客出行时间和延误受到的影响。王云琴[31]认为城市轨道交通网络的全局效率为该网络的连通可靠度，并对连通可靠性进行定义，提出相关评价指标从随机性和选择性攻击角度来评价网络连通可靠性。

1.2.2 网络客流特性分析

随着国内城市轨道交通运营规模的不断扩大，客流量急剧增加，当瞬时客流超过额定运能时，车站站台、站厅、楼梯会聚集着大量乘客，易生成大客流，造成拥挤踩踏，威胁城市轨道交通系统的运营安全。因此，本书将从以下方面对既有研究成果进行综述。

1. 客流基本特性

Fruin[32]最早开展了行人交通特性的研究，以行人速度研究为出发点，随着实证观察（empirical observations，EO）的普及和发展，速度、密度及流量等描述行人交通特性的基本参数之间的关系也逐渐受到重视。Helbing 等[33-35]提出社会力模型（social force model，SFM）揭示行人交通基本特性规律，Daamen 和 Hoogendoorn[36-38]在行人交通实测的基础上应用动力学中的自组织（self-organization，SO）现象来分析行人交通基本特性。

在实证观察的基础上，通过数学建模方法来揭示所描述的群体效应，反映个体之间的微观相互作用，进一步推动了行人交通流理论研究的发展。当涉及行人动力学的定量描述时，其结果存在巨大的差异。基本关系图是对基本参数的一个客观描述[39]，例如，利用行人速度、密度和流量来描述行人动力学。文献中所提出的基本关系图是根据不同的定义和假设得到的，采用不同的测量方法针对不同的群体、不同类型的行人流特征而展开的。因此，文献[34-39]中最大阻塞密度从 3.8ped/m^2 到 10.0ped/m^2，行人最大流密度范围从 1.7ped/m^2 到 7.0ped/m^2，均不足为奇。

目前该研究主要集中在行人交通基本特性、行人交通建模与仿真、基础设施设计与安全管理三个方面[40-44]。

2. 大客流特性

1）大客流定义

国内外学者从设施承载能力、服务水平、客流量的突变、组织能力、乘客状态等方面对城市轨道交通大客流进行定义。Castelain 和 Mesghouni[45]认为当某交通方式突然涌现大量乘客及客流的增幅超越了该交通方式的运营能力时，会导致大客流；王祎南[46]提出了突发特大客流的概念，即大型活动周边城市轨道交通车站发生的非常规特大快速集散客流，与活动规模、活动安排及对附近车站的客流影响程度等有关；张霖[47]认为轨道交通大客流是以服务水平为标准，在一定的时间内超出轨道交通运行能力配置和服务体系标准状态下的客流需求；谭一帆[48]给出了突发大客流的定义，即某一时间阶段突然形成超过站内可承受的正常运营状态下的客流量；唐巧梅[49]和骆晨等[50]提出了当轨道交通车站客流量远超车站客运设施或客运组织措施正常情况下所能承担的客流量时，轨道交通的服务水平与安全度迅速降低，则定义为车站遭遇超大客流；冯冬焕[51]认为在某一时间段内客流量超过设施设备的通行能力时，会导致系统服务水平飞速下降，带来严重的安全隐患，定义这样的客流为大客流。

大客流类型方面的研究，张霖[47]将城市轨道交通大客流分为常态化大客流和突发性大客流；冯冬焕[51]按照表现形式、发生原因、发生形态、发生范围、造成的危害程度对轨道交通大客流进行分类；刘洁[52]将地铁车站超大客流分为常发超大客流和偶发超大客流；唐芳[53]将地铁大客流分为计划性大客流和无规则性大客流。

2）大客流形成机理

现有研究大都通过一些指标对大客流形成机理进行分析。刘洁[52]提出了地铁车站超大客流形成的原因；朱炜[54]提出了大客流的形成主要取决于车站容量、车站输送能力和乘客到达流量三个指标；曹志超[55]提出了无约束条件下的突发大客流演化模型，分析了突发大客流动态演化机理，仿真了城市轨道交通单个车站和相邻多车站条件下的突发大客流拥挤的生成、传播和消散过程；彭其渊等[56]提出突发大客流的产生主要是由于在城市轨道交通车站周边举办的大型活动，大量的人流被吸引，活动结束时轨道交通车站周边的客流集中度很高；李凌燕[57]提出了城市轨道交通网络突发大客流的形成受车站聚集能力、列车输送能力及大客流流量等因素影响；吴冰芝[58]提出了车站出入口和通道通过能力、站厅容纳能力、站台容纳能力、车站设施设备通过能力和列车的输送能力等都是高峰时段大客流形成的关键因素。

还有一部分学者研究了大客流疏运风险的形成机理。何理[59]提出了地铁车站大客流疏运风险的形成机理，即持续性的大客流、前后疏运节点通行能力不足、客流受力系统突变、发生拥挤摔倒踩踏等相关因素的耦合；刘建华[60]主要探讨了地铁车站大客流疏运风险形成机理及行为特征。

3）大客流辨识与预警方法

车站大客流辨识是指分析和研究车站内客流状态，按照一定的原则对客流状态进行判断，进而识别出大客流。目前国内外很少有学者直接研究大客流辨识方法，而是通过一些指标（人、设施设备、环境、管理等）对车站内客流状态进行评价，间接对大客流进行辨识。

Lam 等[9]将服务水平概念应用于轻铁站台拥挤度评估中，参照 2000 年的《道路通行能力手册》(*Highway Capacity Manual 2000*，HCM2000)的服务水平等级划分标准将香港轻铁站台的服务水平分成了五类，为服务设施内的安全评估标准提供了参考依据；Basu 和 Hunt[61]评价了影响印度孟买城际铁路服务吸引力的属性，发现乘客在选择城际铁路时，与拥挤水平相关的两个时间属性（即发车时间间隔和实际乘车时间）一定程度上影响乘客的支付意愿；Wang 等[62]采用灰色关联度法对城市轨道交通动态运行系统的运营风险进行了评价和定量分析；丁丹丹[63]研究了城市轨道交通换乘枢纽设施通行率，并对其疏散能力进行评估；豆飞等[64]分析了城市轨道交通车站设施设备的类别及乘客聚集程度判断指标，并提出了一种基于云模型的城市轨道交通车站客流控制触发判别方法；张霖[47]采用客流图像及视频的采集与分析方法，并结合客流三要素的相关数据，对城市轨道交通大客流进行识别，并对大客流进行研究。

此外，一些学者将客流安全评价和预警结合起来进行研究。马莉[65]结合熵及其判断理论，建立了六个评价指标，提出了"三维立方体层"评价方法，并对城市轨道交通枢纽乘客交通流状态进行综合评判，确定乘客交通流预警级别；潘罗敏[66]构建了地铁短时客流预警系统，建立站台、楼梯处、自动售检票机客流阈值计算公式，选取最小的阈值为车站大客流预警阈值，辨识出大客流；张志飞等[67]基于地铁火灾特性，建立了地铁人员应急疏散时间计算模型，以保障地铁站在面临火灾时能够高效疏散；王志[68]结合地铁客流的速度、密度、流量、服务水平与负荷度等交通参数，构建了车站内客流运行状态评估模型及阈值区间计算方法，为地铁客流预警与应急处置做支撑；徐尉南和吴正[69]基于流体力学比拟思想与客流安全评价方法，提出了地铁候车厅客流运动模型，来确立地铁候车厅的客流预警阈值；赵保锋等[70]基于地铁客流仿真工具 Stapass 软件，研究了延误状态下客流滞留和密度分布的动态变化特征，提出了站台客流容量安全阈值计算模型与安全分级预警方法；丁蕾和尹浩东[71]提出了分层分级的城市轨道交通换乘站内客流预警分析方法，通过分析闸机、楼梯、通道、站台的服务能力，构建了客流预警分级划分模型，辨识出大客流；张晗[72]建立了城市轨道交通客流、设备设施故障、环境的单因素预警指标并计算阈值，集成预警指标，建立三个层面（车站、线路、路网）的综合评估预警指标体系，制定了综合预警方法；蒋盛川等[73]建立了以立席密度为标准的拥挤程度分级体系，结果表明拥挤度的改变会显著影响常规公交和轨道交通出行者的出行方式选择；李得伟等[74]构建了不同维度下城市轨道交通枢纽站台的短时客流密集度指数预测模型，有助于准确预测并评估短时客流状态，进一步满足枢纽内拥挤度的时效性；胡永恺[75]在信令特征指标与乘客数量的相关性分析基础上，利用机器学习方法，对系统内的乘客数量及进站客流量进行判别和预警；冯冬焕[51]提出了基于物元可拓的城市轨道交通车站大客流运营安全评估方法，建立了预警系统，实现大客流发生站的实时客流安全预警；谭一帆[48]提出了综合客运枢纽不同等级的密度阈值，分析枢纽内各个设备服务能力，将密度阈值与设备能力结合，获取不同预警情况下的客流阈值，并结合预测的客流数据进行预警。

3. 短时客流预测方法

城市轨道交通客流量是评估轨道交通运营状态的重要指标之一，准确的客流量预测是优化车站资源配置和大客流预警的重要依据。依据预测需求，客流量预测可以分为短期预测、中期预测、长期预测，短时客流量预测（通常指 5min 或 15min 内）是短期预测的一种[76]。城市轨道交通车站大客流随机性强，具有短时冲击性，中长期客流量预测不能对其进行实时准确的估计，而短时客流量预测又具有可靠性、准备性、实时性这三大特性[77]，因此，选择短时客流量预测作为车站大客流预警趋势估计的前提支撑，是实现轨道交通车站有序安全运营组织的强大保障。目前国内外短时客流量预测模型方面的研究主要分为单一模型和组合模型，组合模型是将若干个单一模型组合起来进行客流量预测的模型，短时客流量预测模型的研究日趋成熟。

1）单一模型

目前国内外单一的客流量预测模型主要分为参数法模型和非参数法模型。传统参数法模型是以时间序列模型为代表，主要包括自回归（autoregressive，AR）模型、滑动平均（moving average，MA）模型、自回归-滑动平均（autoregressive moving average，ARMA）模型、自回归求和滑动平均（autoregressive integrated moving average，ARIMA）模型[78-80]和季节性差分自回归滑动平均（seasonal autoregressive integrated moving average，SARIMA）模型[81-83]，可以包含外生变量的 ARMAX 模型[84]，广义自回归条件异方差（generalized autoregressive conditional heteroskedasticity，GARCH）模型[85]。其中，ARMA 模型对线性平稳数据样本的预测具有优势[86]。

然而，采用时间序列模型进行预测，数据趋势需要平稳，但是城市轨道交通车站发生大客流时，数据会出现大的波动，会导致预测误差非常大，而且模型的参数是固定不变的，不能满足随机性强的车站大客流短时动态预测的要求，其非线性拟合效果不好。因此，卡尔曼滤波模型、人工神经网络（artificial neural network，ANN）模型、基于混沌理论的预测模型、非参数回归模型、基于动态分配的模型、支持向量机（support vector machine，SVM）模型、遗传算法（genetic algorithm，GA）等非参数法预测模型应运而生,其中 ANN 和 SVM 的研究应用较多。

(1) ANN 模型。ANN 模型是一个高度复杂的非线性动力学习系统,通过神经元分析历史输入数据和输出数据之间的关系,然后构造预测模型。已经用于短期交通流预测的神经网络模型包括反向传播神经网络(back propagation neural network, BPNN)、递归神经网络(recurrent neural network, RNN)、径向基函数神经网络(radial basis function neural network, RBFNN)、时间延迟神经网络(time-delayed neural network, TDNN)模型、基于多层感知器的神经网络模型等。由于 ANN 模型具有自主学习能力,而且对非线性数据具有较强处理能力、高速寻找能力,现阶段已被广泛应用于短期预测。陈平[87]提出了一种改进的最近邻聚类学习算法,分离出 RBFNN 中隐藏层至输出层连接权值的计算过程,将其应用到短期客流量预测中。杨冉[88]提出了 BPNN 在处理非线性、不确定、不确知问题上的优势,建立了神经网络时间序列预测模型进行基于时段的客流预测,建立了神经网络回归预测模型进行基于日期的客流预测。ANN 模型虽然具有很强的非线性数据处理能力,但是训练参数过程较长和收敛速度较慢,容易造成局部最优和过学习的弊端。

(2) SVM 模型。SVM 是建立在统计学习理论的 VC (Vapnik-Chervonenkis)维理论和结构风险最小原理基础上的,根据有限的样本信息在模型的复杂性和学习能力之间寻求最佳折中,以求获得最好的推广能力,在交通流预测方面得到了广泛应用,尤其擅长处理小样本、非线性及高维模式识别。Hong[89]利用遗传算法锁定 SVM 模型的参数,预测出的 Barbados 客流量拟合度强于其他模型;Zhang 等[90]提出了一种 V-SVM 短时客流量预测模型,可以克服局部最小值和 ANN 过度拟合的缺点,与多层前馈神经网络相比,精度更高;赵钰棠等[91]设计了一种基于非线性 SVM 的地铁客流量预测方法,可以通过调整影响因素的强度改善预测误差;邱华瑞[83]采用 SVM 模型对线路及车站日进站客流序列进行建模,通过学习训练,SVM 可以较好地捕捉日客流在双休日、节假日演变的波动性;张清泉[92]构建了基于 SVM 的短时客流预测模型,考虑到自变量和因变量归一化范围的影响,运用网格搜索算法、粒子群算法和遗传算法三种方法对 SVM 模型参数进行寻优。SVM 模型虽具有很强的泛化能力,但是只适合进行小样本的建模预测客流,涉及的参数较多且寻优难度极大。

2) 组合模型

如前面所述,单一模型总不是完美的,单单使用一种模型进行客流预测,可能使样本数据的部分有效信息丢失,将各种模型组合成一个模型,有利于克服缺点和充分利用样本中所有的有效信息。线性组合预测方法是研究最多、应用最广的组合预测方法,虽然发展很快,但是仍存在许多不足[93],后来学者们又对非线性组合预测进行研究。

Li 和 Lu[94]基于自组织特征地图神经网络模型和 Elman 神经网络模型,构建了短期高速公路交通流组合预测模型；Zheng 等[95]构建了集成反向传播神经网络（BPNN）和径向基函数神经网络（RBFNN）的贝叶斯神经网络模型，对高速公路短时客流进行预测，结果表明组合模型在大部分情况下优于单一模型；Wei 和 Chen[96]提出了一种结合经验模式分解(empirical mode decomposition, EMD)和反向传播神经网络（BPNN）的混合 EMD-BPN 预测方法，以预测地铁系统的短时客流，结果表明混合方法在地铁短时客流预测方面表现良好、稳定；曹启辉等[97]耦合了小波分析与 ANN，建立了基于小波-ANN 的组合预测模型；王玉敏[98]设计了基于改进的 BPNN 的非线性组合预测模型；肖轩[99]构建了基于灰色系统、ANN、SVM 的组合预测方法；毛静[100]提出组合预测的模式，基于不同预测方案条件下的不同预测方法的灰色关联度分析，构建了基于灰色关联度最大化的组合预测模型，并应用于城市轨道交通短时客流预测中；王夏秋[101]选取支持向量回归（support vector regression，SVR）作为短期客流预测的核心算法，提出了结合粒子群算法和遗传算法（GA）的粒子群优化和遗传算法（particle swarm optimization and genetic algorithm，PSOGA）来优化 SVR 自由参数，构建了 PSOGA-SVR 的城市轨道交通短期客流量预测模型；谭一帆[48]利用 K-means 聚类模型与广义回归神经网络（generalized regression neural network，GRNN）模型的组合模型对综合客运枢纽的客流进行预测，通过类间类内比（between-within proportion，BWP）指标提高了数据相关性，提高了 GRNN 神经网络的预测精准度。

4. 客流分配方法

网络流分配最早出现于道路交通中，自 1952 年 Wardrop 提出了道路网络平衡的概念和定义后，道路交通网平衡配流理论与实践研究取得了长足发展，随后公交网络客流分配的研究也取得了丰硕的成果。目前，关于城市轨道交通网络客流分配的研究更多的是借鉴既有的道路交通网络与地面公交网络配流理论与方法。

Cascetta[102]最早将乘客对于出行方案的选择归纳为效用决策模型，在标定乘客对于广义费用中各项因素的感知费用误差时，采用一定分布的随机误差项，并依此建立随机概率分配模型；苏娟[103]考虑车内舒适度、站台拥挤度及换乘排队等因素对乘客出行选择行为的影响，提出更加合理的路径广义费用函数，并建立轨道交通客流分配的 Logit 模型；Schmöcker 等[104]在准动态交通分配模型中考虑了乘客首次上车失败的风险，提出了一种基于发车频率的客流分配模型，并应用马尔可夫过程来计算乘客出行路径中能寻找到座位的概率；在动态均衡分配模型研究方面，Poon 等[105]基于对乘客在路径选择过程中的排队描述，构建了动态用户均衡分配模型，并提出轨道交通客流分配动态平衡条件；Szeto 等[106]在时刻表稳定性的基础上，设定旅行时间的随机稳定性均衡条件，并提出线性互补方程解决考虑容量和路段附加流量的随机分配问题；田琼和黄海军[107]考虑乘客早到出行成本和车内拥挤成本,建立了高峰期地铁乘车和公交乘车的均衡模型,但该模型未对迟到成本和列车能力约束等因素进行考虑。

网络化运营下突发事件的频繁发生,严重影响到城市轨道交通的安全运营,一些学者随之对运营中断条件下的轨道交通客流分配问题展开了研究。肖冠宇[108]根据轨道交通的折返站建设及临时交路的开行,在分析运营中断下城市轨道交通客流特点的基础上,建立了客流疏运的最优可行路径集模型。Yin等[109]运用仿真方法对城市轨道交通网络不确定性延误情况下的旅行损失进行估计,为交通客流的进一步分配提供了理论基础。Wei等[110]针对突发灾害下的铁路网络,运用最大加代数(max-plus algebra,MPA)算法预测其延误,提出区间段扩散度等指标,建立量化评估铁路网络的模型,但该模型忽略了乘客的路径选择行为,不适用于城市轨道交通突发运营中断时客流重分配。朱婕[111]考虑多种出行影响因素,如出行时间、换乘次数等,建立了出行阻抗函数,并在此基础上,构建了突发中断事件下的轨道交通网络多路径客流分配模型。

1.2.3 应急管控与客流控制

国内外专家学者针对城市轨道交通应急管理的相关问题进行过一些单项的和观点性的研究,并取得了一定的成果。国外轨道交通建设起步较早、较为发达的国家,大多已经建成了信息化程度较高的应急管理体系。国内虽然起步较晚,但也有一部分企业借鉴了国内其他行业的企业安全管理模式,并对其进行改进使之适用于城市轨道交通运营。

1. 轨道交通应急管控

城市轨道交通突发事件通常源自设备故障、高强客流、社会安全、自然灾害等因素。各类突发事件产生的共性问题主要是列车运行延误,进而导致乘客出行延误,因此轨道交通突发事件应急处置是城市应急的重点内容。根据所调动资源的范围,可将轨道交通应急管控策略与措施分为轨道交通内部应急调度和外部运力调配。其中,内部应急调度包括客流诱导信息发布与决策、列车运行调整和限流组织等;外部运力调配主要借助于接驳公交、出租车等道路交通资源[112]。

1)内部应急调度

目前研究多集中在如何通过调整列车时刻表、列车周转和乘务计划来尽快恢复运营秩序,或者通过开行接驳公交来替代轨道交通下降的运力,并设计构建了相应的数学模型与算法,优化目标通常为与既有时刻表偏差最小、乘客等待时间最少、损失客流量最少及运用车底数最少。

法国阿尔斯通(ALSTOM)公司研发的新型列车综合管理系统具有列车自动监控、通信监控、旅客向导等系统功能，在轨道交通应急调度上具有显著的应用效果[113]。西班牙瓦伦西亚的轨道交通运营管理部门利用超媒体技术，通过视频动画和三维仿真模型等手段实现预案管理系统中预案内容的模拟化，极大地方便了工作人员对应急预案的学习和掌握[114]。日本各行业针对地震灾害制定相关应对法规共 20 多部，并在此基础上设置轨道交通灾害应急系统，同时在每次灾害发生后对这些法规进行及时更新，确保应对法规对灾害处理的完善性。

目前对于客流诱导或控制手段在处置运营中断中的应用或理论的研究较少，且重定性分析和系统研发，而轻基础理论方法。其中日本的 Tsuchiya 等[115]从运营者的角度研究开发了东京地铁客流诱导系统，考虑了运营中断的预计恢复时间和在每条路径上消耗的期望时间，能够辅助乘客决策是否选择绕行，或等待运营恢复。

目前我国针对突发事件的应急预案主要包括《国家突发公共事件总体应急预案》和 25 件专项预案、80 件部门预案，基本覆盖了我国经常发生的突发公共事件的主要方面。但大多城市都还没有编制灾害种类较完善的应急预案，尤其是有关城市轨道交通突发事件应急处置的研究内容依然存在很大空白。

徐志胜等[116]以地理信息系统（geographic information system，GIS）为平台，集成决策支持系统（decision support system，DSS），研究并开发了"基于 GIS 的城市公共安全应急决策支持系统"。张艳伟和曾楠[117]基于地理空间信息服务，从应急管理信息共享服务的角度出发，设计了面向城市轨道交通应急管理的系统架构。

2）外部运力调配

美国交通研究委员会（Transportation Research Board，TRB）的研究报告明确提出，在轨道交通发生突发事件后的响应和避难阶段及修复和恢复服务阶段要充分利用地面公共交通工具作为联动支持方式[118]。欧盟委员会将轨道交通与公交之间服务及时刻表的协同、线网和枢纽布设的协同、付费方式的协同、应急支援的协同列为实现公共交通联合运输实施的技术基础[119]。由此可见，在城市轨道交通运营突发事件下，接驳公交应急联动在城市客运轨道交通应急管控中的重要性。

关于应急接驳公交联动设计研究，问题在于优化范围和优化目标上有别于常态下城市轨道交通与接驳公交的衔接问题，通常被要求以最快速度且一定程度上不计成本地进行局部拓扑重构和客流疏运。Kepaptsoglou 和 Karlaftis[120]提出在突发事件下轨道交通失效时，地面公交应当承担疏散和替代功能，并进一步描述了地面公交与轨道交通网络间的公交桥接问题（bus bridging problem，BBP）。De-Los-Santos 等[121]考虑了无桥中断与有桥中断两种公交接驳情景，构建了运行中断条件下相当于全程旅行时间的指标模型与算法,为研究运行中断对网络和乘客出行影响及客流干预措施提供了思路。滕靖和徐瑞华[122]在分析突发运行中断事件对轨道交通客流产生的影响基础上,从应急预案的角度提出公交接驳应急运能的计算方法及公交车备车点选址配置方法,给出公交应急联动的实施措施。Jin等[123,124]针对新加坡地铁运行中断管理案例,考虑运行中断期间的通勤出行需求,提出了在运行中断区域引入公交接驳服务的模型方法,以临时公交线路和配车补充轨道交通网络退化的运能。Wang等[125,126]基于对公共交通低耐心乘客排队等候行为的观察,采用复合泊松过程对客流需求进行建模,以轨道交通中断的公交桥接问题为应用场景进行了实例分析和仿真。

2. 轨道交通客流控制

客流控制是城市轨道交通的客流组织行为,是保证运行秩序、乘客安全和服务水平的有效管控手段,按照范围,分为车站级客流控制、单线级客流控制和线网级客流控制。

1)车站级客流控制

城市轨道交通客流控制前期研究,单个车站客流控制研究成果比较显著,研究多侧重于考虑车站设施设备能力。Selim等[127]构建了一个调节行人入桥流量的模型,该模型可以在给定特定需求流量数据和控制措施的基础上,定量地预测指定区域的拥挤水平,调查各种控制措施对行人流的调整效果。Seriani 和 Fernández[128]通过行人交通微观模拟和实验,研究了低成本行人控制管理对地铁车站乘客上下车时间的影响,为地铁系统交通管理提供了一些建议;李建琳[129]针对上海地铁高峰期供应和需求的矛盾,依托车站限流时间的确定和车站的选择制定限流方案,并辅以公交接驳调整方案;谢玮[130]制定了轨道交通换乘站客流控制触发指标,重点依托高峰期乘客路径选择,构建了高峰期客流控制路径模型,确定客流控制布设措施,生成高峰期换乘站客流控制方案;康亚舒[131]基于轨道交通车站的结构分析和承载能力,构建了车站客流阈值的计算模型,并依据 Petri 网模型生成了车站客流控制方案;王淑伟等[132]分析了北京市轨道交通车站超大客流管控措施的应用,建立了轨道交通站点网控限流模型,并以北京四惠东站为例进行模型验证;叶丽文和杨奎[133]对车站客流控制进行分级,基于 AFC 实时数据和列车运行图,计算进站客流的实时聚集人数,提出车站客流控制辅助决策方法;李曼等[134]基于系统动力学,构建了城市轨道交通车站内客流演化模型,确立了高峰时段车站客流控制策略,设计进站客流和发车间隔控制。

2)单线级客流控制

由于国外地铁运营情况与国内相比差异较大,国内外学者在单线级客流控制研究方面各有其侧重点。大部分国外学者侧重于通过调整列车运行图和采用跨站停车（skip-stop）策略进行公共交通单条线路客流控制。Sun 和 Hickman[135]基于非线性整数规划模型，研究了地铁线路运行控制中基础策略和实时调整列车停车-跳跃策略，通过仿真评估两种策略的优劣；Cortés 等[136]研究了公共交通线路停站和跨站运行的客流控制策略，以最小化随机需求下的乘客总等待时间和策略的影响为优化目标，生成公共交通系统实时运行方案；Delgado 等[137]研究了一种新的数学规划模型，通过对车辆运营进行控制，使运输线路总延误最小，提出了车辆停车等待和限制上车人数的策略来满足运输线路实时的运营需求；Niu 等[138]通过计算和调整固定线路的列车停站方案，构建了带线性约束的非线性二次整数规划模型，最小化固定线路乘客总等待时间；Gao 等[139]针对高峰期地铁线路中断情况下的大量乘客滞留地铁站的问题，考虑客流具有过饱和特性和时变特性，提出了地铁线路运行图调整优化模型，通过调整列车停站方案，有效减少乘客的总等待时间，缓解线路过度拥挤状态；Shi 等[140]研究了城市轨道交通过饱和线路精确客流控制协同优化方法，利用了整数线性规划方法最小化所有涉及车站的乘客总等待时间，利用了最优客流控制避免在运输能力范围内的站台拥挤。

国内学者对城市轨道交通单条线路客流控制的研究起步较晚。起初，有学者对两个相邻车站客流协同控制进行研究。贺英松[141]选定轨道交通车站站台作为客流控制的关键设备，确定单个车站限流参数的计算公式，基于列车剩余能力，给出了两个车站的协同限流方案参数的计算模型；张正等[142]基于不同车站上车人数的限制值，给出了高峰时段单站限流控制参数和站间协同控制限流参数的计算公式，提出了在大客流情况下实现车站间协同限流的方法；刘晓华等[143]提出了联合客流控制思想，通过协调两个相邻车站的客流进站速度，实现了良好的客流组织，避免了单个车站客流控制无法解决乘客滞留问题的情况。

后来，国内许多学者多应用数学规划方法，建立多目标函数，对单条线路客流协同控制进行了研究，但是大都未考虑或者考虑不全线路列车运输组织对单线协同控制的影响。赵鹏等[144]应用数学规划方法，通过控制进站客流量，构建了高峰期间城市轨道交通线路客流协调控制模型，主要借鉴了线性规划(linear programming, LP)控制思想，为客流量控制措施提供量化依据；许心越[18]基于城市轨道交通车站服务能力，以线路上所有乘客的总服务时间最小化和关键车站的能力匹配情况缓解为优化目标，以车站进站客流控制和大站停车为决策变量，建立了单线多站协同限流模型；焦轩[145]基于城市轨道交通突发客流传播特性，依托系统动力学原理，构建了基于乘客时空转移模型的线路多站协同限流模型。赵提[146]结合城市轨道交通客流特征分析，采用线性规划的方法，构建了线路高峰期间客流协同控制模型，提供了一种具有普适性的客流控制方法；姜曼[147]基于城市轨道交通客流需求特性，构建了以最大化乘客运送量和最优化提供的服务为目标的城市轨道交通单线多站协同客流控制模型，提出调整列车开行方案，实现运力资源的动态配置；黄倩[148]考虑城市轨道交通网络客流特性，提出了客流拥挤控制方法，构建了线路多车站协同限流模型，求解出限流方案，完善了拥挤客流控制流程；赵锴[149]构建了单线协同限流策略优化模型，优化目标是最小化乘客总出行延误时间，决策变量为各车站进站单位时间的限流人数。

3）线网级客流控制

线网级客流控制是在单线级客流控制的基础上，加入了换乘客流的影响，随着线网规模的扩大，客流协同控制策略的效果远不如单线级客流控制。刘莲花等[150]通过分析城市轨道交通网络客流控制方法，以广州地铁为例，选定限流车站，计算限流数值，最后提出了完善的客流控制方法；吴璐[151]基于城市轨道交通网络结构和突发客流特性，提出了路网控制突发大客流的方法，即统筹安排路网客流组织和行车组织，对客流控制研究不深。姚向明[152]利用数学规划方法建立两类客流流入协同控制模型：适用于精细的（时段范围小于 10min）客流方向性特征明显的单线和适用于大规模网络条件（时段范围大于 30min）；孙捷萍[153]通过构建轨道交通网络模型，确定路网关键拥堵节点候选集，以此为基础，构建了针对关键拥堵节点的路网协同限流模型，制定了路网协同限流方案。

1.2.4 应急接驳公交路径优化

1. 应急接驳公交需求特性

在应急客流疏运方面，随着地面公交在城市轨道交通突发事件下联动作用日益凸显，关于城市轨道交通与地面公交接驳的研究也越来越受到关注。目前，世界各大城市基本都将公交应急联动写入轨道交通突发事件应急预案，在美国、英国、澳大利亚等发达国家，公交应急联动直接受控于由市政府牵头建立的包括轨道交通运营公司、公交公司、出租车公司等在内的城市客运交通应急协调机构。国内很多城市已经制定了轨道交通应急预案，已有少量城市开始考虑公交应急联动。例如，自 2014 年以来，南京地铁运营单位和当地交通运输部门合作开展了应急接驳公交项目研究，制定轨道交通运营突发事件公交接驳应急预案并进行预案演练。

Lam 等[154]建立支持轨道交通突发事件下的应急联动响应需求的公共汽车调度仿真系统，但该系统并未提出一些公交应急联动调度的具体策略。Kepaptsoglou 等[120]针对轨道交通突发中断时公交联动的首要目的是疏运轨道交通车站的滞留乘客，提出应急公交车辆调度的目标并构建调度模型，以此来解决轨道站点布局下的应急公交"桥接"轨道交通线网的规划问题。

滕靖和徐瑞华[122]利用地面公共交通疏散城市轨道交通客流，并实现运输接续，表明这是维持城市客运交通系统整体运输秩序的有效方法，以责任区为单元组织公交应急联动，进而计算各个责任区需要的公交车辆数及各个责任区备车点的选址，从而能够在最短时间疏散事故点的乘客。彭文爱[155]在其文章中对公交应急接驳的方式和执行流程进行了定性分析，具体的接驳也是通过责任区划分来完成的。肖冠宇[108]在对突发事件下轨道交通线路中断事故的公交应急体系构建问题进行探讨的基础上，给出了客流疏散的最优路径集模型，构建了公交应急联动客流疏运调度的初步模型，但该模型用于解决将滞留客流疏散至理想目的地的调度问题。胡华等[156]以受突发事件影响的乘客为对象，研究集聚客流的疏散问题，构建了公交应急联动车辆调度模型，并给出高效优化算法。李晓玉[157]在考虑运力是否充足的基础上，结合公交运行总里程、乘客总出行时间、线路满载率等因素，分别制定了运力有限与运力充足情况下的公交联动方案。杨越迪[158]建立路径生成和车辆资源分配模型，制定了公交接驳服务方案，对公交接驳进行了优化设计。

2. 应急接驳公交优化决策

国内外城市轨道交通突发事件下的应急接驳公交优化决策支持系统方面的研究较少。现有研究大多将城市轨道交通与接驳公交分为了两个系统。在城市轨道交通决策支持系统方面，国外有许多机构利用微观仿真方法对列车作业过程进行研究，开发了相应的仿真系统，如 RailSys、OpenTrack、RailSim。这些仿真系统可以离线对不同工况下的列车运行过程进行模拟，实现对运行图的评估、线网能力分析或者列车运行延误分析，从而辅助生成离线的应急调度预案，功能聚焦于轨道交通内部应急调度，不支持对应急接驳公交等外部运力调配的仿真优化功能。

2000 年北京公交总公司结合智能交通系统(intelligent transportation system, ITS)示范性工程与北京交通大学联合设计了公交智能调度平台专家系统，对于公交车辆的区域调度和运营组织优化做了相关的研究。Lam 等[154]建立支持轨道交通突发事件下的应急联动响应需求的公共汽车调度仿真系统，但该系统并未提出一些公交应急联动调度的具体策略。何兆成等[159]引入交通拥堵时空累积指标，对路网交通运行状态进行判别与定量分析，建立拥堵源与拥堵评价点之间的函数关系以构建可视化模型。

日本东京地铁为保障运营安全，建立了综合调度中心，将原有的行车调度及供电调度中心合并，并且增设了车辆调度、信息调度和设施调度，形成了一体化的调度系统。所有的调度系统都集中在同一个大厅中，通过彼此间的密切配合，掌握正确信息，并按照线路分别设置线路调度岗位，突发事件时进行统一的应急调度指挥。日本新干线的运行管理系统还包括快速地震监测报警系统及环境监控系统等。法国公司研发了适用于轨道交通的新型列车综合管理系统，该系统涵盖列车自动监控系统、通信监控系统、旅客向导系统等，在地铁应急调度上具有明显的应用优势。西班牙瓦伦西亚的轨道交通运营管理部门在预案管理系统中引入了超媒体技术，利用视频动画和三维仿真模型等将预案内容真实呈现，极大方便了应急等预案的学习和掌握。

1.2.5 目前研究的不足

尽管已有多年研究积累，但国内外在城市轨道交通应急管控研究领域尚未形成一套系统完善的理论、方法与技术体系。特别是国内学者，相关研究起步较晚，能够应用到实践中的成果较少，部分研究多停留于有关轨道交通应急疏散目的与原则的定性研究，缺少建立在定量研究基础上的适合国情的城市轨道交通应急交通疏散关键理论和方法。

目前，城市轨道交通应急交通疏散理论的现有研究在以下几个方面仍有较大的改进空间。

（1）对车站客流数据波动程度过大考虑不足。现有的城市轨道交通短时客流预测方法多是使用单一模型或者组合模型对客流量进行预测，虽然多数时间预测效果较好，但是仍然有相当部分时间点的预测误差很不理想，主要是缺乏对车站客流数据波动跳跃程度过大的考虑；而且既有预测方法侧重于利用历史数据对未来客流量进行预测，缺少对实时数据和环境等变量的考虑。

（2）车站最大服务能力计算方法存在局限性。一方面，基于城市轨道交通车站最大服务能力难以表达的特性，当前研究主要是以分析车站设施设备的通行能力为主，对乘客在车站内的拥挤和安全情况关注不够，缺少系统完备的定义；另一方面，已有的计算方法计算的时间粒度较粗，且构建的模型也对影响因素考虑不充分，缺少对车站管理措施、列车行车组织变动、不同的乘客行为特性的干扰、客流在车站内流动的不均衡性等的考虑。

（3）缺乏辨识大客流的量化评估标准。现有的城市轨道交通车站大客流辨识方法，大都通过一些指标对车站客流状态进行判断，进而识别出大客流，但是在辨识过程中，一方面指标考虑不全，另一方面把各个指标割裂开单独进行分析，没有建立一个强有力的、系统性的量化评估标准来集成所有相关指标，进而辨识出大客流。

（4）模型构建缺乏对各车站大客流预警等级的考虑，未对大客流进行动态控制。现有研究对城市轨道交通客流协同控制模型研究较少，网络级协同控制效果偏弱，而单线级对于协同性的考虑更为全面，控制效果更加明显。此外，构建单线级协同控制模型时，优化目标和决策变量的选取考虑片面，未考虑或考虑不全线路列车运输组织对单线级协同控制的影响，缺乏对各车站大客流预警等级的综合考虑,未对大客流进行动态控制,以实时判断与降低线路各车站预警等级和实现突发大客流的疏散。

(5) 公交应急接驳需求预测思路和模型有待优化。现有的城市轨道交通运营区间中断情况下的公交应急接驳需求预测多不作为研究的重点,一般采取刷卡数据得到出行 OD,问卷调查得到出行方式选择,这些方法可以估算常态下的出行 OD,但在运营区间中断的应急情况下,疏散需求预测的精度和实时性要求进一步提高,已有预测思路和模型不够准确,直接影响后续接驳路径优化模型的建立和求解,需要更精确地刻画乘客出行 OD、出行路径和出行时间点,才能更加准确地预测运营区间中断下的公交应急接驳需求。

(6) 疏散路径优化模型的高效性和实时性有待提高。目前的疏散路径优化模型研究着重于模型与算法的优化,忽略模型在实际应用中的可靠性和简便性,且模型中主要针对模型的目标函数、约束条件进行研究,这些模型和求解算法较为复杂烦琐,计算效率低,不适宜在实践中推广应用。由于实时道路交通数据获取困难,已有模型较少考虑疏散路径中的实时道路交通状况,缺乏实时性。需要在获取实时交通数据的基础上改进疏散路径优化模型,提高运算效率和实时性,为城市轨道交通运营区间中断下的公交应急接驳提供指导和依据。

(7) 运营区间中断下应急接驳公交优化决策支持系统研究有待加强。目前关于城市轨道交通运营区间中断下的应急接驳公交优化决策支持系统的研究较少,主要关注突发事件发生后轨道交通自身的应急疏散和救援,或者单纯从可达性的角度构建接驳疏散模型。在决策支持系统实现方面,一般只提出决策支持系统的框架,不会对系统实现进行详细描述,缺乏可视化界面,不能综合兼顾城市轨道交通和地面交通,也缺乏实际应用案例展示。

1.3 本书结构与内容

全书共分 8 章。第 1 章绪论部分介绍了本书的研究背景与意义、国内外研究现状。

第 2 章作为基础建模部分,提出了城市轨道交通网络拓扑结构表征模型,进行了城市轨道交通网络特性分析与地铁系统级联失效分析,提出了轨道网络多准则韧性评估方法,建立了网络连通可靠性优化模型和鲁棒性优化模型。

第 3 章阐述了城市轨道交通运营风险辨识与评估方法。

第 4 章构建了车站配载能力计算模型,提出了车站大客流识别方法,建立了多站客流协同动态控制模型。

第 5 章在剖析了城市轨道交通时刻表调度基本理论和客流需求特征分析与短期预测的基础上,构建了基于列车-站点交互的线路时刻表优化模型与基于换乘时间最小化的网络时刻表优化模型。

第 6 章搭建了应急处置体系架构，提出应急信息管理、应急保障资源管理、应急预案管理及应急处置机制。

第 7 章提出了城市轨道交通与地面公交接驳点选址及换乘组织方法，进行了城市轨道交通故障情境下的公交衔接网络设计，构建了应急客流重分配模型，并制定了地面公交线路应急接驳运行组织设计。

第 8 章结合南京地铁网络化运营应用实践，制定了"三手册一规范"，即《南京地铁运营安全风险辨识手册》《南京地铁运营安全风险评估技术手册》《南京地铁运营突发事件应急预案操作手册》《城市轨道交通运营安全隐患排查规范》，设计了运营安全监测与风险管控系统、客流异常状态识别与预警系统，搭建了应急处置系统与可视化联动指挥平台，并提出了针对极端恶劣天气的地铁风险管控措施。

第 2 章 城市轨道交通网络性能评价与优化

随着网络规模的不断扩大，客流量的急剧增加，网络化运营条件下的城市轨道交通面临着来自自然灾害、社会安全、设施设备故障等突发事故及高强度客流冲击的挑战与风险。构建网络拓扑结构，建立指标体系，科学评估网络性能，优化网络结构，对城市轨道交通的风险防控、事故处理具有重要的意义，从而保证城市轨道交通的安全运营和服务水平的提升。

2.1 网络拓扑表征方法

2.1.1 网络拓扑结构生成

拓扑是一种不考虑物体大小、形状等物理属性，而仅使用点或者线描述多个物体实际位置与关系的抽象表示方法。城市轨道交通网络是由线路和站点组成的，将轨道交通站点作为节点，若两个站点相邻并有同一线路通过，则节点之间有连边，对边的权重赋值可表示距离、时间、客流量等因素。

在进行网络拓扑结构基本特性分析之前，需要借助相关网络构建及分析软件来获得各大城市轨道交通网络基本统计参数值。首先构建网络的拓扑结构，然后生成网络拓扑结构图，再对网络特性进行分析。主要用到的软件有 EXCEL、UCINET 和 PAJEK。

EXCEL 主要用来构建网络的拓扑结构。在 EXCEL 中建立站点间的邻接矩阵，根据现实路网图，用数字 1、0 在邻接矩阵中表示站点之间连通或者不连通的状态，如图 2-1 所示。

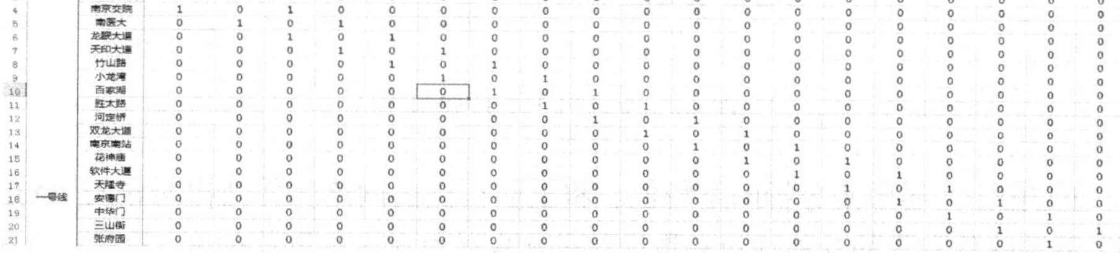

图 2-1 EXCEL 软件应用图

UCINET 主要用来生成网络拓扑结构图。将上面得到的邻接矩阵导入 UCINET 中，便可生成网络拓扑结构图，即可实现数据的可视化。UCINET 的另外一个功能就是将图转化成可导入分析软件的格式，如图 2-2 所示。

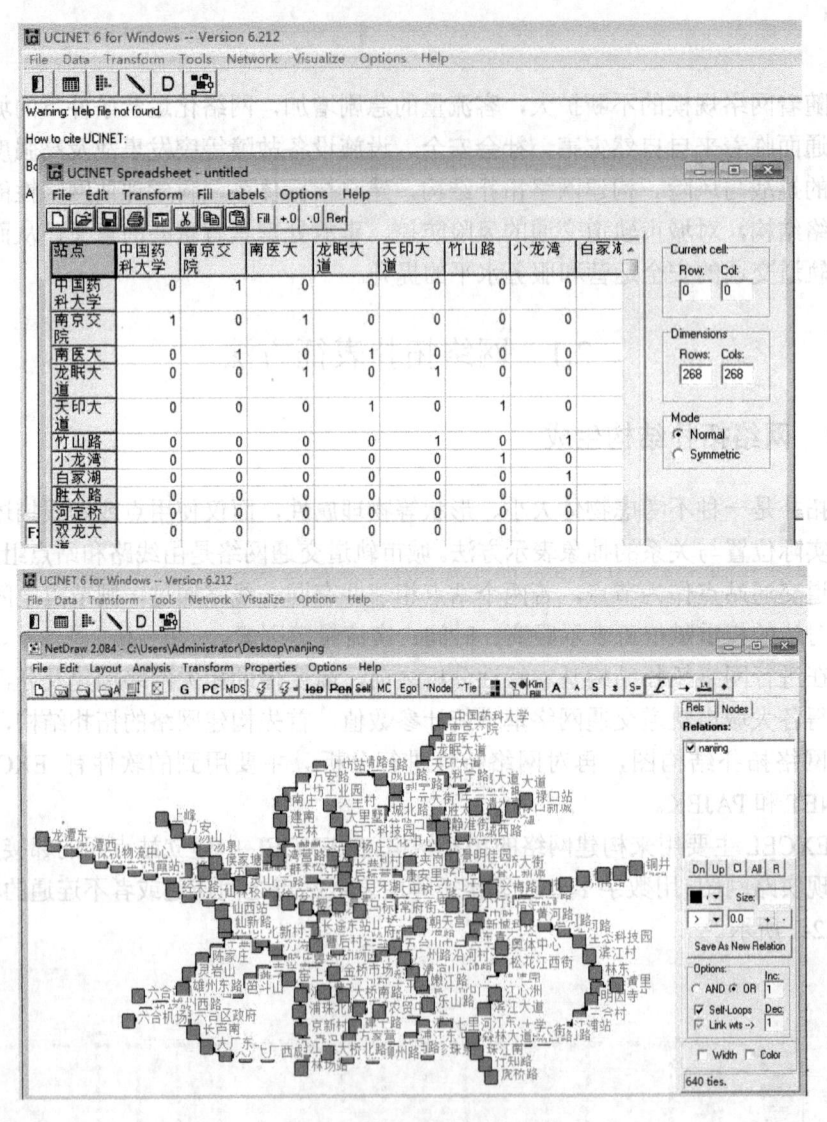

图 2-2 UCINET 软件应用图

PAJEK 主要用来分析网络特性。将上面得到的网络拓扑结构图导入 PAJEK 后，通过软件自带的功能便可获取网络的相关特性值，如网络的度、介数、直径、路径长度、聚集系数等参数值，如图 2-3 所示。

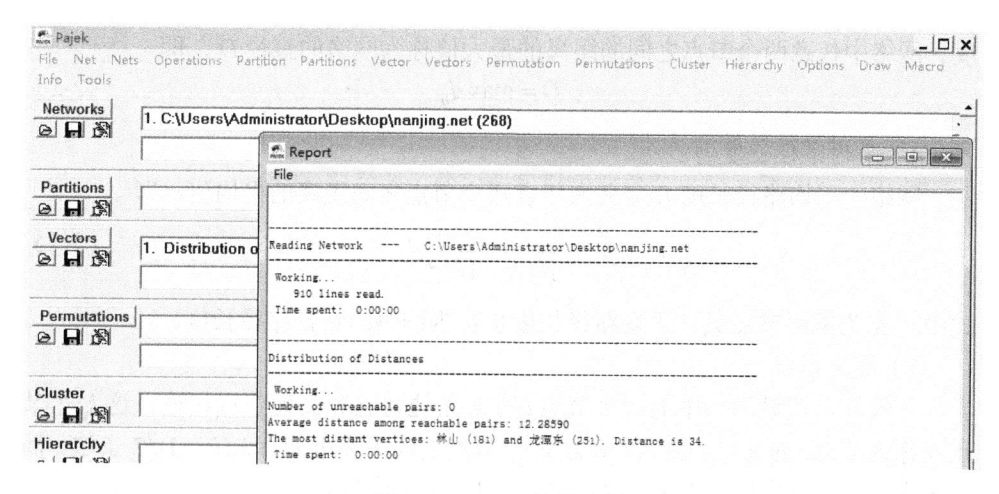

图 2-3　PAJEK 软件应用

2.1.2　网络拓扑结构主要特征

1）度与度分布

度是描述一个网络最基本的特征参数，也是单独节点属性中简单而又重要的概念。节点 i 的度 k_i 定义为该节点连接其他节点的数目。在有向网络中，一个节点的度有出度和入度之分。节点的出度是指从该节点指向其他节点的边的数目，节点的入度是指从其他节点指向该节点的边的数目。在轨道交通网络中，网络一般都是无向网络。从直观上看，一个节点的度越大就意味着这个节点在某种意义上越重要。

网络中节点的度分布可用分布函数 $p(k)$ 来描述。$p(k)$ 表示的是一个随机选定的节点的度恰好为 k 的概率。

2）介数

介数一般有节点介数和边介数之分，介数是指网络中所有经过节点或者边的最短路径数目，即

$$B_i = \sum_{j,k \in v} \frac{n_{jk}(i)}{n_{jk}} \quad (2\text{-}1)$$

式中，n_{jk} 为节点 j、k 之间的最短路径数目；$n_{jk}(i)$ 为 j、k 之间的最短路径中经过节点 i 的数目。

介数值反映了该节点或边在网络中的影响和作用。节点的介数值越高，则该节点重要性和影响力就越大，反之亦然。边的介数也有同样的定义，通过边的介数值可以推知介数值最大的节点。

3）直径

网络中两个节点 i 和 j 之间的距离 d_{ij} 定义为连接这两个节点的最短路径的长

度。网络中任意两个节点之间的距离的最大值称为网络的直径 D，即

$$D = \max_{i,j} d_{ij} \tag{2-2}$$

4) 平均路径长度

网络的平均路径长度 L 定义为任意两个节点之间距离的平均值，即

$$L = \frac{2}{N(N+1)} \sum_{i \geq j} d_{ij} \tag{2-3}$$

式中，N 为网络节点数。平均路径长度也称为网络的特征路径长度。

5) 聚集系数

一般地，假设网络中的一个节点 i 有 k_i 条边将它和其他节点相连，这 k_i 个节点就称为节点 i 的邻居。显然，在这 k_i 个节点之间最多可能有 $k_i(k_i-1)/2$ 条边。而这 k_i 个节点之间实际存在的边数 E_i 和总的可能的边数 $k_i(k_i-1)/2$ 之比就定义为节点 i 的聚集系数 C，即

$$C_i = 2E_i / [k_i(k_i-1)] \tag{2-4}$$

显然，$0 \leq C \leq 1$。当 $C = 0$ 时，意味着网络中任意节点之间彼此不相连，都是孤立的；而当 $C = 1$ 时，意味着网络所有节点耦合，即网络中任意的两个节点之间都是直接相连的。

从几何特点看，式(2-4)有另外一个等价定义：聚集系数其实就是与节点 i 相连的三角形数量和与节点 i 相连的三元组的数量之比所得的结果。其中与节点 i 相连的三元组是指包括节点 i 的三个节点，并且至少存在从节点 i 到其他两个节点的两条边。

2.2 网络韧性评估与优化方法

2.2.1 韧性的定义与内涵

由于良好的韧性设计能更好地降低系统面临不可避免的扰动或破坏下趋于崩溃的风险，保证系统功能平缓降级，提高系统扰动后的恢复能力，同时为事故后的决策分析提供依据，从而减小功能降低或系统崩溃后的损失，网络韧性评估与优化方法在近年来备受国内外学者的关注。

交通系统的韧性定义为具备预测、承受、适应潜在的扰动并能从扰动中快速恢复的能力，这些扰动或破坏可以是自然灾害，也可以是设备故障、人为破坏等[160]。韧性的特性可参照表2-1[161]。普遍认为，韧性的基础设施具备四个基本特性，简称4R特性：鲁棒性（robustness）、冗余性（redundancy）、快速恢复性（rapid recovery）、灵活性（resourcefulness）。其中，鲁棒性指网络具备面临扰动时能继

续维持关键功能的能力；冗余性指网络具备可替代的交通模式和路径，在部分路段或节点失效后依旧可提供可替代服务；快速修复性指通过科学合理的救援，使网络快速高效地恢复至正常状态；灵活性指网络能够智能地应对和管理风险或扰动，具备学习、反馈、自适应的能力等。

表 2-1 韧性的基本特性

基本特性	解释说明
鲁棒性	系统具备面临破坏时继续维持关键功能的能力
冗余性	系统内部各类单元组件或组成部分在遭受毁伤后有可替代的组件完成相应的服务功能，或者指系统功能上的冗余，例如，桥梁结构抗震性能高于一般要求
快速恢复性	通过精心拟定的应急计划、有效的应急行动及合适的资源配置提升系统在中断后尽可能快速和高效地返回至正常状态的能力
灵活性	系统能够熟练地准备、应对和管理危机或扰动，包括行动集的形成、优先行动的鉴别、有效的决策沟通等
多样性	交通系统包括一些不同交通模式和线路选择，应保证当一部分失效时系统不会失效
安全性	不能对出行者造成伤害，或者过度地将出行者暴露在灾害面前，例如，暴雨导致的山区公路塌方对交通出行安全造成影响
高效性	恢复、响应需要快速有效，例如，在救灾物资设备有限的情况下，优先保证重要路线路段的交通安全与重要节点的通达
适应性	能够适应内外部环境的改变，不影响系统功能的实现
协作性	信息和资源可以在不同的组成部分和合作者之间共享，如预防紧急事件的应急规划、系统用户的信息交流能力等

2.2.2 基于韧性评估的网络修复时序决策方法

为提高城市轨道交通应对突发事故的韧性，相关学者提出基于韧性评估的城市轨道交通网络修复时序方案决策方法。基于复杂网络理论，利用空间 L 型（L-space）方法构建网络拓扑结构，部分节点失效后利用不同的修复策略生成备选方案；选取网络平均效率为性能指标，构建韧性指数评估不同修复时序方案下轨道交通网络韧性的表现，推荐韧性指数最大的方案为最优方案，探讨不同修复策略与网络恢复性能间的关系；以南京地铁为例进行实例分析。

决策流程是决策机制的重要组成部分，指从发现问题、确定目标、方案选优、做出决策、决策反馈的全过程，如图 2-4 所示。在鉴别失效节点的基础上，基于不同的修复策略组合生成备选方案，选取网络平均效率作为性能指标，评估韧性指数评估修复时序方案的优劣，选取韧性指数最大的方案为最优方案。最后，探讨最优方案和修复策略的关系，作为决策反馈的一部分，进一步完善决策方法，提高决策的高效性。

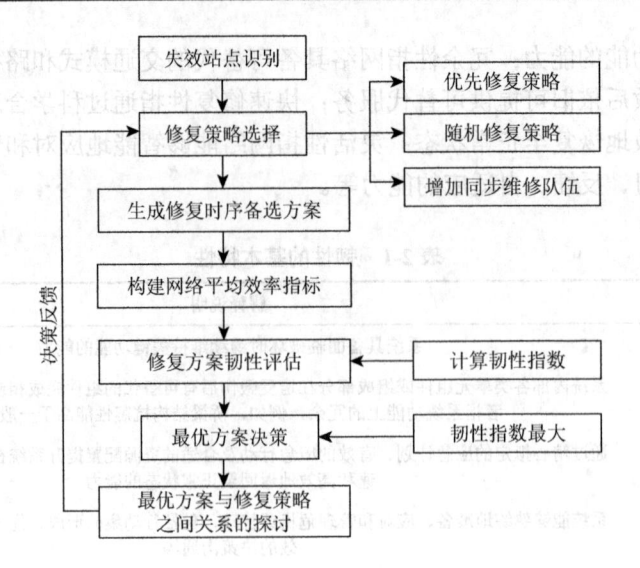

图 2-4 决策流程图

1. 修复时序备选方案生成

1）失效站点识别

网络拓扑建模是进行修复时序方案韧性评估的基础。选择 L-space 方法建立轨道交通网络拓扑结构。视轨道交通车站为节点，若两个节点之间直接有线路相连且不经过其他节点，则两个节点之间存在一条直接相连的边，否则无边连接。网络可以抽象为由点和边构成的图，车站站点抽象为点集，连接站点的区间线路抽象为边集。因此，轨道交通网络可用点集 V 和边集 L 组成的图 $D=G(V,L)$ 表示。其中 $V=(v_1,v_2,\cdots,v_N)$ 为构成图的点集合，$L=(l_1,l_2,\cdots,l_m)$ 为构成图的边集合。采用 $N \times N$ 邻接矩阵 $Y=\{y_{ij}\}$ 表征节点间的关联，式中，N 为网络节点的总数。无权网络中，如果节点 i 和节点 j 之间有边直接相连，则 $y_{ij}=1$；否则 $y_{ij}=0$。当网络部分站点失效，该网络的邻接矩阵发生改变。若站点 i 对应的邻接矩阵中的值由 1 变成了 0，则该站点为失效站点。

2）修复策略选择

（1）优先修复与随机修复策略。节点度是衡量站点对网络重要性贡献的重要指标，定义为与该节点相邻并直接相连的节点数。因此，选择节点度作为优先修复策略的指标。当多个站点失效时，利用节点度大小进行排序，优先修复节点度较大的站点，进而修复与其邻接的节点度较小的站点，可剔除部分备选方案，提高决策的高效性。为对比优先修复策略的效果提出随机修复策略，即随机选取失效节点，生成备选方案。

（2）增加同步维修队伍。在应急资源充足的条件下，增加同步维修队伍数可以提高恢复效率，缩短恢复时间，减少备选方案的个数。因此，实际工程中，可以根据资源的多少及实时的恢复要求，调整同步维修队伍的个数。

（3）修复时序方案生成。轨道交通与道路网相比，站点和路段的数量相对较少。当失效站点较少时，可利用排列组合的方法生成备选方案，即当有 D 个站点出现故障（$D<N$），可供选择的备选方案有 $D!$ 个；当失效站点较多，产生的备选方案随着失效站点的增加呈指数增长，韧性评估效率低下，可以根据不同的策略组合生成修复时序备选方案。

2. 韧性指数计算

韧性评估是以破坏发生到恢复整个过程为研究对象，将系统运行状态分为 5 个阶段：初始状态、扰动降级过程、扰动后的稳态、系统恢复过程及恢复后的状态。状态间由破坏事件发生及采取补救措施这两个过渡行为连接，如图 2-5 所示。

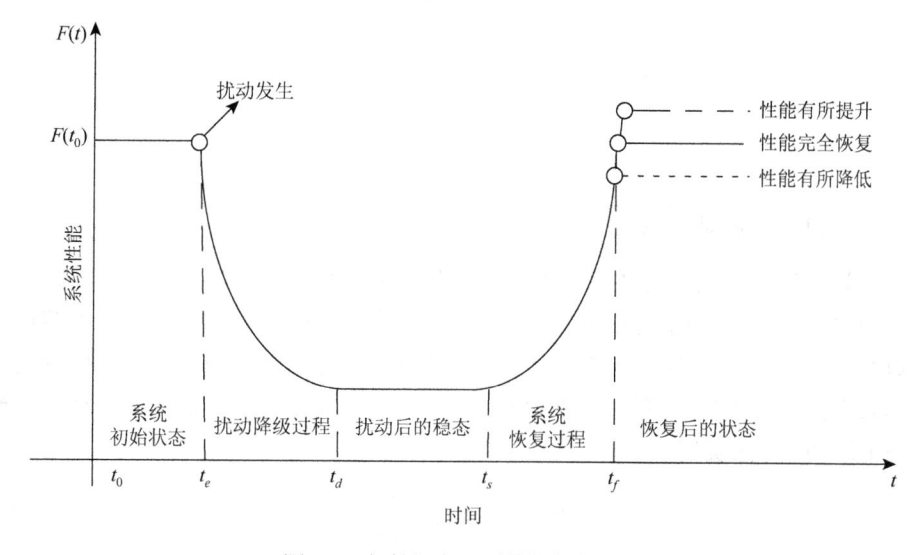

图 2-5 韧性视角下系统性能的改变

图 2-5 中横坐标为时间，纵坐标 F 为系统性能，用可被量化的变量表示，该变量应当具备数值越大越好的特性，曲线称为系统性能曲线。横坐标 t_e 和 t_d 之间是破坏事件发生阶段，系统性能的退化曲线代表一个与时间相关的事件，它不一定是线性的；且修复后的系统性能可能会和初始状态保持一致，也有可能降低或提升。

此外，t_d 和 t_s 也可以重合，即破坏事件发生时就采取补救行动，这时扰动后的稳态就不存在了。当 t_e、t_d 和 t_s 三点重合时，图 2-5 的倒梯形部分演化成恢复力三角区，即韧性三角，如图 2-6 所示。假设系统性能曲线是连续可积的，则用积分计算韧性指数，计算公式为

$$R_F(t_r|e_j) = \frac{\int_{t_e}^{t_r} F(t)dt}{F(t_0)(t_r - t_e)} \tag{2-5}$$

式中，$R_F(t_r|e_j)$ 为扰动事件 e_j 发生后 t_r 时刻系统的韧性指数；$F(t)$ 为系统性能函数；$F(t_0)$ 为正常状态下的系统性能；t_e 为扰动或破坏发生的时间。

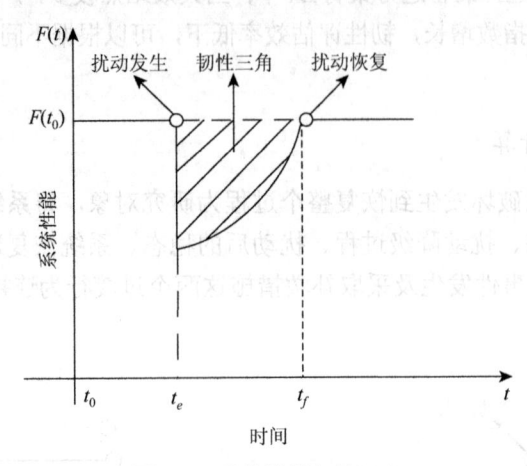

图 2-6　系统性能韧性三角

3. 网络韧性性能函数 F

高效性是评价轨道交通服务水平的重要指标，网络平均效率 E 量化网络在全局范围内的高效性，基于此构造网络修复方案性能函数 F。本节采用两个节点的最短距离（无向图中指一个节点到另一个节点所经历的边的最小数目）作为网络平均效率的计算指标。网络平均效率 E 如式（2-6）所示，两节点间最短路径的搜索用 Dijkstra 算法实现。

$$E = \frac{1}{N(N-1)} \sum_{i \neq j}^{N} \frac{1}{d_{ij}} \tag{2-6}$$

式中，d_{ij} 为连接节点 i 与 j 间的最短路径长度；N 为网络节点的总数。

4. 最优方案决策

在生成备选修复时序方案的基础上，基于网络平均效率 E 构造网络韧性性能函数 F，计算某方案不同修复阶段网络的平均效率；由式（2-5）计算该方案的韧性指数，评估不同修复时序方案的优劣，选取韧性指数最大的方案为最优方案。

2.2.3　案例分析

截至 2017 年 11 月底，南京地铁开通 7 条线路，总计 129 个车站，线路里程达 300.09km。采用 L-space 方法构建南京地铁网络拓扑结构，利用 Python 编程，正常运营状态下，南京地铁网络的平均效率 E 为 0.11306。

1. 模拟场景 I

假设地铁 1 号线有 3 个车站出现故障，分别是南京南站（1 号线、3 号线、机场线 S1 的换乘站）、新街口站（1 号线、2 号线的换乘站）、三山街站（普通站），目前仅有一组维修队伍，需要进行维修时序的决策。修复时序方案有 6 种，如表 2-2 所示。假设不同站点需要的修复时间相同，时间单位为小时，分别计算不同修复方案，不同阶段网络的平均效率，绘制性能曲线，如图 2-7 所示；由式（2-5）利用分段函数积分计算韧性指数，结果如表 2-2 所示。

表 2-2 不同修复时序方案网络韧性指数

修复时序方案	A1	A2	A3	A4	A5	A6
修复顺序	南京南站—新街口站—三山街站	南京南站—三山街站—新街口站	新街口站—南京南站—三山街站	新街口站—三山街站—南京南站	三山街站—南京南站—新街口站	三山街站—新街口站—南京南站
韧性指数 R	0.8708	0.8511	0.8194	0.7534	0.7481	0.6683

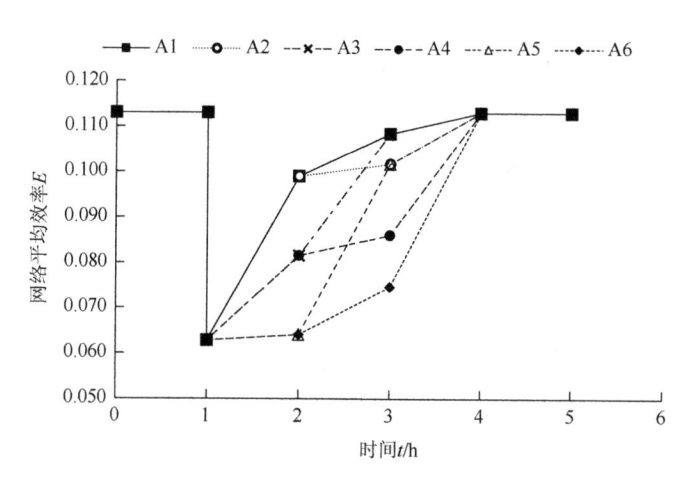

图 2-7 不同修复时序方案网络平均效率性能曲线

南京南站、新街口站、三山街站的节点度分别为 3、2、1。由图 2-7 可知，方案 A1：南京南站—新街口站—三山街站的韧性指数最大，恢复效果最好，为最优方案。说明：按照节点度大小进行排序的修复方案使得网络性能的恢复达到最优。

2. 模拟场景 Ⅱ

假设南京中心区域由于停电突发事故，大量节点失效，多条线路受到影响。受影响节点包括 20 个，南京地铁中心城区受影响车站分布情况表如表 2-3 所示。场景 Ⅱ 南京地铁受影响车站拓扑图如图 2-8 所示。

表 2-3 南京地铁中心城区受影响车站分布情况表

影响线路	受影响车站数/个	换乘站数/个	节点度为 4 的车站比例/%	节点度为 2 的车站比例/%
1 号线	7	2	28.57	71.43
2 号线	6	2	33.33	66.67
3 号线	6	2	33.33	66.67
4 号线	5	2	40.00	60.00
合计	20	4	20.00	80.00

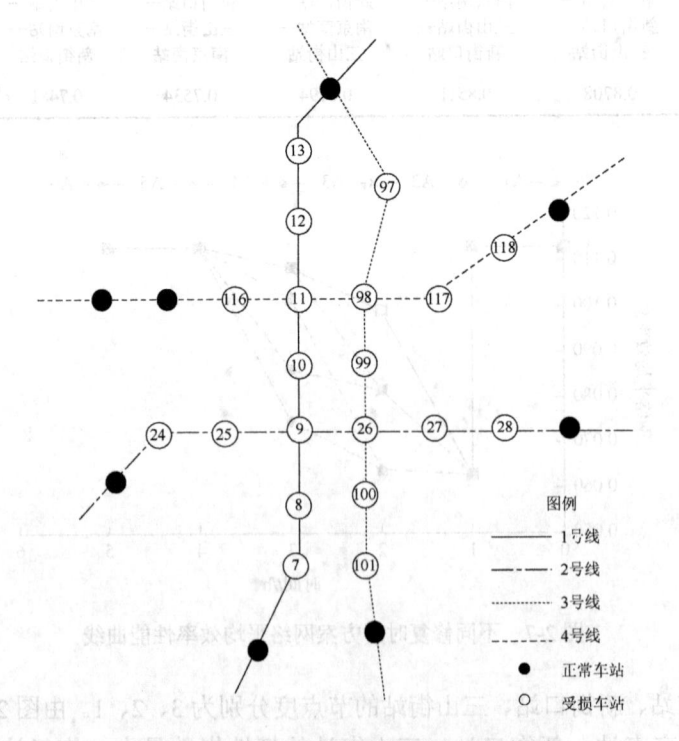

图 2-8 场景 Ⅱ 南京地铁受影响车站拓扑图

表 2-4 为备选方案个数与修复策略的对应关系。其中，当维修队同步进行维

修时，假设可同时维修同一个站点，且每个站点所花费的时间相同。优先修复策略包括优先修复节点度较大的点，再对其他节点进行随机修复；为了使中断节点尽早连接成片，在优先修复节点度较大站点的基础上，修复与其邻接的节点。通过对比，在采用同步维修的基础上，优先修复节点度较大的点，进而修复与其邻接的节点，备选方案的个数呈指数降低。

表 2-4 备选方案个数与修复策略的对应关系

策略组合序号	维修队伍个数	随机修复策略	优先修复节点度较大的点，再对其他节点进行随机修复	优先修复节点度较大的点，再修复与其邻接的节点	备选方案个数
B1	1	√	—	—	2.43×10^{18}
B2	1	—	√	—	5.02×10^{14}
B3	2	—	√	—	2304
B4	4	—	—	√	32

注："√"表示选用该策略，"—"表示不选用该策略

对比表 2-5 中 3 种策略组合下，不同修复时序方案网络恢复性能的变化。利用 Python 编程，计算每种策略组合下前 20 种修复时序方案的平均韧性指数，不同修复策略下网络平均效率性能曲线如图 2-9 所示。对比策略 C1 和 C2，可得出虽然优先修复策略起初网络平均效率不如随机修复策略（因为修复的 4 个换乘站是彼此孤立的站点），但是随着修复节点的增加，网络恢复的速率明显增加；对比策略 C2 和 C3 可发现，提高同步维修队伍的个数，网络恢复至正常状态的时间减半，韧性损失的面积减小。综合对比可得，优先修复节点度较大的站点继而修复与其邻接的站点并提高同步维修队伍的数量对网络性能的恢复具有显著提升。

表 2-5 网络恢复效果与修复策略的对应关系

策略组合序号	维修队伍数/个	随机修复策略	优先修复节点度较大的节点，进而修复与其邻接的节点	总恢复时间/h	平均韧性指数
C1	4	√	—	5	0.5998
C2	4	—	√	5	0.6367
C3	2	—	√	10	0.5643

本节将韧性评估与修复时序决策相融合，探讨轨道交通部分站点失效后，不同修复策略组合下各种修复时序方案对网络平均效率的影响，推荐韧性指数最大

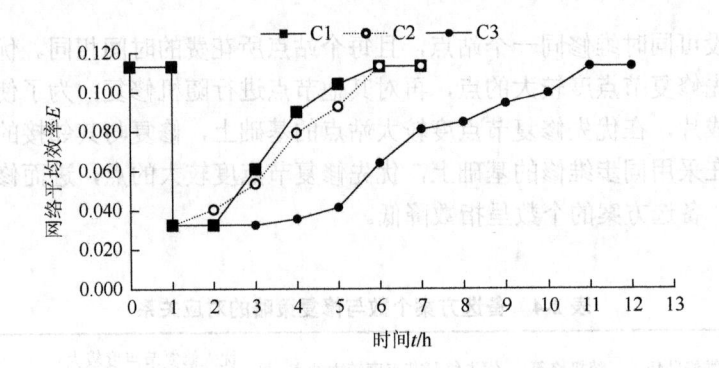

图 2-9 不同修复策略下网络平均效率性能曲线

的方案为最优方案。与传统的鲁棒性优化相比，基于韧性评估的决策能够反映网络状态随着修复措施推进的动态变化，从时间维度更好地为恢复状态的提升提供科学的决策方法，使得网络更加高效、快速地恢复至正常状态，从而减轻网络中断的不利影响。通过实例分析，主要结论如下。

（1）通过模拟场景Ⅰ的韧性评估，少数节点失效下该方法能够全面地鉴别方案的优劣，按照节点度大小进行排序的修复方案使得网络性能的恢复达到最优。

（2）通过模拟场景Ⅱ的韧性评估，多个节点失效下，优先修复节点度较大的站点进而修复与其邻接的站点并增加同步维修队伍能使网络性能的损失降到最低。在前期，优先修复策略的恢复效果可能不如随机修复策略，但更有助于提升整个恢复阶段网络的性能。

（3）本书提出的方法可适用于任何交通网络性能的评估，以指导修复时序方案的决策，未来可考虑有限成本或救援资源限制下最优修复方案的决策。

2.3　网络连通可靠性优化模型

本节选取 2030 年南京地铁规划网络为基础网络，建立包括边数、平均度、平均介数、直径、平均聚集系数、平均最短路径在内的城市轨道交通网络连通可靠性评价指标，通过采取四种不同的网络攻击策略模式，分析这些指标的变化情况，并比较这些指标的敏感度，从而获取相对较优的评价指标，通过建立费用约束下的网络连通可靠性优化模型，探讨能使轨道交通网络连通可靠性最优的新建线路方法，为规划者提供一些参考。

2.3.1　连通可靠性评价指标选取

一般地，网络攻击模式有以下四种形式。

(1) 初始度数（initial degree，ID）攻击模式，按初始网络中每个节点度的大小，对节点进行移除。

(2) 初始介数（initial betweenness，IB）攻击模式，按初始网络中每个节点介数大小，对节点进行移除。

(3) 移除度数（remove degree，RD）攻击模式，根据网络中每个节点度的大小，每次移除的节点是当前网络中度最大的节点。

(4) 移除介数（remove betweenness，RB）攻击模式，根据网络中每个节点介数的大小，每次移除的节点是当前网络中介数最大的节点。

基于 2.1 节对轨道交通网络的特性进行分析，选取与网络特性相关的以下五个评价指标对南京地铁网络连通可靠性进行分析，指标分别是平均度、平均介数、平均路径长度、直径、平均聚集系数。

通过 ID、IB、RD、RB 四种网络攻击模式依次移除南京地铁网络中的站点，通过统计剩余网络的指标数值来表征网络连通可靠性程度。指标数值下降幅度越大，说明该指标的变化率越大，指标的敏感性越高。为说明不同指标数值的下降幅度，引入敏感度系数来进行分析，计算公式为

$$\text{SAF} = \frac{\Delta A/A}{\Delta F/F} \tag{2-7}$$

式中，$\Delta A/A$ 为评价指标的变动比率；$\Delta F/F$ 为不确定因素的变化率。

通过比较不同指标的敏感度系数来选取最佳的网络连通可靠性评价指标。

通过对四种不同的攻击模式下不同指标的敏感性进行分析，可以得到不同模式下的网络连通可靠性评价的最优指标，如表 2-6 所示。

表 2-6　不同攻击模式下评价指标选取表

攻击模式	最优指标	次优指标
ID	平均路径长度	平均介数
IB	平均路径长度	平均介数
RD	平均路径长度	平均介数
RB	平均介数	平均路径长度、直径

从表 2-6 中可以看出，平均路径长度在 ID、IB、RD 三种攻击模式下均为网络连通可靠性评价的最优评价指标，在 RB 攻击模式下也仅次于平均介数。当轨道交通网络遭受攻击时，平均路径长度的敏感性较高，随着边数的增加或减少会发生相应的变化，不仅可以准确而清晰地刻画轨道交通网络的连通可靠性，平均路径长度的数学形式也较为简单。因此，在研究 2030 年南京地铁网络连通可靠性优化问题时，可将网络平均路径长度作为最佳评价指标进行研究。

2.3.2 网络优化模型建立

轨道交通网络相对来说比较复杂，本书只考虑对轨道交通网络的拓扑结构层面进行优化。目标函数是一个优化模型的关键所在，对一个优化模型设定不同的目标函数会得到不同的结果，并且同时影响着目标函数优化的精准性、可计算性及计算效率。通过不同的网络攻击策略分析当轨道交通网络遭受攻击时敏感性较高的指标，将该指标作为评价连通可靠性的测度指标，也作为网络连通可靠性优化模型的目标函数。

另外，模型的约束条件为在网络中增加新线路时所需的总费用。本书选取的是 2030 年规划的南京地铁规划网络，总费用仅考虑增加某些节点的连接，而不会改变整个城市轨道交通网络线路的布局和车辆运行，对运营成本和车辆购置成本的影响相对较小不予考虑。因此，费用包括前期准备、征地拆迁、土建、车辆、车辆段及停车场、机电设备等费用。

在建立和求解模型前，需要进行相应的数据准备，在本模型中，需要确定合理站间距和两站点间的连接费用。

目前国内设计轨道交通网络的合理站间距主要取决于最高行车速度、客流量、车站吸引范围、道路网络和城市轨道交通网密度等诸多因素，一般取值在 1~2km。通过统计目前南京地铁网络已建成线路的基本情况，合理站间距取 1.5km 较合适。

另外，针对增加新线路时所需的总费用，陈峰等[162]通过对国内大城市中已建和在建线路进行调研，得到了轨道交通建设总成本的构成，包括前期准备、征地拆迁、土建、车辆、车辆段及停车场、机电设备等费用，如表 2-7 所示。

表 2-7 轨道交通建设总成本构成

项目名称	建设成本/(万元/km)	占建设总成本比重/%
前期准备	3090	5.70
征地拆迁	4563	8.58
土建	19654	36.24
车辆	5393	9.94
车辆段及停车场	2441	4.51
机电设备	10744	19.81
建设期贷款利息	2553	4.71
其他费用	5701	10.51
合计	54229	100.00

建设一个轨道交通车站的造价同样是相当昂贵，目前一座双层明挖轨道交通车站的造价在 6000 万元左右。

因此，站点 i 和 j 的连接费用（亿元）为

$$\begin{cases} w_{ij} = 5.4229 d_{ij} + 0.6 \left(\left[\dfrac{d_{ij}}{l} \right] - 1 \right) & d_{ij} \geqslant l \\ w_{ij} = 5.4229 d_{ij} & d_{ij} < l \end{cases} \quad (2\text{-}8)$$

式中，w_{ij} 为站点 i 和 j 的连接费用；d_{ij} 为站点 i 和 j 的距离；l 为合理站间距。

根据模型思路和准备好的数据，本书费用约束下的连通可靠性优化模型可以简单表示为

$$\min L = \frac{2}{N(N+1)} \sum_{i \geqslant j} d_{ij}$$
$$\begin{cases} \max W = \sum_{i=1}^{N} \sum_{j=1}^{N} c_{ij} w_{ij} \leqslant E \\ c_{ij} = 0 \text{ 或 } 1 \end{cases} \quad (2\text{-}9)$$

式中，W 为新增线路时的总费用；E 为给定总费用；c_{ij} 为站点 i 和 j 连接状态的变化情况，如果发生变化，$c_{ij}=1$，如果没有发生变化，$c_{ij}=0$。

2.3.3 案例分析

1）可连接站点的选择

2030 年规划的南京地铁网络有 17 条线路，考虑到对地铁网络进行优化时，对线路的整体布局改变要小，并且不能在某一条线路上花费过多费用，因此在采集站点对之间的实际距离数据时，要求两站点之间最多再建造 5 个站点，即两点之间的实际距离不得超过 9km。

另外，选择的两个连接站点为度值较大的站点，也就是说这两个站点同时为换乘站且其度值必须同时在 3 以上（$k \geqslant 3$），才能考虑将其连接在一起，这是因为在规划线路时会根据站点的客流量情况，选择客流量较大的点作为新线路的换乘点。所以在本地铁网络中新建线路，也会把这些站点考虑在内，适当时将这些站点当作新建线路的换乘点设置。

本节选取 1 号线中竹山路、胜太路、南京南站、安德门、中华门、三山街、新街口、珠江路、鼓楼、南京站和晓庄站作为其中的连接点之一，另外一个站点从 2~17 号线的换乘站中选出，如表 2-8 所示。

表2-8 可连接站名称及其距离表

连接点	可连接站名称及其距离									
	名称	距离/km	名称	距离/km	名称	距离/km	名称	距离/km	名称	距离/km
竹山路	九龙湖	3.0	胜太西路	4.0	正德学院	5.8				
胜太路	九龙湖	4.0	雨花门	7.2	将军大道	7.0	小行	8.4	胜利村	8.1
	小天堂	7.9	光华门	8.8						
南京南站	雨润大街	7.3	元通	7.8	莫愁湖	8.3	小天堂	5.8	胜利村	6.8
	上海路	8.2	大行宫	8.0	杨家圩	5.1	中胜	6.4	小行	5.3
安德门	油坊桥	4.8	雨润大街	3.7	莫愁湖	5.3	光华门	6.3	西康路	7.9
	上海路	5.8	大行宫	6.5	明故宫	7.7	五台山	6.8	中保	7.8
	胜太西路	6.8	雨花门	3.2	夫子庙	4.7	正德学院	5.7	小天堂	6.8
	浮桥	7.4	市政府	8.1	云南路	7.9	西善桥	8.3	恒河路	5.2
	清凉山	6.5	胜利村	8.2	管子桥	6.7				
中华门	雨润大街	5.5	莫愁湖	3.8	大行宫	6.4	西康路	6.2	小行	4.0
	元通	5.1	上海路	4.0	明故宫	5.6	中保	6.5	五台山	4.9
	胜太西路	7.5	夫子庙	2.4	浮桥	5.3	光华门	4.3	中胜	4.3
	板仓村	7.7	云南路	5.9	市政府	6	恒河路	6.8	绿博园	6.0
	清凉山	4.9	管子桥							
三山街	油坊桥	8.8	元通	6.5	大行宫	2.3	板仓村	5.7	城河村	7.6
	雨润大街	7.1	莫愁湖	2.7	明故宫	4.0	西康路	4.8	胜利村	5.9
	雨花门	2.2	浮桥	3.2	市政府	4.1	中保	5.5	小行	5.8
	长途东站	7.6	恒河路	8.6	中胜	6.0	清凉山	3.4	绿博园	6.2
	管子桥	4.6								
新街口	雨花门	4.1	板仓村	4.0	小天堂	5.0	下关	6.3	市政府	2.0
	夫子庙	2.1	云南路	2.2	光华门	3.6	中胜	7.7	中保	4.6
	浮桥	1.5	西康路	3.4	五台山	1.2	清凉山	2.4	福建路	4.9
	长途东站	5.8	小行	7.7	绿博园	6.7	胜利村	6.4	城河村	5.6
	管子桥	4.1								
珠江路	元通	8.5	夫子庙	3.0	西康路	2.9	雨花门	5.1	云南路	1.2
	莫愁湖	2.7	市政府	1.4	中保	4.4	中胜	8.4	小行	8.6
	上海路	1.0	五塘村	6.6	小天堂	5.6	城河村	4.8	绿博园	6.6
	大行宫	1.4	板仓村	3.4	光华门	4.3	福建路	4.0	下关	5.7
	长途东站	5.1								
鼓楼	莫愁湖	3.3	雨花门	6.0	小天堂	6.2	明故宫	4.0	五塘村	5.8
	上海路	2.0	夫子庙	3.9	光华门	5.0	下关	4.9	长途东站	4.5

续表

连接点	可连接站名称及其距离									
	名称	距离/km	名称	距离/km	名称	距离/km	名称	距离/km	名称	距离/km
鼓楼	大行宫	2.2	浮桥	1.6	五台山	1.2	万寿村	8.2	清凉山	2.5
	绿博园	7.4	管子桥	4.4	福建路	3.2	城河村	4.0	胜利村	7.6
南京站	莫愁湖	6.4	明故宫	5.7	云南路	3.8	小天堂	8.5	五台山	4.5
	上海路	5.4	板仓村	2.9	西康路	5.0	光华门	7.2	福建路	3.6
	万寿村	4.9	清凉山	5.8						
晓庄	大行宫	8.7	浮桥	7.8	板仓村	5.7	明故宫	8.6	市政府	6.8
	云南路	7.6	五台山	8.4	新生圩	8.6	长途东站	3.7	下关	7.8

为使表中数据更为形象化，将可连接线路在南京地铁拓扑结构图中表示出来，可新建线路图如图 2-10 所示。图 2-10 中黑色站点表示的是南京地铁 1 号线的所有站点，浅灰色无箭头线条表示的是地铁 1 号线 11 个换乘站点可与其他线路换乘站点相连的线路，即可连接线路。

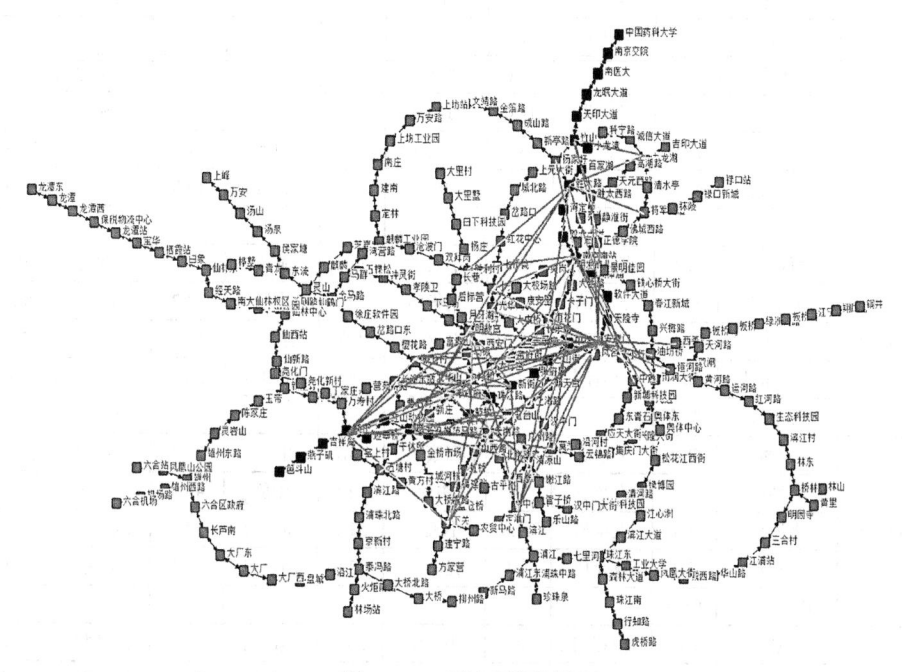

图 2-10 可新建线路图

2）连接站点的费用

根据表 2-7，可得连接两站点的费用，如表 2-9 所示。

表 2-9 可连接站名称及其连接费用表

连接点	名称	费用/亿元	名称	费用/亿元	名称	费用/亿元	名称	费用/亿元	名称	费用/亿元
竹山路	九龙湖	16.9	胜太西路	22.3	正德学院	32.7				
胜太路	九龙湖	22.3	雨花门	40.8	将军大道	39.8	小行	48.0	胜利村	46.3
	小天堂	45.2	光华门	50.1						
南京南站	雨润大街	41.4	元通	44.7	莫愁湖	47.4	小天堂	32.7	胜利村	38.7
	上海路	46.9	大行宫	45.8	杨家圩	28.9	中胜	36.5	小行	29.9
安德门	油坊桥	27.2	雨润大街	20.7	莫愁湖	29.9	光华门	36.0	西康路	45.2
	上海路	32.7	大行宫	37.0	明故宫	44.2	五台山	38.7	中保	44.7
	胜太西路	38.7	雨花门	18.0	夫子庙	26.7	正德学院	32.1	小天堂	38.7
	浮桥	41.9	市政府	46.3	云南路	45.2	西善桥	47.4	恒河路	29.4
	清凉山	37.0	胜利村	46.9	管子桥	38.1				
中华门	雨润大街	31.0	莫愁湖	21.2	大行宫	36.5	西康路	35.4	小行	22.3
	元通	28.9	上海路	22.3	明故宫	31.6	中保	37.0	五台山	27.8
	胜太西路	43.1	夫子庙	13.0	浮桥	29.9	光华门	23.9	中胜	23.9
	板仓村	44.2	云南路	33.2	市政府	34.3	恒河路	38.7	绿博园	34.3
	清凉山	27.8	管子桥	31.0						
三山街	油坊桥	50.1	元通	37.0	大行宫	12.5	板仓村	32.1	城河村	43.6
	雨润大街	40.3	莫愁湖	14.6	明故宫	22.3	西康路	27.2	胜利村	33.2
	雨花门	11.9	浮桥	18.0	市政府	22.8	中保	31.0	小行	32.7
	长途东站	43.6	恒河路	49.0	中胜	34.3	清凉山	19.0	绿博园	35.4
	管子桥	26.1								
新街口	雨花门	22.8	板仓村	22.3	小天堂	28.3	下关	36.0	市政府	10.8
	夫子庙	11.4	云南路	11.9	光华门	20.1	中胜	44.2	中保	26.1
	浮桥	5.4	西康路	19.0	五台山	5.9	清凉山	13.0	福建路	27.8
	长途东站	32.7	小行	44.2	绿博园	38.1	胜利村	36.5	城河村	31.6
	管子桥	22.8								
珠江路	元通	48.5	夫子庙	16.9	西康路	15.7	雨花门	28.9	云南路	5.4
	莫愁湖	14.6	市政府	5.4	中保	24.5	中胜	48.0	小行	49.0
	上海路	5.4	五塘村	37.6	小天堂	31.6	城河村	27.2	绿博园	37.6
	大行宫	5.4	板仓村	19.0	光华门	23.9	福建路	22.3	下关	32.1
	长途东站	28.9								
鼓楼	莫愁湖	18.5	雨花门	34.3	小天堂	35.4	明故宫	22.3	五塘村	32.7
	上海路	10.8	夫子庙	21.7	光华门	28.3	下关	27.8	长途东站	25.6
	大行宫	11.9	浮桥	8.7	五台山	5.4	万寿村	46.9	清凉山	13.6
	绿博园	41.9	管子桥	24.5	福建路	18.0	城河村	22.3	胜利村	43.6

续表

连接点	可连接站名称及其连接费用									
	名称	费用/亿元	名称	费用/亿元	名称	费用/亿元	名称	费用/亿元	名称	费用/亿元
南京站	莫愁湖	36.5	明故宫	32.1	云南路	21.2	小天堂	48.5	五台山	25.6
	上海路	30.5	板仓村	15.7	西康路	28.3	光华门	40.8	福建路	20.1
	万寿村	27.8	清凉山	32.7						
晓庄	大行宫	49.6	浮桥	44.7	板仓村	32.1	明故宫	49.0	市政府	38.7
	云南路	43.6	五台山	48.0	新生圩	49.0	长途东站	20.7	下关	44.7

表 2-9 中数据可为新建线路的选择提供数据支持。

3）可连接线路的选择

为选择最佳新建线路，现进行假设，给定总费用 $E=100$ 亿元。将表 2-9 中连接费用按大小顺序排列后，可以得到在此条件下，最多可在原有地铁网络的基础上新建 12 条线路，最少可新建 2 条线路。

在新建不同数量的线路时，可选择的连接线路不是只有一种方案。根据优化模型公式，需要最大化使用所给费用，因此在新建不同数量的线路时可选择的连接线路唯一，具体如表 2-10 所示。

表 2-10 可连接线路表

条数	可选择的连接线路
2	三山街—油坊桥、晓庄—大行宫
3	珠江路—市政府、三山街—油坊桥、安德门—明故宫
4	南京南站—元通、安德门—明故宫、鼓楼—五台山、珠江路—云南路
5	南京站—万寿村、新街口—管子桥、中华门—莫愁湖、三山街—大行宫、珠江路—西康路
6	新街口—浮桥、三山街—雨润大街、鼓楼—上海路、新街口—五台山、晓庄—长途东站、竹山路—九龙湖
7	鼓楼—城河村、珠江路—西康路、南京站—板仓村、三山街—莫愁湖、鼓楼—清凉山、三山街—大行宫、新街口—浮桥
8	珠江路—莫愁湖、新街口—清凉山、新街口—云南路、三山街—大行宫、新街口—西康路、安德门—雨花门、珠江路—云南路、鼓楼—五台山
9	鼓楼—莫愁湖、三山街—雨花门、珠江路—云南路、新街口—夫子庙、珠江路—市政府、三山街—大行宫、竹山路—九龙湖、新街口—五台山、鼓楼—大行宫
10	珠江路—市政府、新街口—云南路、新街口—浮桥、三山街—莫愁湖、三山街—雨花门、鼓楼—大行宫、珠江路—云南路、新街口—夫子庙、新街口—市政府、鼓楼—上海路
11	珠江路—云南路、鼓楼—五台山、新街口—云南路、新街口—浮桥、三山街—大行宫、新街口—市政府、新街口—五台山、珠江路—夫子庙、珠江路—市政府、三山街—莫愁湖、珠江路—上海路
12	鼓楼—大行宫、新街口—夫子庙、新街口—市政府、鼓楼—上海路、新街口—五台山、新街口—浮桥、珠江路—上海路、珠江路—市政府、鼓楼—浮桥、三山街—大行宫、珠江路—云南路、新街口—云南路

表 2-10 中数据信息可为 2.4 节选择最优线路提供数据支持。

4）最优连接线路的选择

为选出最佳的连接方式，采用 2.3.1 节得到的南京地铁网络连通可靠性最佳评价指标——平均路径长度作为目标函数，通过比较新建不同数量的线路时平均路径长度的变化情况，进而获得此模型的最优解。

在连接线路时，需根据站点间实际距离和合理站间距情况，适当添加中间站点以满足线路连接条件。例如，三山街到油坊桥的距离是 8.8km，则在连接这两站点时，需要在其中间增设 5 个站点，并在 UCINET 中绘制出新建不同数量线路时的网络拓扑结构图。同时，在 PAJEK 中获取其平均路径长度值。经统计，新建不同数量线路平均路径长度变化图如图 2-11 所示。

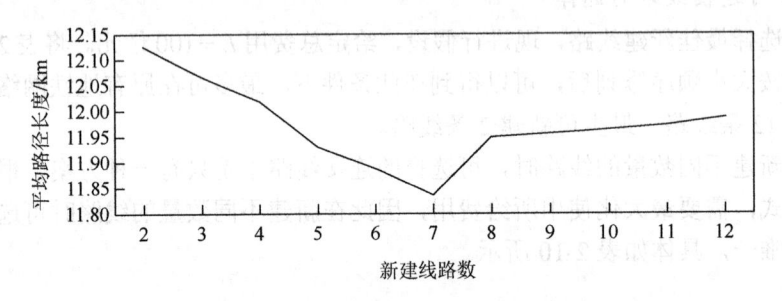

图 2-11　新建不同数量线路平均路径长度变化图

从图 2-11 中可以看出，随着新建线路数目的增加，网络平均路径长度的变化情况是先逐渐减小后逐渐增大，并且当新建 7 条线路时，平均路径长度达到最小值，也就意味着此时可求得模型的最优解。

这也就是说当新建的线路为鼓楼—城河村、珠江路—西康路、南京站—板仓村、三山街—莫愁湖、鼓楼—清凉山、三山街—大行宫、新街口—浮桥这七条线路时，此时网络的平均路径长度最小，并且此时网络的连通可靠性相对最高。

2.4　网络级联失效模型与鲁棒性优化模型

本节将介绍基于双向耦合地图网格模式的轨道交通网络级联失效模型和鲁棒性优化模型。该级联失效模型考虑车站状态与线路双向客流之间的相互作用，比过去的单向耦合模型更适合轨道交通网络的级联故障分析。此外，通过一种具有可调参数的流量重分配方法，灵活地实现不同的流量重分配，并通过流量管理来优化网络的鲁棒性。最后，通过南京地铁的交通数据，分析南京地铁网络的级联故障过程，优化其鲁棒性，论证该模型的有效性。

2.4.1 双向耦合级联失效模型

描述轨道交通网络常见的方法有 L-space、P-space 和简单的图形化方法。这里采用 L-space 方法来描述轨道交通网络的拓扑结构，因为 L-space 可以直接显示轨道交通网络完整的拓扑信息。在 L-space 方法中，节点表示站点，如果两个站点相邻，则存在一个边。图 2-12 所示的是一个具有双向流量的简单轨道交通网络模型及其故障在网络中的扩散过程，车站故障和受影响的边缘用灰色表示。

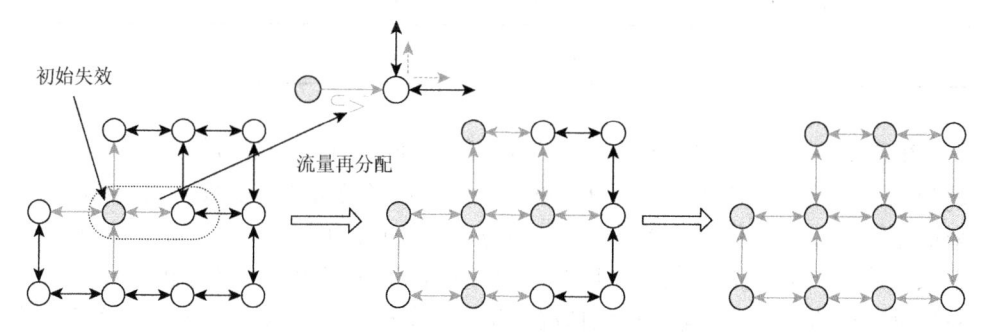

图 2-12 轨道交通网络模型及故障传播过程

在轨道交通中，级联失效的原因不仅与网络拓扑有关，还与流量分布有关。在 CMLs 模型的基础上，考虑双向拓扑和流量，提出一个城域网级联失效模型，如式（2-10）所示。在模型中，时间和空间是离散变量，状态是连续变量。

$$x_i(t+1) = R + \left| \left(1 - \varepsilon_1^{in} - \varepsilon_1^{out} - \varepsilon_2^{in} - \varepsilon_2^{out}\right) f[x_i(t)] + \varepsilon_1^{in} \sum_{j, j \neq i} \frac{a_{ij} f[x_i(t)]}{k_i^{in}} + \varepsilon_1^{out} \sum_{j, j \neq i} \frac{a_{ij} f[x_i(t)]}{k_i^{out}} \right.$$
$$\left. + \varepsilon_2^{in} \sum_{j, j \neq i} \frac{a_{ij} w_{i \to j} f[x_i(t)]}{s_i^{in}} + \varepsilon_2^{out} \sum_{j, j \neq i} \frac{a_{ij} w_{i \to j} f[x_i(t)]}{s_i^{out}} \right|$$
$$(i = 1, 2, \cdots, N) \qquad (2\text{-}10)$$

式中，$x_i(t)$ 为 i 站在 t 时刻的状态，也反映了 i 站的交通状况。初始时刻，$x_i(t) \in (0,1)$，$x_i(t)$ 值越大，交通状况越差。由于站点初始状态难以预测，在初始时刻对 $x_i(t)$ 在(0, 1)内取随机值。轨道交通网络可能会遭遇突发事故，从基础故障到人为攻击，都有可能导致站点瘫痪或关闭。为了模拟攻击对站点的影响，令外部扰动 $R \geqslant 1$，并将其添加到站点中，R 值越大表示站点受到的攻击或故障越严重。对于没有遇到攻击的其他站点，设置 $R = 0$。采用式（2-10）中的绝对值表示法来保证每个站的状态始终是非负的。此外，式（2-10）中的其他符号含义详见表 2-11。

表 2-11 模型中符号定义

符号	定义
a_{ij}	网络的邻接矩阵中的元素。$a_{ij}=1$ 为从 i 站到 j 站存在边，否则 $a_{ij}=0$。邻接矩阵可以有效地表示轨道交通的拓扑结构
k_i^{in}, k_i^{out}	k_i^{in} 为 i 站的入度，即指向站点的边的总数 k_i^{out} 为 i 站的出度，即从该车站到相邻车站的边的总数
$\varepsilon_1^{in}, \varepsilon_1^{out}$	ε_1^{in} 和 ε_1^{out} 为 i 站的入度和出度的拓扑耦合强度
$\varepsilon_2^{in}, \varepsilon_2^{out}$	ε_2^{in} 和 ε_2^{out} 分别为 i 站的流入强度和流出强度的流耦合强度
S_1^{in}, S_1^{out}	S_1^{in}，S_1^{out} 分别为 i 站的流入强度和流出强度

在表 2-1 中，$\varepsilon_1^{in}, \varepsilon_1^{out}, \varepsilon_2^{in}$ 和 ε_2^{out} 的取值范围为 (0，1)，并且满足 $\varepsilon_1^{in} + \varepsilon_1^{out} + \varepsilon_2^{in} + \varepsilon_2^{out} < 1$。式 (2-10) 中函数 f 表示局部动态行为，选择逻辑映射函数 $f(x) = 4x(1-x)$ 来描述网络中站点的动态行为，当 $0 \leq f(x) \leq 1$ 时，$0 \leq x \leq 1$。每个站点的状态按照式（2-10）进行演化。如果网络中所有站点的初始状态都处于 (0，1) 区间中，并且没有外部干扰或流量激增的情况发生，则所有站点将永远保持正常状态。相反地，如果第 i 站在第 m 个时间步长内流量过载，即 $x_i(m) \geq 1$，则该站将发生故障，此时假设对于 $t > m$，故障站的状态 $\equiv 0$。在 $m+1$ 时刻，根据式（2-10），i 站邻居的状态会受到 $x_i(m)$ 的影响。然后，如果失效站点的一个或多个邻居的状态大于 1，则会触发新一轮故障。$I(t)$ 为站点失效数与原始网络规模 N 的比值。当故障停止扩散时，可以得到均衡的失效比例 $I \equiv \lim_{t \to \infty} I(t)$。临界扰动 R_c 被定义为导致全局网络失效的扰动，即 $I=1$，它可以用来测量网络的鲁棒性。较高的 R_c 值表示网络对全局网络失效具有较高的承受力。

由于轨道交通网络边缘方向的对称性，一个车站的入度和流入强度也就是另一个车站的出度和流出强度。简言之，可以假定 $\varepsilon_1^{in} = \varepsilon_1^{out} = \varepsilon_1$ 和 $\varepsilon_2^{in} = \varepsilon_2^{out} = \varepsilon_2$。此外，有

$$\sum_{j, j \neq i} \frac{a_{ij} f[x_i(t)]}{k_i^{out}} = \frac{f[x_i(t)]}{k_i^{out}} \sum_{j, j \neq i} a_{ij} \qquad (2\text{-}11)$$

和

$$\sum_{j, j \neq i} \frac{a_{ij} w_{i \to j} f[x_i(t)]}{s_i^{out}} = \frac{f[x_i(t)]}{s_i^{out}} \sum_{j, j \neq i} a_{ij} w_{i \to j} \qquad (2\text{-}12)$$

式中，$\sum_{j, j \neq i} a_{ij} = k_i^{out}$ 且 $\sum_{j, j \neq i} a_{ij} w_{i \to j} = s_i^{out}$。因此，式（2-10）可以写为

$$x_i(t+1) = R + \left| (1-\varepsilon_1-\varepsilon_2)f[x_i(t)] + \varepsilon_1 \sum_{j,j\neq i} \frac{a_{ij}f[x_i(t)]}{k_i^{\text{in}}} + \varepsilon_2 \sum_{j,j\neq i} \frac{a_{ij}w_{i\to j}f[x_i(t)]}{s_i^{\text{in}}} \right|$$

(2-13)

式（2-13）中的符号及站位状态演化规律参见式（2-10）。由式（2-13）可知，下一个时间步长，站点的状态将受到其邻近站点入度与流入强度耦合的影响。这一发现是合理的，因为流出流量不会影响下一时间步长内站点的状态。对于相邻站点来说，这部分流出的流量只是它们的流入，因此每个站点的流出信息都包含在其邻接站点的流入信息中。

2.4.2 基于流量重分配的鲁棒性优化模型

当某个站点发生故障失效时，在当前时间步长指向失效站点的流量将被重新分配到其他线路。而重新分配的流量将增加其他站点的压力，并影响网络流量的原始平衡状态。实际上，对于轨道交通线路中的双向流量问题，流入和流出流量之间存在一定相关性。此外，在站点发生故障后，同一条边上的重新分配流量和原始流量也有一定程度的关联。但是，这种相关性具有很大的不确定性，因为它们会受到许多因素的影响，如乘客的行为和车站的布局。为了简化计算并快速阐明用于流量管理的失效扩散过程的一般模式，假设这些流量彼此之间相互独立。然后，可以对流量重新分配并进行建模。

如果站点 i 发生故障失效，则来自其相邻站点之一的 j 站的流量 $w_{i\to j}$ 将由连接站点 j 的其他边共享。在正常情况下，对于站点 j 与其正常邻近站点 v 之间的边，有 $w_{j\to v} \leftarrow w_{j\to v} + w_{j\to v}$，式中，$w_{j\to v}$ 为重新分配到从 j 向 v 边上的流量。在轨道交通中，当乘客开始疏散时，人们总是希望用更少的时间和成本到达目的地。通常来说，只要经过更少的车站，就能够相应地减少乘客的时间和成本。由于具有较大边介数的边意味着它连接了更多供乘客选择的最短路径，假设具有较大边介数的边将具有更多的重分配流。那么 $w_{j\to v}$ 可计算为

$$\Delta w_{j\to v} = w_{j\to i} \cdot \text{be}_{jv} \Big/ \sum_{x=1}^{k_j^{\text{out}}} \text{be}_{jx}$$

(2-14)

式中，be_{jv} 为边 e_{jv} 的边介数，指的是通过边 e_{jv} 的最短路径数；k_j^{out} 为当前步骤中站点 j 的出度。

$$\sum_v \left(\text{be}_{jv} \Big/ \sum_{x=1}^{k_j^{\text{out}}} \text{be}_{jx} \right) = 1$$

(2-15)

该模型考虑了网络拓扑结构、度（局部信息）和介数（全局信息）及客流信息。

在轨道交通网络中，可以对客流进行一定程度的引导和控制，因此在不改变轨道交通网络拓扑结构的情况下研究最优流量重分配对提高轨道交通网络的鲁棒性具有重要意义。为此，提出了一种基于 η 系数的流量重分配模型：

$$\Delta w_{j\to v} = w_{j\to i} \cdot \left[\mathrm{be}_{jv} + \eta \left(\overline{\mathrm{be}}_j - \mathrm{be}_{jv} \right) \right] \Big/ \sum_{x=1}^{k_j^{\mathrm{out}}} \mathrm{be}_{jx} \quad (2\text{-}16)$$

式中，$w_{j\to i}$ 为从站点 j 流向故障站点 i 的流量；$\overline{\mathrm{be}}_j$ 为连接站点 j 的边介数的平均值，且满足 $\overline{\mathrm{be}}_j = \sum_{x=1}^{k_j^{\mathrm{out}}} \dfrac{\mathrm{be}_{jx}}{k_j^{\mathrm{out}}}$。

流量重分配系数，取值范围为(0, 1)。可以看出，不同的 η 值对应于不同的流量重分配策略。$\eta = 0$ 对应式（2-15）所描述的原始流量重分配，即 $w_{j\to v} \leftarrow w_{j\to v} + w_{j\to i}/k_j^{\mathrm{out}}$。流量重分配模型可以基于客流的自然运动实现灵活的流量管理。通过试图寻找最优的重分配系数 η 来使轨道交通网络的鲁棒性达到最优。

2.4.3 案例分析

南京地铁网络拓扑结构如图 2-13 所示，截至 2017 年 6 月，南京地铁拥有 7 条线路、129 个车站和 133 条支线。

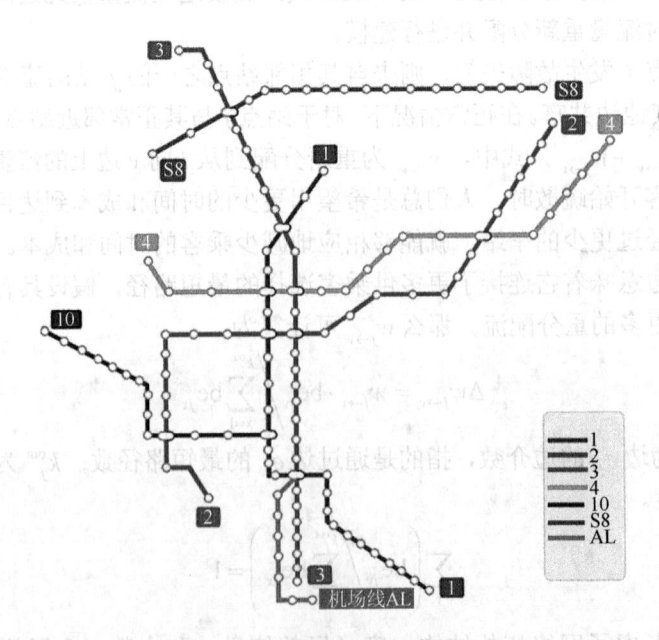

图 2-13 南京地铁网络拓扑结构

通过 AFC，可以采集乘客的进站 ID、进站时间、出站 ID 和出站时间。通过给线路分配 OD 流量，可以估算相邻两站之间的区间客流。使用工作日 7:30~7:45 的高峰时段的流量数据来进行分析。

图 2-14 展示了站点度数分布，大多数站点度数为 2，只有少数站点具有较大度数。图 2-15 展示了分辨率为 100 名乘客的断面客流分布，断面客流分布近似呈幂律分布 $P(x)\sim x^{-\gamma}$，这表明该网络在早高峰时段具有异质客流和重负荷站点。

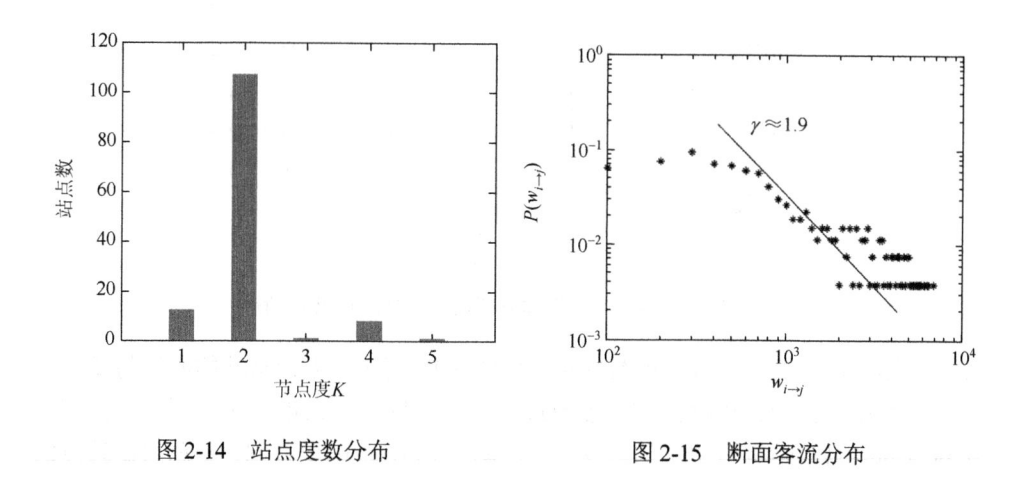

图 2-14　站点度数分布　　　　图 2-15　断面客流分布

1. 级联失效分析

基于前文提出的级联失效模型，利用随机故障（random failure，RF）和蓄意攻击（intentional attack，IA）对南京地铁的攻击或故障进行了模拟，并对联锁失效过程进行了分析。根据最大度、最大介数和最大强度选取重要站点。结果显示，度最大的站点为南京南站，度数为 5。最大介数节点为大行宫站，通过 3048 条最短路径。最大的流动强度节点为新街口站，流入强度为 25500，流出强度为 18600。下面就对模拟南京地铁网络级联失效展开具体分析。

1）级联失效的临界扰动 R_c

首先对南京地铁网络临界扰动 R_c 进行研究。通过设定不同的扰动系数 R 来模拟对站点的攻击，随着 R 值的增加，就可以得到引起地铁网络整体失效的临界值 R_c。图 2-16 展示的是当 $\varepsilon_1 = \varepsilon_2 = 0.2$ 且 $\eta = 0$ 时，均衡失效比例 I 随着扰动系数 R 增加的变化情况。

如图 2-16 所示，均衡失效比例 I 随着 R 的增加而增加，直到 $I=1$。最后可以得到三个站点的临界扰动为，新街口站 $R_c=1.7$，大行宫站 $R_c=1.8$，南京南站 $R_c=1.9$。在随机故障的条件下，得到临界扰动 $R_c=2.05$，比在蓄意攻击的情况下要小。结果表明，最大客流强度站点比其他站点更容易触发全局网络故障，网络对随机故

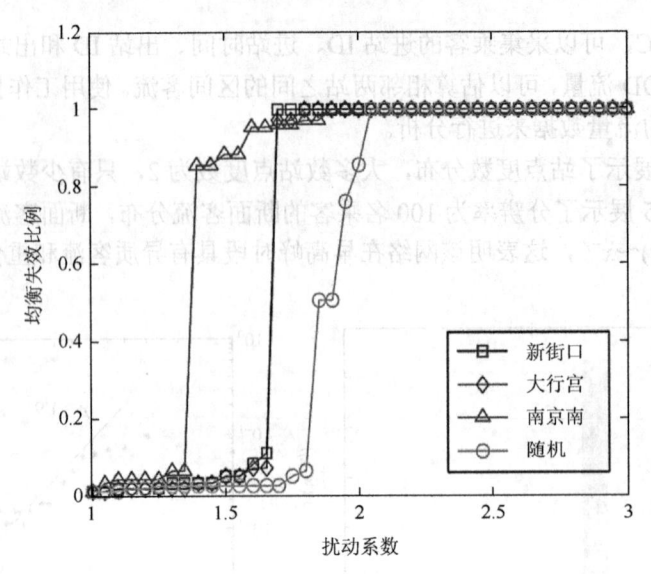

图 2-16 均衡失效比例随着扰动系数增加的变化情况

障的鲁棒性优于对特定攻击的鲁棒性。如图 2-16 所示,大行宫站的曲线与新街口站的曲线相似。南京南站的节点度数最大,但它位于南京市郊区,因此,南京南站对全局网络故障具有更强的承受力。从图 2-16 中还可以看到,蓄意攻击站点的失效曲线显示出从小失效比例到大失效比例或全局网络失效存在突变。该结果表明,一旦攻击程度超过一定值,重要站点的低级别故障就会引发大规模的级联失效,暴露出地铁网络特殊的内在脆弱性。

2)失效传播过程

为了清楚地展示失效传播过程,绘制了失效比例 $I(t)$ 与时间步长 t 的函数关系,其中 $\varepsilon_1 = \varepsilon_2 = 0.2$ 且 $\eta = 0$,不同模式攻击下各站点失效比例 $I(t)$ 随时间变化情况如图 2-17 所示。

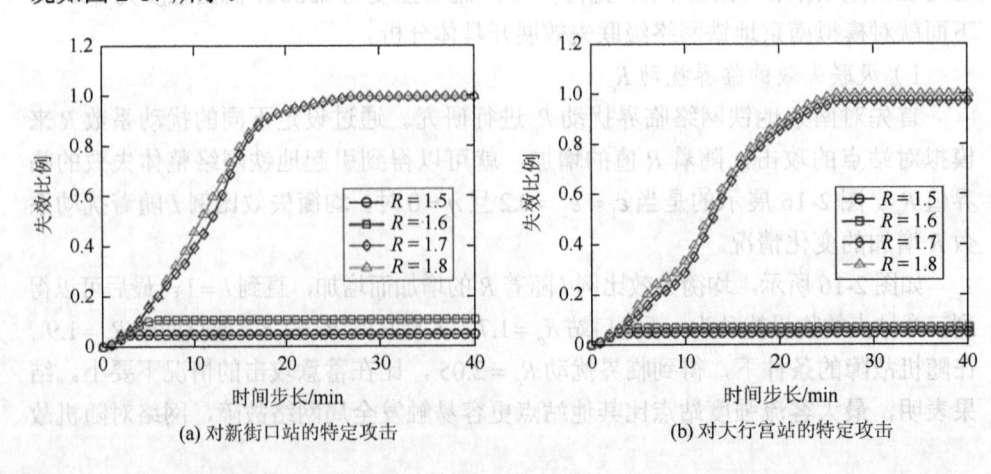

(a) 对新街口站的特定攻击　　　　(b) 对大行宫站的特定攻击

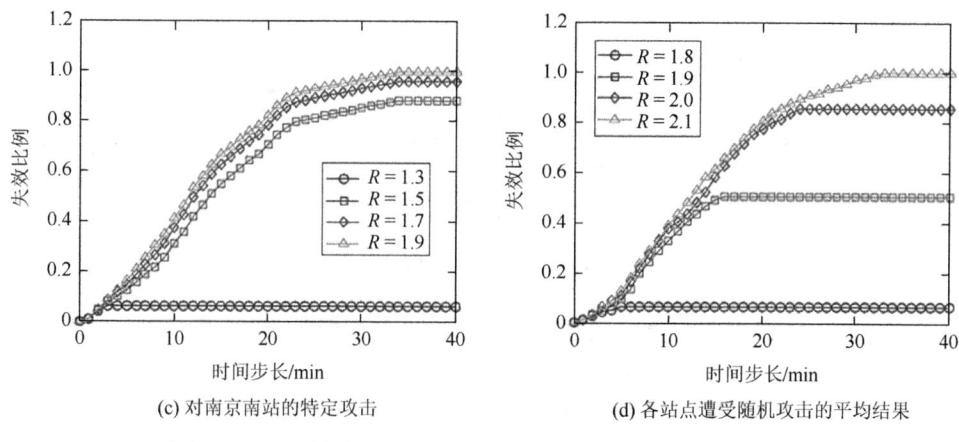

(c) 对南京南站的特定攻击　　　　(d) 各站点遭受随机攻击的平均结果

图 2-17　不同模式攻击下各站点失效比例 $I(t)$ 随时间变化情况

根据图 2-17，当 R 很小时，失效会在较短的时间内扩散，并且观察到较小的失效比例。此结果与实际情况相符，在这种情况下，对站点的攻击或故障影响很小，只会导致一小部分网络在短时间内出现故障。随着 R 的增加，可以看到失效开始在地铁网络上扩散。当 $R > R_c$ 时，将触发全局网络失效，并且失效会在地铁网络中逐渐蔓延，直到所有站点都发生失效。由于处于网络中心的站点触发的失效在网络上传播通常需要更少的步骤，由大行宫站（$t = 26\text{min}$）初始故障触发的全局网络失效的传播时间比新街口站（$t = 27\text{min}$）和南京南站（$t = 34\text{min}$）更短。随着 R 的增加，也可以清楚地观察到特定攻击引发的一小部分网络失效到大规模网络故障的相变，并且由于网络突然变化，对于较大的 R，特定攻击下的曲线更加集中。乘客自主灵活的出行行为可能有利于抵御网络的恶化。但网络拓扑结构的破坏将限制客流疏散，最终导致地铁出现联锁失效的危险现象。

为了深入了解站点失效比例随时间的微观变化，对失效传播速度进行监测，即监测在一个时间步长内失效比例的增加量，定义为 $\Delta I(t) = I(t) - I(t-1)$。图 2-18 绘制了 $\Delta I(t)$ 随时间步长 t 的变化情况。$\Delta I(t)$ 最大值的 80% 作为 $\Delta I(t)$ 峰值的边界。图 2-18 表明，随着时间步长 t 的增加，$\Delta I(t)$ 先增大然后减小，并且级联失效的速度和时间步长之间呈现出近似正态分布的关系。从 $\Delta I(t)$ 曲线中提取的峰值时间 t_{pk} 对于及时采取有效措施具有重要意义。

对于不同模式的攻击，峰值时间 t_{pk} 的范围和失效扩散的终止时间是不同的。对于小扰动，针对不同站点的攻击的峰值时间彼此相似，并且 $t_{\text{pk}} < 5\text{min}$，这表明由小扰动触发的失效仅散布在很小的范围内并迅速终止。对于导致大多数网络失效或全局网络失效的较大扰动，针对不同模式攻击的 t_{pk} 之间存在差异。对于新街口站的攻击，当 $R = 1.7$ 时，峰值时间（单位：min）范围为 $12 < t_{\text{pk}} < 16$；当 $R = 1.8$

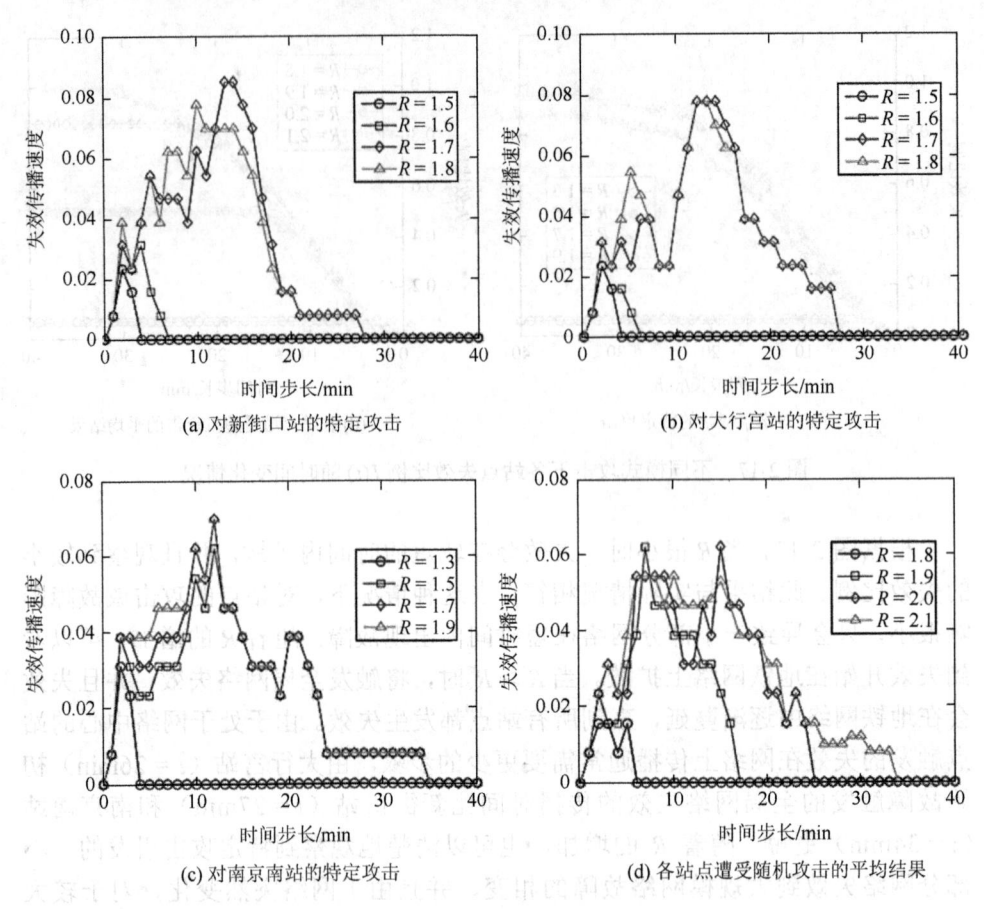

图 2-18 不同扰动下的失效传播速度变化情况

时，峰值时间（单位：min）范围为 $11 < t_{pk} < 15$。对于大行宫站的攻击，峰值时间（单位：min）范围为 $11 < t_{pk} < 16$，并且当触发全局失效时，不同 R 值对应的 $\Delta I(t)$ 趋势彼此相似。对于南京南站的攻击，不同 R 值下的 $\Delta I(t)$ 值不同，峰值前的波动相似（但 $R = 1.3$ 除外，因为该地铁站的系统鲁棒性较好，故在较弱的扰动性下能够快速恢复运营）。另外，不同 R 值下的 $\Delta I(t)$ 曲线形状几乎相同，表明它们相似。不同 R 值的峰值时间（单位：min）范围约集中在 $10 < t_{pk} < 14$。在随机攻击时峰值可看作一个相对较宽的范围，这表明了从不同站点发起的失效过程的同质化。上述结果清楚地显示了当触发失效时，扰动程度对失效扩展过程的显著影响。

3）耦合强度的影响

由于拓扑和流量耦合强度描述了网络拓扑和流量之间的相互作用关系，有必要研究它们对地铁网络临界扰动的影响。表 2-12 列出了 $\eta = 0$ 时不同耦合强度下的临界扰动 R_c。

第 2 章 城市轨道交通网络性能评价与优化

表 2-12 $\eta=0$ 时不同耦合强度下的临界扰动 R_c

R_c	ε_1	0.15	0.15	0.15	0.20	0.20	0.20	0.25	0.25
	ε_2	0.15	0.20	0.25	0.15	0.20	0.25	0.15	0.20
新街口		2.30	1.90	1.70	1.90	1.70	1.50	1.75	1.55
大行宫		2.35	2.00	1.80	2.05	1.80	1.60	1.75	1.65
南京南站		2.50	2.25	2.00	2.15	1.90	1.80	1.80	1.75
随机		2.65	2.55	2.40	2.30	2.10	2.00	2.00	1.90

表 2-12 显示，对于相同的攻击，R_c 随着 ε_1 和 ε_2 的增加而降低。例如，对于新街口的攻击，当 $\varepsilon_1=0.2$，ε_2 从 0.15 增加到 0.25 时，R_c 从 1.9 减少到 1.5。类似地，当 ε_2 固定时，R_c 也随着 ε_1 的增加而减小。研究结果表明，增加耦合强度可以增强站点之间的交互作用，并使失效更容易传播。但是，对于相同的 ε_1 和 ε_2，新街口站的 R_c 始终是最小的，并且这些站的 R_c 的顺序不变。观察集合 $(\varepsilon_1,\varepsilon_2)$ 与 R_c 之间存在近似比例关系，可得增加拓扑和网络流量的耦合强度会大大降低网络的鲁棒性，但不会改变站点的重要性。

2. 鲁棒性优化

1）最佳流量重分配

在不改变南京地铁拓扑结构的前提下，基于式（2-16）中描述的基于 η 系数的流量重分配模型对网络鲁棒性进行优化。图 2-19 显示了临界扰动 R_c 随 η 从 0 增加到 1（对于 $\varepsilon_1=\varepsilon_2=0.20$）的变化情况。

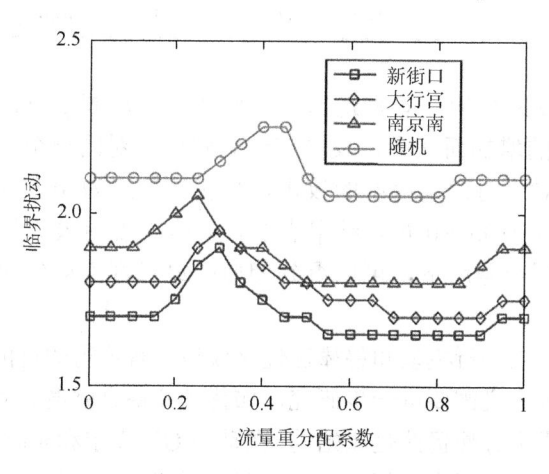

图 2-19 临界扰动 R_c 随 η 变化情况

根据图 2-19，每个临界扰动曲线都有一个最大值，并且对于相同的 η，随机攻击临界扰动始终大于特定攻击的临界扰动。图 2-19 中，新街口站的 R_c 始终是最小的，这是因为在相同的流量重分配策略下，站点的重要性不会改变。对于新街口站，R_c 在 $\eta=0.3$ 之前随着 η 增加而增加，在 $\eta=0.3$ 时 R_c 达到最大值 1.9，接着又随 η 增加而下降。由于大行宫站靠近新街口站并且承受着较高的客流压力，可以看到大行宫站 R_c 的变化趋势与新街口站类似。大行宫站的最大 R_c 为 1.95，相应的最优 η 值为 0.3。对于南京南站，在 $\eta=0.25$ 之前，R_c 随 η 的增加而增加，并当 $\eta=0.25$ 时达到其最大值 $R_c=2.05$。对于随机攻击，当 $\eta=0.35$ 时，最大 R_c 为 2.25。以上结果表明，通过优化流量重分配系数 η 可以优化网络的鲁棒性。由于网络流量分布的异构性，对于不同站点的攻击，η 的最优值可能会有所不同。

2) 耦合强度的影响

为了揭示耦合强度对最佳流量重分配系数的影响，表 2-13 展示了不同拓扑和流量耦合强度的最大 R_c 和相应的最优 η。

表 2-13　不同耦合强度下的临界扰动及对应的最优 η 值

最优 $R_c(\eta)$	ε_1	0.15	0.15	0.15	0.20	0.20	0.20	0.25	0.25
	ε_2	0.15	0.20	0.25	0.15	0.20	0.25	0.15	0.20
新街口		2.40 (0.30)	2.10 (0.30)	1.90 (0.30)	2.10 (0.35)	1.90 (0.30)	1.70 (0.30)	1.85 (0.30)	1.70 (0.30)
大行宫		2.45 (0.30)	2.15 (0.30)	1.95 (0.30)	2.15 (0.35)	1.95 (0.30)	1.70 (0.30)	1.95 (0.30)	1.75 (0.30)
南京南站		2.50 (0.25)	2.30 (0.25)	2.10 (0.30)	2.25 (0.30)	2.05 (0.25)	1.95 (0.30)	2.05 (0.25)	1.85 (0.25)
随机		2.70 (0.35)	2.60 (0.40)	2.50 (0.40)	2.45 (0.35)	2.25 (0.35)	2.15 (0.40)	2.15 (0.35)	2.00 (0.35)

随着耦合强度的增加，最大 R_c 减小。例如，当 ε_2 固定时，对于同一站点的攻击，R_c 随着 ε_1 的增加而减小，反之亦然。然而，对同一个站点的攻击，η 最优值略有变化。对于对南京南站的攻击，最优 η 范围为 0.25~0.30。对于随机攻击，η 最优值为 0.35~0.40。结果表明，耦合强度对最大临界扰动有很大影响，但在不同的耦合强度下，可以得到相似的最优客流重分配策略，从而提高网络的鲁棒性。

以上的级联失效分析模型和鲁棒性优化模型还有值得改进的地方。首先，一些模型参数的实际意义需要进一步研究，如扰动和耦合强度。其次，这里提出的节点失效后的流量重分配仍然是原始的。在动态 OD 需求和实时网络故障信息下，双向交通流与乘客疏散行为之间的复杂相互作用将是未来的研究方向。最后，这里探讨的是从一个节点触发故障。然而，在实际情况下，网络故障可能由多个失效节点触发。

2.5 本章小结

本章在构建城市轨道交通网络拓扑结构的基础上，提出了反映不同特性的网络拓扑指标。将韧性评估与修复时序决策相融合，探讨地铁部分站点失效后，不同修复策略组合下各种修复时序方案对网络平均效率的影响，推荐韧性指数最大的方案为最优方案。

以 2030 年南京地铁网络规划为案例，分析比较多个网络拓扑指标在不同攻击模式下的变化情况，建立费用约束下的网络连通可靠性优化模型，探讨能使地铁网络连通可靠性最优的新建线路方法。

考虑车站状态与线路双向客流之间的相互作用，构建城市轨道交通网络级联失效模型，通过一种具有可调参数的流量重分配方法，灵活地实现不同的流量重分配，利用流量管理优化网络的鲁棒性。

第3章　城市轨道交通运营风险辨识与评估

随着全国城市轨道交通运营规模的不断扩大，客流量的急剧增加，作为媒介的城市轨道交通网络会加快风险传播并加剧风险危害。突发事故和高强度客流都会干扰轨道交通正常运行，其风险影响会被网络迅速扩大，严重时会造成级联失效致使网络瘫痪。在网络化运营背景下，准确、可靠的风险辨识对于进入网络化初级阶段的城市具有指导意义，对于进入网络化快速发展的城市具有探索性、前瞻性。为此，亟须建立一套贯穿城市轨道交通运营风险辨识与评估的技术体系，为高效辨识与评估运营风险、提高城市轨道交通网络的安全性和可靠性提供技术支撑。

3.1　故障致因分析模型

3.1.1　系统主要因素分析

城市轨道交通运营是一个复杂的系统，导致运营故障的发生因素多种多样。根据系统论的观点，系统与系统之间及系统内部相互关联，并与环境相联系组成一个集合。根据事故致因，可以将导致运营故障的因素划分为四类：人、设备设施、环境及管理，环境可分为内部环境和外部环境，如图3-1所示。

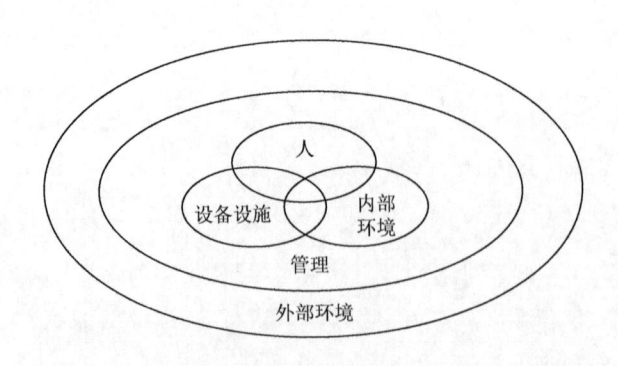

图3-1　城市轨道交通运营故障致因因素关系图

人，指从事和参与运营工作的人员。

设备设施，指有关地铁运营的各项设备设施。包括车辆、通信、信号、轨道、供电、场站、隧道及相关的检修、监控、救援设备等。

环境，指轨道交通运行的环境和工作场所的环境。包括沿线和场站周围的外部环境（如大风、暴雨、大雪、滑坡、塌方等）及工作人员的内部环境（如温度、湿度、噪声、光线等）。

管理，指对轨道交通工作人员、乘客、设备设施、调度指挥等的管理。包括编制有关安全运营的规章、制度、细则、方法和客运组织方法、调度方法等，并制定考核标准，监督其贯彻执行。

上述四大因素相互关联、相互作用、相辅相成，共同构成了城市轨道交通运营故障的致因机理体系。同时四大因素内部的构成要素也可成为运营故障的致因因素，例如，设备设施构成中，任一要素出现问题都可成为运营故障的致因。四大因素每一因素的各内部因素也是按照一定的结构组成的，即内部因素也构成一个小系统。因此轨道交通运营故障的致因过程是结构化的，由四大致因因素构成，而四大致因因素又由各自的致因因素组成，共同表现为互动关系。

本章运用解释结构模型（interpretative structural model，ISM）法对影响运营故障的致因因素进行层次分析，以便从众多的致因因素和复杂的关系链中找出城市轨道交通运营故障的直接原因、间接原因和深层次原因。ISM 法以定性分析为主，可以把模糊不清的思想、看法转化为直观的、具有良好结构关系的模型，适用于变量众多、关系复杂、结构不清晰的系统分析。在建立故障致因分析模型前，首先按故障责任将部门分为第一级责任部门、第二级责任部门、第三级责任部门。

第一步，对系统进行因素分析。从人、设备设施、环境和管理四个方面选取主要的致因因素，并将各影响因素编号（S_i）。

根据实际故障事件，为方便表达，第一级责任部门故障致因分析时，将故障编号为 a_1，将各项致因因素依次编号为 a_2、a_3、…、a_n；第二级责任部门故障致因分析时，将故障编号为 b_1，将各项致因因素依次编号为 b_2、b_3、…、b_n；第三级责任部门故障致因分析时，将故障编号为 c_1，将各项致因因素依次编号为 c_2、c_3、…、c_n。

3.1.2 影响因素邻接矩阵建立

第二步，根据各影响因素的总体结构及内在的相互关系，建立影响因素邻接矩阵 A。邻接矩阵 A 依据以下规则得到：

（1）若 S_i 对 S_j 有直接影响，则 a_{ij} 取 1，否则取 0；

（2）若 S_j 对 S_i 有直接影响，则 a_{ji} 取 1，否则取 0；

（3）若 S_i 与 S_j 之间相互有较强影响，则 a_{ij} 和 a_{ji} 都取 1，如果相互影响程度相差较大，则大的取 1，小的取 0。

根据对城市轨道交通运营故障数据的致因分析，以及一线工作和管理人员的意见，得到各级责任部门相关致因因素的邻接矩阵。第一级责任部门相关致因因素的邻接矩阵记为 A_1，第二级责任部门相关致因因素的邻接矩阵记为 A_2，第三级责任部门相关致因因素的邻接矩阵记为 A_3。

$$A_1 = \begin{array}{c} \\ a_1 \\ a_2 \\ a_3 \\ a_4 \\ a_5 \\ a_6 \\ a_7 \\ a_8 \\ a_9 \\ a_{10} \end{array} \begin{bmatrix} a_1 & a_2 & a_3 & a_4 & a_5 & a_6 & a_7 & a_8 & a_9 & a_{10} \\ 1 & 0 & 0 & 0 & 0 & 0 & 0 & 0 & 0 & 0 \\ 0 & 1 & 0 & 1 & 1 & 1 & 1 & 0 & 0 & 0 \\ 1 & 0 & 1 & 0 & 0 & 0 & 0 & 0 & 0 & 0 \\ 1 & 0 & 0 & 1 & 0 & 0 & 0 & 0 & 0 & 0 \\ 1 & 0 & 0 & 0 & 1 & 0 & 0 & 0 & 0 & 0 \\ 1 & 0 & 0 & 0 & 0 & 1 & 0 & 0 & 0 & 0 \\ 1 & 0 & 0 & 0 & 0 & 0 & 1 & 0 & 0 & 0 \\ 1 & 0 & 0 & 0 & 0 & 0 & 0 & 1 & 0 & 0 \\ 0 & 1 & 0 & 0 & 0 & 1 & 0 & 1 & 0 & 0 \\ 0 & 1 & 0 & 0 & 0 & 0 & 0 & 0 & 1 & 1 \end{bmatrix}$$

$$A_2 = \begin{array}{c} \\ b_1 \\ b_2 \\ b_3 \\ b_4 \\ b_5 \\ b_6 \\ b_7 \\ b_8 \\ b_9 \\ b_{10} \\ b_{11} \\ b_{12} \\ b_{13} \end{array} \begin{bmatrix} b_1 & b_2 & b_3 & b_4 & b_5 & b_6 & b_7 & b_8 & b_9 & b_{10} & b_{11} & b_{12} & b_{13} \\ 1 & 0 & 0 & 0 & 0 & 0 & 0 & 0 & 0 & 0 & 0 & 0 & 0 \\ 0 & 1 & 0 & 1 & 0 & 1 & 1 & 0 & 0 & 0 & 0 & 0 & 0 \\ 1 & 0 & 1 & 0 & 1 & 1 & 1 & 1 & 0 & 0 & 0 & 0 & 0 \\ 1 & 0 & 0 & 1 & 0 & 0 & 0 & 0 & 0 & 0 & 0 & 0 & 0 \\ 1 & 0 & 0 & 0 & 1 & 0 & 0 & 0 & 0 & 0 & 0 & 0 & 0 \\ 1 & 0 & 0 & 0 & 0 & 1 & 0 & 0 & 0 & 0 & 0 & 0 & 0 \\ 1 & 0 & 0 & 0 & 0 & 0 & 1 & 0 & 0 & 0 & 0 & 0 & 0 \\ 1 & 0 & 0 & 0 & 0 & 0 & 0 & 1 & 0 & 0 & 0 & 0 & 0 \\ 0 & 0 & 0 & 0 & 0 & 0 & 0 & 0 & 1 & 1 & 0 & 0 & 0 \\ 0 & 0 & 0 & 0 & 1 & 0 & 0 & 0 & 0 & 1 & 0 & 0 & 0 \\ 0 & 0 & 0 & 1 & 1 & 1 & 1 & 0 & 0 & 1 & 1 & 0 & 0 \\ 0 & 0 & 1 & 0 & 0 & 0 & 0 & 0 & 0 & 0 & 0 & 1 & 0 \\ 0 & 0 & 1 & 0 & 0 & 0 & 0 & 0 & 0 & 0 & 1 & 1 & 1 \end{bmatrix}$$

$$A_3 = \begin{bmatrix} & c_1 & c_2 & c_3 & c_4 & c_5 & c_6 & c_7 & c_8 & c_9 & c_{10} & c_{11} & c_{12} & c_{13} & c_{14} \\ c_1 & 1 & 0 & 0 & 0 & 0 & 0 & 0 & 0 & 0 & 0 & 0 & 0 & 0 & 0 \\ c_2 & 0 & 1 & 0 & 0 & 1 & 1 & 0 & 1 & 0 & 0 & 0 & 0 & 0 & 0 \\ c_3 & 0 & 0 & 1 & 0 & 1 & 0 & 1 & 1 & 0 & 0 & 0 & 0 & 0 & 0 \\ c_4 & 1 & 0 & 0 & 1 & 0 & 0 & 0 & 0 & 0 & 0 & 0 & 0 & 0 & 0 \\ c_5 & 1 & 0 & 0 & 0 & 1 & 0 & 0 & 0 & 0 & 0 & 0 & 0 & 0 & 0 \\ c_6 & 1 & 0 & 0 & 0 & 0 & 1 & 0 & 0 & 0 & 0 & 0 & 0 & 0 & 0 \\ c_7 & 1 & 0 & 0 & 0 & 0 & 0 & 1 & 0 & 0 & 0 & 0 & 0 & 0 & 0 \\ c_8 & 1 & 0 & 0 & 0 & 0 & 0 & 0 & 1 & 0 & 0 & 0 & 0 & 0 & 0 \\ c_9 & 1 & 0 & 0 & 0 & 0 & 0 & 0 & 0 & 1 & 0 & 0 & 0 & 0 & 0 \\ c_{10} & 0 & 0 & 0 & 0 & 0 & 0 & 0 & 0 & 0 & 1 & 0 & 0 & 0 & 0 \\ c_{11} & 0 & 1 & 1 & 0 & 0 & 0 & 0 & 0 & 1 & 0 & 1 & 0 & 1 & 1 \\ c_{12} & 0 & 1 & 1 & 1 & 0 & 0 & 0 & 0 & 0 & 0 & 0 & 1 & 1 & 1 \\ c_{13} & 0 & 0 & 1 & 0 & 0 & 0 & 0 & 0 & 0 & 0 & 0 & 0 & 1 & 0 \\ c_{14} & 0 & 1 & 1 & 1 & 0 & 0 & 0 & 0 & 0 & 0 & 0 & 0 & 0 & 1 \end{bmatrix}$$

3.1.3 可达矩阵计算

第三步，获得邻接矩阵 A 后，求 A 与单位矩阵 I 的和 $A+I$，做矩阵 $A+I$ 的幂运算，直到式（3-1）成立为止，则称矩阵 M 为系统的可达矩阵。

$$M = (A+I)^r = (A+I)^{r+1} \neq (A+I)^{r-1} \tag{3-1}$$

式（3-1）中，幂运算基于布尔代数运算进行。矩阵 M 中，元素 m_{ij} 为 1 代表要素 S_i 到要素 S_j 间存在着可到达的路径，即要素 S_i 对要素 S_j 产生直接或间接影响。

根据式（3-1），由邻接矩阵 A 可得到可达矩阵，第一级责任部门相关致因因素的可达矩阵为 M_1，其中 I_1 为 10 阶单位矩阵；第二级责任部门相关致因因素的可达矩阵为 M_2，其中 I_2 为 13 阶单位矩阵；第三级责任部门相关致因因素的可达矩阵为 M_3，其中 I_3 为 14 阶单位矩阵。通过 Matlab 软件计算得到

$$M_1 = \begin{bmatrix} 1 & 0 & 0 & 0 & 0 & 0 & 0 & 0 & 0 & 0 \\ 1 & 1 & 0 & 1 & 1 & 1 & 1 & 0 & 0 & 0 \\ 1 & 0 & 1 & 0 & 0 & 0 & 0 & 0 & 0 & 0 \\ 1 & 0 & 0 & 1 & 0 & 0 & 0 & 0 & 0 & 0 \\ 1 & 0 & 0 & 0 & 1 & 0 & 0 & 0 & 0 & 0 \\ 1 & 0 & 0 & 0 & 0 & 1 & 0 & 0 & 0 & 0 \\ 1 & 0 & 0 & 0 & 0 & 0 & 1 & 0 & 0 & 0 \\ 1 & 0 & 0 & 0 & 0 & 0 & 0 & 1 & 0 & 0 \\ 1 & 1 & 0 & 1 & 1 & 1 & 1 & 0 & 1 & 0 \\ 1 & 1 & 0 & 1 & 1 & 1 & 1 & 0 & 1 & 1 \end{bmatrix}$$

$$M_2 = \begin{bmatrix} 1 & 0 & 0 & 0 & 0 & 0 & 0 & 0 & 0 & 0 & 0 & 0 & 0 & 0 \\ 1 & 1 & 0 & 1 & 0 & 1 & 1 & 0 & 0 & 0 & 0 & 0 & 0 & 0 \\ 1 & 0 & 1 & 0 & 1 & 1 & 1 & 1 & 0 & 0 & 0 & 0 & 0 & 0 \\ 1 & 0 & 0 & 1 & 0 & 0 & 0 & 0 & 0 & 0 & 0 & 0 & 0 & 0 \\ 1 & 0 & 0 & 0 & 1 & 0 & 0 & 0 & 0 & 0 & 0 & 0 & 0 & 0 \\ 1 & 0 & 0 & 0 & 0 & 1 & 0 & 0 & 0 & 0 & 0 & 0 & 0 & 0 \\ 1 & 0 & 0 & 0 & 0 & 0 & 1 & 0 & 0 & 0 & 0 & 0 & 0 & 0 \\ 1 & 0 & 0 & 0 & 0 & 0 & 0 & 1 & 0 & 0 & 0 & 0 & 0 & 0 \\ 1 & 0 & 0 & 0 & 0 & 0 & 0 & 0 & 1 & 0 & 0 & 0 & 0 & 0 \\ 1 & 0 & 0 & 0 & 1 & 0 & 0 & 1 & 0 & 1 & 0 & 0 & 0 & 0 \\ 1 & 0 & 0 & 1 & 1 & 1 & 1 & 1 & 0 & 1 & 1 & 0 & 0 & 0 \\ 1 & 0 & 1 & 0 & 1 & 1 & 1 & 1 & 0 & 0 & 0 & 1 & 0 & 0 \\ 1 & 0 & 1 & 1 & 1 & 1 & 1 & 1 & 0 & 0 & 0 & 0 & 1 & 0 \\ 1 & 0 & 1 & 1 & 1 & 1 & 1 & 1 & 1 & 1 & 1 & 1 & 1 & 1 \end{bmatrix}$$

$$M_3 = \begin{bmatrix} 1 & 0 & 0 & 0 & 0 & 0 & 0 & 0 & 0 & 0 & 0 & 0 & 0 & 0 \\ 1 & 1 & 0 & 0 & 1 & 1 & 0 & 1 & 0 & 0 & 0 & 0 & 0 & 0 \\ 1 & 0 & 1 & 0 & 1 & 0 & 1 & 1 & 0 & 0 & 0 & 0 & 0 & 0 \\ 1 & 0 & 0 & 1 & 0 & 0 & 0 & 0 & 0 & 0 & 0 & 0 & 0 & 0 \\ 1 & 0 & 0 & 0 & 1 & 0 & 0 & 0 & 0 & 0 & 0 & 0 & 0 & 0 \\ 1 & 0 & 0 & 0 & 0 & 1 & 0 & 0 & 0 & 0 & 0 & 0 & 0 & 0 \\ 1 & 0 & 0 & 0 & 0 & 0 & 1 & 0 & 0 & 0 & 0 & 0 & 0 & 0 \\ 1 & 0 & 0 & 0 & 0 & 0 & 0 & 1 & 0 & 0 & 0 & 0 & 0 & 0 \\ 1 & 0 & 0 & 0 & 0 & 0 & 0 & 0 & 1 & 0 & 0 & 0 & 0 & 0 \\ 1 & 0 & 0 & 0 & 1 & 0 & 0 & 0 & 1 & 0 & 0 & 0 & 0 & 0 \\ 1 & 1 & 1 & 1 & 1 & 1 & 1 & 1 & 0 & 1 & 0 & 1 & 0 & 1 \\ 1 & 1 & 1 & 1 & 1 & 1 & 1 & 1 & 0 & 0 & 0 & 1 & 1 & 1 \\ 1 & 0 & 1 & 0 & 1 & 0 & 1 & 1 & 0 & 0 & 0 & 0 & 1 & 0 \\ 1 & 1 & 1 & 1 & 1 & 1 & 1 & 0 & 0 & 0 & 0 & 0 & 0 & 1 \end{bmatrix}$$

3.1.4 可达矩阵分解及递阶层次结构建立

第四步，分解可达矩阵 M，求得可达集 $R(S_i)$、先行集 $A(S_i)$ 和可达集与先行集的交集 $R(S_i) \cap A(S_i)$。然后根据 $R(S_i) \cap A(S_i) = R(S_i)$ 条件来进行层级的抽取。每次抽取后则在矩阵 M 中取出相应的行和列，重复本步骤抽取下一个层级。可达集和先行集的定义如下。

可达集 $R(S_i)$：可达矩阵中要素 S_i 对应的行中，包含有 1 的矩阵元素所对应的列要素的集合。

先行集 $A(S_i)$：可达矩阵中要素 S_i 对应的列中，包含有 1 的矩阵元素所对应的行要素的集合。

根据以上分析可以得到系统内各主要因素的解释结构模型层次图，可以对模型进行进一步分析解释。

以第一级责任部门故障致因因素分析为例，第一次分解可达矩阵 M，求得可达集 $R(a_i)$、先行集 $A(a_i)$ 和可达集与先行集的交集 $R(a_i) \cap A(a_i)$。第一级责任部门故障致因因素第一级可达集和先行集如表 3-1 所示。

表 3-1　第一级责任部门故障致因因素第一级可达集和先行集

a_i	$R(a_i)$	$A(a_i)$	$R(a_i) \cap A(a_i)$
1	1	1、2、3、4、5、6、7、8、9、10	1
2	1、2、4、5、6、7	2、9、10	2
3	1、3	3	3
4	1、4	2、4、9、10	4
5	1、5	2、5、9、10	5
6	1、6	2、6、9、10	6
7	1、7	2、7、9、10	7
8	1、8	8	8
9	1、2、4、5、6、7、9	9、10	9
10	1、2、4、5、6、7、9、10	10	10

根据表 3-1 数据，依据 $R(S_i) \cap A(S_i) = R(S_i)$ 条件筛选可知第一层 $L(1) = \{1\}$，在 M 中去除第 1 行和第 1 列，寻找第二级元素，见表 3-2。

表 3-2　第一级责任部门故障致因因素第二级可达集和先行集

a_i	$R(a_i)$	$A(a_i)$	$R(a_i) \cap A(a_i)$
2	2、4、5、6、7	2、9、10	2
3	3	3	3
4	4	2、4、9、10	4
5	5	2、5、9、10	5
6	6	2、6、9、10	6
7	7	2、7、9、10	7
8	8	8	8

续表

a_i	$R(a_i)$	$A(a_i)$	$R(a_i) \cap A(a_i)$
9	2、4、5、6、7、9	9、10	9
10	2、4、5、6、7、9、10	10	10

根据表3-2数据，依据$R(S_i) \cap A(S_i) = R(S_i)$条件筛选可知第二层$L(2) = \{3, 4, 5, 6, 7, 8\}$，在$M$中去除第3、4、5、6、7、8行和第3、4、5、6、7、8列，寻找第三级元素，见表3-3。

表3-3 第一级责任部门故障致因因素第三级可达集和先行集

a_i	$R(a_i)$	$A(a_i)$	$R(a_i) \cap A(a_i)$
2	2	2、9、10	2
9	2、9	9、10	9
10	2、9、10	10	10

根据表3-3数据，依据$R(S_i) \cap A(S_i) = R(S_i)$条件筛选可知第三层$L(3) = \{2\}$，在$M$中去除第2行和第2列，寻找第四级元素，见表3-4。

表3-4 第一级责任部门故障致因因素第四级可达集和先行集

a_i	$R(a_i)$	$A(a_i)$	$R(a_i) \cap A(a_i)$
9	9	9、10	9
10	9、10	10	10

根据表3-4数据，依据$R(S_i) \cap A(S_i) = R(S_i)$条件筛选可知第四层$L(4) = \{9\}$，在$M$中去除第9行和第9列，寻找第五级元素，见表3-5。

表3-5 第一级责任部门故障致因因素第五级可达集和先行集

a_i	$R(a_i)$	$A(a_i)$	$R(a_i) \cap A(a_i)$
10	10	10	10

根据表3-5数据，依据$R(S_i) \cap A(S_i) = R(S_i)$条件筛选可知第五层$L(5) = \{10\}$。至此，对可达矩阵的分解完成。

根据上述分析，可建立第一级责任部门层面故障致因因素的ISM模型，如图3-2所示，将各因素a_i替换为故障致因因素，可得第一级责任部门层面故障致因因素关系图，如图3-3所示。

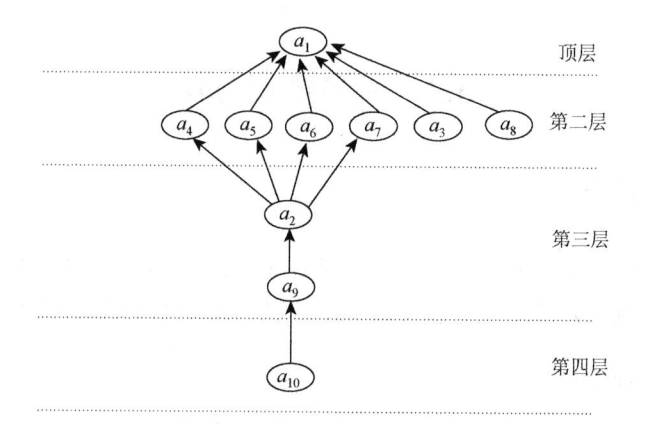

图 3-2　第一级责任部门层面故障致因因素的 ISM 模型

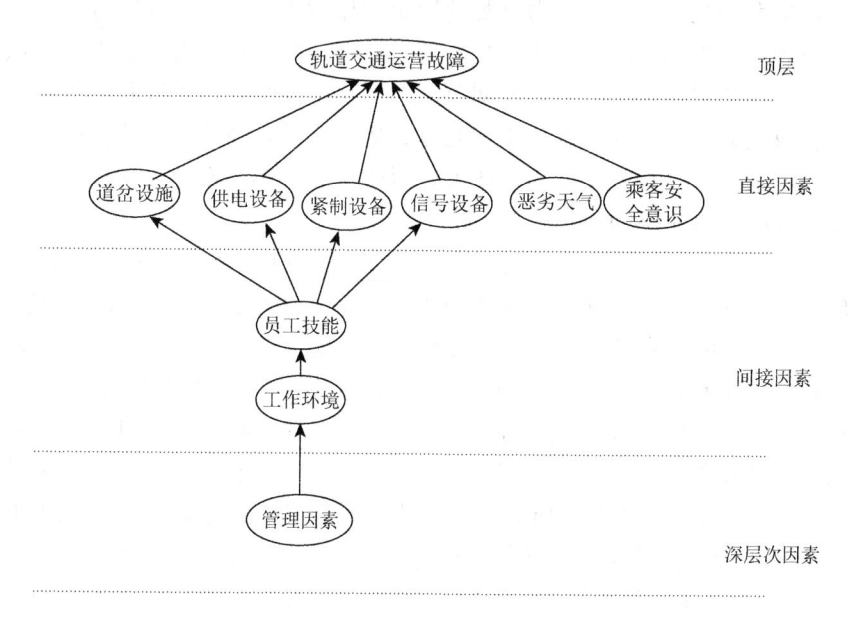

图 3-3　第一级责任部门层面故障致因因素关系图

从图 3-3 可以看出，解释结构模型（ISM）将轨道交通第一级责任部门负主要责任的运营故障致因因素（道岔设施、供电设备、紧急制动设备、信号设备、恶劣天气、乘客安全意识、员工技能、工作环境、管理因素）分成了四个层次。顶层是轨道交通运营故障。第二层致因因素包括道岔设施、供电设备、紧制设备、信号设备、恶劣天气、乘客安全意识，这些因素是运营故障发生的直接因素。第三层致因因素包括员工技能、工作环境，它们是第二层致因因素中设施设备因素的直接原因，是故障事件的间接因素。第四层管理因素是轨道交通运营故障最深层次的因素。

3.2 风险辨识方法

3.2.1 常用方法

目前,国内外常用的风险辨识方法共计 12 种,将这些方法分为 5 类:基于工作经验、基于问卷形式、基于清单形式、基于项目过程和基于事故故障。

1. 基于工作经验

专家经验法,是通过对照有关标准、法规、检查表或依靠分析人员的观察分析能力,借助于经验和判断能力直观地评价对象危险性和危害性的方法。专家经验法是辨识中常用的方法,其优点是简便、易行,其缺点是受辨识人员知识、经验和占有资料的限制,可能出现遗漏风险的情况。为弥补个人判断的不足,常采取专家会议的方式来相互启发、交换意见、集思广益,使危险、危害因素的辨识更加细致、具体。这种方法适用于研究资料较少、未知因素较多的情况及经验知识丰富、关系较为明确的问题。

头脑风暴法,又称为智力激励法,是一种创造能力的集体训练法。它把一个组的全体成员都组织在一起,使每个成员都毫无顾忌地发表自己的观念,既不怕别人的讥讽,也不怕别人的批评和指责。头脑风暴法的特点是让与会者敞开思想,使各种设想在相互碰撞中激起脑海的创造型风暴,可分为直接头脑风暴法和质疑头脑风暴法。前者是在专家群体决策的基础上尽可能激发创造性,产生尽可能多的设想的方法;后者则是对前者提出的设想、方案逐一质疑,发现其现实可行性的方法。这是一种集体开发创造性思维的方法。这种方法适用于解决那些比较简单的问题及严格确定的问题。

危险与可操作分析法,是用于辨识设计缺陷、工艺过程危害及操作性问题的结构化分析方法。它是基于各个专业具有不同知识背景的人员所组成的分析组一起工作比他们单独工作更具有创造性和系统性、并能辨识更多的问题这一基本观点提出的。该方法以引导词为引导,将连续的工艺流程分成许多节点,针对每一个分析节点,列出工艺或操作上偏离正常工作的偏差的可能原因,分析每一个原因可能造成的最终后果,然后对问题的严重性和现有安全措施的充分性进行评估,并提出相应的对策与措施。这种方法适用于化工生产企业,体现在化工的初始设计、设计审核,以及实际化工生产中的变更审核、技术改革风险分析、单元操作隐患的挖掘分析。

2. 基于问卷形式

问卷调查是一种常用的风险辨识方法,是指通过书面形式调查收集企业风险事故和风险因素信息的过程。风险辨识问卷调查法的调查对象可以是下级单位和组织机构,也可以是特定群体的个人,调查范围可以是企业管理层,也可以是生产经营节点的普通员工,调查内容应按风险分类针对具体业务。问卷调查法的关键环节是要制定周密的方案,尽量明确具体,并应有专业人员示范辅导,同时风险辨识组织部门应安排专人进行过程监督检查。否则,问卷调查难以达到预期的效果。这种方法适用于三个方面:①规模较大的抽样调查,而且常和资料的定量分析相联系;②数量问题的调查和需要进行定量分析的问题;③油田管理中的风险辨识。

德尔菲法,又称为专家意见法或专家函询调查法,是采用背对背的通信方式征询专家小组成员的预测意见,经过几轮征询,使专家小组的预测意见趋于集中,最后做出符合市场未来发展趋势的预测结论。团队成员之间不得互相讨论,不发生横向联系,只能与调查人员联系,反复填写问卷,以集结问卷填写人的共识及搜集各方意见,可用来构造团队沟通流程,应对复杂任务难题的管理技术。这种方法适用于创新型项目和没有历史资料的项目。

3. 基于清单形式

安全检查表法,是在明确检查对象和范围的基础上,分析人员依据相关法律法规、技术标准,列出系统中的一系列危险项目,基于相同或类似系统的历史事故和故障统计数据,辨识与一般工艺设备和操作有关的已知类型的危险、设计缺陷及事故隐患编制检查表。安全检查人员严格依据检查表进行符合性检查,可以直观地查找系统中存在的危险或薄弱环节。安全检查表法使用范围非常大,可以简单分析,也可以分层次分析。这种方法可以用于轨道交通系统安全设计的风险源辨识,也可以用于轨道交通行业标准化管理和安全教育等方面。

风险清单分析法就是用表单的形式列出最基本的各类损失风险,辨识企业所面临的潜在风险因素。实践表明:风险清单越详细、越完善,越能全面辨识企业面临的各种风险。风险清单分析法简便、易行、成本低,可用于企业最基本风险的辨识,局限性是在辨识企业面临的特殊风险时存在缺陷。这种方法适用于四种情况:数字图书馆知识产权风险辨识、具有共性的风险辨识、已经制定好风险清单的风险辨识、油田风险源辨识。

4. 基于项目过程

工作危害分析法,是将存在潜在危害因素的工作首先划分为若干工作步骤,对每个工作步骤进行安全评估和分析,找出在执行这个工作步骤时可能带来哪些危险有害因素,然后针对这些危害因素,制定相应的控制和应急措施。这种方法适用于操作活动、检维修作业、分析化验及管理活动。

工作分解结构-风险分解结构(work breakdown structure-risk breakdown structure,WBS-RBS)法中的 WBS 是指作业分解树,作业分解树中每个独立的单位就是一个作业包；RBS 是指风险分解树。运用 WBS-RBS 法辨识城市轨道工程风险，需要解决两个基本问题：一是判断风险是否存在；二是判断风险因素向风险事件和风险事故转化的条件。为了解决这两个问题，WBS-RBS 风险辨识从工程施工作业和工程风险两个角度分别进行分解，然后构建作业分解树和风险分解树，在此基础上，将两者交叉构建成 WBS-RBS 矩阵，按照矩阵元素来逐一判断风险是否存在及风险转化的条件。这种方法适用于大型集群式工程项目的风险辨识、煤炭企业管理信息化的风险辨识及芯片研发项目的风险辨识。

流程图法，可以分为两种方式，一种是静态地按照现有流程的方式，逐一查找每个流程内部关键环节控制活动的潜在风险；另一种是动态地着眼于各流程之间的关系，找出那些关键的环节可能存在的潜在风险。流程图的类型较多，划分流程图的标准也很多。具体来讲，按照流程图路线的复杂程度，可分为简单流程图和复杂流程图；按流程的内容，可划分为内部流程图和外部流程图；按流程图的表现形式，可分为实物形态流程图和价值形态流程图。在实际应用中，可按照数字图书馆的具体情况和要求选择制作流程图的类型。这种方法不仅适用于数字图书馆知识产权风险辨识，还可以辨识非技术风险和耗时大的技术风险，适用于分阶段进行的项目的风险辨识。

5. 基于事故故障

事件树分析法是一种按事故发展的时间顺序由初始事件开始推论可能的后果，从而进行风险源辨识的方法。它能动态地反映出系统的运行过程。事件树分析是从事故的起因事件开始，按照事故的发展顺序，将时间分成若干阶段，一步一步地进行分析，每经过一个时间段都按成功和失败两种状态考虑，直到最后结果，并用水平树状图表示这一过程的一种分析法。它既可以定性了解整个事件的动态变化过程，又可以定量计算出各阶段的概率，最终了解事故发展过程中各种状态的发生概率。这种方法适用于辨识轨道交通系统故障、轨道交通设备失效及人为失误。

故障树分析法，又称为因果分析图法，它利用图解的形式，将大的故障分解成各种小的故障，或对引起故障的各种原因进行分析，是综合辨识和度量风险的有力工具。因果分析图呈倒立树状，它用规定的事件、逻辑门和其他符号描述系统中各种事件之间的因果关系。这种方法适用于直接经验较少时装备系统的可靠性分析与设计的风险辨识。

3.2.2 方法选择

1. 轨道交通行业风险特征

实践表明，优先发展公共交通，形成以轨道交通为骨干的综合交通体系，极大地方便了居民出行，缓解了城市交通压力，为城市经济的发展提供了强大的动力。

由于城市轨道交通大多建设于地下，又具有封闭性强、运行速度高、起停频繁、客流量大且来源复杂、乘客自助乘车、应急疏散难度大、容易受到外界因素干扰等固有特点，城市轨道交通作为一类特殊的人员密集公共场所，对安全可靠性的要求更高。

城市轨道交通运营过程中的风险常具有以下特点：

（1）事故后果的严重性。半封闭状态中单向高速运行的列车，由于通风、照明及救援困难，一旦失控，必将引起大量人员伤亡和财产损失。

（2）社会影响的恶劣性。城市轨道交通是城市的生命线工程，一旦发生风险事故，将直接造成交通瘫痪中断、人员拥堵，社会影响恶劣，甚至可能引发乘客骚乱，后果极其严重。

（3）运营系统的动态性。城市轨道交通的整个运营系统是靠各种设备的运转功能来保证的，各设备的动态运营状态可能会对整个轨道交通系统的运营造成直接的影响。因此，各项运营设备的动态性引起系统运营的动态性特征尤为显著。

（4）运行作业的反复性。城市轨道交通运行作业是多工种联合作业，昼夜不断、周而复始，各种不安全事件和事故大多数是重复发生的。

（5）受环境影响的特殊性。城市轨道交通运行既受外部自然环境条件影响，也受社会环境条件影响。

2. 风险辨识方法选择

风险辨识应遵循科学性、系统性、全面性、预测性的原则。3.2.1节介绍了12种风险辨识方法，各有不同的优势和不足，相应的适用范围也各不相同，在实际运用中，应根据具体安全生产工作的条件和内容，选择合适的风险辨识方法。考虑现在城市轨道交通企业所使用的风险辨识方法，评价其使用的效果，再结合轨道交通行业风险特性，分析各种辨识方法的优缺点和适用性，选取了7种可靠性高、针对性强、容易操作的风险辨识方法，包括专家经验法、德尔菲法、安全检查表法、风险清单分析法、工作危害分析法、事件树分析法和事故树分析法。

7种辨识方法的操作步骤将在3.2.3节中进行详细阐述，其他5种辨识方法（头脑风暴法、危险与可操作分析法、WBS-RBS法、问卷调查法、流程图法）合并到以上7种辨识方法中。

3.2.3 实施流程

1. 基础资料

1）专业类型划分

根据《城市轨道交通运营技术规范》(GB/T 38707—2020)，拟将专业类型设置为运营组织，车辆，供电，电子信息，线路及轨道、土建，机电，通信信号，综合管理，自动售检票，车辆段与综合基地，共 10 个，见表 3-6。

表 3-6　专业类型划分表

序号	专业类型	序号	专业类型	序号	专业类型
1	运营组织	5	线路及轨道、土建	9	自动售检票
2	车辆	6	机电	10	车辆段与综合基地
3	供电	7	通信信号		
4	电子信息	8	综合管理		

2）风险（事故）类型划分

基于《企业职工伤亡事故分类》（GB 6441—1986），结合轨道交通行业特性及城市轨道交通工作人员经验，将风险（事故）类型分为 20 类，见表 3-7。

表 3-7　风险（事故）类型表

序号	风险（事故）类型	序号	风险（事故）类型	序号	风险（事故）类型
1	物体打击	8	高处坠落	15	行车事故
2	车辆伤害	9	坍塌	16	恐怖袭击
3	机械伤害	10	透水	17	治安事件
4	起重伤害	11	爆炸	18	影响运营服务质量事件
5	触电	12	中毒和窒息	19	信息及数据安全事件
6	灼烫	13	踩踏	20	其他伤害
7	火灾	14	职业健康伤害		

注：14-职业健康伤害（辐射、噪声、振动、高低温等）；15-行车事故（侵限、冒进、挤岔、脱轨、倾覆、追尾、撞止挡、行车延误、接触网事故、联锁失效等）；16-恐怖袭击（纵火、爆炸、毒气、暴恐等）；17-治安事件（盗窃、重大疫情、蓄意破坏、斗殴纠纷等）；18-影响运营服务质量事件（电梯关人失控等）

3）存在区域划分

存在区域要充分考虑事故（故障）发生后对正线运营的影响，划分为点、线、面三级：第一级为站点级，预计连续中断行车 20min 以下或不对正线运营造成影响的；第二级为线路级，预计连续中断行车 20min 以上 1h 以下的；第三级为线网级，预计连续中断行车 1h 以上的。

2. 事故树分析法

事故树分析法由故障树分析法简化而来，相比于故障树分析法，更具有可操作性。以城市轨道交通企业为中心，汇总分析国内外城市轨道交通发生的事故事件，结合本单位的实际情况进行风险辨识，事故树分析法实施流程如图 3-4 所示。

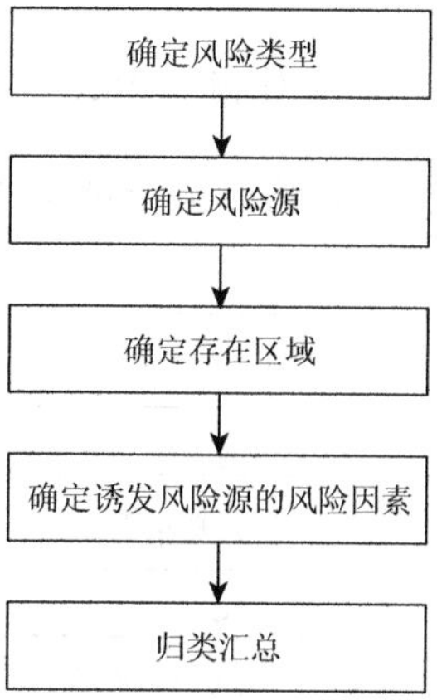

步骤 1：确定风险类型。

各专业工作人员根据历史数据、实际操作经验，在表 3-7 所罗列出的风险类型提示下，找出该专业的风险类型。

步骤 2：确定风险源。

根据步骤 1 分析出来的风险类型，推测出该专业存在的风险源。

图 3-4 事故树分析法实施流程

步骤 3：确定存在区域。

根据步骤 2 分析出的风险源，推测出该风险的存在区域，存在区域分为三级：站点级、线路级、线网级。

步骤 4：确定诱发风险源的风险因素。

辨识人员根据步骤 2 中辨识出来的风险源，从人的因素、物的因素、管理因素、环境因素四大风险因素类型进行考虑，确定诱发风险源的风险因素。

（1）人的因素：在没有许可的情况下操作、以不正确方法操作、不正确地使用设备、使用有缺陷的工具、不正确地使用个人防护设备、忽略报警、忽略/不遵守程序、胡闹嬉戏、工器具使用失误、违反作业规律；

（2）物的因素：保护设备不足、不正确的防护罩或围栏不足、报警系统不足、噪声环境、超高温或超低温、环境照明不足或过度、通风不足；

（3）管理因素：计划安排不当、人员组织不当、部门协调不当、制度制定不当、安全文化薄弱、人员调配失误、工作流程错误、安全监管不力、内务凌乱；

（4）环境因素：自然天气（雨、雪、雾、雷电、洪水、地震等）、安全通道情况、作业开间布置、生产系统的结构、布局等。

步骤 5：归类汇总。

对已辨识出的风险源按照专业、风险类型、风险源名称、存在区域、风险因素等项目进行归类汇总。表 3-8 是风险源辨识调查表。

表 3-8　风险源辨识调查表

专业名称	风险类型	风险源名称	存在区域	风险因素

3. 事件树分析法

事件树分析法是安全系统工程中常用的一种演绎推理分析方法，是一种按事故发展的时间顺序由初始事件开始推论可能的后果，从而进行风险辨识的方法。城市轨道交通企业应汇总分析国内外城市轨道交通发生的事故事件，结合本单位的实际情况进行风险辨识，实施流程如图3-5所示。

步骤1：确定初始事件。

初始事件是事故在未发生时，其发展过程中的危害事件或危险事件，如机器故障、设备损坏、能量外逸或失控、人的误动作等。初始事件可以由系统危险性评价、系统运行经验或事故经验等确定，一般是公司内部统计及从其他城市轨道交通企业获取。

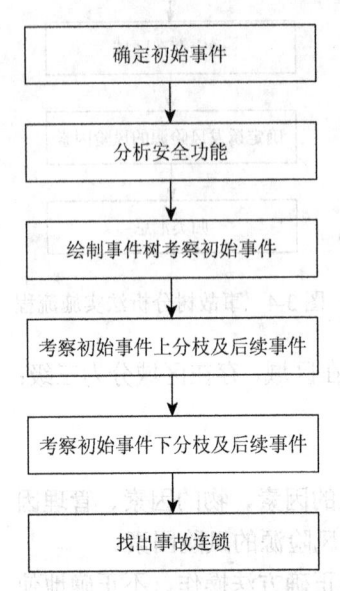

图3-5 事件树分析法实施流程

步骤2：分析安全功能。

系统中包含许多安全功能，在初始事件发生时消除或减轻其影响以维持系统的安全运行。常见的安全功能列举如下：对初始事件自动采取控制措施的系统，如自动停车系统等；提醒操作者初始事件发生了的报警系统；根据报警或工作程序要求操作者采取的措施；缓冲装置，如减振、压力泄放系统或排放系统等；局限或屏蔽措施等。

步骤3：绘制事件树考察初始事件。

首先考察初始事件，从初始事件开始，按事件发展过程自左向右绘制事件树，用树枝代表事件发展途径。每一个事件后接两个分枝，将事件安全功能发挥的状态画在上面的分枝，将事件安全功能不发挥的状态画在下面的分枝。

步骤4：考察初始事件上分枝及后续事件。

先考察初始事件发生时最先起作用的安全功能，即初始事件的上分枝，将其作为一个新的事件进行分析。把新事件可以发挥功能的状态画在上面的分枝，不能发挥功能的状态画在下面的分枝。同样继续分析后续的可能事件，把发挥功能的状态（又称为成功状态）画在上面的分枝，把不能发挥功能的状态（又称为失败状态）画在下面的分枝，直到到达系统故障或事故为止。

步骤5：考察初始事件下分枝及后续事件。

继续考察初始事件发生时不起作用的安全功能，即初始事件的下分枝，将其作为一个新的事件进行分析。把新事件可以发挥功能的状态画在上面的分枝，不能发挥功能的状态画在下面的分枝。同样继续分析后续的可能事件,把发挥功能的状态(又称为成功状态)画在上面的分枝,把不能发挥功能的状态(又称为失败状态)画在下面的分枝,直到到达系统故障或事故为止。

步骤6:找出事故联锁。

找出事故联锁即为选择最终事件为危险或事故的分枝。事件树的各分枝代表初始事件一旦发生其可能的发展途径。其中,最终导致事故的途径即为事故联锁。事故联锁中包含的初始事件和安全功能故障的后续事件之间具有"逻辑与"的关系,显然,事故联锁越多,系统越危险;事故联锁中事件树越少,系统越危险。

4. 工作危害分析法

工作危害分析法涵盖了流程图法和危险与可操作分析法,是将工作分为若干操作步骤,再逐一查找各操作步骤可能带来哪些风险因素,然后针对这些风险因素,制定相应的控制和应急措施,实施流程如图 3-6 所示。

步骤1:成立工作危害分析小组。

工作危害分析小组一般由该项目或作业所属部门的负责人担任组长,由作业所涉及的各专业的工程技术人员、安全管理人员、工班长、作业人员任组员。分析时应根据识别人员的专业与特长进行明确的分工,由组长分配任务,制定风险识别计划,准备资料,落实工作危害分析小组的参与人员,引导协调与会人员讨论,填写工作危害分析表。

步骤2:介绍工作危害分析步骤。

一个作业包括一系列步骤,进行工作危害分析时,首先按作业顺序,把整个作业活动划分为若干基本步骤,然后分析每步作业活动中的风险和风险因素,判定其在现有安全控制措施条件下,可能造成后果的严重性,并列表记录在表 3-9 中。把设计好的工作危害分析表分发给每个小组成员,介绍表格中要填写的内容及表格中每列内容之间的逻辑关系。

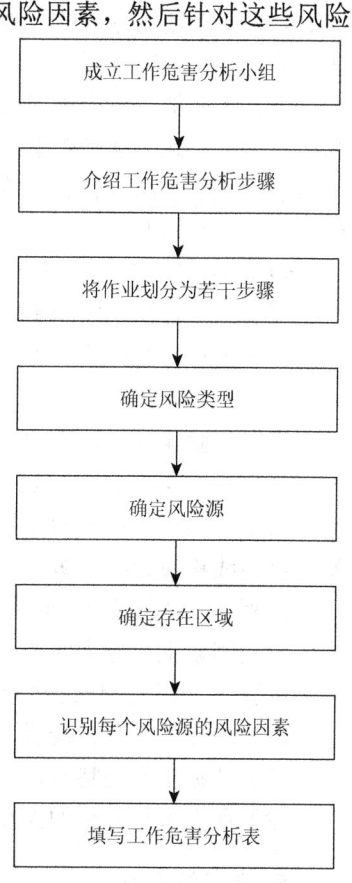

图 3-6 工作危害分析法实施流程

表 3-9 工作危害分析表

专业	作业名称	流程步骤	风险类型	风险源名称	存在区域	风险因素

步骤3：将作业划分为若干步骤。

将作业划分为若干步骤，要注意以下几点：

（1）对步骤的书面描写必须清晰、简洁，避免多余细节和含糊的描述；

（2）尽可能使用动词（如提起、搬运、放置、打开等）对作业步骤进行描述；

（3）划分的作业步骤不能太笼统，否则容易遗漏一些步骤及与之相关的潜在风险；

（4）步骤划分也不宜太细，通常情况下，一项作业活动的步骤不宜超过15项，如果作业活动划分的步骤太多，可将该项作业分为两个或更多相对独立的作业活动，分别进行分析；

（5）不要把防范措施当成工作步骤，安全措施和必要的工作步骤的区别就是判断该项步骤或活动是否直接作用于作业对象上，或者说如果没有这一步骤，对所从事的作业活动是否有影响，而不是考虑这一步骤对人、对生产、对设备或其他方面是否有影响。

步骤4：确定风险类型。

根据历史数据、实际操作经验，在表3-7所罗列出的风险类型提示下，找出各工作步骤存在的风险类型。

步骤5：确定风险源。

根据步骤4分析出来的风险类型，推测出各工作步骤存在的风险源。

步骤6：确定存在区域。

根据步骤5分析出的风险源，推测出该风险的存在区域，存在区域分为三级：站点级、线路级、线网级。

步骤7：识别每个风险源的风险因素。

风险因素主要分为四类：人的因素、物的因素、管理因素、环境因素。

步骤8：填写工作危害分析表。

（1）工作危害分析会后，整理分析成果，编制工作危害分析表；

（2）依据工作的特点，填入工作危害分析表中；

（3）所有参与分析的人员审查工作危害分析表，提出修改建议。

5. 专家经验法

专家经验法是组织者召集专家，参照法律法规，集思广益，尽可能地将风险源辨识出来，专家经验法实施流程如图 3-7 所示。

步骤1：选取专家。

由城市轨道交通企业组织，邀请公司内部的各个专业的专家。

步骤2：搜索轨道交通行业的相关标准、法规。

步骤3：组织专家进行风险辨识。

专家根据步骤2中整理出的相关标准、法规，依靠观察分析能力，借助于工作经验和判断能力，归纳出本专业存在的风险类型，继而提出本专业可能存在的风险源，确定存在区域。最后引导各位专家对风险源进行风险因素分析，建议从人的因素、物的因素、环境因素、管理因素四个方面进行风险因素分析。

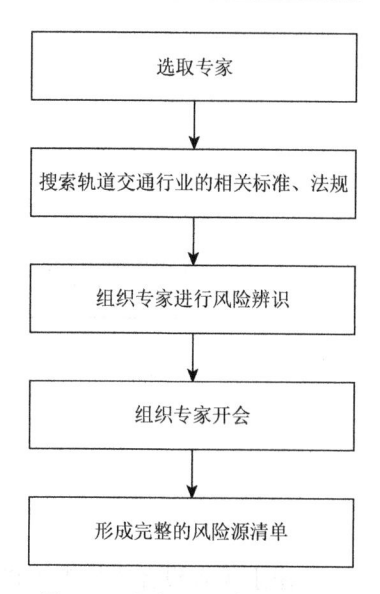

图 3-7 专家经验法实施流程

步骤4：组织专家开会。

召集专家开会，专家交换意见、集思广益，针对可能造成严重后果的风险源进行深入讨论，使风险辨识更加细致、具体。

步骤5：形成完整的风险源清单。

归纳总结专家梳理出的风险源、存在区域和风险因素，形成完整的风险源清单。设计出的风险源清单见表3-10，可以根据实际情况进行调整。

表 3-10 风险源清单表

序号	风险类型	风险源名称	存在区域	风险因素

6. 德尔菲法

德尔菲法实施流程如图 3-8 所示。

步骤1：选取专家。

城市轨道交通企业组织，邀请各个专业的专家。

步骤2：设计调查问卷。

```
    选取专家
      ↓
    设计调查问卷
      ↓
发放调查问卷，进行新一轮调查 → 第i轮专家调查
      ↓
    整理第i轮调查结果
      ↓
    得出最终的风险源清单
```

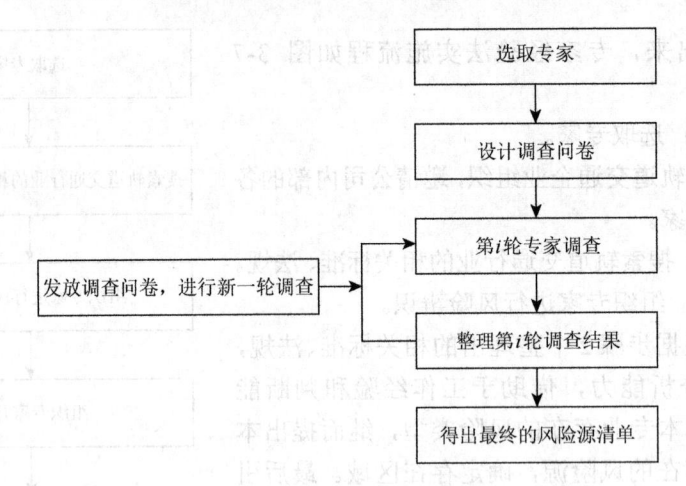

图 3-8 德尔菲法实施流程

由组织者设计出由专家进行本专业风险辨识的开放式调查表，设计出的表格可以根据实际情况进行调整，样表如表 3-11 所示。

表 3-11 风险源辨识调查表

风险源辨识调查表		编号：	
专业：			日期：
风险类型：	风险源名称：		存在区域：
从人、物、环境、管理进行风险因素分析：			

步骤 3：第一轮专家调查。

组织者将设计好的调查表发给每位专家，进行第一轮风险源辨识调查，并将调查结果汇总整理。

步骤 4：整理第一轮调查结果。

组织者回收第一轮专家调查表，并用准确术语编写出一个风险源清单。设计的风险源辨识清单样表如表 3-12 所示，可以根据实际情况进行调整。

表 3-12 风险源辨识清单样表

序号	风险类型	风险源名称	存在区域	风险因素

步骤 5：发放调查问卷，进行新一轮调查。

将编写出的风险源清单反馈给专家,由专家提出意见,组织者根据新一轮专家意见,整理和补充风险源清单。

步骤6:重复步骤4、步骤5。

步骤7:得出最终的风险源清单。

专家再次对风险源清单进行评价和权衡,组织者归纳总结各种意见的提出理由及争论点,形成最终的风险源清单。

7. 安全检查表法

安全检查表法是根据影响运营安全的三个因素(生产设备、装置,管理设施、安全防护等,环境条件),按各不同分析系统中每个岗位的作业情况,相应地划分为生产设备、装置,管理设施、安全防护等,环境条件三个部分,然后从每个具体的部分考虑,找出所有可能导致风险产生的源头。安全检查表法实施流程如图3-9所示。

步骤1:把握岗位总体工作内容。

各岗位员工要熟悉城市轨道交通系统的规模和结构,明确本岗位的职责和操作流程及国家和行业规范。

步骤2:工作内容细分。

对本岗位各个生产环节进行勘察,熟悉现场的工作环境,分别对每一项工作内容在生产设备及装置、管理设施及安全防护等、环境条件这三个方面进行总结,全面了解自己的工作内容,梳理工作环节,使得后面对自己工作内容的分解更加全面。工作内容细分表见表3-13。

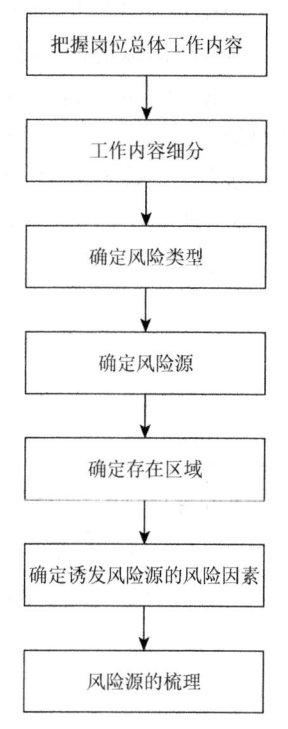

图3-9 安全检查表法实施流程

表3-13 工作内容细分表

序号	工作内容	工作内容细分	内容描述
1	工作内容1	生产设备、装置	
		管理设施、安全防护等	
		环境条件	

注:①生产设备、装置:机械设备、电气设备、危险较大设备等;②管理设施、安全防护等:危险场所有无安全防护措施,有无安全标志,燃气、物料使用有无安全措施等;③环境条件:安全通道情况、作业开间布置、生产系统的结构、布局等。

步骤3：确定风险类型。

各岗位员工可根据历史数据、实际操作经验，在风险类型提示下，找出每一项工作内容在生产设备、装置，管理设施、安全防护等，环境条件这三个方面存在的风险类型。

步骤4：确定风险源。

根据步骤3分析出来的风险类型，推测出各项工作内容存在的风险源。

步骤5：确定存在区域。

根据步骤4分析出的风险源，推测出该风险的存在区域，存在区域分为三级：站点级、线路级、线网级。

步骤6：确定诱发风险源的风险因素。

根据步骤2、步骤4，总结风险源的风险因素。

步骤7：风险源的梳理。

对同一岗位不同员工所辨识出的结果进行汇总，并对汇总得出的风险源结果进行梳理整合，安全检查表法风险源清单见表3-14。

表3-14 安全检查表法风险源清单

序号	工作内容	工作内容细分	内容描述	风险类型	风险源名称	存在区域	风险因素
1		生产设备、装置					
		管理设施、安全防护等					
		环境条件					

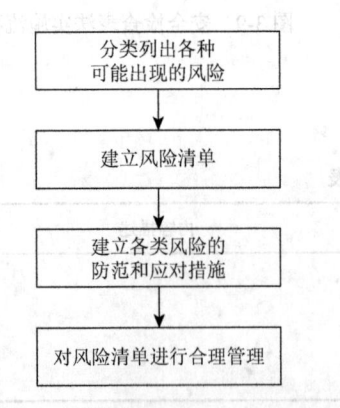

图3-10 风险清单分析法实施流程

8. 风险清单分析法

风险清单分析法就是用表单的形式列出最基本的各类损失风险，辨识企业所面临的潜在风险因素，风险清单分析法实施流程如图3-10所示。

步骤1：分类列出各种可能出现的风险。

运用分类方法，列出可能出现的各种风险。要确保城市轨道交通运营所面临的主要风险都能被识别，至少要确保重大风险没有被遗漏，得到一个全面的可能出现的风险序列。

步骤2：建立风险清单。

对步骤 1 中所列出的风险进行优化和精简,避免同一个风险重复出现。对步骤 1 中得到的风险进行合理的合并和组织,避免清单过于繁杂,建立一个标准的风险清单,参考表 3-6 和表 3-7,确定风险源的存在区域。

表 3-15 是站务的风险清单样表,按照同样的方式可以建立乘务、供电等其他部门的风险清单表。

表 3-15 风险清单样表

序号	专业归属	风险类型	风险源名称	存在区域	风险因素	控制措施	责任岗位
1	站务	火灾	1.车站火灾				车站工长
			……				
			……				
2		行车事故	2.车站行车工作执行错误				
			……				
3		坍塌	3.车站沉降				
4			……				

步骤 3:建立各类风险的防范和应对措施。

在步骤 2 中得到的风险清单中,添加各种风险的防范和应对措施。

步骤 4:对风险清单进行合理管理。

在使用过程中补充清单中的不完善之处,在风险清单建立前期,补充频率可以是一周一次,后期可逐渐调为一季度一次。在某些运营管理方法发生变化之后,要及时更新风险清单。

3.3 风险评估方法

3.3.1 常用方法

目前,国内外常用的风险评估方法约有 15 种,本节将这些风险评估方法分为三类:定性分析方法、定量分析方法及定性定量结合分析方法。

1. 定性分析方法

(1)层次分析法:是对一些较为复杂、较为模糊的问题做出决策的简易方法,适用于难以完全定量分析的问题。该方法通过风险因素的两两比较，形成判断矩阵，从而计算同层风险因素的相对权重。应用层次分析法分析决策问题时，首先要把问题条理化、层次化，构造出一个有层次的结构模型。在这个模型下，复杂问题被分解为元素的组成部分。这些元素又按其属性及关系形成若干层次。上一层次的元素作为准则对下一层次有关元素起支配作用。

（2）德尔菲法：是采用背对背的通信方式征询专家小组成员的预测意见，经过几轮征询，专家小组的预测意见趋于集中，最后做出符合市场未来发展趋势的预测结论。依据系统的程序，采用匿名发表意见的方式，即团队成员之间不得互相讨论，不发生横向联系，只能与调查人员发生联系。

（3）事件树分析法：是一种按事故发展的时间顺序由初始事件开始推论可能的后果，进而进行风险辨识和评估的方法，能动态反映系统的运行过程。从事故的起因事件开始，按照事故的发展顺序，将时间分成若干阶段，一步一步地进行分析，每经过一个时间段都按成功和失败两种状态进行考虑，直到最后结果，并用水平树状图表示这一过程。

（4）故障树分析法：是综合辨识和度量风险的有力工具，利用图解的形式，将大的故障分解成各种小的故障，或对引起故障的各种原因进行分析。

（5）敏感性分析法：是某个或某几个敏感性较强的因素对规划和决策过程中工程项目的经济效果带来的影响及其影响程度的分析。它在确定性分析的基础上，进一步分析不确定性因素对投资项目最终经济效果指标的影响及影响程度。

2. 定量分析方法

（1）模糊综合评价法：是一种在多层次、多因素场合对事物进行综合评定的方法。它在综合考虑多种因素的作用下，运用模糊数学工具对某事物的性质或状态做出综合判断和评价。该方法不适用于需要准确度量事物的风险评价项目，它适用于可以采用最大隶属度法和加权平均法对结果向量进行比较分析的评价过程。

（2）概率风险评价法：是一种用以辨识和评估复杂系统的可靠性、安全性风险为目标的结构化、集成化的逻辑分析方法。它综合应用了系统工程、概率论、可靠性工程及决策理论等知识，主要用于分析发生概率低、后果严重并且统计数据有限的事件。

（3）外推法：是根据过去和现在的发展趋势推断未来的一类方法的总称，通俗地说，外推法是一种很好的近似计算方法。对于已求得的低精度近似值，只要做几次最简单的四则运算，便能立刻得到高精度的近似值。

（4）灰色系统法：以部分信息已知和部分信息未知的"小样本、贫信息、不确定性系统"为研究对象,主要通过对部分已知信息的生成、开发,提取有价值的信息,实现对系统运行行为、演化规律的正确描述和有效监控。对灰色量的处理不是从统计规律的角度通过大样本量进行研究,而是用数据处理的方法将杂乱无章的原始数据整理成规律性较强的生成数列再做研究。

(5)人工神经网络法:人工神经网络,是一个高度非线性的超大规模连续时间动力系统,是由大量的处理单元广泛互连而形成的网络,是人脑的抽象、简化与模拟。这是一种通过对所要解决的问题的知识存储及对样本的学习训练,不断改变网络的连接权值及连接结构,从而使网络的输出接近期望的输出的方法,这种方法的本质是对神经网络中的可变权值的动态调整。

(6)熵值法:熵是对不确定性的一种度量,信息量越大,不确定性就越小,熵也就越小。根据熵的特性,可以通过计算熵值来判断一个事件的随机性及无序程度,也可以用熵值来判断某个指标的离散程度,指标的离散程度越大,该指标对综合评价的影响越大。熵值法是一种客观赋权法,由它得出的指标权重值比主观赋权法具有更高的可信度和精确度。

(7)变异系数法:是直接利用各项指标所包含的信息,通过计算得到指标的权重,是一种客观赋权的方法。在评价指标体系中,指标取值差异越大的指标,也就是越难以实现的指标,这样的指标更能反映被评价单位的差距。由于评价指标体系中的各项指标的量纲不同,为了消除量纲不同的影响,需要用各项指标的变异系数来衡量其取值的差异程度。

3. 定性定量结合分析方法

(1)风险矩阵法:遵从专家对项目风险最直接的判断,根据事先划分的风险影响和风险概率,确定项目各个风险因素的等级,是一个将定性或半定量的后果分级,再与产生一定水平的风险或风险等级的可能性相结合进行综合分析的方法,它主要用于风险等级排序。

(2)风险程度评价法——MES(measure exposure severity)法:M 为控制措施的状态;E 为人体暴露的频繁程度;S 为事故的可能后果。MES 法是根据以上3个参数评估出风险程度的高低。

(3)作业条件危险性评价法——LEC(likelihood exposure consequence)评价法,又称为格雷厄姆评价法:是一种简单易行的评价操作人员在具有潜在危险性环境中作业时的危险性、危害性的半定量评价方法。L 为事故发生的可能性;E 为人员暴露于危险环境中的频繁程度;C 为发生事故的后果严重程度。LEC 评价法用与系统风险有关的三种因素指标值的乘积来评价操作人员伤亡风险大小。

3.3.2 方法选择

不同风险评估分析方法由于各自不同的优缺点,相应的适用范围也各不相同。南京地铁自承担交通运输部建设科技项目"城市轨道交通网络化运营安全风险防控与示范"研究工作以来,经过三年的深入探索与实践,最终选取 LEC 评价法作为风险评估的方法,主要是基于以下几方面原因:

(1) LEC 评价法原理简洁清晰,容易被安全管理人员接受和掌握,应用广泛且足够成熟,有丰富的历史数据可供参考,具有很强的可操作性。

(2) LEC 评价法能够最大限度地发挥专家的作用,确保初始风险评估结果最大可能地符合项目的实际情况,使后期的风险防控工作更具科学性和有效性,保证了评估结果的可靠性,提高了风险评估的精度。

(3) 采用 LEC 评价法能够尽量全面细致地开展风险评估,能够半定量地计算出风险度值,计算结果可信度强;各定性指标值是有关人员根据风险评价标准和实际情况及个人经验进行评估得到的,使评估过程更加科学合理。

(4) 在充分利用现有资源和技术条件下,LEC 方法能够基于先验数据以较小的成本获得较好的评估结果,更具效益性。

(5) LEC 评价法将风险评估这一个复杂的过程按层次分解为多个子过程,各个子过程的评价指标是不同的,使评估人员的思维过程数学化、系统化,便于人员接受。

(6) LEC 评价法能够为项目风险和风险管理提供详细的可供进一步研究的历史记录,具有可推广性和可复制性。

LEC 评价法主要是计算风险源的风险大小,计算公式为

$$D = L \times E \times C \tag{3-2}$$

式中,D 为风险度,也就是风险源的风险大小;L 为事故发生的可能性;E 为暴露于危险环境的频繁程度;C 为发生事故的后果严重程度。

LEC 评价法是一种对人们在具有潜在危险的环境中作业的风险进行评价的方法。该方法利用与系统风险率相关的 3 种指标的乘积值来评价系统中人员伤亡风险的大小,并将所得作业条件风险数值与规定的作业条件风险等级相比较,从而确定作业条件的风险程度。

3.3.3 LEC 方法的取值研究

LEC 方法是一种对风险源进行评估的半定量评价法,在实际运用时,一般需要较强的实际工作经验,根据实际经验,分别给出 L、E、C 三种因素在不同情况

下的分值，以"打分"的形式进行，然后计算出风险度 D 值，对照风险程度等级划分表将风险源进行等级划分。

目前，国际常用的应用于城市轨道交通运营风险评估中的 LEC 方法各指标评分标准参照表 3-16~表 3-19，其中，D 值越大，说明系统的危险性越大，发生事故的可能性就越大，需要适当增加安全防范措施；当 D 值大于 70 时，则认为该风险源的危险性较大，需要采取整改措施。

表 3-16　事故发生的可能性 L 的分值表

分数值	事故发生的可能性
10	完全可以预料
6	相当可能
3	可能，但不经常
1	可能性小，完全意外
0.5	很不可能，可以设想
0.2	极不可能
0.1	实际不可能

表 3-17　暴露于危险环境的频繁程度 E 的分值表

分数值	暴露于危险环境的频繁程度
10	连续暴露
6	每天工作时间内暴露
3	每周一次或偶然暴露
2	每月一次暴露
1	每年几次暴露
0.5	罕见暴露

表 3-18　发生事故的后果严重程度 C 的分值表

分数值	发生事故产生的后果
100	造成 10 人以上死亡，或者 50 人以上重伤，或者直接经济损失 5000 万元以上，或者连续中断行车 24h 以上的
40	造成 3 人以上 10 人以下死亡，或者 10 人以上 50 人以下重伤，或者直接经济损失 1000 万元以上 5000 万元以下，或者连续中断行车 6h 以上 24h 以下的
15	造成 3 人以下死亡，或者 10 人以下重伤，或者直接经济损失 50 万元以上 1000 万元以下，或者连续中断行车 2h 以上 6h 以下的
7	造成 3 人以下重伤，或者直接经济损失 30 万元以上 50 万元以下，或者连续中断行车 1h 以上 2h 以下的

续表

分数值	发生事故产生的后果
3	造成人员轻伤,或者直接经济损失 10 万元以上 30 万元以下,或者连续中断行车 20min 以上 1h 以下的
1	引人注意,直接经济损失 10 万元以下,或者连续中断行车 20min 以下的

注:表中分级标准有关数量的表述中,"以上"含本数,"以下"不含本数

表 3-19 风险度 D 的分值表

分数值	危险程度
>320	特别重大风险(Ⅰ级),风险导致事故的后果或影响特别重大,需采取特别严格的管控和应急措施,发生事故时按应急预案处置
160~320	重大风险(Ⅱ级),风险导致事故的后果或影响重大,需严格管控,制定相应的应急预案
70~160	较大风险(Ⅲ级),风险导致事故的后果或影响较大,需加大管控力度,制定应急防范措施
20~70	一般风险(Ⅳ级),通过管控确保维持安全状态
<20	稍有风险(Ⅴ级),可以忽略,仅做辨识,不保留文件记录

1. L 的取值

L 为风险事件发生的概率大小,参考 LEC 方法在公路、工矿等行业中的应用,结合城市轨道交通运营中的实际情况,获得参考取值标准,将事故发生的可能性由实际不可能到完全可以预料分为 7 个等级并分别赋分值,见表 3-16。

2. E 的取值

E 为暴露于危险环境的频繁程度,参考 LEC 方法在公路、工矿等行业中的应用,结合城市轨道交通运营中的实际情况,获得参考取值标准,将暴露于危险环境的频繁程度由罕见暴露到连续暴露分为 6 个等级并分别赋分值,见表 3-17。

3. C 的取值

C 为发生事故的后果严重程度,参考 LEC 方法在公路、工矿等行业中的应用,参照《国家城市轨道交通运营突发事件应急预案》中的分级标准,既结合南京地铁的运营实际,又严于国家标准,从人员伤亡、经济损失、中断行车的标准方面,将发生事故的后果严重程度按从高到低的顺序分布,见表 3-18。

4. D 的取值

按照风险度大小由高到低,风险源依次分为特别重大风险(Ⅰ级)、重大风险(Ⅱ级)、较大风险(Ⅲ级)、一般风险(Ⅳ级)、稍有风险(Ⅴ级)五个等级,

见表3-19。特别注意稍有风险（Ⅴ级）在轨道交通风险辨识过程中，结果可以忽略，仅做辨识，不保留文件记录，因此在轨道交通运营风险源清单中可只体现特别重大风险（Ⅰ级）、重大风险（Ⅱ级）、较大风险（Ⅲ级）、一般风险（Ⅳ级）共四级。

根据上述所获取的每个风险源的 L、E、C 值，计算每个风险源的风险大小（$D = L \times E \times C$），从而对照表 3-19 得到每个风险源的危险程度。

3.3.4 实施流程

在 LEC 评价法的基础上，结合德尔菲法进行风险评估。德尔菲法又称为专家意见法或专家函询调查法，是美国兰德公司于 1964 年提出的一种方法，是通过征求和总结专家的意见对复杂的决策问题做出判断。其操作步骤介绍如下。

步骤 1：选取风险源。

本指南中，专业类型划分与风险辨识专业类型划分一致。将城市轨道交通风险辨识工作中整理出的风险源按照专业类型进行划分，填入表 3-20。

表 3-20 风险源评估等级表

序号	专业	风险源	L	E	C	D	风险等级
1							

步骤 2：选取专家。

原则上不同专业的风险源应选取本专业的专家进行风险评估，同一专业至少选取 8 名专家，其中具备高级职称的至少 3 人，其余必须具备中级职称，工作年限 10 年以上的至少 4 人，其余工作年限必须满 5 年，有基层工作经验 5 年以上者可适当放宽职称要求。

步骤 3：进行第一轮专家评估。

将评估指标取值待定的风险源评估表发给选定的各位专家，参照表 3-16～表 3-18，请他们独立给出每个风险源的评估指标取值，并填入表 3-20。原则上各位专家只需要对本专业的风险源进行评估。

步骤 4：整理第一轮结果。

回收第一轮专家评分结果，按照式（3-3）计算第一轮各评估指标的平均值，整理填入表 3-21。

$$L_j = \frac{\sum_{i=1}^{n} L}{n}, E_j = \frac{\sum_{i=1}^{n} E}{n}, C_j = \frac{\sum_{i=1}^{n} C}{n} \qquad (3-3)$$

式中，L_j 为第 j 轮专家评估 L 的平均值；E_j 为第 j 轮专家评估 E 的平均值；C_j 为第 j 轮专家评估 C 的平均值；n 为该专业的专家个数。

表 3-21　第一轮风险源等级评估结果表

序号	专业	风险源	L_1	E_1	C_1	$D_1 (D_1 = L_1 \times E_1 \times C_1)$	风险等级
1							

步骤 5：进行第二轮专家评估。

将第一轮专家评分计算结果（表 3-21）返还给各位专家，让所有专家在第一轮评估结果的基础上重新确定每个风险源的各指标评估值，参照表 3-16～表 3-18，并填入表 3-20。

步骤 6：整理第二轮结果。

回收第二轮专家评分结果，计算第二轮每个风险源各评估指标的平均值，整理更新表 3-21。

步骤 7：进行第三轮专家评估。

将第二轮专家评分计算结果（表 3-21）返还给各位专家，让所有专家在第二轮评估结果的基础上重新确定每个风险源的各指标评估值，参照表 3-16～表 3-18，并填入表 3-20。

步骤 8：整理第三轮结果。

回收第三轮专家评分结果，计算第三轮每个风险源各评估指标的平均值，整理更新表 3-21。

步骤 9：确定每个风险源的各评估指标值。

采取就近原则，选取与表 3-21 各评估指标的平均值距离最近的各评估指标的不同级别的赋值，作为该风险源的各评估指标取值，并填入表 3-20，计算 D 值。

步骤 10：判断等级。

参照表 3-19，根据步骤 9 计算得出的 D 值，判断该风险源的等级，并将最终得到的各指标平均值及风险等级填入表 3-20。

3.4　本章小结

本章分析了城市轨道交通系统运营故障的主要影响因素，并根据各影响因素的总体结构及内在的相互关系，建立了影响因素的邻接矩阵；同时结合单位矩阵，计算了系统的可达矩阵并对其分解，建立了递阶层次结构，并以此为基础构建了故障致因分析模型。

基于故障致因分析模型，同时面向城市轨道交通企业日常管理需求，确定了 12 种国内外常用的风险辨识方法，并着重介绍了各种风险辨识方法的思想、优缺点和适用性；再结合轨道交通行业风险特征和科学性、系统性、全面性、预测性的原则，选取了 7 种可靠性高、针对性强、容易操作的风险辨识方法，并对其操作步骤进行详细阐述。

同时，结合运营风险辨识方法，确定了 15 种国内外常用的风险评估方法，并着重介绍了各种风险评估方法的思想、优缺点和适用性，评价了评估方法的使用效果；本书选取 LEC 方法作为风险评估的方法，并对 L、E、C、D 的取值进行了研究，形成了各自的分值表，结合德尔菲法提出了风险评估的操作步骤。

第 4 章 城市轨道交通大客流识别与控制

近年来，轨道交通大客流冲击已经引发多起事故事件，其带来的列车延误、乘客滞留、人群踩踏等风险正威胁着轨道交通的安全运营。因此，如何对轨道交通车站大客流进行准确识别，进而及时采取控制措施，已成为网络化运营条件下城市轨道交通内部亟须解决的运营安全问题。本章设计车站最大服务能力计算模型，提出车站大客流识别方法，构建多站客流协同动态控制模型，为科学识别与控制大客流和提高城市轨道交通运营管理水平提供理论依据。

4.1 车站最大服务能力计算

4.1.1 车站客流集散过程

轨道交通车站的聚集和消散过程通常由三个子过程组成：进站过程、出站过程和上下车过程，如图 4-1 所示。乘客进站过程包括刷卡通过进站闸机，进入通道、站厅、楼梯/自动扶梯等设施，最终到达站台等全过程。乘客出站过程包括从站台进入楼梯/自动扶梯、通道、站厅等设施，最终刷卡通过出站闸机。上下车过程包括乘客上车、下车和等待的过程。进站过程和出站过程相似，但是方向相反，这两个过程通过上下车过程衔接起来。

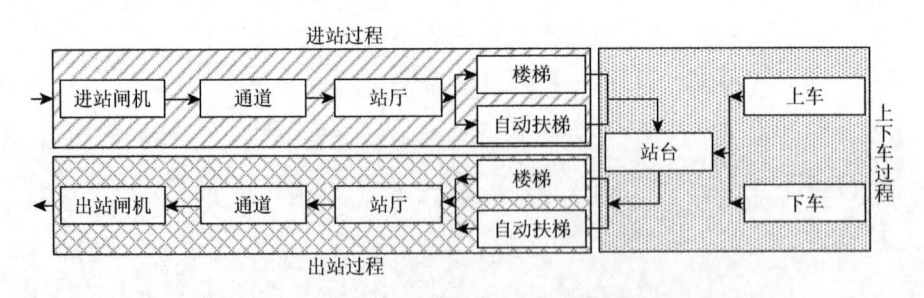

图 4-1 轨道交通车站的乘客聚集和消散过程示意图

4.1.2 车站最大服务能力定义

车站最大服务能力可用于评估在站台上聚集和消散乘客的拥挤程度。根据聚集和分散过程，车站最大服务能力可以定义为在给定的时间段 Δt（通常为 5min）内轨道交通车站可以服务的最大乘客数量。下面解释一些重要点："乘客人数"包含两个关键指标，一个是站台可能服务的乘客，另一个是出站乘客。将间隔确定为 5min 而不是 10min 或 15min 的原因主要是，需要尽快检测到拥堵和其他紧急情况，并满足列车发车间隔和最短疏散时间。

因此，轨道交通车站在 5min 内可以服务的最大乘客数量等于站台在 5min 内服务的乘客数量与该站 5min 内的出站客流量之和。

4.1.3 车站最大服务能力计算模型

1. 模型假设

为了更好地分析所涉及的参数，提出以下假设：
（1）为简单起见，乘客上下车应遵循先下再上的原则；
（2）上行方向的时间表与下行方向的时间表相同；
（3）在站台一个方向下车的乘客不得在另一个方向上车。

2. 符号定义

N_k^s：在第 k 个间隔内轨道交通车站服务的最大乘客数量；
N_k^{pf}：在第 k 个间隔内站台服务的乘客数量；
N_k^{out}：在第 k 个间隔内出站客流量；
N_k^{ar}：在第 k 个间隔内到达站台的乘客总数；
N_{k-1}^{re}：在第 $k-1$ 个间隔结束时站台上滞留乘客数量；
t_k：第 k 个间隔结束的时间；
Δt：轨道交通车站运营时间与固定间隔时间的数量 n 的比值；
η_{max}：最大列车满载率；
η：列车载满载率；
d_k：在第 k 个间隔内上下行方向到达的列车数量；
C^{pf}：站台最大容纳能力；
m：进站闸机组的数量；
p：出站闸机组的数量；
t_w：步行时间；
$t_{w_k}^{ei}$：在第 k 个间隔内从第 i 进站口到站台的步行时间；
$t_{w_k}^{cj}$：在第 k 个间隔内从站台到第 j 出站口的步行时间；
$N_i(t_1,t_2)$：在 t_1 和 t_2 之间通过第 i 进站口的总乘客数；

$N_j(t_1,t_2)$：在 t_1 和 t_2 之间通过第 j 出站口的总乘客数；

c_d：关键设施通行能力；

V：客流量；

$t_w(V)$：客流量是 V 时的步行时间；

t_0：自由流的步行时间；

B：系数；

q：系数。

3. 模型构建

轨道交通车站的运行时间分为 n 个固定间隔，其时间间隔等于 t。t_k 设为间隔的结束，t_k-t 表示第 k 个间隔的开始，其中，$k=1,2,3,\cdots,n$。因此，在第 k 个间隔内轨道交通车站服务的最大乘客数量为

$$N_k^s = N_k^{pf} + N_k^{out} \tag{4-1}$$

因此，可以通过式（4-1）在该间隔结束时实时计算出该间隔的最大服务能力。

在第 k 个间隔内站台服务的乘客数量（N_k^{pf}）是在第 k 个间隔内到达站台的乘客总数，加上站台滞留乘客数量。出站客流量等于双向列车下车的乘客数量总和。

$$N_k^{pf} = N_k^{ar} + N_{k-1}^{re} \tag{4-2}$$

滞留乘客指的是第一个周期的列车过饱和而导致的到达站台的乘客必须在第二个以后的周期离开的乘客。根据所采用的固定间隔，本书定义了滞留乘客（N_{k-1}^{re}），即在第 k 个间隔上车的乘客数。此外，平台上的滞留乘客数量不得超过站台的最大容量，且不得少于零。滞留乘客表述为

$$\begin{aligned}N_k^{re} &= \max\left\{N_k^{pf} - \left[d_k C\eta_{\max} - \left(d_k C\eta - N_k^{out}\right)\right], 0\right\} \\ &= \max\left\{N_k^{pf} - N_k^{out} - d_k C(\eta_{\max}-\eta), 0\right\} \\ &= \max\left\{N_k^s - d_k C(\eta_{\max}-\eta), 0\right\}\end{aligned} \tag{4-3}$$

$$0 \leq N_k^{re} \leq C^{pf} \tag{4-4}$$

N_k^{ar} 和 N_k^{out} 是根据通过 AFC 闸机的总人数和步行时间计算的。为了方便计算参数，引入了两个新的定义：刷卡进站、刷卡出站。从进站闸机组到站台，以及从站台到出站闸机组，这两个过程的步行时间 t_w 是不同的。特别是，从 AFC 的不同进站闸机组到站台的步行时间也不相同，从站台到 AFC 的出站闸机组也是如此。

N_k^{ar} 和 N_k^{out} 计算公式为

$$N_k^{ar} = \sum_{i=1}^m N_i\left(t_k - \Delta t - t_{w_{k-1}}^{ei}, t_k - t_{w_k}^{ei}\right) \tag{4-5}$$

第4章 城市轨道交通大客流识别与控制

$$N_k^{\text{out}} = \sum_{j=1}^{p} N_j \left(t_k - \Delta t + t_{w_k}^{cj}, t_k + t_{w_{k+1}}^{cj} \right) \tag{4-6}$$

因此，一个轨道交通车站所服务的最大乘客数量计算公式为

$$\begin{aligned} N_k^s &= \sum_{i=1}^{m} N_i \left(t_k - \Delta t - t_{w_{k-1}}^{ei}, t_k - t_{w_k}^{ei} \right) \\ &+ \sum_{j=1}^{p} N_j \left(t_k - \Delta t + t_{w_k}^{cj}, t_k + t_{w_{k+1}}^{cj} \right) \\ &+ \max\left\{ N_k^s - d_k C(\eta_{\max} - \eta), 0 \right\} \end{aligned} \tag{4-7}$$

轨道交通车站关键设施（如 AFC 闸机、楼梯、自动扶梯、通道和站厅）的步行时间与客流密切相关。由于篇幅的原因，重叠区域（如 AFC 闸机）的步行时间假设为零。本书采用美国联邦公路局（Bureau of Public Road, BPR）函数来评估步行时间，其相应的函数公式为

$$t_w(V) = t_0 + B \times \left(\frac{V}{C_d} \right)^q \tag{4-8}$$

式中，B 和 q 为估计得到的系数。根据现场调查获得了所有关键设施的步行时间和相应的客流量，并将这些结果用于校准每个关键设施的步行时间。

本书选择南京地铁的现场调查数据对系数 B 和 q 进行标定，使用的数据包括 10 个车站的基本信息，如步行时间、通道长度、相应客流等，无须每时每刻进行调查，仅在高峰时段和非高峰时段，分别选择 20 个时间点来获取 10 个站点的基本信息。通过分析，获得了每个关键设施的通行能力，关键设施的步行时间见表 4-1。

表 4-1 关键设施的通行能力

关键设施	样本数	系数 B	系数 q	设施通行能力 /[人/(m·min)]	步行速度 /(m/min)	R^2
自动扶梯	1243	0.28	1.19	77	34.79	0.7833
楼梯 1	1076	1.16	2.93	45	32.95	0.8165
楼梯 2	1368	14.32	1.73	52	37.93	0.7756
人行道	1125	10.53	0.80	48	43.64	0.7575

V 和 C_d 的单位定义如下：楼梯、人行道的客流量单位是每米每分钟的乘客数[人/(m·min)]；自动扶梯客流量的单位是每米每分钟的乘客数[人/(m·min)]；站厅和站台的客流量单位是因乘客的多向运动而导致的每平方米乘客数（人/m²）。

因此，根据实时的 AFC 数据和步行时间，可以实时计算出车站一定时间间隔

内的最大服务能力,进而让管理人员获悉当前间隔(5min)的最大服务能力,实现大客流预警,并及时处理站台上的拥挤情况。

4.1.4 案例分析

1. 案例介绍

南京地铁 1 号线珠江路站,又称为"糖果车站",毗邻新街口,位于珠江路与广州路、中山路交叉路口北侧,为地下二层岛式车站。珠江路站车站布局图如图 4-2 所示。

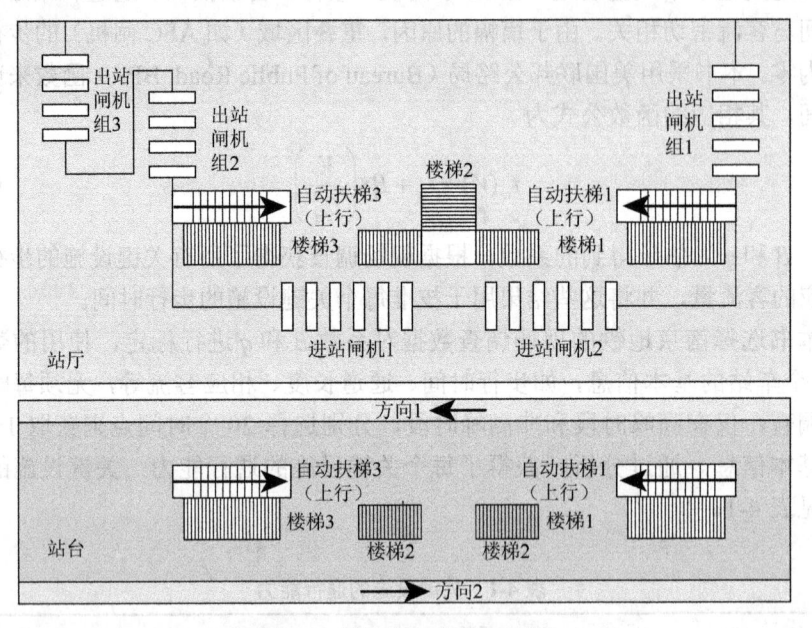

图 4-2 珠江路站车站布局图

珠江路站有 5 个进/出站闸机组,其中 2 个是进站闸机组,3 个是出站闸机组。站台长度约 133m,宽度约 10.8m,有效面积约 1097m²。服务于该站的地铁列车有 6 节车厢,且每节车厢均有 5 个车门。最大列车满载率不应该超过 120%,高峰时段的实际满载率约 100%,其他时段实际满载率近似为 80%,列车的运输能力为 1860 人,珠江路站运营时间为 5:00~24:00。本案例的研究目的是在当前车站设计与布局的条件下,实时估计在一定时间间隔内地铁车站能够服务的最大乘客数量,并通过两次比较评估拥堵状况。

案例使用的数据包括以下两个方面:

(1) AFC 数据。AFC 数据包括 2017 年 9 月 23 日~10 月 31 日进出珠江路站的所有乘客的出行信息，包括卡片编号、出行日期、进站时间、出站时间、地铁线路编号、车站编号、AFC 闸机编号。

在使用 AFC 数据集之前，必须先处理包括完全重叠的数据、不完整的数据和不相关的乘客出行数据等异常记录。这些异常记录可以通过 MATLAB 编程和图片处理等方式从原始数据中过滤掉。

（2）现场调查数据。现场调查数据包括珠江路的实际大客流事件记录（来源于实地调查和南京地铁），2017 年 9 月 23 日～10 月 31 日，为期 39 天。

根据《地铁设计规范》（GB 50157—2013），确定站台的临界密度阈值为 0.5m²/人。因此 C^{pf} 为 2194。

2. 计算结果

通过连续观察乘客在站台和站厅上的行为，发现了乘客对于楼梯和自动扶梯选择性的一些特征：①当旅客从进站闸机组 2 进入时，选择 1 号楼梯与 2 号楼梯的乘客比例为 9∶1；②几乎没有下车乘客在同时遇到自动扶梯和楼梯时会选择 1 号或 3 号楼梯；③选择自动扶梯 1、楼梯 2 和自动扶梯 3 的乘客比例分别为 45.37%、15.86%和 38.77%。基于 AFC 数据获取每个时间间隔（Δt）的进出站客流量。基于式（4-8），计算各个设施设备的步行时间。

基于式（4-7），计算珠江路站 2017 年 9 月 23 日～10 月 31 日每天日常运营时间内服务的乘客数量，产生了 8782 个有效样本数据（5min 内的最大服务能力）。由于篇幅所限，表 4-2 中仅显示了一小部分样本，其中包括某个星期一 8:00～9:00 每个时间间隔的步行时间、滞留乘客数量和最大服务能力的计算结果。

表 4-2　进出客流步行时间

时间间隔	进站闸机组 1—站台/s	进站闸机组 2—站台/s	站台—出站闸机组 1/s	站台—出站闸机组 2/s	站台—出站闸机组 3/s	N^{re}	N^s
8:00～8:05	33.54	30.40	47.52	48.40	56.58	0	843
8:05～8:10	35.83	32.00	48.41	48.76	57.27	0	1185
8:10～8:15	37.04	33.15	49.05	49.41	57.77	33	1292
8:15～8:20	37.18	32.08	49.32	49.44	57.99	107	1490
8:20～8:25	37.48	34.15	49.67	49.24	57.83	231	1556
8:25～8:30	35.14	33.07	49.06	49.01	57.52	173	1429
8:30～8:35	36.12	33.24	48.99	49.36	58.10	104	1420
8:35～8:40	35.32	32.12	48.32	48.87	57.18	164	1310
8:40～8:45	35.55	34.19	49.48	49.86	58.02	0	1351
8:45～8:50	35.41	34.10	49.46	49.33	57.99	199	1500
8:50～8:55	34.28	30.80	47.90	48.61	57.06	149	1171
8:55～9:00	31.45	30.51	47.95	48.79	56.92	0	984

3. 一致性分析

为了体现乘客聚集和消散的拥挤程度，并实现对大客流的预警，本书引入了一种新的思想，就是将地铁车站容纳能力（subway station capacity，SSC）与车站最大服务能力进行比较。SSC 的数值可以通过基于"马尔可夫到达过程-一般状态相关服务率-c 个并行服务器-总通行能力为 c"的服务机制（Markovian arrival processes，general state-dependent service rates，c parallel servers，and a total capacity c，M/G/c/c）和离散时间马尔可夫链（discrete-time Markov chain，DTMC）造的排队网络分析模型[163]来计算，排队网络分析模型的求解可以参考文献[14]。

M/G/c/c 状态相关的排队网络由几个关键设施设备组成，其服务过程可以视为排队模型，乘客移动区域（楼梯、通道）可视为 C 系统服务器。服务器上乘客的服务时间随着设施设备中的乘客数量的变化而动态变化。乘客的行为特性是该系统的服务特征，其与楼梯和通道的物理特征及乘客的行为有关。本书构建了排队网络分析模型，并通过与仿真模型的一致性分析和灵敏度分析，验证了该模型的有效性，在此不做具体阐述。

因此，通过排队网络分析模型计算，珠江路站 1h 的 SSC 是 17324，即每 5min 的 SSC 是 1444。比较 8782 个有效样本数据及其对应的每 5min 的 SSC，发现有 107 个样本的数值超过了 SSC。也就是说，珠江路站在 39 天中的 107 个时间间隔内处于过饱和状态（发生了大客流）。表 4-3 列出了最大服务能力数值及对应时间（一周），包括最大服务能力数值和相应的时间间隔。

表 4-3 最大服务能力数值及对应时间（一周）

时间	时间（数值）1	时间（数值）2	时间（数值）3	时间（数值）4
周一	8:15~8:20（1490）	8:20~8:25（1556）	8:45~8:50（1500）	—
周二	8:15~8:20（1686）	8:20~8:25（1701）	8:45~8:50（1509）	—
周三	8:10~8:15（1483）	8:15~8:20（1504）	8:20~8:25（1547）	8:35~8:40（1461）
周四	8:15~8:20（1466）	8:20~8:25（1573）	8:40~8:45（1547）	8:45~8:50（1542）
周五	8:15~8:20（1571）	8:20~8:25（1588）	—	—

本节测试了采集的 107 个大客流样本数据与 39 天（2017 年 9 月 23 日~10 月 31 日）内珠江路站实际发生的大客流事件之间的一致性，图 4-3 显示了大客流样本数据与实际发生的大客流事件的比较。这 39 天中的每一天都以序列号的形式列出（1~39），形成圆形分布图。半径坐标轴的序号（1~12）依次表示 8:00 和 9:00 之间的 12 个时间间隔，例如 8:25~8:30 是序号 6。圆圈表示 107 个大客流样本数据和实际大客流事件的重叠数据，六角形表示删除了重叠数据的剩余大客流样本

数据，三角形表示删除重叠数据的剩余车站实际大客流事件。通过观察，107个大客流样本数据和实际大客流事件在 8:15~8:25 时段内完全重叠，其他时间间隔内也高度重叠。

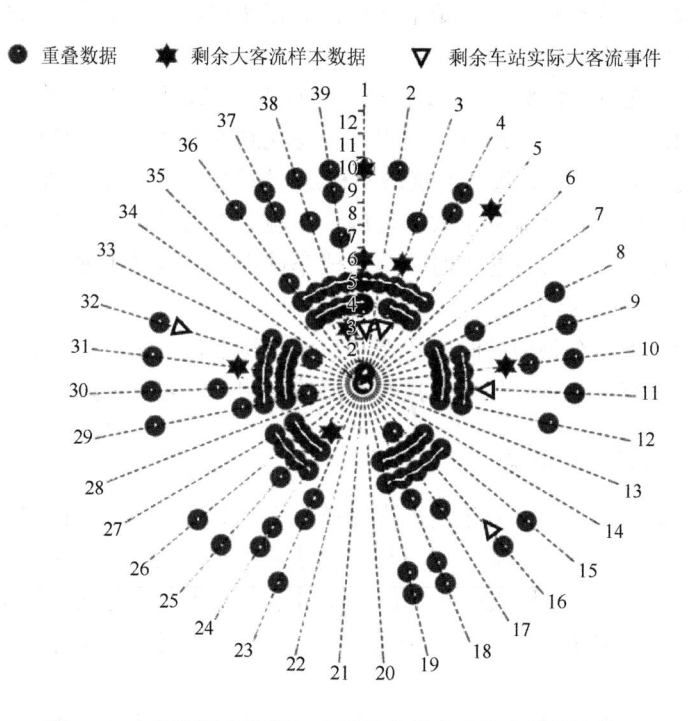

图 4-3 大客流样本数据与实际发生的大客流事件的比较

107个大客流样本数据与实际大客流事件之间的偏差为 4.81%。本节所采用的判断事件是否为"大客流"事件的标准依赖于值班人员的经验、实时视频监控和实地调查，每个人的经验和标准都不相同。上述因素导致了模型计算得到的大客流样本数据与实际发生的大客流事件之间的偏差。但是偏差小于 5%，有力证明了本章构建的最大服务能力计算模型在大客流识别与预警方面的效率。

4.2 车站大客流识别

4.2.1 车站客流状态划分

1. 客流状态描述

轨道交通车站客流状态是伴随车站运营而产生的一种动态交通流状态，能够直接反映车站内客流分布情况及客流流线的拥堵情况。尤其是当发生大客流时，车站管理人员能及时采取客流控制措施，避免和缓解车站设施设备拥堵情况，使车站安全顺畅运营。

客流状态有两种解释：一是车站运营的客观状态，二是乘客的心理状态。本书重点研究的是车站运营的客观状态。

本书从稳定性、通畅性、均衡性三个方面对车站运营的客观状态进行分析[65]：

（1）稳定性。客流在运行过程中，容易受到外部环境、个体因素等影响，其群体特性会受到干扰，导致客流状态不稳定，短时间内可能发生很大的状态改变。

（2）通畅性。当客流量不大于设施设备服务能力时，车站内客流通畅；而当客流量大于设施设备服务能力时，会造成车站内设施设备阻塞或延迟，拥堵不可避免，最终导致客流缓慢运行。

（3）均衡性。车站内的时间资源和空间资源非常有限，合理利用时间资源和空间资源，更有利于减少外界干扰对客流的影响，使客流保持自身的运行状态。

2. 客流状态影响因素

轨道交通车站是一个复杂的动态系统，影响其客流状态的因素很多，既有客流的因素、设施设备的因素，又有环境因素和管理因素。每一类影响因素又包含很多子因素，任意一个因素的变化都可能引起客流状态的变化。客流、设施设备、环境、管理四大要素相互影响、相互作用，共同影响客流的运行状态。

1）客流因素

车站每个运营环节都是为乘客服务，并以乘客出行为导向的，因此客流因素是影响车站客流运行状态的最直接因素。当客流增多时，可能引起乘客严重拥挤和上下车冲突，在一定程度上还会影响设施设备、步行环境及车站管理秩序，直接和间接地影响车站客流运行状态。客流因素主要包括生理特征和心理特征。

（1）生理特征。

乘客个体的生理特征存在差异，主要体现在年龄构成、性别构成、身体状况等方面，这些差异会影响客流的平均速度，进而影响乘客走行时运行状态的稳定性。

年龄构成方面，根据《美国道路通行能力手册》（HCM2000），乘客群体的走行速度主要由65岁及以上老年人的比例决定，老年人步行速度较低，严重影响客流的走行速度；同时，当儿童在乘客群体的比例较高时，也会降低客流的平均走行速度。因此，乘客的年龄构成会直接影响客流的平均速度，进而影响客流的运行状态。

性别构成方面，一方面，不同性别的乘客对车站运营环境的感知不同，导致其对客流状态影响不同；另一方面，男性的步长和步频要高于女性，所以男性的平均步行速度也高于女性。因此，乘客的性别构成会影响客流的平均速度，进而影响客流的运行状态。

身体状况方面，乘客体力、视力、听力、反应力、四肢健全程度的差异会影响乘客群体的平均速度。例如，体力不足时，乘客携带重物会导致步行速度下降；视力不足时，乘客对车站标识的识别会受到影响，进而影响步行速度。因此，乘客的身体状况会影响客流的平均速度，进而影响客流的运行状态。

（2）心理特征。

轨道交通车站内部发生客流拥挤时，会导致乘客安全距离减小，使乘客产生冲动心理、烦躁心理、从众心理、惊慌心理、情绪失控等心理反应[63]，部分乘客还可能产生逆反心理，会在车站关键位置（楼梯/自动扶梯口、通道口）相互挤压，在通道里逆行或横向行走，从而导致乘客踩踏的风险。因此，乘客的心理特征会影响客流的群体特性，进而影响客流的运行状态。

2）设施设备

设施设备是车站正常运行的保障和载体，任何设施设备出现故障或拥堵都会影响车站运营管理，因此设施设备也是影响客流运行状态的重要因素。影响客流运行状态的设施设备主要包括闸机、通道、楼梯、站台、其他设施设备等。

（1）闸机。

闸机是乘客进出付费区的必要设施设备，其客流运行状态的影响因素包括以下几方面：①闸机处乘客行为特性，绝大部分乘客会等待前一乘客离开或即将离开闸机设备再刷卡/扫码进入闸机设备，会造成一定的延误，影响闸机区域客流运行状态[66]；②闸机属性，由于车站闸机数量和服务能力受限制，当大量乘客进站，必然会影响客流的运行状态；③其他因素，乘客自身属性（年龄、性别、身体状况等）、周围闸机排队长度、乘客密度等，都会影响客流的平均速度，进而影响闸机区域客流运行状态。

（2）通道。

车站内，乘客进站、换乘、出站过程都必须经过通道。通道分为单向通道和混行通道，单向通道只允许乘客单向走行，混行通道允许乘客双向混行，有部分混行通道会设置隔离栏，分离双向客流。由于通道狭长，其尺寸直接影响通道的服务能力。当车站内发生大客流时，极易在通道处形成排队拥堵现象，此时通道将成为瓶颈，乘客步行速度会降低，进而影响站内客流运行状态。

（3）楼梯。

车站内，楼梯（包括自动扶梯、垂直升降梯）是垂直方向的行人设施，连接站厅、站台及通道。它也是所有乘客必经的设施设备，乘客在其上走行的顺畅性和稳定性比站台、站厅和水平通道差。由于楼梯宽度限制，当发生大客流时，极易在楼梯口发生乘客滞留现象，造成楼梯堵塞，严重影响客流运行状态。

(4) 站台。

乘客进入车站，最终都将聚集在站台候车，而且随着时间的推移，站台聚集的乘客会越来越多。同时，站台层汇聚的客流类型还包括他线换乘进站客流、出站客流及本线换乘出站客流，客流相当复杂。当一次列车到达，如果未能将站台需要上车的乘客一次性带走，会发生乘客滞留现象，导致站台堵塞。而这时车站最大的拥堵点将出现在站台上，严重影响站台客流运行状况，进而影响其他设施设备的客流运行状况。

(5) 其他设施设备。

售票设备、安检设备都有部分乘客需要停留，尤其是发生大客流时，会造成客流平均速度的降低，进而影响客流的运行状态。

3) 环境因素

轨道交通车站一般处于封闭或半封闭状态，不易受到雨雪等自然天气的影响，车站运行相对稳定。但是恶劣的外部环境会对车站运营造成威胁，且可能导致人们更多地选择轨道交通出行，影响站内客流运行状态。

车站环境分为外部环境和内部环境。内部环境指的是车站内的通风、温度、积水、漏水、设施设备布局等，通风、温度会一定程度上影响乘客的感知和舒适度；积水和漏水可能导致车站内乘客走行路径改变；设施设备布局不合理会导致设施设备利用率低下、乘客绕行和冲突增加，减缓乘客走行速度，进而影响车站客流运行状态。外部环境主要是强风、雷电等，由于有部分轨道线路铺在高架桥上，部分车站设施设备处于露天环境。当发生恶劣天气时，不仅乘客站内行走不便，还可能导致列车延误，站台乘客滞留，严重影响车站客流运行状态。

此外，在发生大雨、大雪天气时，人们更多地选择安全、可靠、准时的轨道交通出行，致使各车站进站客流量猛增，突发大客流，造成车站设施设备拥堵严重，形成站内拥挤瓶颈，进而影响车站客流运行状态。

4) 管理因素

车站管理因素包括管理人员和管理制度，客流运行状态不仅受管理人员的影响，还受管理制度的影响。管理人员瞎指挥、不作为、实时监控不到位都会影响站内客流运行状态，例如，因为监控不及时，售票机区域的排队过长，进而影响安检设备和闸机区域的客流运行状态。运营人员管理制度的缺失、岗位安全职责的不明确、应急管理制度的不到位、人员专业素质培训的不完善，日常可能不会暴露问题，但当大客流发生时，就会严重影响车站运营状态。

3. 客流状态划分

从客流运行状态的影响因素分析可以看出，客流状态是对车站整体和各类设施设备的服务水平和服务质量的体现[164]，反映乘客在站内转移过程的感受。因此，客流状态的划分需要着重考虑乘客的舒适度。

目前车站客流状态的划分还没有相关标准规范，更多的是通过行人服务水平来衡量车站内客流运行条件和乘客舒适度。根据 HCM2000 和美国《公共交通通行能力和服务质量手册》（TCQSM）服务水平划分标准，本书从稳定性、通畅性、均衡性三个角度对客流运行状态进行初步划分。

1）按照客流稳定性划分

车站客流状态按照稳定性可以划分为稳定状态和不稳定状态。

稳定状态是指客流受到外部环境影响时，乘客个体对外部环境的认知和反应高度一致，使得乘客群体受干扰程度低，客流运行状态保持相对稳定。

不稳定状态是指客流受到外部环境的影响时，乘客个体对外部环境的认知和反应一致性低，使得乘客群体受到严重干扰，导致客流运行状态不稳定，短时间内可能发生很大改变。

2）按照客流通畅性划分

车站客流状态按照通畅性可以划分为通畅状态和堵塞状态。

通畅状态是指当车站内客流量不大于设施设备服务能力时，乘客不受其他乘客干扰或者受干扰较少，可以保持一定的走行速度，站内走行畅通无阻，客流运行状态保持相对通畅。

堵塞状态是指当客流量大于设施设备服务能力时，乘客受其他乘客干扰较大，只能缓慢前行，时常伴有客流延迟、阻塞或中断，站内走行困难，客流运行受到严重影响。

3）按照客流均衡性划分

车站客流状态按照均衡性可以划分为均衡状态和不均衡状态。

均衡状态是指乘客到站时间相对分散，客流在车站各类设施设备分布均匀，乘客间干扰较少，车站客流运行状态相对均衡。

不均衡状态是指乘客到站时间高度集中，客流分布在少量设施设备上，对设施设备产生较大压力，乘客间相互影响严重，车站客流运行状态严重不均衡。

根据稳定性、通畅性、均衡性三者的重要性排序及与客流运行状态的关联性排序，以通畅性为主，稳定性和均衡性为辅，同时结合既有的行人服务水平划分标准和大客流发生前后客流状态的不同，将客流状态分为大客流发生前的自由流状态和大客流发生后的拥堵流状态。其中，自由流状态包括完全自由流状态和半自由流状态，拥堵流状态包括冲突流状态和饱和流状态。

（1）完全自由流状态：乘客走行速度可以自由选择，不受其他乘客和环境限制，且与其他乘客无任何冲突可能性。

（2）半自由流状态：乘客走行速度可以自由选择，基本不受其他乘客和环境限制，且逆向和横向行走时与其他乘客有较小冲突。

（3）冲突流状态：乘客走行速度不能自由选择，受其他乘客和环境限制，且逆向和横向行走时与其他乘客有较大冲突。

（4）饱和流状态：乘客走行速度受到严重限制，与其他乘客不可避免发生接触和冲突，且客流移动缓慢甚至停滞不前，几乎无法逆向和横向行走。

4.2.2 车站大客流识别方法

根据4.2.1节对客流运行状态的划分可知，大客流发生后的客流状态为拥堵流状态，即当车站客流运行状态为冲突流状态或者饱和流状态时，判定车站发生了大客流。因此，对大客流的识别，实际上就是对车站内客流运行状态的准确判断。本节根据4.2.1节对客流运行状态影响因素的分析，结合大客流特性，构建大客流识别评价指标体系，通过层次分析法确定各评价指标权重，采用改进的物元可拓模型对车站内的大客流进行安全状态评估，确定评价等级，识别大客流，最终实现车站大客流预警等级划分。

1. 评价指标体系构建

轨道交通车站发生大客流时，客流运行状态主要受客流流量、设施设备、站内环境、运营管理等因素影响[71]。因此，本书从设施设备的最大通行能力和乘客的感知环境入手，分析站内客流运行状态，从闸机服务强度、空间负荷度、站台乘客消散时间、客流速度与密度、乘客速度损失率、车站服务占有系数六个方面构建大客流识别评价指标体系。

1）闸机服务强度

假设一个进/出站闸机组由 n 台闸机组成，一台闸机视为一个服务台，乘客到达近似满足泊松分布，到达率为 λ，到达时间相互独立，闸机服务时间服从负指数分布，乘客排队方式是多路排队多通道形式，多路排队多通道形式示意图如图4-4所示。

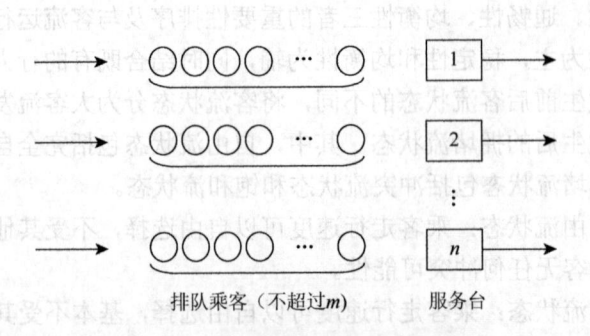

图4-4 多路排队多通道形式示意图

因此，进/出站闸机组可以抽象为平行排队的 n 个服务台系统，采用 n 个 $M/M/1$ 单通道排队模型来描述。同时假定 m 为单个闸机可接受的最大排队长度，乘客数量无限制，闸机服务规则是先到先服务（first come first service, FCFS），因此拥有 n 台闸机的进/出站闸机组可视为 n 个 $M/M/1/m/\infty$/FCFS 排队模型。

排队从单个闸机接受服务后通过的服务率为 μ，平均服务时间为 $1/\mu$。服务强度是确定排队系统乘客数性质的核心指标，用到达率与服务率的比率表示，即 $\rho = \lambda/\mu$。

当 $\rho<1$ 时，进/出站闸机组的客流状态稳定，所有到达的乘客均能离开，不会出现乘客排队现象；当 $\rho \geqslant 1$ 时，进/出站闸机组的状态不稳定，闸机前排队长度将会变得越来越长，趋向于无穷大，致使闸机处出现大面积拥堵现象。

文献[66]通过实测研究发现，进站闸机的最大服务率为 0.45 人/s，出站闸机的最大服务率为 0.36 人/s，均小于《地铁设计规范》（GB 50157—2013）中的闸机设计通行能力 0.5 人/s（门扉式）。同时《地铁设计规范》（GB 50157—2013）规定，当发生突发事件时，乘客无须刷卡就可出站。根据文献[67]对闸机疏散时间和通行率的研究结果，确定乘客不刷卡通过闸机的流率为 1.38 人/s，即进/出站闸机组的到达率不能超过 1.38 人/s。因此，本书设置进/出站闸机组的最大服务率为 0.45 人/s，以 0.36 人/s、0.45 人/s、1.38 人/s 为乘客到达率边界值，得到闸机服务强度划分客流运行状态阈值对应表，如表 4-4 所示。

表 4-4　闸机服务强度划分客流运行状态阈值对应表

客流状态	完全自由流	半自由流	冲突流	饱和流
ρ 阈值区间	[0.00, 0.80]	(0.80, 1.00]	(1.00, 2.00]	(2.00, 3.07]

2）空间负荷度

文献[68]提出了负荷度的概念，即总的过街流量与通行能力的比值。负荷度是反映过街需求和供给关系的指标。本书提出的车站内空间负荷度是指客流在某设施设备的密集程度，即单位时间内某设施设备的实际客流量与该设施设备的供给/容纳能力的比值。空间负荷度越大，则该设施设备内乘客越拥挤；反之，该设施设备越宽松。

$$F_{ki} = \frac{Q_i}{C_i} \tag{4-9}$$

式中，F_{ki} 为第 i 个设施设备的空间负荷度；Q_i 为第 i 个设施设备内的实际客流量；C_i 为第 i 个设施设备的供给/容纳能力。

本书主要考虑通道、站台、楼梯/自动扶梯处的空间负荷度，其中站台的空间负荷度计算需要单独考虑。站台实际客流量是指某一列车到站时站台需要上车人数与该列车下车人数之和，站台容纳能力是指站台安全区域可容纳的最大乘客数。

根据文献[68]对速度、密度、流量、服务水平及负荷度的研究成果，以及车站实地调研情况，得出车站内空间负荷度划分客流运行状态阈值对应表，如表4-5所示。

表4-5　空间负荷度划分客流运行状态阈值对应表

客流状态	低负荷	中负荷	高负荷	满负荷
F_{kl} 阈值区间	[0.00, 0.30]	(0.30, 0.50]	(0.50, 0.80]	(0.80, 1.00]

3）站台乘客消散时间

站台乘客消散涉及乘客上下车过程和下车乘客离开站台过程，因此站台乘客消散时间等于上车乘客上车所需时间和下车乘客离开列车及站台所需时间之和。

当站台客流较多时，站台乘客会自动选择排队长度最小的屏蔽门等候上车，站台客流停滞不动，因此可以假定各屏蔽门排队上车人数大致相同。

当站台客流较少时，站台客流密度处于低负荷状态，乘客会就近选择离其途经的楼梯/自动扶梯最近的屏蔽门等候上车。虽然此时离楼梯/自动扶梯最近的屏蔽门排队等候上车人数略大于其他屏蔽门，但是其仍然小于站台高负荷时的屏蔽门排队长度。而且此时站台客流是流动的，乘客会动态地选择排队更少的屏蔽门排队等候上车，因此也可以近似假定各屏蔽门排队上车人数大致相同。

文献[69]基于实际观察数据，构建了站台上车客流速度-密度的二维模型，提出各屏蔽门乘客上车时间计算公式，但是没有考虑乘客上下车时间不均衡性、站台类型及乘客上车区域相对屏蔽门位置的影响，且当上车乘客数较多时，其误差较大。针对上述不足，本书对其模型进行了优化，提出了新的乘客上车时间计算模型，有

$$t_b(m) = F_b + \frac{Q_b(m)\varphi t_{st} k_s}{2wc} \times \frac{j+0.5c}{j-0.5c} \times \ln\frac{2j}{c} \qquad (4\text{-}10)$$

式中，$t_b(m)$ 为第 m 个屏蔽门处乘客全部上车的时间；$Q_b(m)$ 为第 m 个屏蔽门处排队等待上车的乘客数；k_s 为屏蔽门处排队上车的乘客人均占有面积，取 0.33m^2/人；w 为站台宽度参数，当该站台为岛式站台时，w 为站台有效宽度的一半；当该站台为侧式站台时，w 为站台有效宽度；φ 为上下车时间不均衡系数；t_{st} 为列车停站时间；j 为屏蔽门之间有效距离的一半；c 为车门宽度；F_b 为上车乘客反应延误时间系数，一般为0.8s。

乘客下车过程与上车过程类似，假定乘客在列车上均匀分布，各车门处准备下车的乘客数大体一致，因此根据乘客上车时间计算模型可推导出乘客下车时间计算模型。具体公式为

$$t_{go}(m) = F_{go} + \frac{Q_{go}(m)(1-\varphi)t_{st}k_x}{2wc} \times \frac{z+0.5c}{z-0.5c} \times \ln\frac{2z}{c} \qquad (4\text{-}11)$$

式中，$t_{go}(m)$ 为第 m 个车门（屏蔽门）处乘客全部下车的时间；$Q_{go}(m)$ 为第 m 个

车门（屏蔽门）处等待下车的乘客数；k_x 为列车车门处等待下车的乘客人均占有面积，取 $0.33m^2/$人；w 为站台宽度参数，当该站台为岛式站台时，w 为站台有效宽度的一半；当该站台为侧式站台时，w 为站台有效宽度；φ 为上下车时间不均衡系数；t_{st} 为列车停站时间；z 为车门间距的一半；c 为车门宽度；F_{go} 为下车乘客反应延误时间系数，一般为 1s。

综上，乘客上下车总时间计算公式为

$$t_{sum}(m) = t_b(m) + t_{go}(m) \tag{4-12}$$

各参数含义同上。

下车乘客离开站台所需时间是指全部下车乘客离开站台进入楼梯/自动扶梯的时间。其不仅与乘客在站台楼梯/自动扶梯出口处的滞留时间有关，还与站台最短走行路径的步行时间有关。其计算公式为

$$t_{le} = D_z + t_{wd} \tag{4-13}$$

式中，t_{le} 为下车乘客离开站台所需时间；D_z 为乘客在站台楼梯/自动扶梯出口处的滞留时间；t_{wd} 为站台最短走行路径的步行时间。

站台楼梯/自动扶梯出口处的滞留时间 D_z 为站台层楼梯/自动扶梯出口处通过时间与站台最长走行路径的步行时间之差，计算公式为

$$D_z = t_c - t_{wl} \tag{4-14}$$

式中，t_c 为站台层楼梯/自动扶梯出口处通过时间；t_{wl} 为站台最长走行路径的步行时间。

基于车站运营管理能力，结合《地铁设计防火标准》（GB 51298—2018）中乘客全部撤离站台的时间计算公式，本书提出了站台层楼梯/自动扶梯出口处通过时间 t_c 的计算模型，即

$$t_c = \frac{\sum_{m \in l} Q_{go}(m)}{X\left[A_1(n-1) + A_2 B\right]} \tag{4-15}$$

式中，l 为站台屏蔽门的集合；X 为能力系数；A_1 为上行自动扶梯的最大通行能力；n 为上行自动扶梯的数量；A_2 为楼梯的最大通行能力；B 为楼梯的总宽度。能力系数 X 取值如表 4-6 所示。

表 4-6 能力系数 X 取值表

能力等级	X 的取值	解释
I	[0.90, 1]	站台运营人员管理得当，楼梯/自动扶梯出口处乘客有序排队，楼梯/自动扶梯分布均匀，导向标识醒目
II	[0.85, 0.90)	站台运营人员管理欠妥，楼梯/自动扶梯出口处乘客出现无序排队或者楼梯/自动扶梯分布不均匀，但是导向标识依然醒目
III	[0.80, 0.85)	站台运营人员管理不得当，楼梯/自动扶梯出口处乘客出现无序排队且楼梯/自动扶梯分布不均匀，导向标识不明显

站台最短走行路径的步行时间 t_{wd} 和站台最长走行路径的步行时间 t_{wl} 计算公式为

$$t_w = \frac{le_p}{v_p} \tag{4-16}$$

式中，t_w 为站台步行时间；le_p 为站台客流走行路径长度；v_p 为站台客流步行速度。

综上，下车乘客离开站台所需时间计算公式为

$$t_{le} = \frac{\sum_{m \in l} Q_{go}(m)}{X[A_1(n-1)+A_2 B]} + \frac{le_{pd} - le_{pl}}{v_p} \tag{4-17}$$

式中，le_{pd} 为站台最短走行路径长度；le_{pl} 为站台最长走行路径长度。

其他参数含义同上。

当一辆列车到达时，如果乘客上下车总时间超过该列车停站时间或者在下一辆列车到达时前一辆列车的下车乘客仍未全部消散到楼梯/自动扶梯，将会出现乘客滞留现象，引起站台客流拥挤和堵塞，扰乱车站和线路的正常运营。

因此，本节选取乘客上下车总时间与列车停站时间的比值和下车乘客离开站台所需时间与列车发车间隔的比值两个指标对客流运行状态进行划分，其计算公式为

$$\tau_1 = \frac{t_{sum}(m)}{t_{st}} \tag{4-18}$$

$$\tau_2 = \frac{t_{le}}{t_{fc}} \tag{4-19}$$

式中，τ_1 为乘客上下车总时间与列车停站时间的比值；τ_2 为下车乘客离开站台所需时间与列车发车间隔的比值；t_{fc} 为列车发车间隔。

结合文献[70]的研究，通过专家打分法确定了 τ_1、τ_2 的评价等级。且与实际调查进行了比较，同时考虑上述模型计算的乘客上下车总时间有 10%左右的误差，因此还对 τ_2 评价等级的阈值进行了修正。综上，τ_1、τ_2 划分客流运行状态阈值对应表，分别如表 4-7 和表 4-8 所示。

表 4-7 τ_1 划分客流运行状态阈值对应表

等级	低负荷	中负荷	高负荷	满负荷
τ_1 阈值区间	[0.00, 0.80]	(0.80, 1.00]	(1.00, 1.10]	(1.10, 2.10]

表 4-8 τ_2 划分客流运行状态阈值对应表

等级	低负荷	中负荷	高负荷	满负荷
τ_2 阈值区间	[0.00, 0.70]	(0.70, 0.80]	(0.80, 1.00]	(1.00, 2.00]

4）客流速度与密度

轨道交通车站内客流量的不同，会导致客流速度与密度的相互关系不同。当车站内乘客较少时，客流处于自由流状态，其客流密度较低，乘客平均速度较高。而当车站内发生大客流时，客流处于拥堵流状态，客流量和客流密度较大，乘客平均速度较低。因此，研究车站内速度与密度的相互关系对客流状态判断和大客流识别至关重要。

车站由不同的设施设备组成，其中，通道和楼梯是主要的交通瓶颈。经过调查研究，乘客通过不同的设施设备时，其交通特性会发生改变。因此本书分别研究通道、上行楼梯、下行楼梯的速度-密度关系，以此构建大客流识别的评价指标。

（1）通道。

根据已有研究和实际调查可知，通道内，当客流密度小于 0.5 人/m² 时，乘客处于自由流状态，客流状态稳定；当客流密度为 1.7 人/m² 时，通道内客流量达到最大，即 1.3 人/(m·s)；当客流密度为 2.7 人/m² 时，客流量降到了 0.95 人/(m·s)。因此，本书选取 0.5 人/m²、1.7 人/m²、2.7 人/m² 作为客流密度划分客流运行状态的阈值。

基于通道内客流密度划分客流运行状态的阈值、通道内客流速度-密度关系模型，确定通道内客流速度划分客流运行状态的阈值。

具体的通道内速度和密度划分客流状态阈值对应表如表 4-9 所示。

表 4-9 通道内速度和密度划分客流状态阈值对应表

客流运行状态	完全自由流	半自由流	冲突流	饱和流
密度阈值区间	[0, 0.5]	(0.5, 1.7]	(1.7, 2.7]	(2.7, ∞)
速度阈值区间	[1.15, 1.57]	[0.63, 1.15)	[0.42, 0.63)	[0.00, 0.42)

（2）上行楼梯。

在上行楼梯内，当客流密度小于 0.8 人/m² 时，乘客处于自由流状态，客流状态稳定；当客流密度在 1.3～1.7 人/m² 时，上行楼梯的客流趋近于匀速；当客流密度为 2.7 人/m² 时，客流量达到了最大值 1.15 人/(m·s)。因此，本书选取 0.8 人/m²、1.7 人/m²、2.7 人/m² 作为客流密度划分客流运行状态的阈值。

基于上行楼梯内客流密度划分客流运行状态的阈值、上行楼梯内客流速度-

密度关系模型，确定了上行楼梯内客流速度划分客流运行状态的阈值。

具体的上行楼梯内速度和密度划分客流状态阈值对应表如表 4-10 所示。

表 4-10 上行楼梯内速度和密度划分客流状态阈值对应表

客流运行状态	完全自由流	半自由流	冲突流	饱和流
密度阈值区间	[0, 0.8]	(0.8, 1.7]	(1.7, 2.7]	(2.7, ∞)
速度阈值区间	[0.67, 0.90]	[0.48, 0.67)	[0.33, 0.48)	[0.00, 0.33)

（3）下行楼梯。

在下行楼梯内，当客流密度小于 1 人/m² 时，乘客处于自由流状态，客流状态稳定；当客流密度为 2 人/m² 时，下行楼梯内客流量涨幅最小；当客流密度为 2.7 人/m² 时，客流量达到了最大值 1.1 人/(m·s)。因此，本书选取 1 人/m²、2 人/m²、2.7 人/m² 作为客流密度划分客流运行状态的阈值。

基于下行楼梯内客流密度划分客流运行状态的阈值、下行楼梯内客流速度-密度关系模型，确定下行楼梯内客流速度划分客流运行状态的阈值。

具体的下行楼梯内速度和密度划分客流状态阈值对应表如表 4-11 所示。

表 4-11 下行楼梯内速度和密度划分客流状态阈值对应表

客流运行状态	完全自由流	半自由流	冲突流	饱和流
密度阈值区间	[0, 1]	(1, 2]	(2, 2.7]	(2.7, ∞)
速度阈值区间	[0.67, 1.28]	[0.46, 0.67)	[0.38, 0.46)	[0, 0.38)

5）乘客速度损失率

乘客速度损失率是反映轨道交通车站内客流运行通畅性的指标，可以直观呈现乘客在车站内转移时因受到外部环境和其他乘客影响相比自由流速度而损失的速度值。其计算公式为

$$\varepsilon = \frac{|V_\mathrm{f} - V_\mathrm{s}|}{V_\mathrm{f}} \qquad (4\text{-}20)$$

式中，ε 为乘客速度损失率；V_f 为自由流速度；V_s 为客流实际速度。ε 的取值范围为[0, 1]，当 ε 为 0 时，客流的实际速度为自由流速度，客流运行状态最佳；当 ε 为 1 时，说明客流停滞不前，车站内发生严重堵塞。根据通道内、上行楼梯内、下行楼梯内客流速度划分客流状态的阈值区间，得出通道内、上行楼梯内、下行楼梯内 ε 划分客流状态的阈值区间，乘客速度损失率划分客流状态阈值对应表如表 4-12 所示。

表 4-12　乘客速度损失率划分客流状态阈值对应表

客流运行状态	完全自由流	半自由流	冲突流	饱和流
通道内 ε 阈值区间	[0.00, 0.27)	[0.27, 0.60)	[0.60, 0.73)	[0.73, 1.00]
上行楼梯内 ε 阈值区间	[0.00, 0.26)	[0.26, 0.47)	[0.47, 0.63)	[0.63, 1.00]
下行楼梯内 ε 阈值区间	[0.00, 0.48)	[0.48, 0.64)	[0.64, 0.70)	[0.70, 1.00]

6）车站服务占有系数

车站服务占有系数是用来表征轨道交通车站整体拥挤程度的指标，能反映客流量对车站设计能力的占有情况。车站最大服务能力能很好地反映车站整体客流量情况，因此，车站服务占有系数用车站最大服务能力与车站设计服务能力的比值来表示。其计算公式为

$$\omega = \frac{N}{C_{de}} \quad (4-21)$$

式中，ω 为车站服务占有系数；N 为给定时间段内的车站最大服务能力；C_{de} 为车站设计服务能力。

参考空间负荷度划分客流运行状态的阈值区间，提出的车站最大服务能力计算方法用来识别大客流的误差为 5%左右，结合实地调查，确定车站服务占有系数划分客流运行状态阈值对应表，如表 4-13 所示。

表 4-13　车站服务占有系数划分客流运行状态阈值对应表

客流运行状态	低负荷	中负荷	高负荷	满负荷
ω 阈值区间	[0, 0.40]	(0.40, 0.75]	(0.75, 1.00]	(1.00, 1.40]

根据上述分析计算，得到大客流识别评价指标划分客流运行状态阈值表，如表 4-14 所示。

表 4-14　大客流识别评价指标划分客流状态阈值表

客流运行状态	完全自由流	半自由流	冲突流	饱和流
ρ 阈值区间	[0.00, 0.80]	(0.80, 1.00]	(1.00, 2.00]	(2.00, 3.07]
F_{fd} 阈值区间	[0.00, 0.30]	(0.30, 0.50]	(0.50, 0.80]	(0.80, 1.00]
τ_1 阈值区间	[0.00, 0.80]	(0.80, 1.00]	(1.00, 1.10]	(1.10, 2.10]
τ_2 阈值区间	[0.00, 0.70]	(0.70, 0.80]	(0.80, 1.00]	(1.00, 2.00]
通道内 ε 阈值区间	[0.00, 0.27]	(0.27, 0.60]	(0.60, 0.73]	(0.73, 1.00]

续表

客流运行状态	完全自由流	半自由流	冲突流	饱和流
上行楼梯内 ε 阈值区间	[0.00, 0.26]	(0.26, 0.47]	(0.47, 0.63]	(0.63, 1.00]
下行楼梯内 ε 阈值区间	[0.00, 0.48]	(0.48, 0.64]	(0.64, 0.70]	(0.70, 1.00]
ω 阈值区间	[0.00, 0.40]	(0.40, 0.75]	(0.75, 1.00]	(1.00, 1.40]

2. 指标权重确定

指标权重确定的方法主要分为主观赋权法、客观赋权法和组合赋权法。主观赋权法，主要是依靠经验，确定各个指标的重要性和权重，包括德尔菲法、层次分析法等；客观赋权法，根据指标的原始信息，通过统计方法确定各个指标的权重，包括主成分分析法、熵值法、离差最大化法等；组合赋权法，是把各种赋权法得到的权重通过乘法或者线性加权进行组合。

轨道交通车站的不同，导致其拥有的设施设备不相同，大客流发生时受影响的设施设备不相同，其相应的评价指标及其子指标不相同，最终构建的大客流识别评价指标体系也不相同，且不同的设施设备对大客流识别的重要性也不相同。客观赋权法虽然能消除主观影响，反映指标的原始信息，但是需要一致的评价指标，且不能反映不同的设施设备的重要性。因此本书选取层次分析法确定评价指标权重。

3. 基于改进物元可拓模型的方法

目前，交通领域最常用的识别评估方法有层次分析法、模糊综合评价法、神经网络评价方法及物元可拓方法等[165-172]。层次分析法、模糊综合评价法深受主观因素影响，减弱了评价结果的客观性。神经网络评价方法多应用于决策性评价，不适合应用于车站大客流识别评估。相比于其他方法，物元可拓方法能解决评价对象模糊性、多样性、指标数值过于离散等问题，计算简单，分辨率高。但是，由于车站大客流识别评价指标之间相互影响、相互作用，现有的物元可拓方法并不能彻底解决指标之间的矛盾性和互不相容性。因此，本书构建了一种改进的物元可拓模型，进行大客流状态识别评估。

1）物元可拓模型的基本思想

物元可拓模型由蔡文教授于 20 世纪 80 年代提出[173]，该模型以物元模型和可拓集合为理论框架，构建物元、经典域物元矩阵、节域物元矩阵，并通过实际数据建立待评物元，计算评价指标关联度，以此确定评价对象的等级。

2）基于改进物元可拓模型的大客流状态识别评估模型

（1）确定物元。

将要评价的对象记为 S，其评价指标记为 C，指标数值记为 V，其物元矩阵为

$$R = \begin{bmatrix} C_1 & v_{11} & v_{12} & \cdots & v_{1m} \\ C_2 & v_{21} & v_{22} & \cdots & v_{2m} \\ \vdots & \vdots & \vdots & & \vdots \\ C_n & v_{n1} & v_{n2} & \cdots & v_{nm} \end{bmatrix} \quad (4\text{-}22)$$

式中，$C_1, C_2, \cdots, C_n$ 为评价指标；$v_{11}, v_{12}, \cdots, v_{nm}$ 为指标数值区间；n 为评价指标的个数；m 为评价等级的个数。

（2）确定经典域。

定义 C_i 为第 i 个评价指标，$i = 1, 2, \cdots, n$；P_j 为第 j 个评价等级，$j = 1, 2, \cdots, m$；v_{ij} 为第 i 个评价指标的第 j 个评价等级的数值区间，$v_{ij} = [a_{ij}, b_{ij}]$；$R_j$ 为第 j 个评价等级的经典域物元矩阵。

$$R_j = \begin{bmatrix} P_j & C_1 & v_{1j} \\ & C_2 & v_{2j} \\ & \vdots & \vdots \\ & C_n & v_{nj} \end{bmatrix} = \begin{bmatrix} P_j & C_1 & [a_{1j}, b_{1j}] \\ & C_2 & [a_{2j}, b_{2j}] \\ & \vdots & \vdots \\ & C_n & [a_{nj}, b_{nj}] \end{bmatrix} \quad (4\text{-}23)$$

（3）确定节域。

定义 P 为评价等级构成的整体，$v_{1p}, v_{2p}, \cdots, v_{np}$ 分别为 P 对应于 $C_1, C_2, \cdots, C_n$ 的取值范围，R_p 为节域物元矩阵。

$$R_p = \begin{bmatrix} P & C_1 & v_{1p} \\ & C_2 & v_{2p} \\ & \vdots & \vdots \\ & C_n & v_{np} \end{bmatrix} = \begin{bmatrix} P & C_1 & [a_{1p}, b_{1p}] \\ & C_2 & [a_{2p}, b_{2p}] \\ & \vdots & \vdots \\ & C_n & [a_{np}, b_{np}] \end{bmatrix} \quad (4\text{-}24)$$

（4）确定待评物元。

R_0 为待评物元，$v_1, v_2, \cdots, v_n$ 分别为 $C_1, C_2, \cdots, C_n$ 对应的实测数据。

$$R_0 = \begin{bmatrix} C_1 & v_1 \\ C_2 & v_2 \\ \vdots & \vdots \\ C_n & v_n \end{bmatrix} \quad (4\text{-}25)$$

（5）规格化处理。

考虑评价指标的实测数据可能超过节域范围，因此需要对经典域对象物元矩阵、节域对象物元矩阵、待评物元进行规格化处理。

对经典域物元矩阵 R_j 进行规格化处理，可得

$$R'_j = \begin{bmatrix} P_j C_1 \left[\dfrac{a_{1j}}{b_{1p}}, \dfrac{b_{1j}}{b_{1p}} \right] \\ C_2 \left[\dfrac{a_{2j}}{b_{2p}}, \dfrac{b_{2j}}{b_{2p}} \right] \\ \vdots \quad \vdots \\ C_n \left[\dfrac{a_{nj}}{b_{np}}, \dfrac{b_{nj}}{b_{np}} \right] \end{bmatrix} \tag{4-26}$$

对节域物元矩阵 R_p 进行规格化处理，可得

$$R'_p = \begin{bmatrix} P\, C_1 \left[\dfrac{a_{1p}}{b_{1p}}, 1 \right] \\ C_2 \left[\dfrac{a_{2p}}{b_{2p}}, 1 \right] \\ \vdots \quad \vdots \\ C_n \left[\dfrac{a_{np}}{b_{np}}, 1 \right] \end{bmatrix} \tag{4-27}$$

本书采用线性法对待评物元量纲化，定义 v_i 为第 i 个评价指标的实测数据，v'_i 为第 i 个评价指标量纲化后的实测数据，计算公式为

$$v'_i = \begin{cases} 1, & v_i > b_{ip} \\ \dfrac{v_i}{b_{ip}}, & a_{ip} < v_i \leqslant b_{ip} \\ \dfrac{a_{ip}}{b_{ip}}, & v_i \leqslant a_{ip} \end{cases} \tag{4-28}$$

R'_0 为量纲化后的待评物元：

$$R'_0 = \begin{bmatrix} C_1 v'_1 \\ C_2 v'_2 \\ \vdots \quad \vdots \\ C_n v'_n \end{bmatrix} \tag{4-29}$$

正向评价指标的规格化处理过程已简述，负向评价指标在此不做具体阐述。为了简化，规格化后的经典域物元、节域物元、待评物元仍记为 R_j、R_p、R_0。

（6）计算关联系数。

传统的关联系数计算公式是分段式函数，计算非常复杂，而且确定评价指标等

级时，不能反映待评物元自身界限的模糊性，造成信息损失，从而影响评价结果的准确性。因此，为了解决上述问题，同时消除同一个评价指标下不同等级取值范围长度的不同对关联系数计算造成的严重影响，本书提出了新的关联度计算公式：

$$\gamma_{ij} = \frac{\frac{1}{2}(b_{ij}-a_{ij})-\left|v_i-\frac{1}{2}(b_{ij}+a_{ij})\right|}{(b_{ij}-a_{ij})(b_{ip}-a_{ip})} \quad (4-30)$$

（7）计算综合关联度。

评价对象 S 包含的所有评价指标 C 属于各评价等级 V 的程度称为综合关联度，计算公式为

$$K_j = \sum_{i=1}^{n} w_i \gamma_{ij} \quad (4-31)$$

式中，K_j 为第 j 等级的综合关联度。

（8）大客流识别。

根据最大综合关联度准则确定评价对象 S 的评价等级，如果等级为冲突流状态或饱和流状态，就判定评价对象 S 发生了大客流。

（9）大客流预警级别划分。

根据客流运行状态等级的划分，确定大客流预警级别：完全自由流（Ⅰ）、半自由流（Ⅱ）、冲突流（Ⅲ）和饱和流（Ⅳ），分别用绿色、黄色、橙色、红色表示，如表 4-15 所示。

表 4-15 车站内大客流预警分级标准

预警级别	客流状态	分级标志	状态描述
Ⅰ	完全自由流	绿色	乘客自由行走，不受其他乘客和环境限制
Ⅱ	半自由流	黄色	楼梯、通道相对拥挤，乘客间出现较少冲突
Ⅲ	冲突流	橙色	开始出现大客流，一部分设施设备拥挤严重，乘客之间出现较大冲突
Ⅳ	饱和流	红色	频繁出现大客流，大部分设施设备满负荷运行，不能满足乘客需求

Ⅰ级预警表示站内客流运行非常安全，状态平稳，只需做好安全监测即可。

Ⅱ级预警表示站内客流运行相对安全，状态相对平稳，需要关注客流运行状态变化趋势。

Ⅲ级预警表示站内开始出现大客流，客流运行处于较危险状态，需要做好站内瓶颈设施设备安全监控，适当安排管理人员进行疏导。

Ⅳ级预警表示站内频繁出现大客流，客流运行处于非常危险的状态，各个设施设备都需要安排管理人员进行客流疏导。同时，采取站外客流控制措施，延缓乘客进站速度。

4.2.3 案例分析

在南京地铁网络中，大行宫站位于中山东路与太平北路、太平南路交叉路口北侧，毗邻新街口，区位重要性十分明显。其客流量较大，易发生早高峰大客流，是乘客出行与换乘的重要枢纽节点。因此，本章选取大行宫站进行大客流状态识别案例分析。

1. 案例介绍

大行宫站是南京地铁 2 号线和 3 号线的换乘车站，有 5 个出入口，2 号线车站为地下二层岛式车站，3 号线车站为地下三层岛式车站。2 号线车站进/出站闸机组均为 2 个，其中进/出站闸机数分别为 10 台和 12 台；3 号线车站进/出站闸机组也均为 2 个，其中进/出站闸机数分别为 8 台和 12 台。

付费区内，2 号线车站共有 1 个站台、3 个上行自动扶梯、3 个混行楼梯；3 号线车站共有 1 个站台、3 个上行自动扶梯、3 个下行自动扶梯、2 个混行楼梯、1 个单向换乘楼梯。其中，2 号线的换乘客流需和出站客流一起进入站厅层再进入 3 号线站台，而 3 号线的换乘客流只需通过单向换乘楼梯就可直接进入 2 号线站台。

2 号线站台长度为 130.8m，宽度为 11.7m，站台有效面积为 1054.31m^2，上下行方向各有 30 个屏蔽门，2 号线站台布局示意图如图 4-5 所示。3 号线站台长度为 134.4m，宽度为 11.7m，站台有效面积为 1116.02m^2，上下行方向各有 30 个屏蔽门，3 号线站台布局示意图如图 4-6 所示。

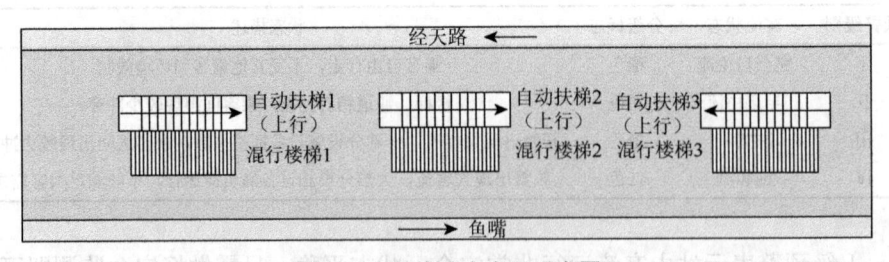

图 4-5　2 号线站台布局示意图

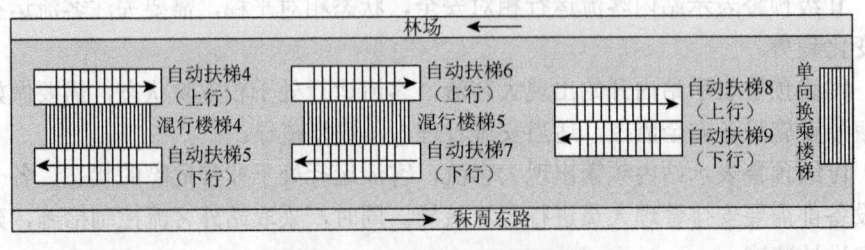

图 4-6　3 号线站台布局示意图

2. 数据采集提取、评价指标计算及处理

本书数据采集主要采用视频拍摄的方法，采集时段设置为早高峰期间 8:00～8:05（时间段长度由 2 号线和 3 号线的最大发车间隔确定）。选取 2 号线车站和 3 号线车站付费区域内所有楼梯、自动扶梯、进/出站闸机、站台作为观察点拍摄视频录像，提取楼梯/自动扶梯客流速度与流量、站台上下车人数、进/出站闸机乘客到达数等特性数据。

本书选取闸机服务强度、空间负荷度、站台乘客消散时间、乘客速度损失率、车站服务占有系数五个方面构建大行宫站大客流识别评价指标体系，而客流速度与密度是乘客速度损失率指标计算的基础，仅作为参考指标。各评价指标内子指标较多，为了简化计算，需要进行合并处理。最终根据上述合并处理后的评价指标，构建大行宫站大客流识别评价指标体系，如表 4-16 所示。

表 4-16 大行宫站大客流识别评价指标及取值表

序号	评价指标	数值	序号	评价指标	数值
1	2 号线进站闸机组 ρ	0.17	13	2 号线站台经天路方向 τ_1	0.75
2	2 号线出站闸机组 ρ	0.28	14	3 号线站台秣周东路方向 τ_1	0.99
3	3 号线进站闸机组 ρ	0.16	15	3 号线站台林场方向 τ_1	0.82
4	3 号线出站闸机组 ρ	0.40	16	2 号线站台 τ_2	0.33
5	2 号线自动扶梯 F_{ki}	0.34	17	3 号线站台 τ_2	0.74
6	2 号线混行楼梯 F_{ki}	0.53	18	2 号线混行楼梯上行 ε	0.49
7	2 号线站台 F_{ki}	0.44	19	2 号线混行楼梯下行 ε	0.54
8	3 号线自动扶梯 F_{ki}	0.35	20	3 号线混行楼梯上行 ε	0.43
9	3 号线混行楼梯 F_{ki}	0.26	21	3 号线混行楼梯下行 ε	0.52
10	3 号线单向换乘楼梯 F_{ki}	1.12	22	3 号线单向换乘楼梯上行 ε	0.74
11	3 号线站台 F_{ki}	0.41	23	车站服务占有系数 ω	0.90
12	2 号线站台鱼嘴方向 τ_1	1.09			

结合表 4-14 和表 4-16，确定大行宫站大客流识别各评价指标划分客流运行的阈值区间，如表 4-17 所示。

表 4-17 大行宫站大客流识别评价指标划分客流运行状态阈值对应表

序号	评价指标	客流状态阈值区间			
		完全自由流	半自由流	冲突流	饱和流
1	2 号线进站闸机组 ρ	[0.00, 0.80]	(0.80, 1.00]	(1.00, 2.00]	(2.00, 3.07]
2	2 号线出站闸机组 ρ	[0.00, 0.80]	(0.80, 1.00]	(1.00, 2.00]	(2.00, 3.07]

续表

序号	评价指标	完全自由流	半自由流	冲突流	饱和流
3	3号线进站闸机组 ρ	[0.00, 0.80]	(0.80, 1.00]	(1.00, 2.00]	(2.00, 3.07]
4	3号线出站闸机组 ρ	[0.00, 0.80]	(0.80, 1.00]	(1.00, 2.00]	(2.00, 3.07]
5	2号线自动扶梯 F_{ki}	[0.00, 0.30]	(0.30, 0.50]	(0.50, 0.80]	(0.80, 1.00]
6	2号线混行楼梯 F_{ki}	[0.00, 0.30]	(0.30, 0.50]	(0.50, 0.80]	(0.80, 1.00]
7	2号线站台 F_{ki}	[0.00, 0.30]	(0.30, 0.50]	(0.50, 0.80]	(0.80, 1.00]
8	3号线自动扶梯 F_{ki}	[0.00, 0.30]	(0.30, 0.50]	(0.50, 0.80]	(0.80, 1.00]
9	3号线混行楼梯 F_{ki}	[0.00, 0.30]	(0.30, 0.50]	(0.50, 0.80]	(0.80, 1.00]
10	3号线单向换乘楼梯 F_{ki}	[0.00, 0.30]	(0.30, 0.50]	(0.50, 0.80]	(0.80, 1.00]
11	3号线站台 F_{ki}	[0.00, 0.30]	(0.30, 0.50]	(0.50, 0.80]	(0.80, 1.00]
12	2号线站台鱼嘴方向 τ_1	[0.00, 0.80]	(0.80, 1.00]	(1.00, 1.10]	(1.10, 2.10]
13	2号线站台经天路方向 τ_1	[0.00, 0.80]	(0.80, 1.00]	(1.00, 1.10]	(1.10, 2.10]
14	3号线站台秣周东路方向 τ_1	[0.00, 0.80]	(0.80, 1.00]	(1.00, 1.10]	(1.10, 2.10]
15	3号线站台林场方向 τ_1	[0.00, 0.80]	(0.80, 1.00]	(1.00, 1.10]	(1.10, 2.10]
16	2号线站台 τ_2	[0.00, 0.70]	(0.70, 0.80]	(0.80, 1.00]	(1.00, 2.00]
17	3号线站台 τ_2	[0.00, 0.70]	(0.70, 0.80]	(0.80, 1.00]	(1.00, 2.00]
18	2号线混行楼梯上行 ε	[0.00, 0.26]	(0.26, 0.47]	(0.47, 0.63]	(0.63, 1.00]
19	2号线混行楼梯下行 ε	[0.00, 0.48]	(0.48, 0.64]	(0.64, 0.70]	(0.70, 1.00]
20	3号线混行楼梯上行 ε	[0.00, 0.26]	(0.26, 0.47]	(0.47, 0.63]	(0.63, 1.00]
21	3号线混行楼梯下行 ε	[0.00, 0.48]	(0.48, 0.64]	(0.64, 0.70]	(0.70, 1.00]
22	3号线单向换乘楼梯上行 ε	[0.00, 0.26]	(0.26, 0.47]	(0.47, 0.63]	(0.63, 1.00]
23	车站服务占有系数 ω	[0.00, 0.40]	(0.40, 0.75]	(0.75, 1.00]	(1.00, 1.40]

3. 大客流状态评价指标权重确定

1）构建比较矩阵

根据 Saaty 的 1~9 标度方法，比较标度对应表如表 4-18 所示。

表 4-18 比较标度对应表

编码	描述
1	表示两个指标相比，同样重要
3	表示两个指标相比，前一个轻微重要
5	表示两个指标相比，前一个有点重要

续表

编码	描述
7	表示两个指标相比，前一个非常重要
9	表示两个指标相比，前一个极端重要
2、4、6、8	上述相邻标度的中值

2）权重计算

比较矩阵的最大特征根对应的特征向量，经归一化后即为评价指标的权重向量。大行宫站评价指标的比较矩阵的最大特征根为 25.8929，其对应的特征向量为 [0.04, 0.05, 0.04, 0.05, 0.21, 0.30, 0.10, 0.18, 0.14, 0.50, 0.09, 0.18, 0.10, 0.16, 0.10, 0.07, 0.07, 0.16, 0.24, 0.11, 0.10, 0.40, 0.43]，归一化后的评价指标权重向量为 [0.01, 0.01, 0.01, 0.01, 0.06, 0.08, 0.03, 0.05, 0.04, 0.13, 0.02, 0.05, 0.03, 0.04, 0.03, 0.02, 0.02, 0.04, 0.06, 0.03, 0.03, 0.10, 0.11]。

3）一致性检验

本书使用一致性比率 CR 指标检验比较矩阵是否具有满意的一致性。当 CR＜0.1 时，表示比较矩阵具有满意的一致性，且评价指标的权重向量很合理。

$$CR = \frac{\lambda_{max} - nn}{RI(nn-1)}$$

式中，λ_{max} 为比较矩阵的最大特征根，nn 为评价指标个数（即比较矩阵的阶数），RI 为随机一致性指标。当 nn 为 23 时，RI 为 1.6462，λ_{max} 为 25.8929。经过计算，一致性比率 CR＝0.08＜0.1，表示评价指标的比较矩阵具有满意的一致性，且评价指标的权重向量很合理。

4. 大客流状态评价与识别

1）确定经典域、节域、待评物元

根据表 4-16 和表 4-17，确定大行宫站状态识别评估模型的经典域物元、节域物元和待评物元，由于 3 号线单向换乘楼梯 F_{ki} 指标的取值超过其节域范围，因此需要对经典域物元、节域物元和待评物元规格化处理。处理后经典域物元（R_1、R_2、R_3、R_4）、节域物元（R_p）和待评物元（R_0）分别如图 4-7 所示。

2）关联系数计算

根据式（4-30），计算待评物元（大行宫站）大客流识别评价指标的关联系数，结果如表 4-19 所示。

3）计算综合关联度

根据式（4-31），计算大行宫站客流状态的综合关联度，结果如表 4-20 所示。

$$\begin{bmatrix}
 & & R_1 & R_2 & R_3 & R_4 & R_5 & R_6 \\
2号线进站机组服务强度 & \rho & [0.00,0.26] & [0.26,0.33] & [0.33,0.65] & [0.65,1.00] & [0.00,1.00] & 0.06 \\
2号线出站机组服务强度 & \rho & [0.00,0.26] & [0.26,0.33] & [0.33,0.65] & [0.65,1.00] & [0.00,1.00] & 0.09 \\
3号线进站机组服务强度 & \rho & [0.00,0.26] & [0.26,0.33] & [0.33,0.65] & [0.65,1.00] & [0.00,1.00] & 0.05 \\
3号线出站机组服务强度 & \rho & [0.00,0.26] & [0.26,0.33] & [0.33,0.65] & [0.65,1.00] & [0.00,1.00] & 0.13 \\
2号线自动扶梯空间负荷度 & F_{ki} & [0.00,0.30] & [0.30,0.50] & [0.50,0.80] & [0.80,1.00] & [0.00,1.00] & 0.34 \\
2号线混行扶梯空间负荷度 & F_{ki} & [0.00,0.30] & [0.30,0.50] & [0.50,0.80] & [0.80,1.00] & [0.00,1.00] & 0.53 \\
2号线站台空间负荷度 & F_{ki} & [0.00,0.30] & [0.30,0.50] & [0.50,0.80] & [0.80,1.00] & [0.00,1.00] & 0.44 \\
3号线自动扶梯空间负荷度 & F_{ki} & [0.00,0.30] & [0.30,0.50] & [0.50,0.80] & [0.80,1.00] & [0.00,1.00] & 0.35 \\
3号线混行扶梯空间负荷度 & F_{ki} & [0.00,0.30] & [0.30,0.50] & [0.50,0.80] & [0.80,1.00] & [0.00,1.00] & 0.26 \\
3号线单向换乘楼梯空间负荷度 & F_{ki} & [0.00,0.30] & [0.30,0.50] & [0.50,0.80] & [0.80,1.00] & [0.00,1.00] & 1.00 \\
3号线站台空间负荷度 & F_{ki} & [0.00,0.30] & [0.30,0.50] & [0.50,0.80] & [0.80,1.00] & [0.00,1.00] & 0.41 \\
2号线站台鱼嘴方向 & \tau_1 & [0.00,0.38] & [0.38,0.48] & [0.48,0.52] & [0.52,1.00] & [0.00,1.00] & 0.52 \\
2号线站台经天路方向 & \tau_1 & [0.00,0.38] & [0.38,0.48] & [0.48,0.52] & [0.52,1.00] & [0.00,1.00] & 0.36 \\
3号线站台秣周东路方向 & \tau_1 & [0.00,0.38] & [0.38,0.48] & [0.48,0.52] & [0.52,1.00] & [0.00,1.00] & 0.47 \\
3号线站台林场方向 & \tau_1 & [0.00,0.38] & [0.38,0.48] & [0.48,0.52] & [0.52,1.00] & [0.00,1.00] & 0.39 \\
2号线站台 & \tau_2 & [0.00,0.35] & [0.35,0.40] & [0.40,0.50] & [0.50,1.00] & [0.00,1.00] & 0.17 \\
3号线站台 & \tau_2 & [0.00,0.35] & [0.35,0.40] & [0.40,0.50] & [0.50,1.00] & [0.00,1.00] & 0.37 \\
2号线混行楼梯上行速度损失率 & \varepsilon & [0.00,0.26] & [0.26,0.47] & [0.47,0.63] & [0.63,1.00] & [0.00,1.00] & 0.49 \\
2号线混行楼梯下行速度损失率 & \varepsilon & [0.00,0.48] & [0.48,0.64] & [0.64,0.70] & [0.70,1.00] & [0.00,1.00] & 0.54 \\
3号线混行楼梯上行速度损失率 & \varepsilon & [0.00,0.26] & [0.26,0.47] & [0.47,0.63] & [0.63,1.00] & [0.00,1.00] & 0.43 \\
3号线混行楼梯下行速度损失率 & \varepsilon & [0.00,0.48] & [0.48,0.64] & [0.64,0.70] & [0.70,1.00] & [0.00,1.00] & 0.52 \\
3号线单向换乘楼梯上行速度损失率 & \varepsilon & [0.00,0.26] & [0.26,0.47] & [0.47,0.63] & [0.63,1.00] & [0.00,1.00] & 0.74 \\
车站服务占有系数 & \omega & [0.00,0.29] & [0.29,0.54] & [0.54,0.71] & [0.71,1.00] & [0.00,1.00] & 0.64 \\
\end{bmatrix}$$

图 4-7 经典域物元、节域物元、待评物元矩阵

表 4-19 待评物元（大行宫站）大客流识别评价指标的关联系数表

序号	评价指标	关联系数			
1	2号线进站闸机组 ρ	0.213	−3.150	−0.830	−1.710
2	2号线出站闸机组 ρ	0.350	−2.600	−0.720	−1.607
3	3号线进站闸机组 ρ	0.200	−3.200	−0.840	−1.720
4	3号线出站闸机组 ρ	0.500	−2.000	−0.600	−1.495
5	2号线自动扶梯 F_{ki}	−0.133	0.200	−0.533	−2.300
6	2号线混行楼梯 F_{ki}	−0.767	−0.150	0.100	−1.350
7	2号线站台 F_{ki}	−0.467	0.300	−0.200	−1.800
8	3号线自动扶梯 F_{ki}	−0.167	0.250	−0.500	−2.250
9	3号线混行楼梯 F_{ki}	0.133	−0.200	−0.800	−2.700
10	3号线单向换乘楼梯 F_{ki}	−2.333	−2.500	−0.667	0.000
11	3号线站台 F_{ki}	−0.367	0.450	−0.300	−1.950
12	2号线站台鱼嘴方向 τ_1	−0.363	−0.450	0.100	−0.010
13	2号线站台经天路方向 τ_1	0.062	−0.250	−2.500	−0.350
14	3号线站台秣周东路方向 τ_1	−0.238	0.050	−0.100	−0.110
15	3号线站台林场方向 τ_1	−0.025	0.100	−1.800	−0.280

续表

序号	评价指标	关联系数			
16	2号线站台 τ_2	0.471	−3.700	−2.350	−0.670
17	3号线站台 τ_2	−0.057	0.400	−0.300	−0.260
18	2号线混行楼梯上行 ε	−0.885	−0.095	0.125	−0.378
19	2号线混行楼梯下行 ε	−0.125	0.375	−1.667	−0.533
20	3号线混行楼梯上行 ε	−0.654	0.190	−0.250	−0.541
21	3号线混行楼梯下行 ε	−0.083	0.250	−2.000	−0.600
22	3号线单向换乘楼梯上行 ε	−1.846	−1.286	−0.687	0.297
23	车站服务占有系数 ω	−1.248	−0.426	0.404	−0.253

表4-20 大行宫站客流运行状态综合关联度数据表

大行宫站客流运行状态	完全自由流	半自由流	冲突流	饱和流
综合关联度	−0.7976	−0.6695	−0.5599	−0.7237

4）确定大客流等级

根据大行宫站各客流运行状态的综合关联度，确定大行宫站在8:00～8:05处于冲突流状态，由此判断大行宫站发生了大客流。大行宫站是通勤换乘车站，早高峰的时候有大量乘客从3号线换乘到2号线，易发生换乘大客流。根据现场实际调查情况、运管人员的配备情况及询问情况，确定大行宫站在8:00～8:05实际发生了大客流。模型判断结果与实际一致。

5）预警级别确定

根据4.2.2节车站内大客流预警级别划分，判定大行宫站在8:00～8:05属于Ⅲ级橙色预警：大行宫站内开始出现大客流，需要做好站内各个设施设备的监控工作。结合表4-19评价指标的关联系数表，分析各评价指标所属客流状态，得到大行宫站大客流识别评价指标客流状态预警等级，如表4-21所示。

表4-21 大行宫站大客流识别评价指标客流状态预警等级

序号	评价指标	预警等级	序号	评价指标	预警等级
1	2号线进站闸机组 ρ	Ⅰ	6	2号线混行楼梯 F_{ki}	Ⅲ
2	2号线出站闸机组 ρ	Ⅰ	7	2号线站台 F_{ki}	Ⅱ
3	3号线进站闸机组 ρ	Ⅰ	8	3号线自动扶梯 F_{ki}	Ⅱ
4	3号线出站闸机组 ρ	Ⅰ	9	3号线混行楼梯 F_{ki}	Ⅰ
5	2号线自动扶梯 F_{ki}	Ⅱ	10	3号线单向换乘楼梯 F_{ki}	Ⅳ

续表

序号	评价指标	预警等级	序号	评价指标	预警等级
11	3号线站台 F_{ki}	II	18	2号线混行楼梯上行 ε	III
12	2号线站台鱼嘴方向 τ_1	III	19	2号线混行楼梯下行 ε	II
13	2号线站台经天路方向 τ_1	I	20	2号线混行楼梯上行 ε	II
14	3号线站台秣周东路方向 τ_1	II	21	2号线混行楼梯下行 ε	II
15	3号线站台林场方向 τ_1	II	22	3号线单向换乘楼梯上行 ε	IV
16	2号线站台 τ_2	I	23	车站服务占有系数 ω	III
17	3号线站台 τ_2	II			

从表 4-21 可以发现，2 号线混行楼梯的 F_{ki}、2 号线站台鱼嘴方向 τ_1、2 号线混行楼梯上行 ε 和车站服务占有系数 ω 这四个评价指标都是Ⅲ级橙色预警；3 号线单向换乘楼梯 F_{ki} 和 3 号线单向换乘楼梯上行 ε 都是Ⅳ级红色预警。因此，2 号线混行楼梯、2 号线站台鱼嘴方向一侧和 3 号线单向换乘楼梯都是大客流拥堵点，车站人员需要重点监控这三个设施设备且安排管理人员进行疏导。同时，也要做好其他设施设备的监控工作，防止出现新的大客流拥堵点。

5. 大客流识别评估结果对比分析

本书依据 HCM2000，验证大客流识别评估结果。表 4-22 是 HCM2000 等候区域的服务水平划分标准，阈值指标是人均占有面积。

表 4-22 HCM2000 等候区域的服务水平划分标准　　（单位：m^2/人）

服务水平等级	A	B	C	D	E	F
排队等待区域	>1.2	0.9~1.2	0.6~0.9	0.3~0.6	0.2~0.3	<0.2

2 号线混行楼梯、2 号线站台鱼嘴方向一侧和 3 号线单向换乘楼梯都是大客流拥堵点。根据楼梯/自动扶梯客流速度与流量、站台上下车人数、进/出站闸机乘客到达数等特性数据，计算以上大客流拥堵点的人均占有面积，结果如表 4-23 所示。

表 4-23 大行宫站大客流拥堵点的人均占有面积　　（单位：m^2/人）

大客流拥堵点	2号线站台鱼嘴方向一侧	2号线混行楼梯	3号线单向换乘楼梯
人均占有面积	0.488	0.490	0.199

由表 4-22 和表 4-23 可知，2 号线混行楼梯、2 号线站台鱼嘴方向一侧都属于 D 级，3 号线单向换乘楼梯属于 F 级。HCM2000 中关于楼梯通道 D 级和等待区域 D 级的描述分别是"行人走行速度受到限制，穿越或者与反向人流冲突较大"和"排队区域内走行困难，穿行时与其他乘客有很大冲突"，两者与本章Ⅲ级冲突流状态描述大体一致。HCM2000 中关于楼梯通道 F 级的描述是："行人走行速度严重受限，与其他乘客频繁冲突，时走时停，拖步前进"，与本章Ⅳ级拥堵流状态描述大体一致。

依据本书大客流识别评估模型，2 号线混行楼梯、2 号线站台鱼嘴方向一侧都属于Ⅲ级大客流拥堵点，3 号线单向换乘楼梯属于Ⅳ级大客流拥堵点，这些拥堵点与 HCM2000 确定的客流状态一致。通过以上比较，验证了本书提出的大客流状态识别评估模型的有效性。

4.3 多站客流协同动态控制模型

4.3.1 车站协同动态控制描述

1. 概念

多站协同动态控制是指当轨道交通线路上单独一个车站已经无法通过优化站内设施设备的能力满足进站客流的需求，或者因服务的乘客太多导致车站服务水平下降，造成了极大的乘客延误时，为了保证车站和线路的运输效率与运营安全，从整体出发，同时对线路上所有车站进行总体设计，统筹分析并制定合理的客流组织方案，使各站相互协作与调配，协同完成各车站进站客流、出站客流和换乘客流的安全转移，实现供需相对平衡和客流运行通畅。

2. 必要性

当前，随着国内轨道交通运营规模的不断扩大、客流量的急剧增加，线路客流需求和运输能力的供需矛盾日益突出，致使车站和线路客流拥堵，诱发了列车延误、乘客滞留、人群踩踏等威胁轨道交通运营安全的风险。因此，需要进行多站协同动态控制，其必要性具体体现在以下几方面：

1）旺盛的客流需求

随着国内轨道交通运营规模的不断扩大，出行越来越便利，再加上其运量大、速度快、时间准、污染少和安全舒适等特点，越来越多的乘客开始选择轨道交通出行，致使线路客流需求急剧增长。而单一的车站客流控制已越来越不能适应这种旺盛的客流需求。因此，需要进行多站协同动态控制，满足旺盛的客流需求。

2）缺乏协同性

虽然目前很多车站已经开始采取客流控制措施，但是都是按照既往经验各自为政，有的车站还因客流过大关闭了车站，造成了线路堵塞。这些车站既没有考虑自身客流控制措施对乘客出行特性和在线路上传播特性的影响，又没有评估自身控制措施的实际效果，同时也没有分析与其他车站控制措施的相互影响。因此，需要进行多站协同动态控制。

3）沿线土地利用不合理

轨道交通线路沿线居住区、办公区、商业区位置的分布不合理，使得人们出行出现了明显的潮汐现象，致使客流需求在线路运营初期就达到中长期规划的客流量，造成客流需求和车站设计能力、线路运输能力供给的严重不匹配。而且，既有线路沿线土地利用和产业结构变化，更加剧了供需不平衡现象。因此，需要进行多站协同动态控制，来解决单一车站、线路供给不足的问题。

4）新线开通

新建轨道交通线路的开通运营，产生了新的客流需求，尤其是对既有线路带来了大量换乘客流需求，使路网供需关系结构造成了巨大变化，对既有线路各车站和区间都产生了巨大客流压力。因此，需要进行多站协同动态控制，来实现线路各车站和区间供需关系的稳定。

3. 措施

多站协同动态控制主要是解决列车运输能力不足导致本车站上车率偏低，从而致使站台出现大量乘客滞留，而本车站客流控制已不能解决区间堵塞问题的情况。从客流控制范围角度出发，多站协同动态控制包含车站客流控制措施和线路运输组织措施。

1）车站客流控制措施

车站客流控制措施主要是在站外布设客流控制设施或者对车站内设施设备通行能力进行限制，主要包括：

（1）关闭部分进站口，或者在进站口布设栅栏、导流栏等客流控制设施，减缓客流进站速度，使客流有序进站和上车。

（2）控制进站闸机开放数量，并在进站闸机前非收费区域设置物理设施，有限放行乘客，同时关闭部分进站楼梯。

（3）换乘客流较大时，可以加大换乘距离，或者在换乘通道设置隔离栏，人为缩短换乘通道宽度，减缓换乘客流进站速度。

（4）出站客流较大时，可采取变进站闸机为出站闸机、反向设置扶梯等措施，加快乘客出站速度，提高车站服务水平。

2）线路运输组织措施

线路运输组织策略主要是通过缩短发车间隔、列车越行、列车停站时间调整及大站停车等措施来提高列车运输能力供给，实现协同动态控制，主要包括：

（1）缩短发车间隔。实际上是加开列车数量，增大线路运输能力，提高上车率，减少站台滞留乘客数和出行延误。但是现行的列车运营时刻表在高峰时段已经是按照最小发车间隔开行列车，不可能再加开新列车提高线路运输能力。

（2）列车越行。指列车在个别车站不停车，直接驶过，即可缩短发车间隔，但是现实中大部分轨道交通线路的物理条件不允许列车越行。

（3）列车停站时间调整。当车站需要上车人数多、区间剩余运输能力大时，可加大列车停站时间；而车站需要上车人数少、区间剩余能力小时，可减少列车停站时间。但是，现实生活中大部分时候都是车站需要上车人数多、区间剩余能力小的情况，列车停站时间调整对列车运输能力的提高有限。

（4）大站停车。当车站需要上车人数或者下车人数少时，可实行大站停车措施。但是大站停车措施会增大车站客流控制的难度，且仅适用于缓解枢纽型车站的压力，限制条件颇多。

综上，线路基础设施通行能力的限制使得线路运输组织措施难以短时间内有效提高线路运输能力。相比而言，协同控制车站客流需求更具有现实意义。

4.3.2 大客流多站双向协同动态控制模型

1. 模型框架

轨道交通进站客流需求随时间发生变化，线路的时空分布特性也在不断变化。因此，为了体现客流控制模型的动态性，本书将高峰时段离散化为若干控制时间段，提出针对城市轨道交通客流控制的状态变量、模型假设、目标函数及相应的限制条件，同时考虑对换乘站换乘进站客流单独进行控制，建立多站上下行方向协同动态控制模型，求解得到最优上车人数和预警等级。结合各车站服务能力和外部条件，建立最优需要上车人数、预警等级和实际上车人数之间的关系，从而对进站客流量进行控制。

2. 状态变量描述

将轨道交通线路视作一个动态系统，系统共有 e 个车站，S 是车站集合，$S=\{1,2,\cdots,i,\cdots,j,\cdots,e\}$，$i$ 为进站车站，j 为出站车站。系统共有 $(e-1)$ 个区间，L 为上行区间集合，$L=\{l_1,l_2,\cdots,l_u,\cdots,l_{e-1}\}$，$l_u$ 为车站 u 和 $u+1$ 之间的上行区间；$\bar{L}$ 为下行区间集合，$\bar{L}=\{\bar{l}_1,\bar{l}_2,\cdots,\bar{l}_v,\cdots,\bar{l}_{e-1}\}$，$\bar{l}_v$ 为车站 $v+1$ 和 v 之间的下行区间。T 为控制时段集合，$T=\{1,2,\cdots,k,\cdots,t\}$，$t$ 为控制时段时间长度。

3. 换乘站客流需求处理

轨道交通换乘站的客流需求包括两部分，一部分是车站正常的进站客流需求（只计算前往本线路的乘客），另一部分是其他线路换入本线的换乘客流需求。

换乘客流实际上是一种站内的客流需求，是从其他线路的站台通过换乘通道进入本线站台的一种客流需求，与普通车站进站客流需求有很大不同，需要单独进行考虑。

本书根据进站客流需求，将换乘站拆分成两个车站 A、B，车站 A 包含刷卡进站的客流需求，车站 B 包含其他线路换入的进站客流需求，换乘站拆分示意图如图 4-8 所示。

图 4-8 换乘站拆分示意图

对线路车站集合补充新的定义，系统共有 g 个车站，M 是新的车站集合（包括拆分后的换乘站），$M=\{1,2,3,\cdots,g\}$。因为换乘站和普通车站只是在进站客流需求方面存在差异，需要拆分成两个车站，但是在线路能力、车站设计服务能力、区间最大运输能力等方面的基础数据一致，无法拆分。

4. 模型假设

（1）乘客熟悉各车站的设施设备和走行路径，且不会在车站内长时间停留。

（2）所有控制时间段内，进站客流稳定，符合均匀分布，不会出现突发大客流的情况。

（3）列车严格按照列车运营时刻表运行，不允许越行，不会发生晚点延迟现象和事故。

（4）当乘客进站后，客流需求无法满足时，乘客不会选择其他交通方式出行。

（5）普通车站的出站客流量对客流需求的影响忽略不计。

（6）站厅、通道、楼梯/自动扶梯等设施设备的通行能力不会对客流需求造成影响。

（7）线路上所有列车编组均相同，不允许越行。

（8）各车站均保持乘客先下再上的规则。

5. 符号定义

B_m^t 为控制时段 t 内车站 m 需要上车的人数；

$\overline{B_m^t}$ 为控制时段 t 内车站 m 实际上车的人数；

t 为一个控制时段，不是时间长度；

Y_m^t 为控制时段 t 内车站 m 的预警等级；

$\beth$ 为预警安全等级；

α_s 为车站 s 的进站闸机数；

C_z^f 为第 f 种进站闸机类型的最大通行能力；

C_m^w 为车站 m 的设计服务能力；

$\varnothing$ 为保证运营安全的车站设计服务能力折减比例；

B_s^t 为控制时段 t 内车站 s 需要上车的人数；

C_s^{pf} 为车站 s 的站台最大容纳能力；

$\overline{B_{hc}^t(s)}$ 为控制时段 t 内车站 s 的本线最大换乘出站客流量；

$B_{hc}^t(s)$ 为控制时段 t 内车站 s 的本线实际换乘出站客流量；

β 为换乘出站客流量减小比例；

$C_{l_{s-1}}^t$ 为控制时段 t 内上行区间 l_{s-1} 的通过客流量；

$C_{\overline{l_s}}^t$ 为控制时段 t 内下行区间 $\overline{l_s}$ 的通过客流量；

EX_s^t 为控制时段 t 内起始车站为本线且终点车站为车站 s 的乘客；

$\overline{B_s^t}$ 为控制时段 t 内车站 s 实际上车的人数；

GO_s^t 为控制时段 t 内车站 s 的列车下车人数；

$\overline{B_{s,sx}^t}$ 为控制时段 t 内车站 s 上行方向的实际上车人数；

$\overline{B_{s,xx}^t}$ 为控制时段 t 内车站 s 下行方向的实际上车人数；

$GO_{s,sx}^t$ 为控制时段 t 内车站 s 上行方向的下车人数；

$GO_{s,xx}^t$ 为控制时段 t 内车站 s 下行方向的下车人数；

$C_{l_{s-1},\max}^t$ 为控制时段 t 内车站 s 上行方向列车最大载客人数；

$\eta_{\max}$ 为列车最大满载率；

γ 为车辆编组数；

C_V 为车辆定员；

$\varphi_{l_{s-1}}^t$ 为控制时段 t 内上行区间 l_{s-1} 的到达列车数；

$XC_{l_{s-1},sx}^{t}$ 为控制时段 t 内上行区间 l_{s-1} 的列车下车率；

$C_{\overline{l_{s+1}},\max}^{t}$ 为控制时段 t 内车站 s 下行方向列车最大载客人数；

$\varphi_{\overline{l_{s+1}}}^{t}$ 为控制时段 t 内下行区间 $\overline{l_{s+1}}$ 的到达列车数；

$XC_{\overline{l_{s+1}},xx}^{t}$ 为控制时段 t 内下行区间 $\overline{l_{s+1}}$ 的列车下车率；

D_m^t 为控制时段 t 内车站 m 的新进站客流量；

R_m^{t-1} 为控制时段 $t-1$ 内车站 m 的滞留乘客数量；

ε 为最低上车人数比例；

$C_{l_u}^t$ 为控制时段 t 内上行区间 l_u 的通过乘客量；

$C_{l_u,\max}^t$ 为控制时段 t 内上行区间 l_u 的最大运输能力；

$W_{s,l_u}^{k,t}$ 为控制时段 k 内从 s 站上车的乘客在控制时段 t 内通过上行区间 l_u 的比例；

$C_{\overline{l_v}}^t$ 为控制时段 t 内下行区间 $\overline{l_v}$ 的通过乘客量；

$C_{\overline{l_v},\max}^t$ 为控制时段 t 内下行区间 $\overline{l_v}$ 的最大运输能力；

$W_{s,\overline{l_v}}^{k,t}$ 为控制时段 k 内从 s 站上车的乘客在控制时段 t 内通过下行区间 $\overline{l_v}$ 的比例；

F_m^t 为控制时段 t 内车站 m 服务的乘客量；

GO_m^t 为控制时段 t 内车站 m 的下车人数，其中当 m 为换乘站的拆分站时，对应下车人数为完整换乘站在本线的下车人数。

6. 模型构建

1）目标函数

多站上下行协同动态控制不仅可以阻止区间发生阻塞，也能够提升轨道交通的运营效率，帮助运营人员更好地管理和监测车站和线路客流状况。结合 1.2.3 节的协同限流分析，本书从乘客和车站运营安全的角度出发，选取以下两个目标函数进行分析。

（1）最小化线路上所有乘客的总滞留时间。

线路上所有乘客的总滞留时间指的是所有乘客的总延误时间：

$$\min \sum_{m\in M}\sum_{t\in T}\left(B_m^t - \overline{B_m^t}\right)\Delta t \qquad (4\text{-}32)$$

（2）最小化各车站大客流预警等级系数和。

各车站大客流预警等级系数是各车站实时大客流预警等级与安全等级的比较系数。定义 1 级为安全流状态（安全等级），2 级为冲突流状态（较危险等级），3

级为饱和流状态（非常危险等级）。其中 2 级和 3 级为大客流状态等级。车站服务占有系数划分客流运行状态阈值对应表如表 4-24 所示。

表 4-24　车站服务占有系数划分客流运行状态阈值对应表

客流运行状态	安全流状态	冲突流状态	饱和流状态
ω 阈值区间	(0.00, 0.75]	(0.75, 1.00]	(1.00, 1.40]

$$\min \sum_{m \in M} \sum_{t \in T} \frac{Y_m^t}{\beth} \tag{4-33}$$

综上，构建了以最小化线路上所有乘客的总滞留时间和各车站大客流预警等级系数和为目标函数的多目标规划模型：

$$\min \sum_{m \in M} \sum_{t \in T} \left(B_m^t - \overline{B_m^t} \right) \Delta t \tag{4-34}$$

$$\min \sum_{m \in M} \sum_{t \in T} \frac{Y_m^t}{\beth} \tag{4-35}$$

2）约束条件

（1）进站闸机乘客人数限制。

进/出站闸机是轨道交通车站站厅收费区域的出入口，它们的通行能力限制了乘客进出站的乘客数量。出站客流量在时间上是分散的，对进站客流需求的影响忽略不计，因此只要考虑新进站乘客人数不超过进站闸机通行能力即可。

假定所有进站乘客都是使用非接触集成电路（integrated circuit，IC）卡或者手机二维码等手段通过自动检票机，人工检票忽略不计。自动检票机性能标准如表 4-25 所示。

表 4-25　自动检票机性能标准

进站闸机类型	卡形式	最大通行能力/(人次/h)
三杆式（$f=1$）	非接触 IC 卡	1200
门扉式（$f=2$）	非接触 IC 卡	1800
双向门扉式（$f=3$）	非接触 IC 卡	1500

因此，进站闸机乘客人数限制条件为

$$\overline{B_s^t} \leqslant \alpha_s C_z^f \Delta t, \forall t \in T, \forall s \in S \tag{4-36}$$

（2）车站服务能力限制。

本书进行的是多站上下行方向客流的协同动态控制，因此弱化考虑了车站内基础设施设备的通行能力，仅考虑车站设计服务能力限制，即实际上车人数不超过车站设计服务能力。同时,考虑到换乘站的特殊性,一方面,本线换乘进站客流也是本线进站客流需求的一部分,需要对本线换乘进站客流进行限制,即本线新进站客流量与本线换乘进站客流量之和不超过本线站台的容纳能力;另一方面,本线换乘出站客流也可能对其他线路的运输能力造成巨大压力,严重时可能发生区间阻塞,因此也需要对本线换乘出站客流进行限制,即对换乘出站客流量进行折减。车站服务能力限制条件为

$$\overline{} \leqslant \varnothing C_m^w \Delta t, \forall t \in T, \forall m \in M \tag{4-37}$$

$$\overline{B_s^t} \leqslant C_s^{\mathrm{pf}} \Delta t, \forall t \in T, \forall s \in S \tag{4-38}$$

$$\overline{B_{\mathrm{hc}}^t(s)} \leqslant \beta B_{\mathrm{hc}}^t(s), \forall t \in T, s\text{为换乘站} \tag{4-39}$$

$$\overline{B_{\mathrm{hc}}^t(s)} = C_{l_{s-1}}^t - C_{l_s}^t + C_{\overline{l_s}}^t - C_{\overline{l_{s-1}}}^t + \overline{B_s^t} - \mathrm{EX}_s^t, \forall t \in T, \forall s \in S \tag{4-40}$$

(3) 列车容纳能力限制。

为了保障运营列车运营安全和运行速度,列车实际车内人数不能超过列车的容纳能力,即列车实际上车人数不能超过列车剩余能力与列车下车人数之和。本书分别建立上下行方向列车容纳能力的限制条件,计算公式为

$$\overline{B_s^t} = \overline{B_{s,\mathrm{sx}}^t} + \overline{B_{s,\mathrm{xx}}^t}, \forall t \in T, \forall s \in S \tag{4-41}$$

$$\mathrm{GO}_s^t = \mathrm{GO}_{s,\mathrm{sx}}^t + \mathrm{GO}_{s,\mathrm{xx}}^t \tag{4-42}$$

上行方向限制条件为

$$\overline{B_{s,\mathrm{sx}}^t} \leqslant C_{l_{s-1},\max}^t - C_{l_{s-1}}^t + \mathrm{GO}_{s,\mathrm{sx}}^t, \forall t \in T, \forall s \in S \tag{4-43}$$

$$C_{l_{s-1},\max}^t = \eta_{\max}\gamma C_V \varphi_{s-1}^t, \forall t \in T, \forall m \in M \tag{4-44}$$

$$\mathrm{GO}_{s,\mathrm{sx}}^t = \mathrm{X}C_{l_{s-1},\mathrm{sx}}^t C_{l_{s-1}}^t, \forall t \in T, \forall m \in M \tag{4-45}$$

下行方向限制条件为

$$\overline{B_{s,\mathrm{xx}}^t} \leqslant C_{\overline{l_{s+1}},\max}^t - C_{s+1}^t + \mathrm{GO}_{s,\mathrm{xx}}^t, \forall t \in T, \forall s \in S \tag{4-46}$$

$$C_{\overline{l_{s+1}},\max}^t = \eta_{\max}\gamma C_V \varphi_{\overline{l_{s+1}}}^t, \forall t \in T, \forall m \in M \tag{4-47}$$

$$\mathrm{GO}_{s,\mathrm{xx}}^t = \mathrm{X}C_{\overline{l_{s+1}},\mathrm{xx}}^t C_{\overline{l_{s+1}}}^t, \forall t \in T, \forall m \in M \tag{4-48}$$

(4) 需要上车人数限制。

控制时段t内需要上车人数包括两部分,一是控制时段t内新进站客流量,二是前一个控制时段$(t-1)$内滞留的乘客数量。而控制时段$(t-1)$内滞留的乘客数量为控制时段$(t-1)$内需要上车的客流量与控制时段$(t-1)$内实际上车人数的差值。计算方式为

$$B_m^t = D_m^t + R_m^{t-1}, \forall t \geqslant 2, \forall t \in T, \forall m \in M \tag{4-49}$$

$$R_m^{t-1} = B_m^t - \overline{B_m^t}, \forall t \geqslant 2, \forall t \in T, \forall m \in M \tag{4-50}$$

其中，控制时段 1 内车站 m 只有新进站客流量，因此 $B_m^1 = D_m^1$。

车站内实际上车的人数应不超过需要上车的人数，且现实生活中，除非发生特殊情况（大站停车），不会关闭车站，因此实际上车的人数还应不小于最低上车人数。同时，为了保证站台运营安全，滞留的乘客数量也应不超过站台的容纳能力。列车到站后遵循的是乘客先下再上的原则，因此需要上车的人数与下车人数之和不应超过站台容纳能力。具体限制条件为

$$\varepsilon B_m^t \leqslant \overline{B_m^t} \leqslant B_m^t, \forall t \in T, \forall m \in M \tag{4-51}$$

$$R_s^t \leqslant C_s^{\mathrm{pf}}, \forall t \in T, \forall s \in S \tag{4-52}$$

$$B_s^t + \mathrm{GO}_s^t \leqslant \varphi_{l_{s-1}}^t C_s^{\mathrm{pf}}, \forall t \in T, \forall s \in S \tag{4-53}$$

（5）区间输送能力限制。

区间最大输送能力指的是线路某区间在某时段能通过的最大乘客数量。区间运输的乘客数量如果超过区间最大运输能力会造成区间阻塞，具体体现在上游车站出现乘客滞留现象。本书分别建立上下行方向区间运输能力的限制条件，计算公式如下。

上行方向限制条件为

$$C_{l_u}^t \leqslant C_{l_u, \max}^t, \forall l_u \in L, \forall t \in T \tag{4-54}$$

$$C_{l_u}^t = \sum_{s \in S} \sum_{k \in T} \overline{B_{s,\mathrm{sx}}^k} W_{s,l_u}^{k,t} \tag{4-55}$$

下行方向限制条件为

$$C_{\bar{l}_v}^t \leqslant C_{\bar{l}_v, \max}^t, \forall \bar{l}_v \in \bar{L}, \forall t \in T \tag{4-56}$$

$$C_{\bar{l}_v}^t = \sum_{s \in S} \sum_{k \in T} \overline{B}_{s,\mathrm{xx}}^k W_{s,\bar{l}_v}^{k,t} \tag{4-57}$$

（6）车站预警等级限制。

为了保障轨道交通车站运营安全，多站上下行方向客流协同动态控制需要尽量保证各车站客流预警等级处于安全等级范围之内。安全等级 Y_1 为 1 级，较危险等级 Y_2 为 2 级，非常危险等级 Y_3 为 3 级。等级越高，轨道交通车站客流风险就越大。具体限制条件为

$$Y_m^t \leqslant Y_2, \forall t \in T, \forall m \in M \tag{4-58}$$

$$F_m^t = B_m^t + \mathrm{GO}_m^t, \forall t \in T, \forall m \in M \tag{4-59}$$

$$Y_m^t = \begin{cases} 1 & F_m^t \leqslant 0.75 C_m^w, \forall t \in T, \forall m \in M \\ 2 & 0.75 C_m^w < F_m^t \leqslant C_m^w, \forall t \in T, \forall m \in M \\ 3 & F_m^t > C_m^w, \forall t \in T, \forall m \in M \end{cases} \tag{4-60}$$

（7）客流控制强度限制。

车站客流控制强度的确定是多站上下行方向客流协同动态控制的关键。本书

用车站前一个控制时段$(t-1)$内滞留的乘客数量与当前控制时段t内需要上车人数的比值来表示车站客流控制强度。计算公式为

$$G_m^t = \frac{R_m^{t-1}}{B_m^t}, \forall t \in T, \forall m \in M \tag{4-61}$$

进站客流量需求受车站附近用地性质影响很大，且换乘进站客流是站内客流，控制强度大会导致站内客流淤积和拥堵，诱发安全风险。因此，需要对不同属性的车站的客流控制强度做出不同力度的限制。

限制条件为

$$G_m^t \leqslant \begin{cases} 0.25, m\text{为通勤车站} \\ 0.5, m\text{为普通车站} \\ 0.15, m\text{为换乘车站} \end{cases} \tag{4-62}$$

本书构建的多站上下行方向协同动态控制模型为

$$\min \sum_{m \in M} \sum_{t \in T} \left(B_m^t - \overline{B_m^t} \right) \Delta t \tag{4-63}$$

$$\min \sum_{m \in M} \sum_{t \in T} \frac{Y_m^t}{\overline{J}} \tag{4-64}$$

s.t

$$\overline{B_s^t} \leqslant \alpha_s C_z^f \Delta t, \forall t \in T, \forall s \in S \tag{4-65}$$

$$\overline{B_m^t} \leqslant \varnothing C_m^w \Delta t, \forall t \in T, \forall m \in M \tag{4-66}$$

$$B_s^t \leqslant C_s^{\text{pf}} \Delta t, \forall t \in T, \forall s \in S \tag{4-67}$$

$$\overline{B_{\text{hc}}^t(s)} \leqslant \beta B_{\text{hc}}^t(s), \forall t \in T, s\text{为换乘站} \tag{4-68}$$

$$\overline{B_{\text{hc}}^t}(s) = C_{l_{s-1}}^t - C_{l_s}^t + C_{l_s}^t - C_{l_s}^t + \overline{B_s^t} - \text{EX}_s^t, \forall t \in T, \forall s \in S \tag{4-69}$$

$$\overline{B_{s,\text{sx}}^t} \leqslant C_{l_{s-1},\max}^t - C_{l_s}^t + \text{GO}_{s,\text{sx}}^t, \forall t \in T, \forall s \in S \tag{4-70}$$

$$C_{l_{s-1},\max}^t = \eta_{\max} \gamma C_V \varphi_{l_{s-1}}^t, \forall t \in T, \forall m \in M \tag{4-71}$$

$$\text{GO}_{s,\text{sx}}^t = \text{XC}_{l_{s-1},\text{sx}}^t C_{l_{s-1}}^t, \forall t \in T, \forall m \in M \tag{4-72}$$

$$\overline{B_{s,\text{xx}}^t} \leqslant C_{l_{s+1},\max}^t - C_{l_{s+1}}^t + \text{GO}_{s,\text{xx}}^t, \forall t \in T, \forall s \in S \tag{4-73}$$

$$C_{l_{s+1},\max}^t = \eta_{\max} \gamma C_V \varphi_{l_{s+1}}^t, \forall t \in T, \forall m \in M \tag{4-74}$$

$$\text{GO}_{s,\text{xx}}^t = \text{XC}_{l_{s+1},\max}^t C_{l_{s+1}}^t, \forall t \in T, \forall m \in M \tag{4-75}$$

$$B_m^t = D_m^t + R_m^{t-1}, \forall t \geqslant 2, t \in T, \forall m \in M \tag{4-76}$$

$$R_m^{t-1} = B_m^t - \overline{B_m^t}, \forall t \geqslant 2, t \in T, \forall m \in M \tag{4-77}$$

$$B_m^1 = D_m^1, \forall m \in M \tag{4-78}$$

$$\varepsilon B_m^t \leqslant \overline{B}_m^t \leqslant B_m^t, \forall t \in T, \forall m \in M \quad (4\text{-}79)$$

$$R_s^t \leqslant C_s^{\mathrm{pf}}, \forall t \in T, \forall s \in S \quad (4\text{-}80)$$

$$B_s^t + \mathrm{GO}_s^t \leqslant C_s^{\mathrm{pf}}, \forall t \in T, \forall s \in S \quad (4\text{-}81)$$

$$C_{l_u}^t \leqslant C_{l_u,\max}^t, \forall l_u \in L, \forall t \in T \quad (4\text{-}82)$$

$$C_{l_u}^t = \sum_{s \in S} \sum_{k \in T} \overline{B}_s^k W_{s,l_u}^{k,t} \quad (4\text{-}83)$$

$$C_{l_v}^t \leqslant C_{l_v,\max}^t, \forall \overline{l}_v \in \overline{L}, \forall t \in T \quad (4\text{-}84)$$

$$C_{l_v}^t = \sum_{s \in S} \sum_{k \in T} \overline{B}_s^k W_{s,l_v}^{k,t} \quad (4\text{-}85)$$

$$Y_m^t \leqslant Y_2, \forall t \in T, \forall m \in M. \quad (4\text{-}86)$$

$$F_m^t = B_m^t + \mathrm{GO}_m^t, \forall t \in T, \forall m \in M \quad (4\text{-}87)$$

$$Y_m^t = \begin{cases} 1 & F_m^t \leqslant 0.75 C_m^w, \forall t \in T, \forall m \in M \\ 2 & 0.75\, C_m^w < F_m^t \leqslant C_m^w, \forall t \in T, \forall m \in M \\ 3 & F_m^t > C_m^w, \forall t \in T, \forall m \in M \end{cases} \quad (4\text{-}88)$$

$$G_m^t = \frac{R_m^{t-1}}{B_m^t}, \forall t \in T, \forall m \in M \quad (4\text{-}89)$$

$$G_m^t \leqslant \begin{cases} 0.25, m\text{为通勤车站} \\ 0.5, m\text{为普通车站} \\ 0.15, m\text{为换乘车站} \end{cases} \quad (4\text{-}90)$$

4.3.3 案例分析

1. 案例介绍

南京地铁 1 号线是南京市第一条城市地铁线路，于 2005 年 9 月 3 日正式运营。途经栖霞区、鼓楼区、玄武区、秦淮区、雨花台区和江宁区，运营里程 38.9km，其中地下线 27.6km、高架线 11.3km。1 号线共有车站 27 座，包含南京站、鼓楼站、新街口站、安德门站和南京南站 5 座换乘站，其在南京站与 3 号线换乘，鼓楼站与 4 号线换乘，新街口站与 2 号线换乘，安德门站与 10 号线换乘，南京南站与 3 号线和 S1 线换乘。截至 2020 年 12 月，南京地铁 1 号线日均客流达 102 万人次。

1 号线采取大小交路混合运行的模式，大交路在迈皋桥站和中国药科大学站之间运行，小交路在迈皋桥站和河定桥站之间运行。迈皋桥站到河定桥站/中国药科大学站是下行方向，河定桥站/中国药科大学站到迈皋桥站是上行方向。下行方向首末班车时间分别为 05:42、23:19，上行方向首末班车时间分别为 05:47、23:27。

1 号线开通时间较长，是贯穿南京市南北的地铁线路，通勤客流特征十分明显，且工作日早高峰客流量相对稳定。根据 4.3.2 节对多站上下行协同动态控制影响因素的分析，高峰时段线路部分车站拥挤，处于过饱和状态，且 1 号线途经南京中央商务区（central business district，CBD），其他线路换入 1 号线客流较大。因此本书选取 1 号线进行案例分析，对其上下行方向的刷卡进站客流和换乘进站客流同时进行控制。

2. 基础数据获取

结合分析和 1 号线 AFC 刷卡数据，客流量在 7:00～9:30 最大，设置研究时段为 7:00～9:30。同时考虑发车间隔的大小及不同时间粒度的客流特性，设置 15min 为一个控制时段长度。本书将研究时段划分为 10 个控制时段，并以 2017 年 10 月的南京地铁列车运营时刻表和 AFC 刷卡数据为基础，说明和计算模型相关参数。

1) 控制时段编号

将研究时段 2.5h 划分为 10 个控制时段，控制时段编号表如表 4-26 所示。

表 4-26 控制时段编号表

控制时段	编号	控制时段	编号
7:00～7:15	1	8:15～8:30	6
7:15～7:30	2	8:30～8:45	7
7:30～7:45	3	8:45～9:00	8
7:45～8:00	4	9:00～9:15	9
8:00～8:15	5	9:15～9:30	10

2) 车站和区间编号

考虑到需要对换乘站刷卡进站客流和换乘进站客流同时进行控制，需要将换乘站拆分为两个车站：换乘站 A、换乘站 B，A 表示含有刷卡进站客流的车站，B 表示含有换乘进站客流的车站。综上，1 号线 5 座换乘站拆分为南京站 A、鼓楼站 A、新街口站 A、安德门站 A、南京南站 A、南京站 B、鼓楼站 B、新街口站 B、安德门站 B、南京南站 B，需要对它们分别编号。

同时，模型是以线路上下行方向为研究对象的，需要统一分析。因此，需要对上下行方向的车站和区间分别进行编号。

上下行方向车站和区间编号分别如表 4-27 和表 4-28 所示。

表 4-27 上行方向车站和区间编号

车站	车站编号	区间	区间编号
中国药科大学	1	中国药科大学—南京交院	1

| 南京交院 | 2 | 南京交院—南医大·江苏经贸学院 | 2 |

续表

车站	车站编号	区间	区间编号
南医大·江苏经贸学院	3	南医大·江苏经贸学院—龙眠大道	3
龙眠大道	4	龙眠大道—天印大道	4
天印大道	5	天印大道—竹山路	5
竹山路	6	竹山路—小龙湾	6
小龙湾	7	小龙湾—百家湖	7
百家湖	8	百家湖—胜太路	8
胜太路	9	胜太路—河定桥	9
河定桥	10	河定桥—双龙大道	10
双龙大道	11	双龙大道—南京南站A	11
南京南站A	12	南京南站A—花神庙	12
花神庙	13	花神庙—软件大道	13
软件大道	14	软件大道—天隆寺	14
天隆寺	15	天隆寺—安德门A	15
安德门A	16	安德门A—中华门	16
中华门	17	中华门—三山街	17
三山街	18	三山街—张府园	18
张府园	19	张府园—新街口A	19
新街口A	20	新街口A—珠江路	20
珠江路	21	珠江路—鼓楼A	21
鼓楼A	22	鼓楼A—玄武门	22
玄武门	23	玄武门—新模范马路	23
新模范马路	24	新模范马路—南京站A	24
南京站A	25	南京站A—红山动物园	25
红山动物园	26	红山动物园—迈皋桥	26
迈皋桥	27		
南京南站B	28		
安德门B	29		
新街口B	30		
鼓楼B	31		
南京站B	32		

表 4-28　下行方向车站和区间编号

车站	车站编号	区间	区间编号
迈皋桥	1	迈皋桥—红山动物园	1
红山动物园	2	红山动物园—南京站 A	2
南京站 A	3	南京站 A—新模范马路	3
新模范马路	4	新模范马路—玄武门	4
玄武门	5	玄武门—鼓楼 A	5
鼓楼 A	6	鼓楼 A—珠江路	6
珠江路	7	珠江路—新街口 A	7
新街口 A	8	新街口 A—张府园	8
张府园	9	张府园—三山街	9
三山街	10	三山街—中华门	10
中华门	11	中华门—安德门 A	11
安德门 A	12	安德门 A—天隆寺	12
天隆寺	13	天隆寺—软件大道	13
软件大道	14	软件大道—花神庙	14
花神庙	15	花神庙—南京南站 A	15
南京南站 A	16	南京南站 A—双龙大道	16
双龙大道	17	双龙大道—河定桥	17
河定桥	18	河定桥—胜太路	18
胜太路	19	胜太路—百家湖	19
百家湖	20	百家湖—小龙湾	20
小龙湾	21	小龙湾—竹山路	21
竹山路	22	竹山路—天印大道	22
天印大道	23	天印大道—龙眠大道	23
龙眠大道	24	龙眠大道—南医大·江苏经贸学院	24
南医大·江苏经贸学院	25	南医大·江苏经贸学院—南京交院	25
南京交院	26	南京交院—中国药科大学	26
中国药科大学	27		
南京站 B	28		
鼓楼 B	29		
新街口 B	30		
安德门 B	31		
南京南站 B	32		

由于篇幅有限,其他基础数据在此不做阐述。

3. 模型求解结果

本书采用 MATLAB 软件的 YALMIP 工具箱求解所建多目标线性规划模型,利用理想点法将多目标变为单目标,分别求出两个目标函数(最小化线路上所有乘客的总滞留时间、最小化各车站大客流预警等级系数和)的最优解,最后构建评价模型求解模型的近似最优解。最优解包括上下行方向各车站各控制时段实际上车的人数、上下行方向各车站各控制时段大客流预警等级系数、各区间各控制时段通过的客流量。

1) 实际上车人数

多站上下行方向协同客流控制后,上下行方向实际上车人数如表 4-29 和表 4-30 所示。协同控制前,工作日早高峰上下行方向总客流需求分别为 106364、109573,与协同控制后,上下行方向实际上车人数总量一致,说明没高峰期的客流需求延误到平峰期。

表 4-29 上行方向实际上车人数 (单位:人)

车站	时段1	时段2	时段3	时段4	时段5	时段6	时段7	时段8	时段9	时段10
1	341	498	629	638	470	299	251	173	137	124
2	377	524	612	646	599	415	231	178	140	94
3	139	186	98	144	154	327	105	103	57	52
4	478	694	850	926	404	988	398	261	220	174
5	250	374	463	223	703	158	392	143	158	134
6	403	611	623	628	612	631	1024	262	153	163
7	165	263	322	220	285	287	425	120	65	51
8	89	129	190	191	152	200	123	90	95	84
9	187	285	424	275	392	594	455	173	149	85
10	367	569	797	882	490	619	978	496	263	242
11	538	688	1174	1144	1461	1859	919	480	354	241
12	203	662	629	601	739	1215	1591	1250	989	820
13	82	99	159	116	178	204	342	98	44	51
14	300	305	444	609	292	457	766	245	181	136
15	356	405	674	858	488	685	1289	387	276	318
16	278	440	499	698	794	561	521	368	224	159
17	343	526	629	853	487	644	751	891	540	258
18	211	270	339	436	543	239	311	599	253	217
19	185	208	239	325	319	131	200	391	169	153

续表

车站	时段1	时段2	时段3	时段4	时段5	时段6	时段7	时段8	时段9	时段10
20	62	80	67	95	152	170	137	111	140	138
21	83	94	120	107	133	125	110	97	109	123
22	68	61	67	84	93	88	114	120	139	145
23	69	69	79	67	67	93	70	59	58	79
24	43	73	65	63	44	66	43	38	34	34
25	18	15	24	32	31	19	36	39	23	25
26	3	7	4	3	10	0	9	5	2	2
27	0	0	0	0	0	0	0	0	0	0
28	108	153	267	334	261	264	251	123	125	89
29	301	459	655	796	938	556	592	379	263	236
30	715	1035	1297	1755	2004	1911	1524	1238	866	775
31	114	152	159	202	223	198	175	130	109	90
32	76	72	89	84	83	54	72	49	53	40

表 4-30 下行方向实际上车人数　　　　　　　　（单位：人）

车站	时段1	时段2	时段3	时段4	时段5	时段6	时段7	时段8	时段9	时段10
1	1790	2381	2783	3842	4135	3741	2061	2434	1286	1099
2	320	392	539	712	751	601	485	301	207	188
3	391	354	788	1050	961	482	688	1254	820	618
4	307	445	535	765	791	456	479	753	282	250
5	169	210	245	346	314	161	209	222	435	197
6	274	316	406	519	531	408	527	334	399	352
7	176	193	306	373	409	199	237	228	454	203
8	76	92	143	211	196	182	131	117	121	150
9	116	128	202	270	251	235	207	110	99	88
10	166	212	298	443	469	442	312	178	141	141
11	158	212	251	305	323	313	323	167	108	94
12	59	63	91	155	173	173	148	73	59	59
13	84	74	136	120	148	155	126	65	55	57
14	36	50	44	56	52	66	45	30	25	37
15	21	28	33	38	37	32	17	18	14	15
16	30	71	81	61	116	141	163	127	112	141
17	57	90	112	136	167	152	138	63	40	41
18	24	34	47	47	51	71	54	38	26	26
19	35	63	76	95	97	95	69	40	50	31

续表

车站	时段1	时段2	时段3	时段4	时段5	时段6	时段7	时段8	时段9	时段10
20	30	24	22	54	32	47	24	26	25	12
21	8	24	22	31	29	38	13	10	9	12
22	36	44	61	67	84	89	71	23	41	19
23	19	27	35	36	38	52	44	26	9	14
24	12	32	30	34	53	75	52	24	16	10
25	5	4	0	1	2	3	3	12	5	12
26	1	1	7	1	2	5	4	2	2	2
27	0	0	0	0	0	0	0	0	0	0
28	1134	1513	2335	3376	3734	3325	2168	1918	1132	1003
29	280	332	483	790	977	866	740	431	405	264
30	596	925	1153	1689	1884	1867	1421	968	714	585
31	193	234	345	401	391	337	246	170	149	105
32	23	42	47	50	34	38	32	23	19	22

2）客流控制强度

根据模型求解出来的协同控制方案，计算需要上车人数、实际上车人数、各车站客流控制强度，车站分时段客流控制强度如表4-31所示，车站平均客流控制强度如图4-9所示，其中车站编号为下行方向车站编号。

表4-31 车站分时段客流控制强度

车站	时段1	时段2	时段3	时段4	时段5	时段6	时段7	时段8	时段9	时段10
1	—	—	—	—	—	—	0.25	—	—	—
2	—	—	—	—	—	—	—	—	—	—
3	—	—	—	—	—	—	0.14	—	—	—
4	—	—	—	—	—	0.35	0.40	—	—	—
5	—	—	—	—	—	0.39	0.43	0.44	—	—
6	—	—	—	—	—	0.13	—	0.11	—	—
7	—	—	—	—	—	0.38	0.40	0.41	—	—
8	—	—	—	—	—	—	—	—	—	—
9	—	—	—	—	—	0.26	0.33	—	—	—
10	—	—	—	—	0.01	0.26	0.33	—	—	—
11	—	—	—	—	—	0.37	0.40	0.37	0.17	—
12	—	—	—	—	—	0.12	0.12	—	—	—

续表

车站	时段1	时段2	时段3	时段4	时段5	时段6	时段7	时段8	时段9	时段10
13	—	—	—	—	0.43	0.45	—	—	—	—
14	—	—	—	—	0.46	0.47	—	—	—	—
15	—	—	—	0.43	0.45	0.46	—	—	—	—
16	—	—	—	0.07	0.13	0.14	—	—	—	—
17	—	—	—	—	0.23	0.23	—	—	—	—
18	—	—	—	—	0.48	0.47	0.15	—	—	—
19	—	—	—	0.43	0.44	0.24	—	—	—	—
20	—	—	—	—	0.07	—	0.01	0.01	—	—
21	—	—	0.13	0.47	0.48	0.47	—	—	—	—
22	—	—	0.23	0.38	0.47	0.47	—	—	—	—
23	—	—	—	0.46	—	0.43	—	—	—	—
24	—	—	—	—	0.47	—	—	—	—	—
25	—	—	0.50	0.50	0.50	—	—	—	—	—
26	—	—	—	—	—	—	—	—	—	—
27	—	—	—	—	—	—	—	—	—	—
28	—	—	—	—	0.01	—	0.15	—	—	—
29	—	—	—	—	—	—	—	0.12	—	—
30	—	—	—	—	—	—	—	—	—	—
31	—	—	—	—	—	0.10	—	—	—	—
32	—	—	—	—	0.13	0.13	—	—	—	—

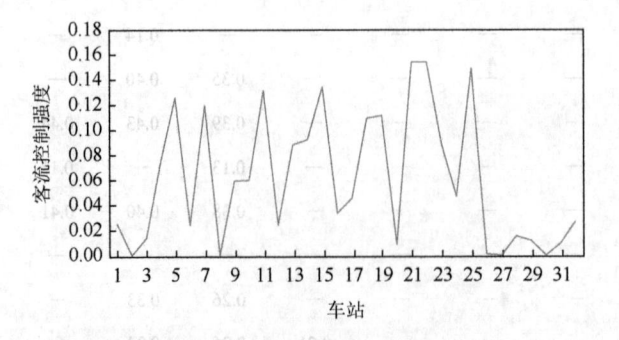

图 4-9 车站平均客流控制强度

上下行方向进站客流混杂在一起，如果单独计算各站上下行方向不同时段控制的上车人数，各站无法实施控制方案。因此，表4-31和图4-9中客流控制强度是通过上下行方向需要上车人数之和与实际上车人数之和计算的。从表4-31和图4-9中可以发现：

（1）各车站平均客流控制强度均不超过0.16，协同控制时段主要集中在7:30～9:00。需要进行客流控制的车站较多，主要是因为上下行方向客流需求集中的车站和区间大致不同，上行方向客流需求集中在7号小龙湾站到20号新街口A站，而下行方向客流需求集中在1号迈皋桥站到9号张府园。1～27号车站是普通车站，其中3号、6号、8号、12号、16号均为含刷卡进站客流的换乘站A，28号到32号为只含换乘进站客流的换乘站B。本书根据不同车站类型设置相应的客流控制强度，1号和17号车站为通勤车站，客流控制强度应小于0.25，而为了保证运营安全，设置换乘站客流控制强度为0.15，其他普通车站均为0.5。

（2）18号、19号及21～25号车站在7:45～8:30时段设置的客流控制强度均接近0.5。其中，21、22号车站平均客流控制强度最大，主要是因为上行方向从27号到17号车站，列车载客人数（大多目的地为新街口商圈）一直在逐步增长，导致从17号到8号车站之间的区间一直处于高满载率状态。因此，为了缓解这些车站和区间及20号新街口A换乘进站大客流的压力，这些车站设置的客流控制强度均接近0.5。

（3）而4号、5号及7号车站在7:45～8:30时段设置的客流控制强度均在0.4左右，主要是为了缓解来自下行方向1号迈皋桥站的通勤大客流和28号南京站B的换乘进站大客流带来的运输压力，同时减轻新街口站2号线和3号线（间接）换乘进站客流带来的压力。

3）车站预警等级

根据协同控制后各车站各控制时段大客流预警等级系数，分析得到各车站在各控制时段的预警等级，车站客流预警等级如表4-32所示，其中1属于安全等级，车站编号为下行方向车站编号。结果表明：协同控制后绝大部分车站都处于第1等级，极小部分车站处于第2等级，没有车站处于第3等级，协同控制效果很好。部分车站（如南京站B、新街口B）在7:30～9:30处于第2等级，这两个车站都属于大型换乘枢纽，换乘客流量较大，所以预警等级略高于安全等级。

表4-32 车站客流预警等级

车站	时段1	时段2	时段3	时段4	时段5	时段6	时段7	时段8	时段9	时段10
1	1	1	1	1	1	1	1	1	1	1
2	1	1	1	1	1	1	1	1	1	1

续表

车站	时段1	时段2	时段3	时段4	时段5	时段6	时段7	时段8	时段9	时段10
3	1	1	1	1	1	1	1	1	1	1
4	1	1	1	1	1	1	1	1	1	1
5	1	1	1	1	1	1	1	1	1	1
6	1	1	1	1	1	1	1	1	1	1
7	1	1	1	1	1	1	1	1	1	1
8	1	1	1	1	1	1	1	2	1	1
9	1	1	1	1	1	1	1	1	1	1
10	1	1	1	1	1	1	1	1	1	1
11	1	1	1	1	1	1	1	1	1	1
12	1	1	1	1	1	1	1	1	1	1
13	1	1	1	1	1	1	1	1	1	1
14	1	1	1	1	1	1	1	1	1	1
15	1	1	1	1	1	1	1	1	1	1
16	1	1	1	1	1	1	1	1	1	1
17	1	1	1	1	1	1	1	1	1	1
18	1	1	1	1	1	1	1	1	1	1
19	1	1	1	1	1	1	1	1	1	1
20	1	1	1	1	1	1	1	1	1	1
21	1	1	1	1	1	1	1	1	1	1
22	1	1	1	1	1	1	1	1	1	1
23	1	1	1	1	1	1	1	1	1	1
24	1	1	1	1	1	1	1	1	1	1
25	1	1	1	1	1	1	1	1	1	1
26	1	1	1	1	1	1	1	1	1	1
27	1	1	1	1	1	1	1	1	1	1
28	1	1	1	2	2	2	1	1	1	1
29	1	1	1	1	1	1	1	1	1	1
30	1	1	1	2	2	2	2	1	1	1
31	1	1	1	1	1	1	1	1	1	1
32	1	1	1	1	1	1	1	1	1	1

4. 客流协同控制效果分析

为展示客流协同控制的效果，本书对比分析协同控制前后车站预警等级和协同控制前后区间满载率，同时选取车站平均滞留率、协同控制前后车站预警等级对比分析、协同控制前后区间满载率、区间平均利用率进行结果分析。

1）车站平均滞留率

车站平均滞留率是车站在高峰时段滞留客流量与需要上车人数比例的平均值。图 4-10 和图 4-11 分别表示上下行方向协同控制前后车站平均滞留率对比情况。

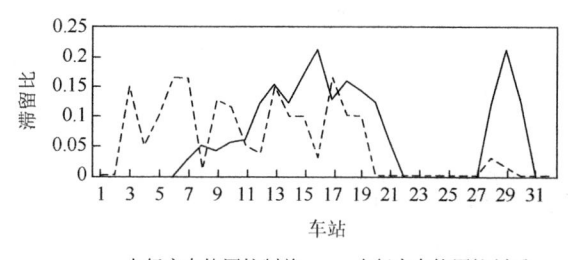

图 4-10　上行方向协同控制前后车站平均滞留率对比情况图

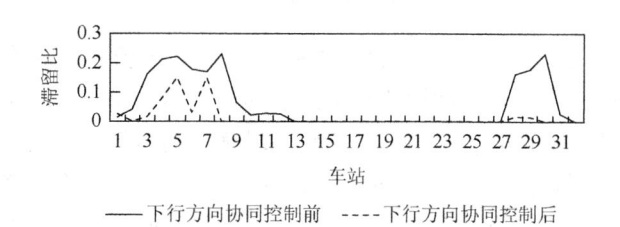

图 4-11　下行方向协同控制前后车站平均滞留率对比情况图

上行方向，1~10 号车站，协同控制后的滞留率大于控制前的滞留率，主要是为了降低 11~19 号车站（11 号车站为通勤车站、12 号和 16 号车站均为大型换乘站、13~15 号和 17~19 号车站为新街口商业圈之前的车站）的滞留率，以及这些车站之间区间的高满载率。而 11~22 号车站协同控制后的滞留率小于控制前的滞留率，是 1~10 号车站协同控制效果的体现，这与运营管理者实际需求一致。整体协同控制效果很好。

下行方向，1 号迈皋桥站的协同控制后平均滞留率略高于控制前，主要是因为迈皋桥是通勤车站，客流需求极大，需要进行客流控制，缓解其对 3 号南京站到 8 号新街口之间区间造成的巨大压力。而其他车站控制后平均滞留率都低于控制前，具体表现为：协同控制前，3~8 号及 29 号车站的平均滞留率均在 0.2 左右浮动，车站和区间拥堵严重；协同控制后，3 号到 8 号车站的平均滞留率均在 0.1 左右浮动，尤其是 29 号车站平均滞留率低于 0.05，协同控制效果非常显著。整体协同控制效果很好。

2）协同控制前后车站预警等级对比分析

图 4-12 展示了协同控制前后车站预警等级。其中车站编号为下行方向车站编号，

浅灰色代表第 1 等级，灰色代表第 2 等级，深灰色代表第 3 等级，其他车站其他时段客流控制预警等级均为第 1 等级，下图不予分析和显示。

(a) 协同控制前车站预警等级

(b) 协同控制后车站预警等级

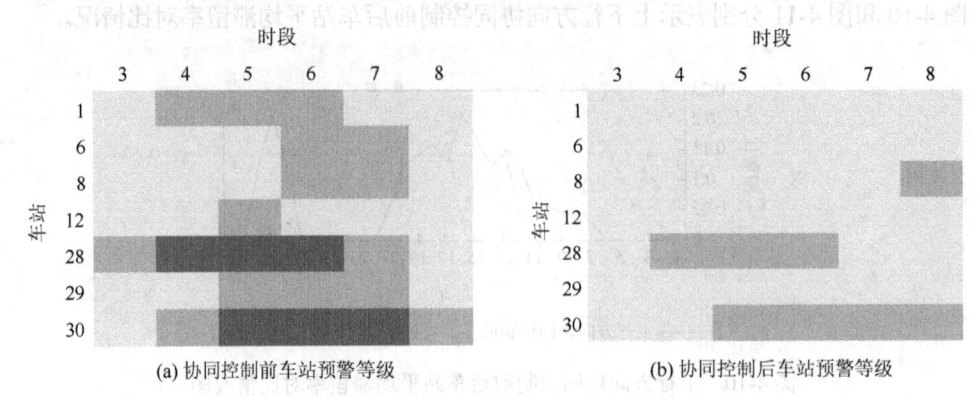

图 4-12　协同控制前后车站预警等级

协同控制前，28 号南京站 B 在 7:45～8:30 和 30 号新街口 B 在 8:00～8:45 的预警等级均为第 3 等级，车站拥堵严重；且其他 1 号、6 号、8 号、29 号车站也出现了连续控制时段的第 2 等级，客流状况堪忧。而客流协同控制后，所有车站都处于第 1、第 2 等级，且 1 号、6 号、12 号、29 号车站在全部控制时段均处于第 1 等级；协同控制前处于第 3 等级的车站，控制后降为第 2 等级，客流状态得到改善。整体协同控制效果很好。

3）协同控制前后区间满载率

图 4-13 和图 4-14 分别是上行方向协同控制前后区间满载率示意图。结果表明：协同控制前，区间 9、区间 15～19 在 7:45～8:15 满载率均超过 100%，区间

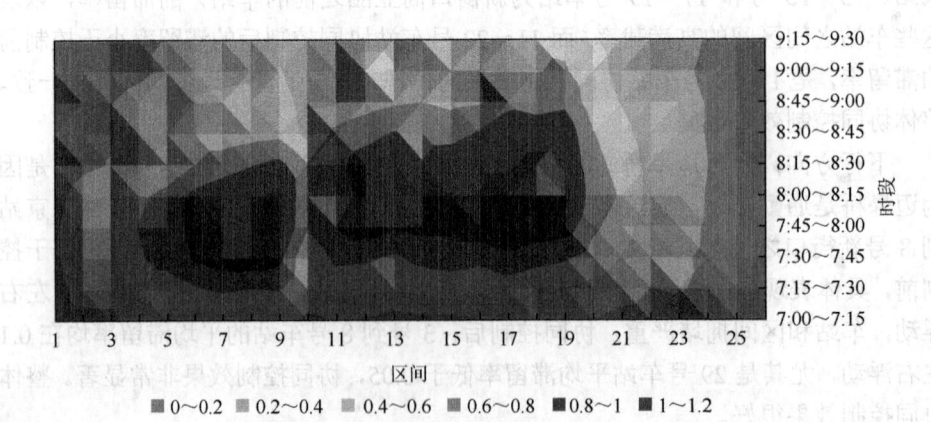

图 4-13　上行方向协同控制前区间满载率示意图

图 4-14 上行方向协同控制后区间满载率示意图

拥堵严重；而协同控制后，上行方向所有区间的满载率均不超过100%，且乘客出行分布更加均衡，满载率80%~100%的区间和时段也较协同控制前减少很多。整体协同控制效果很好。

图 4-15 和图 4-16 分别是下行方向协同控制前后区间满载率示意图。结果表明：协同控制前后区间满载率均不超过100%；同时在 8:30~8:45，控制前区间 3~7 的满载率均超过 90%，协同控制后仅区间 6 的满载率超过 90%；但是在 9:00~9:15，区间 6 的满载率也超过 90%（控制前为 60%~70%），可能是协同控制而导致的。整体控制效果很好。

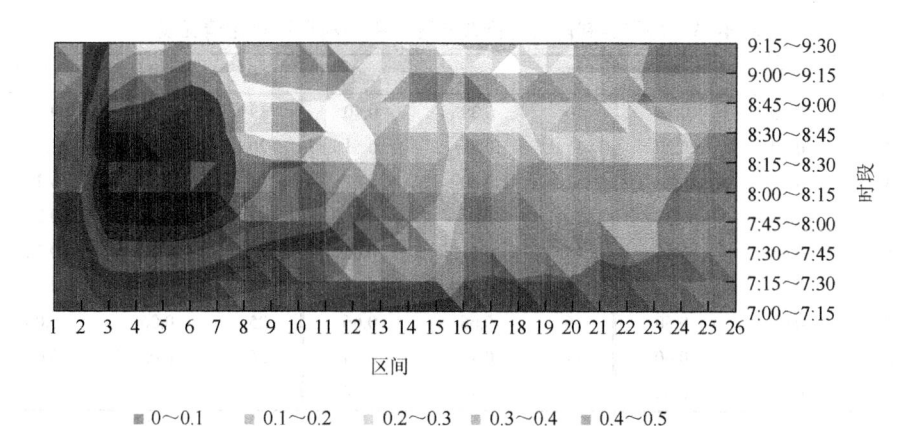

图 4-15 下行方向协同控制前区间满载率示意图

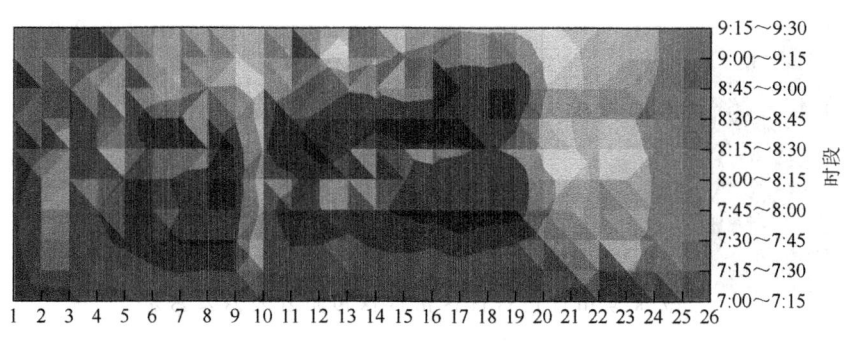

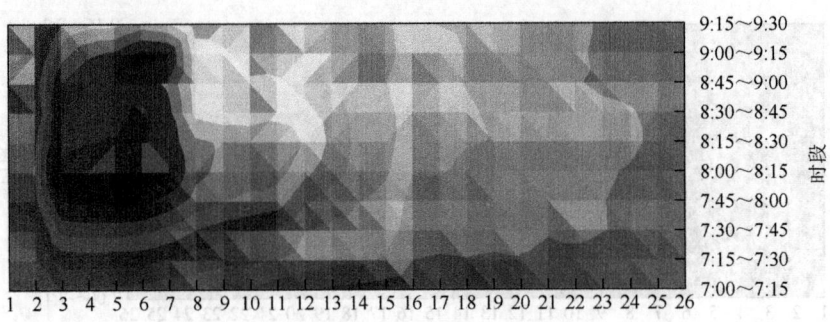

[图 4-16 下行方向协同控制后区间满载率示意图]

4）区间平均利用率

区间平均利用率是区间在高峰时段通过客流量对区间最大输送能力的平均占有率。表 4-33 和表 4-34 分别为协同控制前后上下行方向区间平均利用率对比情况表。从表 4-33 和表 4-34 中可以看出，协同控制能够在一定程度上提升高满载率区间的平均利用率。具体表现为：协同控制后，上行方向高满载率区间 9~18 和下行方向高满载率区间 2~7 的平均利用率都略高于控制前，控制效果良好；而其他区间的平均利用率维持不变，因为这部分区间未曾进行协同控制。

表 4-33 协同控制前后上行方向区间平均利用率对比情况表

区间	控制前	控制后	区间	控制前	控制后	区间	控制前	控制后
1	0.10	0.10	10	0.39	0.40	19	0.70	0.70
2	0.20	0.20	11	0.51	0.51	20	0.50	0.50
3	0.22	0.22	12	0.60	0.62	21	0.39	0.39
4	0.3	0.37	13	0.58	0.59	22	0.26	0.26
5	0.45	0.45	14	0.61	0.63	23	0.22	0.22
6	0.54	0.55	15	0.64	0.65	24	0.17	0.17
7	0.60	0.60	16	0.66	0.66	25	0.06	0.06
8	0.60	0.60	17	0.73	0.74	26	0.05	0.05
9	0.64	0.65	18	0.72	0.74			

表 4-34 协同控制前后下行方向区间平均利用率对比情况表

区间	控制前	控制后	区间	控制前	控制后	区间	控制前	控制后
1	0.31	0.31	3	0.68	0.69	5	0.71	0.72
2	0.36	0.38	4	0.71	0.72	6	0.73	0.74

续表

区间	控制前	控制后	区间	控制前	控制后	区间	控制前	控制后
7	0.68	0.69	14	0.2	0.29	21	0.12	0.12
8	0.53	0.53	15	0.27	0.27	22	0.11	0.11
9	0.49	0.49	16	0.18	0.18	23	0.09	0.09
10	0.48	0.47	17	0.18	0.18	24	0.07	0.0
11	0.46	0.46	18	0.16	0.16	25	0.0	0.05
12	0.40	0.40	19	0.15	0.15	26	0.03	0.03
13	0.34	0.34	20	0.13	0.1			

综上，本章构建的多站协同动态控制模型的客流控制效果很好。协同控制后，各车站滞留率和客流预警等级均明显降低，上下行方向各区间满载率也均低于100%，线路整体控制效果很好。

4.4 本章小结

本章通过分析车站乘客聚集和消散过程，提出了车站最大服务能力的定义；深入挖掘与分析了车站最大服务能力的影响因素及相互关系，并以此为基础，基于 AFC 实时数据和设施设备的步行时间构建了粒度较小的车站最大服务能力实时计算模型，实现车站最大服务能力实时的、动态的计算。

通过分析客流状态影响因素，对车站内客流运行状态进行划分，确定了大客流所属客流状态等级；构建了车站大客流识别评价指标体系，确定了各评级指标划分客流状态的阈值区间，提出了基于改进物元可拓模型的大客流状态识别评估方法，研究了大客流预警级别划分，为实现多站客流协同动态控制提供前提支撑。

基于最大服务能力和大客流识别方法，通过分析多站客流协同动态控制的影响因素，从乘客和车站运营安全的角度出发，研究了多站客流协同动态控制的状态变量、模型假设、目标函数及相应的限制条件，同时考虑对换乘站换乘进站客流单独进行控制，构建了大客流多站双向协同动态控制模型。

第 5 章　城市轨道交通运营时刻表优化

传统的列车时刻表采用固定或半固定的发车间隔，能满足早期轨道交通系统的要求，但需要凭借经验来设置参数，无法满足乘客的时变需求，会出现过度拥挤或运力过剩的情况。城市轨道交通网络调度的时刻表方法具有较好的安全性和稳定性。然而，现有的时刻表设计方法大都是直接基于过去时间的需求数据进行优化的，难以较好地服务于当前的不确定性需求。为此，本章拟对乘客需求进行短期预测，在此基础上进行时刻表的优化设计。

5.1　时刻表调度基本理论

城市轨道交通时刻表的设计是一个复杂的系统性优化问题，是指在列车资源（如数量、使用成本）、行驶速度、最小发车间隔、最大及最小站点停靠时间等一系列约束条件下和满足乘客需求的要求下，考虑如何获得较好的各项优化指标。

通过分析历史客流数据，根据城市轨道交通实际的运营规律和特征，基于时刻表调度基本理论建立列车队列及乘客队列模型；以到站服务为事件驱动进行模型耦合及需求交互；构建时刻表优化模型，并通过对象比较和指标评价，不断对模型进行优化，其技术路线图如图 5-1 所示。

5.1.1　时刻表调度模式

传统的列车时刻表是采用固定或半固定的发车间隔，这种方法能满足早期轨道交通系统的要求，然而在实际情况下，乘客的需求具有很强的时变特征，如何根据乘客进站的时变特征制定合理的列车时刻表，减少乘客的等待时间和延误时间，这对于满足乘客便捷、快速的出行至关重要。传统的时刻表在设计时往往需要凭借经验来设置众多参数，无法应对乘客的时变需求，经常会出现过度拥挤或运力过剩的情况。

在城市轨道交通运营过程中，如何在有限的资源和成本条件下，尽可能增加吞吐量、避免拥塞和减少乘客等待时间，具有重要的经济和社会效益。网络的调度模式进一步划分为区域调度与线路调度，区域调度依赖线路调度，现在我国广泛使用的是线路调度方式。列车的调度基于乘客的时变需求，通过对列车时刻表与调度方式的优化，设计合理的列车调度策略来适应客流的时变需求。

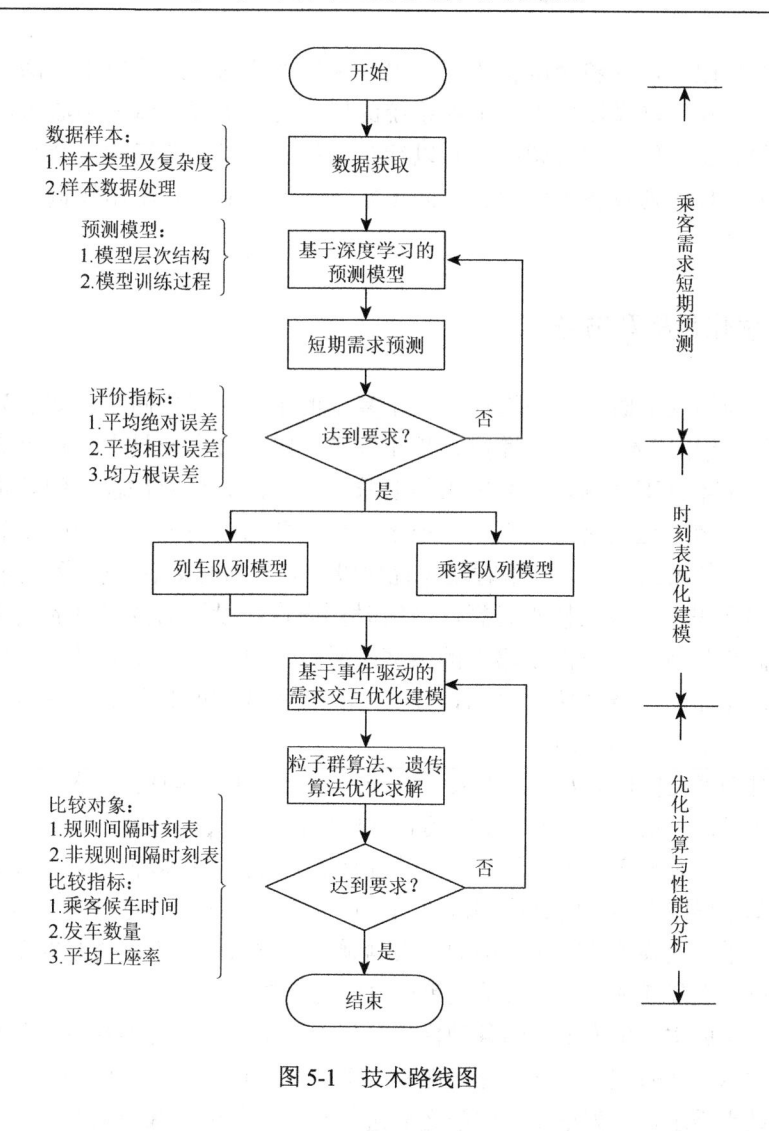

第 5 章　城市轨道交通运营时刻表优化

图 5-1　技术路线图

线路调度方式指的是基于单条线路的乘客时变需求对列车的运行进行调度，通过对列车运行时间、发车时间、停靠时间、停站模式及折返模式的优化来满足乘客的时变需求，例如，客流在站点之间不均衡，可以让列车在客流较小的某些站点不停靠，来满足客流较大站点的需求。采用线路调度的方式通常只有一个综合调度中心，该调度中心按运营线路的数目进一步划分为不同的调度区，各个调度区能够对线路直接控制，调度中心通过各调度区向车站发布调度命令，车站接到调度命令后按调度中心的命令，组织实施。

区域调度也称为区域协调调度，它指的是对多条路线所组成的轨道交通网络进行调度，区域调度的目标是使得各条路线之间可以实现协同调度，给乘客带来更好的服务，并整合所有资源，提升区域内线路的运营效率，降低线路的运营成本。在区域调度中更加重视系统的层次性，上级的调度中心可以监控下级中心的状态。区域综合调度中心以行车为核心，以列车运行安全、列车到站准点等为目标，通过各个调度台，向车站发送调度命令，车站按调度中心的命令组织实施。

5.1.2 优化目标和方法

城市轨道交通时刻表的设计是一个复杂的系统性优化问题。即在列车资源（如数量、使用成本）、行驶速度、最小发车间隔、最大及最小站点停靠时间等一系列约束条件下和满足乘客需求的要求下，考虑如何获得较好的各项优化指标。城市轨道交通网络发展至今，很多研究者致力于研究高效的时刻表设计理论和方法，其大致可分为网络时刻表优化设计和线路时刻表优化设计两个方面。基于为乘客需求服务的核心思想，网络时刻表优化设计的主要目的是通过线路协调和同步尽量减少不同线路上的乘客换乘候车时间；而线路时刻表优化设计的目的通常是对单条线路而言的，建立一个较为详细的时刻表能够尽量减少乘客在各个站点的候车时间。

在时刻表优化目标方面，大致可以分为3类：从乘客时变需求的角度出发的各种优化目标、从成本的角度出发的各种优化目标、其他目标。

（1）从乘客时变需求的角度出发的各种优化目标，以多种评价指标为准则，如优化单条线路上乘客的总体等待时间、最大等待时间、等待时间方差等，优化网络中的乘客换乘等待时间。例如，根据乘客需求来调整不同线路发车频率的方法，可以实现降低乘客在换乘站点等待时间的目的。

（2）从成本的角度出发的各种优化目标，为了减少乘客出行成本和轨道交通的运营成本，在研究时刻表优化问题时很多研究人员将总费用作为目标函数。例如，在站点需求量与列车发车间隔之间进行权衡，尽可能减少乘客平均等待时间和提高列车剩余资源的使用率。

（3）其他目标，例如，专门针对多模式问题，综合考虑轨道交通与公交系统的衔接，从而减少在两者之间的换乘等待时间。专门针对低碳交通问题，以最小化尾气污染、整体优化线路的能耗等为目标进行优化。

优化问题在运筹学、管理科学和工程设计中，具有非常重要的地位。许多工程问题因为过于复杂，难以使用传统优化方法进行求解，而遗传算法具有简单、易操作、并行和全局性等优点，遗传算法已经广泛应用于多个领域。遗传优化方法，可以大致分为以下几类：单目标约束优化法、多目标优化法、全局优化法及组合优化法等。本书对单目标约束优化法和多目标优化法进行详细讲解。

1. 单目标约束优化法

城市轨道交通网络时刻表优化问题绝大多数都使用单目标约束优化法，一个含等式、不等式约束的最大化问题可以写为

$$\begin{aligned} &\max f(x) \\ &\text{s.t. } h_i(x) \leqslant 0, \ i=1,2,\cdots,m \\ &\quad\ \ g_j(x) = 0, \ j=1,2,\cdots,m \\ &\quad\ \ x \in X \end{aligned} \quad (5\text{-}1)$$

式中，f 为待优化的目标；x 为一个 n 维的向量；$g_j(x)=0$ 为等式约束；$h_i(x) \leqslant 0$ 为不等式约束。集合 X 通常可能包含 x 的取值范围，称为域约束。问题的解 x 必须符合等式约束、不等式约束，同时又最大化 f。满足所有等式、不等式约束的解称为该问题的可行解，可行解的集合构成可行域。约束优化正是要发现这样一个可行解 $\bar{x}$，使得对于每个可行解都有 $f(x) \leqslant f(\bar{x})$，则这个解称为最优解。不同于线性规划，约束优化的传统解法效率低而且复杂，遗传算法是解决该问题的一个行之有效的方法。

经过选择、交叉、变异算子后，可能生成约束优化问题的不可行解，因此遗传优化方法所面临的最大的问题正是如何处理这些等式、不等式约束。遗传优化方法中处理等式约束、不等式约束的策略大致分为 3 种：拒绝策略、修补策略和惩罚策略[38,39]。

最简单的方法是采用拒绝策略，直接将遗传算法中所产生的不可行解抛弃掉，但是拒绝策略会导致算法效率低。

修补策略首先获得该问题的不可行解，然后通过修补得到问题的可行解，在组合优化问题中，修补操作相对容易实现。

惩罚策略是遗传优化方法最常用的方法，该方法的实质是把一个约束优化的问题转换为一个非约束的问题然后求解。惩罚策略通过额外增加一个惩罚项，对问题的不可行解进行惩罚，从而将一个约束优化的问题转变成一个非约束优化的问题。在遗传算法中，惩罚策略能够在每一代种群中保持一定数量的不可行解，这使遗传搜索能够在可行解与不可行解中搜索问题的最优解。不同于拒绝策略，惩罚策略并不会抛弃掉每一代种群中的不可行解，因为在这些不可行解中可能提供某些与最优解相关的信息。惩罚策略的难点在于要在保持一部分不可行解与拒绝一部分不可行解中权衡，因此惩罚项的确定很重要，要避免惩罚的程度不足或者过度的现象[44]。

2. 多目标优化法

不同于单目标优化问题，解决多目标优化问题时，会面临不同目标之间如何

进行比较的困难，问题的可行解可能在 A 目标上很好，但是在 B 目标上特别差，两个目标无法简单地进行比较，这种可行解称为非支配解。

在求解方法上，大多数传统办法设法将一个多目标优化问题组合成一个单目标优化问题或者一系列的单目标优化问题[47]。在求解多目标优化问题时，首先需要用数字的形式来表明决策者的偏好，例如，数字越大，表示决策者对此偏好越强。这促成了各种标量化方法的发展，采用这类方法（如权重和法）将多目标优化问题转换为一个单目标优化问题或者一系列单目标优化问题，然后进一步求解。

以遗传多目标优化方法里常用的适应性权重法为例，该算法可以充分使用当前这一代种群的有价值的信息，用以自适应地调整各部分的权值，让其可以具有能够向正理想点进行搜索的能力。

以带有 i 个目标函数的最大化优化为例，该问题可以写为

$$\max\{z_1 = f_1(x), z_2 = f_2(x), \cdots, z_n = f_n(x)\} \tag{5-2}$$
$$\text{s.t.} \quad g_j(x) \leq 0, \quad j = 1, 2, \cdots, m$$

式中，f_1，f_n 为待优化的目标函数，对于种群中的每代中的解，可以在判据空间里定义其最大极限点 $Z_{\max}$ 与最小极限点 $Z_{\min}$：

$$Z_{\max} = \{z_1^{\max}, z_2^{\max}, \cdots, z_n^{\max}\} \tag{5-3}$$

$$Z_{\min} = \{z_1^{\min}, z_2^{\min}, \cdots, z_n^{\min}\} \tag{5-4}$$

式中，$z_j^{\max}$ 与 $z_i^{\min}$ 分别是目前这一代种群中的第 i 个目标函数的最大值与最小值。

假设 P 是目前这一代种群的集合，则 f 的最大值与最小值可以定义为

$$z_i^{\max} = \max\{f_i(x) | x \in P\}, \quad i = 1, 2, \cdots, n \tag{5-5}$$

$$z_i^{\min} = \min\{f_i(x) | x \in P\}, \quad i = 1, 2, \cdots, n \tag{5-6}$$

最大极限点 $Z_{\max}$ 与最小极限点 $Z_{\min}$ 所确定的这个超平行四边形包含了此代所有解，并且是一个最小超平行四边形，$Z_{\max}$ 与 $Z_{\min}$ 在进化时会不断更新，最大极限点最终将会接近正理想点。目标函数 i 的适应性权重可以通过式（5-7）得到：

$$w_i = \frac{1}{z_i^{\max} - z_i^{\min}}, \quad i = 1, 2, \cdots, n \tag{5-7}$$

对于任意 x，权重和的目标函数计算公式为

$$\begin{aligned} Z(x) &= \sum_{i=1}^{n} w_i \left(Z_i - Z_i^{\min}\right) \\ &= \sum_{i=1}^{n} \frac{Z_i - Z_i^{\min}}{Z_i^{\max} - Z_i^{\min}} \\ &= \sum_{i=1}^{n} \frac{f_i(x) - z_i^{\min}}{Z_i^{\max} - Z_i^{\min}} \end{aligned} \tag{5-8}$$

因为使用的是当前这一代种群中的 Z_{max} 与 Z_{min}，极限点在遗传算法中的每一代中都会更新，因此权值会不断更新。

5.2 客流需求特征分析与短期预测

城市轨道乘客的需求具有很强的时变特征，如多个高峰、连续高峰、高峰时刻偏移等，当乘客到站符合均匀分布时，固定或半固定发车时间间隔的时刻表虽然可以减少乘客的总体候车时间，但会导致较长的乘客站台候车时间，加之拥塞出现或上下车时间延长，使得一些乘客不能及时乘坐下一辆到站列车。因此，以南京地铁为例，了解乘客需求的单峰型、双峰型、无峰型等时变特征，及时获取和分析有效的乘客需求信息，对于线路的时刻表优化设计至关重要；由于城市轨道交通站点附近用地性质与经济发展程度存在差异性，客流空间分布呈现出不均衡性，研究客流空间分布特征及其预测结果对于时刻表优化设计也非常重要。

1. 时间分布特性

南京地铁日均客流量已超过 200 万人次，地铁持卡乘客刷卡进站时，地铁 AFC 系统就会生成相应的记录并上传数据中心，数据中心将所有地铁乘客的刷卡信息进一步汇总。乘客的出行信息包括进站时间和出站时间、卡号、卡类型、进站站点编号、出站站点编号等。地铁刷卡数据见图 5-2，地铁刷卡数据字段含义见表 5-1。

Data	Time2	ID	Type	Device	Station	Entertime	Enterstation
10-20	7:08:29	0000993172268098	030	22034515	0000045	20161020064554	0000053
10-20	18:47:19	0000993172268098	030	22035317	0000053	20161020182533	0000045
10-20	17:20:25	0000993172254333	030	22023205	0000032	20161020170155	0000026

图 5-2 地铁刷卡数据

表 5-1 地铁刷卡数据字段含义

字段	Time	ID	Type	Device	Station	Entertime	Enterstation
含义	出站时间	卡号	卡类型	设备号	出站站点编号	进站时间	进站站点编号

根据地铁刷卡数据可以统计得到按 1h、0.5h、15min、1min 等聚合的全天不同时间段的客流分布情况。从全天不同时间段的客流分布情况可以进一步确定客流的高峰、低谷时间段，然后根据客流的高峰、低谷时间段对列车运营进行合理

安排，如增大或者减少列车编组数、运行列数等。根据地铁刷卡数据可以计算出城市地铁网络的实时客流 OD 数据，OD 数据可以直接用于列车时刻表调度问题的优化。在历史客流数据的基础上也可以对乘客需求进行准确的预测，在预测的基础上进行时刻表的优化设计。

在乘客到站符合均匀分布的情况下，固定或半固定发车时间间隔的时刻表可以有效减少乘客的总体候车时间。然而，在实际情况下，乘客的需求具有很强的时变特征，如出现多个高峰、连续高峰、高峰时刻偏移等，采用固定或半固定发车时间间隔的时刻表将导致较长的乘客候车时间，并且由于拥塞出现或上下车时间延长，一些乘客不能及时乘坐下一辆到站列车。由此可见，了解乘客需求的时变特征，及时获取和分析有效的乘客需求信息对于线路的时刻表优化设计至关重要。乘客出行的时变需求在客流时间分布特征上可以体现为单峰型、多峰型、无峰型等。

1）单峰型

南京市新街口地铁站某工作日按分钟聚合得到的新街口站某工作日出站客流时间分布如图 5-3 所示，横坐标为时间，纵坐标为每分钟出站客流量。可以看出该站点的客流只在 8:00～10:00 出现了一个早高峰，最高出站客流达到 650 人次/min，属于单峰型客流。相邻时刻的客流存在较大的波动，原因是该站点多条线路的列车以较短的时间间隔接连进站。

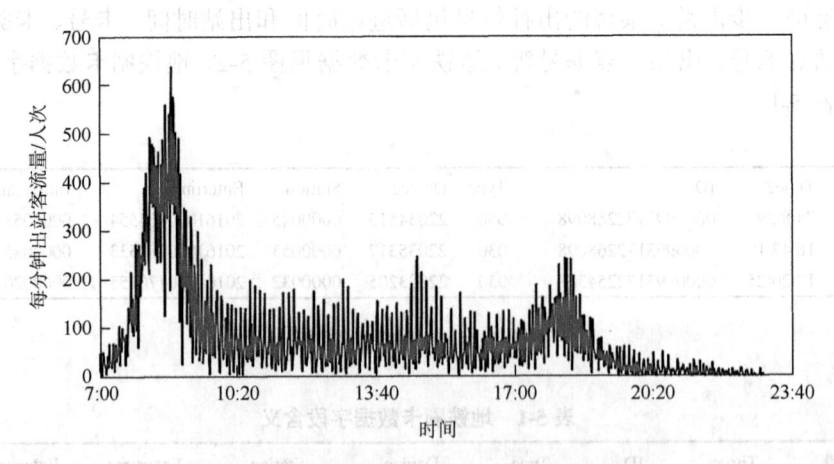

图 5-3 新街口站某工作日出站客流时间分布

图 5-4 为新街口站某工作日客流概率分布（按分钟聚合），直方图中横坐标为每分钟出站客流量，纵坐标为客流概率，其中横轴上的每个线段代表一个样本，可以清晰体现每个矩形中数据的分布，绝大多数样本的每分钟出站客流主要分布在 200 人次以内。

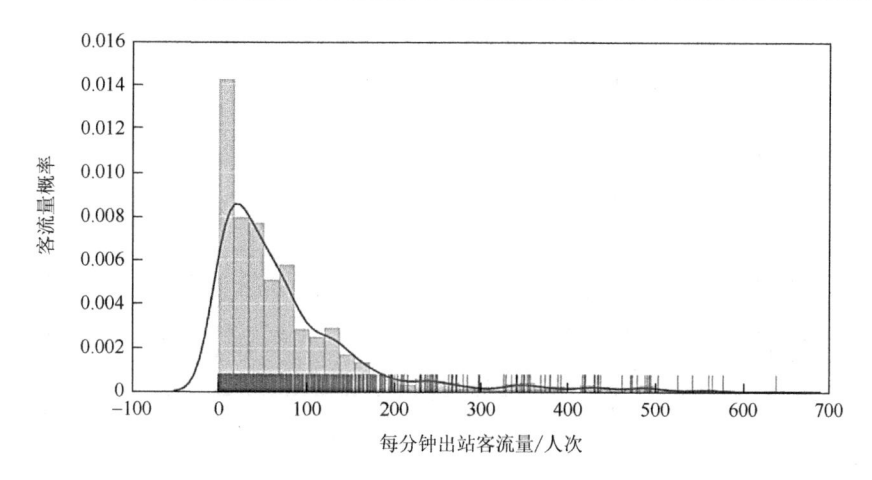

图 5-4　新街口站某工作日客流概率分布

2）多峰型

新模范马路站某工作日出站客流（按分钟聚合）如图 5-5 所示，横坐标为时间，纵坐标为每分钟出站客流量。可以看出该站点的客流在 8:00~10:00，以及 17:00~19:00 出现了峰值，最高每分钟出站客流达到 150 人次，属于双峰型，相邻时刻的客流的波动更加明显。

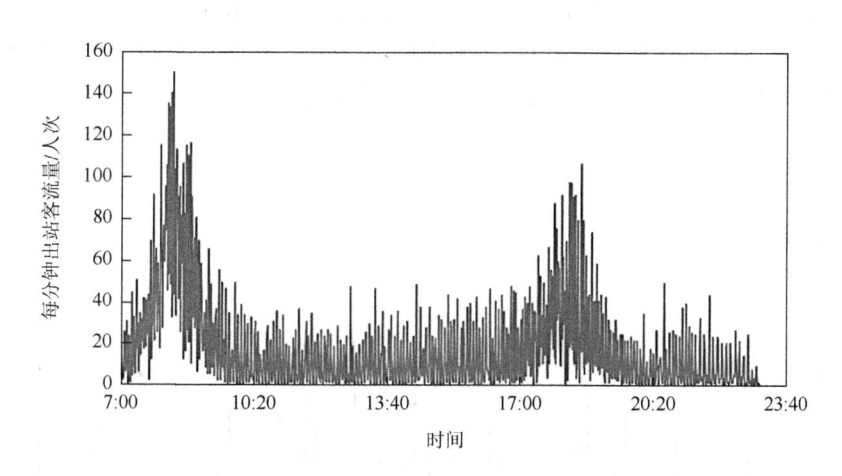

图 5-5　新模范马路站某工作日出站客流

图 5-6 为新模范马路站某工作日客流分布（按分钟聚合），在直方图中横坐标为每分钟出站客流量，纵坐标为客流概率，其中横轴上的每个线段代表一个样本，可以清晰体现每个矩形中数据的分布，可以发现每分钟出站客流量绝大多数分布在 50 人次以内。

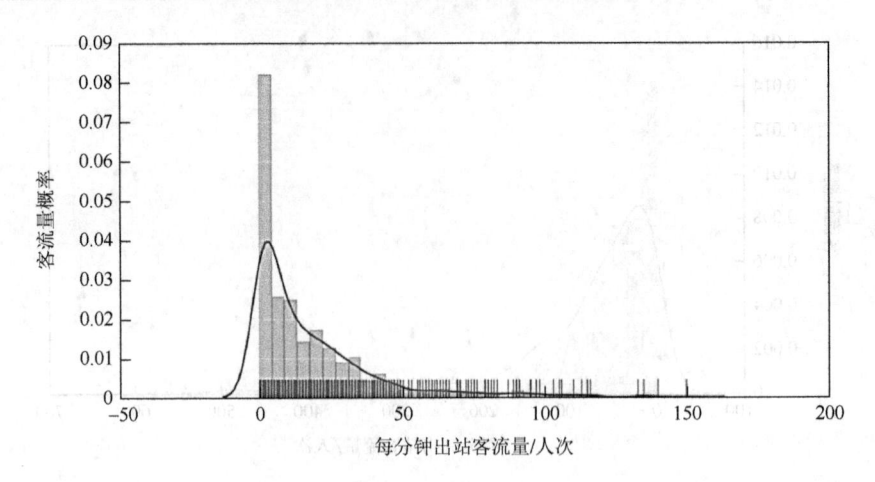

图 5-6　新模范马路站某工作日客流分布

3）无峰型

图 5-7 为南京地铁 S8 号线沈桥站某工作日出站客流（按分钟聚合），横坐标为时间，纵坐标为每分钟出站客流量，可以看出该站点全天客流都较小，大多数时刻每分钟出站客流为 0 人次，无任何峰值，这与该站所处的地理位置较偏远有关。图 5-8 为南京地铁 S8 号线沈桥站某工作日客流分布（按分钟聚合），在直方图中横坐标为每分钟出站客流量，纵坐标为客流概率，其中横轴上的每个线段代表一个样本，可以清晰体现每个矩形中数据的分布。对于这类站点，可以减小列车在该站的停靠时间，尽量满足客流需求相对较大的站点。

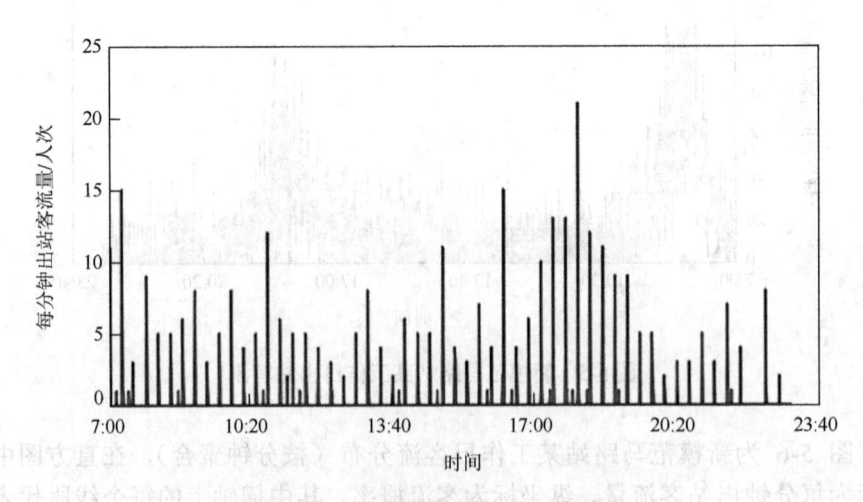

图 5-7　沈桥站某工作日出站客流

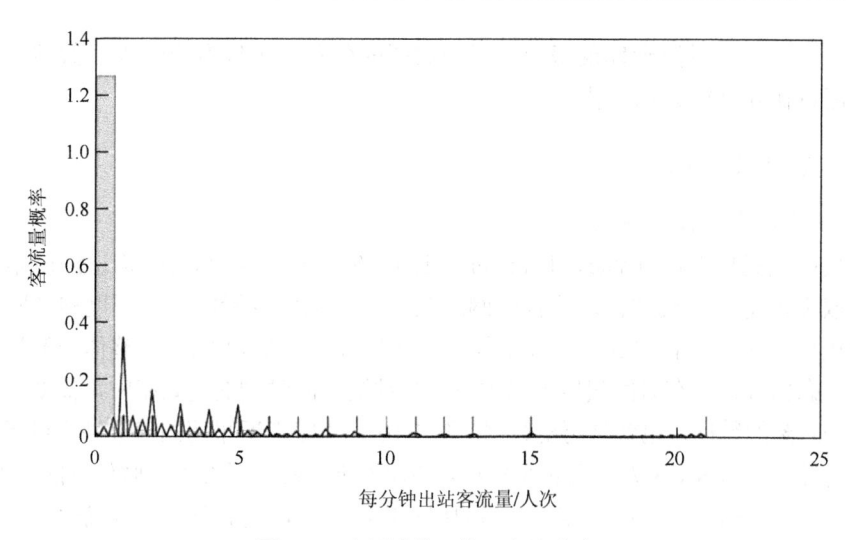

图 5-8 沈桥站某工作日客流分布

在优化列车调度方案时，需要考虑客流的上述时变特性，在乘客的时变需求下优化列车的时刻表。否则在高峰时段会发生列车运力不足、乘客拥挤的现象，极大降低乘客的出行舒适度；而在低峰期会导致列车的满载率过低，极大增加运营成本。

2. 空间分布特性

由于城市人口规模较大且在空间分布上具有明显的不均匀性，不同站点间的客流具有明显差异。图 5-9 为南京地铁网络所有站点的日均客流量的分布情况，其中横坐标为日均客流量的统计值，纵坐标为客流概率，横轴上的每个线段代

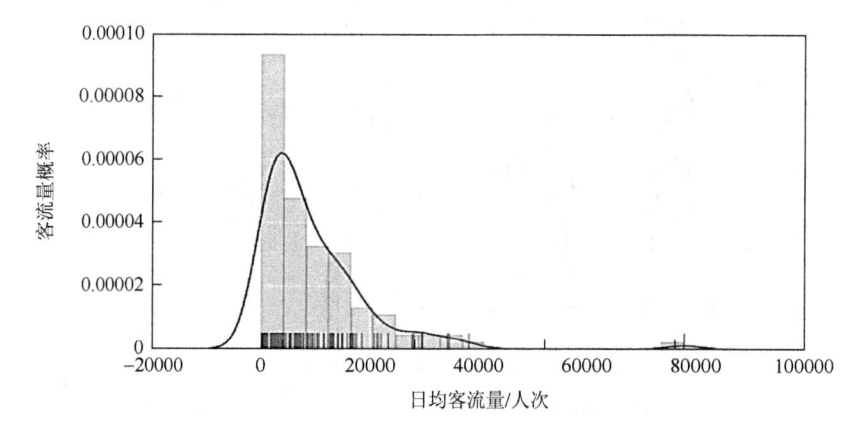

图 5-9 客流量的空间分布

表一个样本，可以清晰体现每个矩形中数据的分布。可以看出绝大多数站点的日均客流量在 40000 人次以内。

3. 客流预测分析

1）深度学习模型结构设计

采用栈式自编码（stacked autoencoders，SAEs）神经网络来构造深度学习模型提取需求特征。栈式自编码神经网络具有有着强大表示能力的深度神经网络的所有优点，它能够获取到输入样本的"层次型分组"或者"部分-整体分解"的结构。考虑到进站率在时间尺度上的关系，在预测不同时刻的进站率时，需要使用先前若干时刻的数据，也就是历史数据。图 5-10 为线路上所采用的对进站率进行短期预测的深度学习 SAEs 及预测模型结构，该模型不仅确保了站点关联信息的完整性，而且还充分利用了不同站点需求之间的相关性特征，以提高预测的准确性。

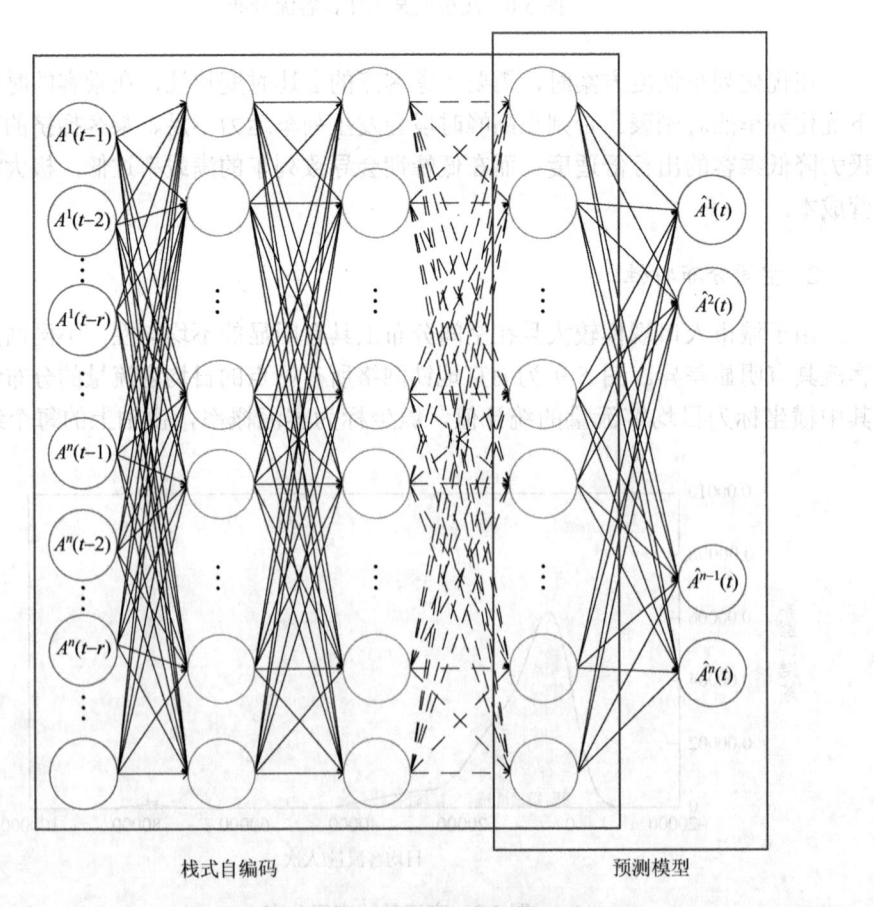

图 5-10 深度学习 SAEs 及预测模型结构

输入层 L_1 的数据为 $\{[A^1(t-1),\cdots,A^1(t-r)],[A^2(t-1),\cdots,A^2(t-r)],\cdots,[A^n(t-1),\cdots,A^n(t-1)],W,D,G\}$，式中，$n$ 为该线路站点数量；设 r 的范围为[1, 12]，隐藏层的数量范围为[1, 6]，隐藏层节点的数目为{100, 200, $\cdots$, 1000}。输出层的数据为 $\{\hat{A}^1(t),\hat{A}^2(t),\cdots,\hat{A}^n(t)\}$；$W$ 为天气条件样本编码；D 为特殊日期样本编码；G 为季节编码。值得指出的是，输入样本可根据实际进行有条件的增减，即模型的输入样本节点类型及单元数量可根据实际所获取的数据资源进行设计。栈式自编码神经网络的编码过程依照从前向后的顺序执行每一层自编码器的编码步骤，具体为

$$a^{(l)} = f(z^{(l)}) \tag{5-9}$$

$$z^{(l+1)} = W^{(l)}a^{(l)} + b^{(l)} \tag{5-10}$$

式中，向量 $z^{(l)}$ 为第 l 层单元所有输入的加权和；函数 $f(\ )$ 为激活函数；$a^{(l)}$ 为第 l 层的激活值（输出值），其包含了有意义的信息，这个向量是对输入的更高阶的表示；$W^{(l)}$ 为第 l 层和第 $l+1$ 层的权重矩阵；$b^{(l)}$ 为第 l 层偏置单元和第 $l+1$ 层的权重矩阵。

2）模型训练方法

在模型训练方面，采用贪心分层法获取栈式自编码神经网络参数，步骤如下。

步骤1：通过原始输入来训练第一层网络，得到其参数 $W^{(1)}$、$b^{(1)}$；

步骤2：用第一层网络将原始输入转化成为由隐藏单元响应组成的向量 A，接着把 A 作为第二层的输入，继续训练得到第二层的参数 $W^{(2)}$、$b^{(2)}$；

步骤3：对后面的各层同样采用将商议层的输出作为下一层的输入的方式依次训练。

在训练过程中，训练每一层参数时，会固定其他各层参数保持不变。所以，为了得到更好的结果，在训练过程完成之后，对参数进行"微调"（fine-tuning），即通过反向传播算法同时调整所有层的参数以优化结果。

3）预测结果分析

采用上述方法对某典型工作日的新街口站乘客每分钟进站率数据进行了预测分析，系统最优时的预测网络结构如表 5-2 所示。

表 5-2 预测网络结构

任务	r	隐藏层数	隐藏节点数
10min 预测	3	3	[300,300,300]
20min 预测	3	3	[250,250,250]
30min 预测	4	3	[400,400,400]
40min 预测	3	4	[300,300,300,300]

为了评价预测准确性，定义如下参数进行测量：
均值相对误差计算公式为

$$MRE = \frac{1}{n}\sum_{i=1}^{n}\frac{|f_i - \hat{f}_i|}{f_i} \qquad (5\text{-}11)$$

将 MRE 与反向传播（back propagation，BP）神经网络和随机行走方法进行了比较，比较结果如表 5-3 所示。MRE 越小，则模型结果越好。

表 5-3　测试结果比较

任务	栈式自编码 MRE/%	BP 神经网络 MRE/%	随机行走 MRE/%
10min 预测	6.5	10.1	7.8
20min 预测	6.9	11.2	8.2
30min 预测	7.1	12.3	8.7
40min 预测	7.5	14.2	10.1

由表中各模型的 MRE 可知，栈式自编码方法准确性较好。随机行走的准确性比 BP 神经网络略高。随着预测时间增加，预测准确性逐步降低。

5.3　基于列车-站点交互的线路时刻表优化模型

线路时刻表设计力图建立一个与线路上各站点乘客需求密切相关的、高效的时刻表。在实际出行过程中，乘客的出行需求是有时间依赖性的或者动态的，近年来，动态需求下的高效、稳健的时间表一直是许多研究的主题。为了减少站台的旅客等待时间，一些研究者致力于寻找最优调度时间，即每列车在始发站的最优发车时间，以更好地满足动态旅客需求，减少旅客等待时间。这些方法是基于所有列车的停站时间和运行时间都是预先给定且恒定的假设。只注重尽量减少旅客等待时间，可能会导致列车和车站拥挤，特别是高峰时段的需求。列车和车站的通行能力是车站客流组织、车站设备方案和列车运行的关键问题，与拥挤程度密切相关。

本节围绕乘客需求，建立以乘客等待时间最小化、拥塞最小化等为目标的优化函数。结合约束条件，采用平衡流原理建立计算优化指标的方程，同时借助线性和非线性规划理论对模型进行整合。本节提出了一种时变需求下减少乘客等待时间、减少线路拥塞的时刻表优化模型，系统地考虑了乘客的等待时间、列车容量、站点容量。与现有模型相比，该模型能综合考虑列车-站点需求的交互过程，为时刻表优化设计提供了符合现实的理论优化方法。

5.3.1 模型描述

1. 模型假设和符号变量

1) 模型假设

假设 1：城市轨道交通中的单向循环线路如图 5-11 所示。站点编号为 1, 2, …, 2M。其中，(1,2M), (2,2M–1), …, (M, M + 1) 这 M 对站点对应相反运行方向上的同一个站点，分别表示列车上行经过该站点、下行经过该站点。在该线路上，列车运行方向 $\sum_{j=1}^{s} KL(\rho \| \hat{\rho}_j)$ 称为上行方向，s 称为下行方向。每一辆列车从第一站出发，到达第 ρ 站，经过折返操作后转换方向返回。每一辆列车的运行速度和在各个站点的停靠时间均相同。因此，列车时刻表的核心决策变量为始发站每辆列车的发车时间。假设在两个相反方向 $\sum_{j=1}^{s} KL(\rho \| \hat{\rho}_j)$ 和 s 上的乘客需求和站点的状态是彼此独立的，并且所有搭乘的乘客都会在终点站下车。

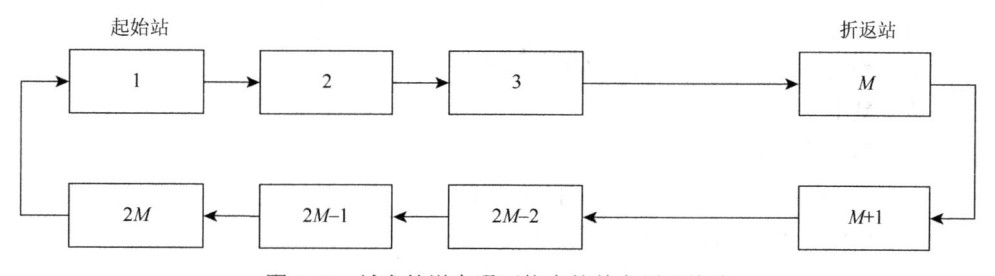

图 5-11 城市轨道交通网络中的单向循环线路

假设 2：到达列车的旅客先下车，所有候车旅客都遵循先进先出的原则上车。考虑城市轨道交通车站在非饱和状态和过饱和状态下的两种情况。因为在非饱和条件下，所有在站台候车的旅客都可以上车，列车离开站台后站台上没有留守旅客。在过饱和条件下，只有一部分提前到达的旅客才能上车。对于上车的乘客，假设他们都能在目的地下车。

假设 3：将研究周期平均划分为几个非常小的时间间隔（如 0.2s），建模时间间隔长度足够小，仅允许一名外部乘客在一个时间间隔内到达车站。

2) 符号变量

模型中使用的参数及其含义如下。

u：站点；

j：列车；

t：时间间隔；

$A^u(t)$：站点 u 旅客到站率（取值为 0 或 1）；

$f_j^{u,v}$：从站点 u 乘坐列车 j 到站点 v 的旅客人数；

I_j^u：从站点 u 乘坐列车 j 的人数；

O_j^u：从列车 j 在站点 u 下车的人数；

E_j^u：在有限时间窗内进入站点 u 的乘客数；

TA_j^u：列车 j 到达站点 u 的时间；

TD_j^u：列车 j 离开站点 u 的时间；

P_j^u：乘客为了在站点 u 坐上列车 j 最晚的到站时间；

S_j^u：列车 j 出站时站点 u 剩余旅客数；

T_j^u：列车离开 u 站后，j 列车上希望继续前往另一目的地的乘客人数；

C_n：站台上发生的拥堵事件数；

$C_{\min}$：站台上最小拥堵事件数；

tc：列车通行能力；

pc：站台通行能力；

K：研究期间从始发站出发的列车总数；

h：最小车头时距；

α：最低平均载客率；

$\bar{J}$：满足最低平均载客率需要的列车组；

W_j^s：列车 j 在站点 s 的停留时间；

$R_j^{s,s+1}$：列车 j 在相邻两站点 s 和 $(s+1)$ 之间的运行时间；

$\mathrm{WR}_j^{u,v}$：列车 j 从站点 u 到站点 v 的旅行时间，包括停留时间和运行时间。

2. 约束条件

对于站点 O_j^u，在区间 $\left(\mathrm{TD}_{j-1}^u, \mathrm{TD}_j^u\right]$ 内，进入站点的乘客数量为

$$E_j^u = \sum_{t \in \left(\mathrm{TD}_{j-1}^u, \mathrm{TD}_j^u\right]} A^u(t) \quad u=1,2,\cdots,2M-1; j=1,2,\cdots,K \tag{5-12}$$

在 u 站上车、下车的乘客数量 O_j^u 为

$$O_j^u = \sum_{u'=1}^{u-1} f_j^{u',u} \quad u=2,3,\cdots,M; j=1,2,\cdots,K; O_j^1=0$$

$$O_j^u = \sum_{u'=1}^{u-1} f_j^{u',u} \quad u=M+2,M+3,\cdots,2M; j=1,2,\cdots,K; O_j^{M+1}=0 \tag{5-13}$$

式中，如果 $u \in (2, 3, \cdots, M)$ 且 $u \in (M+1, M+2, \cdots, 2M)$，或 $u \in (M+1, M+2, \cdots, 2M)$ 并且 $v \in (2, 3, \cdots, M)$，则 $f_j^{u,v}$ 的值为 0。

在 u 站登上列车 j 的乘客的数量 I_j^u 为

$$I_j^u = \sum_{t \in \left(P_{j-1}^u, P_j^u\right]} A^u(t) \quad u = 1, 2, \cdots, 2M-1; j = 1, 2, \cdots, K; P_{j=0}^u = 0 \quad (5\text{-}14)$$

在模型中，考虑了列车和站点的流量守恒约束，并采用事件驱动的方法来描述列车和站点的交互过程。图 5-12 为列车运行和乘客排队过程，列车的流量守恒约束为

$$T_j^u = T_j^{u-1} + I_j^u - O_j^u \quad u = 1, 2, 3 \cdots, 2M; j = 1, 2, \cdots, K \quad (5\text{-}15)$$

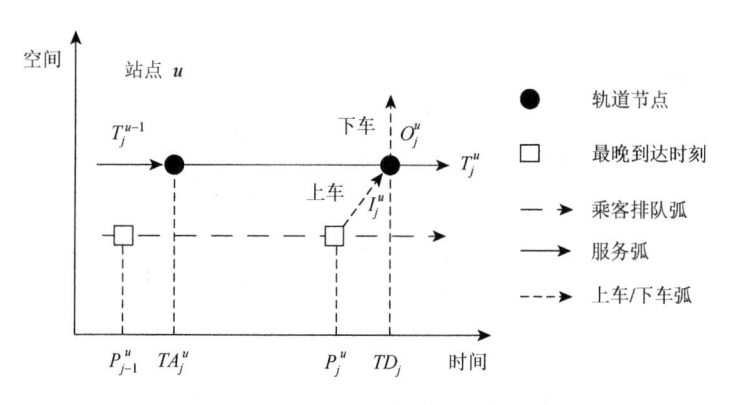

图 5-12 列车运行和乘客排队过程

在图 5-12 中，列车节点表示一辆到站或出发的列车，列车 j 在站点 u 的停靠时间定义为 TA_j^u 与 TD_j^u 的间隔。最晚到达时刻节点 P_j^u 将时间轴划分为若干相互独立的时间段，每一段为一个有效上车时间。服务弧（service arc）表示列车从一个站点运行至另一个站点。上车/下车弧（boarding/alignting arc）表示乘客上下车。乘客排队弧（passenger queue arc）表示在站内候车的乘客。图 5-13 描述了乘客进出站过程，站点的流量守恒约束为

$$S_j^u = S_{j-1}^u + E_j^u - I_j^u \quad u = 1, 2, 3 \cdots, 2M; j = 1, 2, 3, \cdots, K; S_0^u = 0 \quad (5\text{-}16)$$

在图 5-13 中，上车弧（boarding arc）表示乘客上车并离开站点，进站弧（entering arc）表示乘客进入站点。基于事件驱动的列车与站点的乘客交互过程如图 5-14 所示，当列车 j 到达 u 站时，会触发一个到站事件，列车和站点之间的交互量分别为 I_j^u 和 O_j^u。

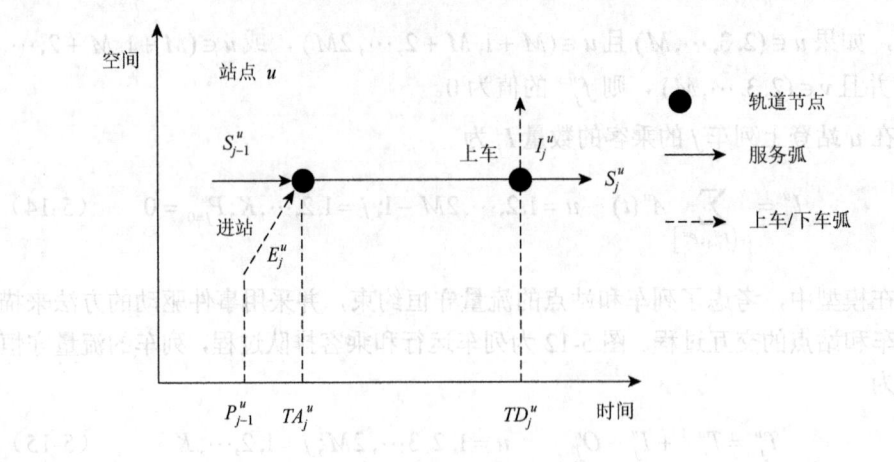

图 5-13 乘客进出站过程

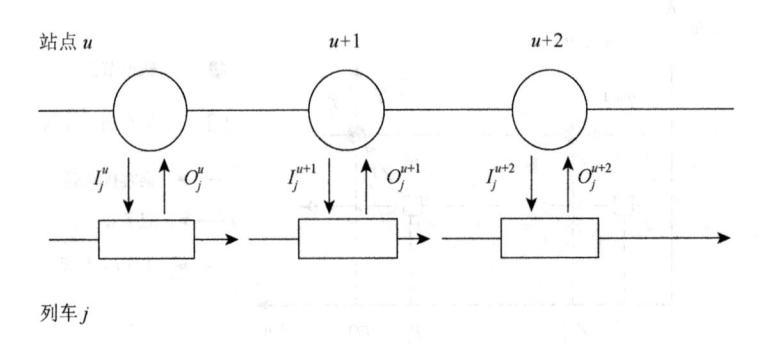

图 5-14 列车与站点的客流交互过程

1) 乘客有效上车时间的定义

在不饱和,即列车当前剩余容量大于乘客需求的条件下,对于任意站点 u,能够登上列车 j 的最晚时刻与列车的离开时刻相等,即

$$P_j^u = \mathrm{TD}_j^u \qquad j=1,2,\cdots,K; P_{j=0}^u = 0 \qquad (5\text{-}17)$$

反之,在饱和条件下,对于任意站点 u,到站的列车的剩余载客量小于乘客需求,只有队列前端的乘客可以上车,直至列车容量饱和,能够登上列车 j 的最晚时刻为

$$P_j^u = \max\left\{\tau \mid \sum_{t \in [P_{j-1}^u, \tau]} A^u(t) \leq tc - T_j^{u-1} + O_j^u \right\} \qquad j=1,2,\cdots,K; P_{j=0}^u = 0 \quad (5\text{-}18)$$

对于任意站点 u,P_j^u,式(5-17)与式(5-18)两种情况下可统一形式为

$$P_j^u = \min\left\{\mathrm{TD}_j^u, \max\left\{\tau \mid \sum_{t\in\left(P_{j-1}^u,\tau\right)} A^u(t) \leqslant tc - T_j^{u-1} + O_j^u\right\}\right\} \quad j=1,2,\cdots,K; P_{j=0}^u = 0$$

(5-19)

2）供应和需求约束

供应和需求约束包括列车资源供应约束，乘客负载需求约束和列车可调度约束。在研究中，假设等待最后一辆车的乘客都能上车，列车资源供应约束为

$$E_K^u \leqslant tc - T_K^{u-1} + O_K^u \quad u=1,2,3\cdots,2M; j=1,2,\cdots,K \quad (5\text{-}20)$$

该约束说明了列车资源应能够满足总的乘客需求。

乘客负载需求能够通过总的乘客搭乘人数与列车运载能力之比来衡量。模型允许一些列车的负载率在清晨或深夜低于需求。$\bar{J}$ 为需要满足最小乘客负载需求的列车集合。通过控制列车的负载人数在一个合理的范围，乘客负载需求约束为

$$\frac{1}{(2M-2)\times tc} \times \sum_{u=1}^{2M} T_j^u \geqslant \alpha \quad j \in \bar{J} \quad (5\text{-}21)$$

式中，α 为设置的最小平均负载率，设置该系数的意义可以保障列车的上座率，又要预留出一部分，用以应对客流波动，同时需要考虑乘客的舒适水平，从而建立发车数量与乘客需求的一种平衡。对于任意一辆列车，在重新调度该列车之前，其必须已经返回到始发站点。用 T 来表示折返时间，即列车可调度约束为

$$\mathrm{TD}_{j+\mathrm{Trains\_in\_schedule}}^1 - \mathrm{TA}_j^{2M} \geqslant T \quad j=1,2,\cdots,K - \mathrm{Trains\_in\_schedule} \quad (5\text{-}22)$$

式中，Trains_in_schedule 为正在调度的车队规模，列车 j 和列车 $j+\mathrm{Trains\_in\_}$ schedule 是物理意义上的同一辆车。

3. 多目标优化函数

在站点 u，到达时间 $t \in \left(P_{j-1}^u, P_j^u\right]$ 的乘客的等待时间是 $\mathrm{TD}_j^u - t$。在研究时间段内乘客的总等待时间为 $\sum_{j=1}^K \sum_{u=1}^{2M} \sum_{t\in\left(P_{j-1}^u,P_j^u\right]} A^u(t) \cdot \left(\mathrm{TD}_j^u - t\right)$。当考虑旅客总旅行时间 Z 时，应增加旅客在车内的等待时间。对于临时高峰时段的需求，可能始终存在拥挤的站台。因此，构建多目标函数为

$$\begin{cases} \min Z = \sum_{j=1}^K \sum_{u=1}^{2M} \sum_{t\in\left(P_{j-1}^u,P_j^u\right]} A^u(t)\cdot\left(\mathrm{TD}_j^u - t\right) + \sum_{j=1}^K \sum_{u=1}^{2M} \sum_{v=2}^{2M} f_j^{u,v}\mathrm{WR}_j^{u,v} \\ \min C_n \end{cases} \quad (5\text{-}23)$$

5.3.2 模型求解

5.3.1 小节基于列车-站点交互的时刻表优化模型实质上是一个整数规划模型，该模型处理的是一个复杂的、非线性的规划问题。该问题很难用基于梯度的方法或商业化的优化器求解。在实际的工程应用中，学者已经将许多不同算法用于时刻表优化问题的求解，如模拟退火算法、禁忌搜索算法等。遗传算法是一种随机搜索和优化方法，广泛应用于工业工程领域。本书在遗传算法的基础上设计了一个遗传多目标优化方法来解决这一特定问题。本问题的决策变量是各个列车在始发站的发车时间，列车的时刻表编码为染色体，最后优化的结果再由染色体解码得到并应用于线路的始发站。

本节把研究的时间段按分钟进行划分，每辆列车在始发站的发车时间是分钟的整数倍。染色体上的每一个基因对应一个时间点，该时间点表示在始发站对列车调度的结果，例如，1 表示在对应的时间点发车，0 表示在对应时刻不发车。需要指出的是，染色体的解码后的结果只是用于设置该线路上列车离开始发站的时间，其他时间（如停靠时间、站点间的停靠时间）与染色体得到的结果相互独立，可以不取分钟的整数倍。例如，取 8:00～10:00 作为研究的时间段，按分钟划分为[0, 120]，那么一条染色体上有 121 个可能的发车时间点。图 5-15 为染色体示意图（0, 0, 0, 0, 1, 0, 0, …, 1, 0, 0），它表示列车在始发站的出发时间，8:01 第 1 辆列车出发，8:04 第 2 辆列车出发，……，9:58 第 K 辆列车出发。其中染色体中 1 的个数与一天中总的发车次数相同。对于更高的精度，如 30s 或更短，只需要增加染色体长度。

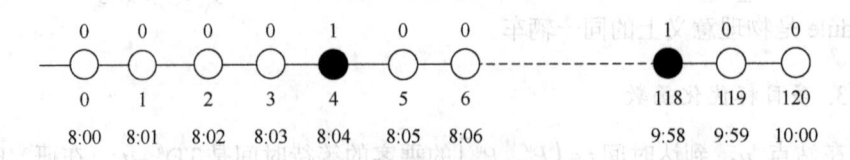

图 5-15 染色体示意图

遗传算法中每一条染色体（chromosome）个体代表一个潜在的问题的解，也就是列车时刻表。每一个染色体都要计算适应度来评价其好坏，该问题适应度与时刻表对应的乘客等待时间有关。某些染色体要经过遗传算子进行随机变换，从而产生新的染色体。交叉操作与变异操作是遗传算法中的两个最主要的操作，其中，交叉算法是将两个染色体的相应部分组合起来从而生成新的染色体。经过多次迭代后，遗传算法会收敛到一个最优的解。这个染色体对应的时刻表很可能是该问题的最优解或者次优解。针对此特定问题，本节设计的交叉和变异算法如下：

（1）随机选取两个点位作为交叉的起点（cross_start）和终点（cross_end）。如图 5-16 所示，cross_start 和 cross_end 中间的部分作为候选的交叉操作片段。

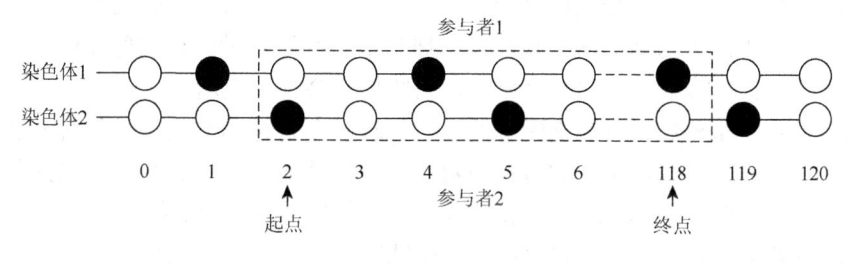

图 5-16 交叉操作

（2）可行性检查。可行性检查和安全性检查用来确保得到的时刻表是可用的。由于每天的总发车次数为定值 K，如果经过交叉操作后染色体上 1 的数量大于 K，则染色体解码出来的解在时刻表优化问题的可行区域之外。如果候选的两个交叉片段 $\sum_{i=\text{start}}^{\text{end}} \text{chromosome } l(i) = \sum_{i=\text{start}}^{\text{end}} \text{chromosome } 2(i)$，则该操作是可行的，否则返回步骤（1）。

（3）安全性检查。为了保障邻近的两辆列车之间有一段安全距离，需要对染色体进行安全性检查。如果进行交叉操作后，新的染色体对应的时刻表满足相邻的两列车之间的最短发车间隔大于等于 h，则执行交叉操作。否则返回（1），如图 5-17 所示。

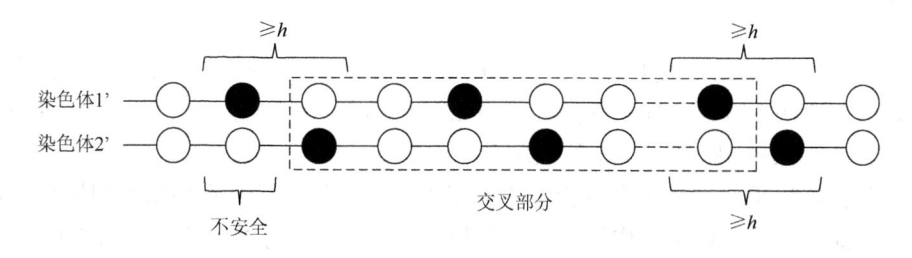

图 5-17 时刻表的安全性检查

（4）变异算子通过改变一条染色体上的一个或者多个基因，防止种群陷入局部最优解。执行变异操作的染色体和变异的位置是随机选取的，同样需要进行安全性检查确保邻近的两个车次间的发车间隔大于 h。否则需要重新选择变异的位置。

当获得了新一代种群，计算种群中各个个体的适应度用以评估这一代种群中个体的优劣。适应度函数的定义为

$$\text{Fitness} = \frac{Z_1^{\max} - Z_1}{Z_1^{\max} - Z_1^{\min}} + \frac{Z_2^{\max} - Z_2}{Z_2^{\max} - Z_2^{\min}} \tag{5-24}$$

式中，$Z_1^{\max}$ 和 $Z_1^{\min}$ 分别是当前这一代个体对应的解中乘客等待时间的最大值和最小值，$Z_2^{\max}$ 和 $Z_2^{\min}$ 为当前这一代个体中拥塞事件发生数量的最大值和最小值。它们在遗传算法中的每一代中都会更新，因此权值会不断更新。

上述多目标函数具有非支配解的性质，求解多目标函数的一种传统方法是采用自适应权重法，即在不同的目标函数上设置自适应权重，并将其转化为单个目标函数。在这里主要关注 C_n，本节提出了一种求解多目标函数的递归方法。首先，假设没有拥挤的站点，因此 C_n 的第一个理想点是 0。其次，采用遗传算法对 Z 进行优化，如果经过 400 次迭代后理想点无法实现，即没有满足理想点的可行解，则按步骤 1 增加理想点。再次，对 Z 进行优化。在此基础上，在 C_n 最小的条件下，最后，得到 Z 的最小值。求解方法以如下递归方式运行。

步骤 1：C_n 初始值设置为 0。

步骤 2：用遗传算法求解多目标函数。如果遗传算法无法找到满足 C_n 的可行解，则转到步骤 3。

步骤 3：$C_n = C_n + 1$，进入步骤 2。

上述过程一直持续到得到最优解为止。为了得到一个满足 $C_n = 0$ 的时刻表，可以增加由车队规模决定的调度数量。在这种情况下，车队规模可能会增加，因为在固定车队规模下，调度的数量是有限的。

5.3.3 案例分析

将基于列车-站点交互的时刻表优化模型应用于南京地铁 1 号线一期工程的优化，南京地铁 1 号线一期工程的优化图如图 5-18 所示，该线路包含 16 个地铁站，总长度 21.72km，跨越了 5 个行政区。

经调查发现，案例中各站点在不同工作日的出行需求具有相似的周期分布特性。因此，以一个典型工作日的客运量数据为例，来进行展示说明。图 5-19 显示了一个典型工作日地铁线路的客流进站情况。列车的发车时间、停站时间和运行时间可能会受到一些特别情况的影响，例如，列车不规则短暂停车或车站过度拥挤，这将在一定程度上导致随机时间表。为了计算的简便性，假定列车在各车站的停留时间和相邻两个车站之间的运行时间经过优化后保持不变。其中，最大车站新街口站的设计站台容量为 700 人，其他车站设计站台容量为 500 人。在起点站，地铁线路的运营时间为 6:30~21:30，该时段按照分钟划分为

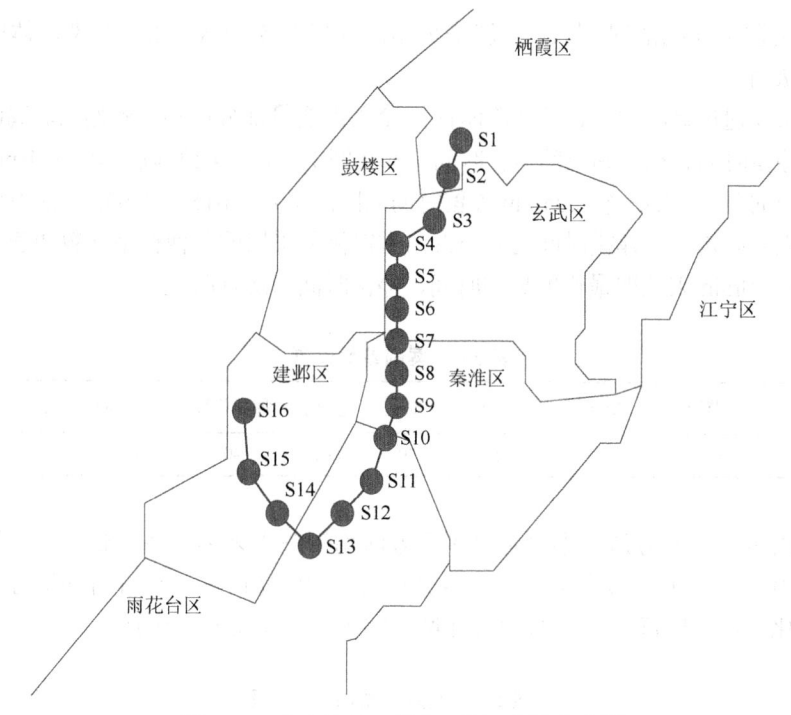

第 5 章 城市轨道交通运营时刻表优化

图 5-18 南京地铁 1 号线一期工程的优化图

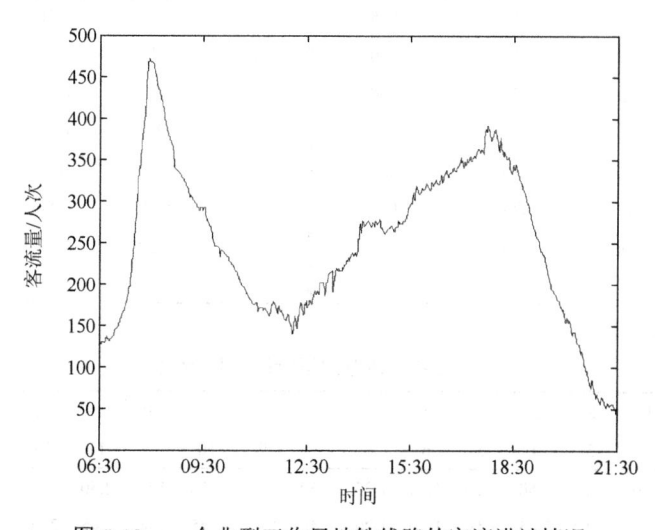

图 5-19 一个典型工作日地铁线路的客流进站情况

[0, 900]。可用列车的数量为 9，这 9 辆列车在上下行循环运行，列车的折返操作所需的时间设为 6min，列车的最小发车间隔为 2min，种群数目设置为 40，交叉概率为 0.95，变异概率为 0.10。在执行种群的初始化操作时，将时刻表设置为

一个固定发车间隔的时刻表,也就是根据总的发车次数 K,然后在染色体中均匀的设置 K 个 1。

本研究遗传算法中,1 条染色体有 3 个关键变量部分:列车起始站驶离时间、各站点停留时间、相邻站点间运行时间。本案例中,1 条染色体由 901 个 1min 离站时间间隔的节点、272 个 0.05min 停留时间间隔的节点、615 个 0.05min 运行时间间隔的节点共同构成。建模时间用时 0.2s,本案例所采用的其他模型参数如表 5-4 所示,运行 30min 来获取最优的离站时间、停留时间与运行时间。

表 5-4 案例参数设置

参数	车厢节数	T/min	h/min	α/%	$\bar{J}$ /%	种群总数	交叉概率	变异概率
值	9	4	2	50	601	40	0.95	0.10

半固定时刻表方法与不固定时刻表方法均聚焦于乘客等待时长与列车运载能力。以南京地铁 1 号线为例,对这两类时刻表的停留时间与运行时间进行设计,所得优化后停留时间与运行时间统计结果如表 5-5 与表 5-6 所示。

表 5-5 站点停留时间统计表 (单位:min)

站点编号	站点名称	停留时间	优化后停留时间	站点编号	站点名称	停留时间	优化后停留时间
1	迈皋桥	0.75	0.65	9	张府园	0.50	0.45
2	红山动物园	0.50	0.50	10	三山街	0.50	0.45
3	南京站	0.75	0.90	11	中华门	0.50	0.45
4	新模范路	0.50	0.50	12	安德门	0.50	0.55
5	玄武门	0.50	0.55	13	小行	0.50	0.40
6	鼓楼	0.75	0.70	14	中胜	0.50	0.40
7	珠江路	0.50	0.55	15	元通	0.50	0.50
8	新街口	0.75	0.85	16	奥体中心	1.00	0.80

表 5-6 站点间运行时间统计表 (单位:min)

起点站	1	2	3	4	5	6	7	8	9	10	11	12	13	14	15
到达站	2	3	4	5	6	7	8	9	10	11	12	13	14	15	16
优化前	1.50	1.25	2.50	1.50	1.50	1.25	1.50	1.25	1.50	2.50	2.50	2.50	1.50	2.50	2.50
优化后	1.45	1.10	2.45	1.50	1.60	1.20	1.40	1.30	1.45	2.40	2.45	2.60	1.60	2.45	2.45

在本案例中,将本节提出的列车-站点交互模型所得到的时刻表与现有的两种时刻表策略(半固定发车间隔的时刻表策略、不固定发车间隔的时刻表优化策略)进行了对比。不同时刻表策略的统计结果如表 5-7 所示。不固定发车间隔方法过

拥挤站点时，乘客在上下车时通常都会增大停留时间，列车离站时间延误可能增大。半固定发车间隔策略的主要优势是固定的车头时距使列车控制更加安全便捷，但它无法满足乘客动态的乘车需求，会导致长时间的乘客出行时间和站台拥堵频次。车站停留时间范围为[0.20, 1.00]min，相邻站点间列车运行时长为[1.00, 3.00]min。半固定发车间隔策略中，6:30～7:30 和 20:30～21:30 时段内车站停留时间为 15min，而 7:30～20:30 时段内为 10min。因此半固定发车间隔的时刻表中一天的总发车次数为 86 车次。

表 5-7 不同时刻表策略的统计结果

时刻表策略	发车次数	总等待时间/min	平均等待时间/min	平均载客率/%	拥塞事件数量
半固定发车间隔	86	1871795	13.92	56.31	69
不固定发车间隔	88	1245174	9.26	55.03	52
本节模型	88	1285515	9.56	55.03	36

由表 5-7 可知，本节所建模型最佳，因为其综合考虑了站台与列车的运载能力。

依据本节所建的不固定时刻表方法，得到拥堵站台的候车乘客量与相应列车统计表如表 5-8 所示。对 16 个地铁站按列车上行方向经过该站与下行方向经过该站分别编号，1～16 表示上行经过的 16 个地铁站，（17）～（32）表示下行经过的地铁站。相应的列车离开某站点后站点内乘客的数量也区分上下行，表 5-8 中不加括号表示上行方向拥塞的人数，加括号表示下行方向拥塞的乘客数。固定发车间隔的时刻表在早高峰、晚高峰均产生了严重的拥塞情况。不固定发车间隔时刻表策略在早高峰、晚高峰期间，均能使拥塞的情况得到缓解。

表 5-8 拥堵站台的候车乘客量与相应列车统计表

站点编号	车次编号														
	6	14	16	67	68	69	70	71	72	73	74	75	76	77	78
1（32）															
2（31）															
3（30）															
4（29）															
5（28）															
6（27）															
7（26）															
8（25）	715	742	815	813	(835)	848	865	843	845	(760)		(723)			
9（24）					570	573	610	582	570	586	(553)	(560)	(515)		
10（23）						542		580	552	(560)	(565)	(590)	(516)		

续表

站点编号	车次编号												
	6	14	16	67	68	69	70	71	72	73	74	75	76	77	78
11（22）										542		602	（510）	（560）	（550）
12（21）															（530）
13（20）															
14（19）															
15（18）															
16（17）															

由非固定间隔的时刻表发车图（图 5-20）可知，列车离站车头时距具有非均质性，这与图 5-19 的出行需求的时间分布基本一致。需求越大，车头时距越短。

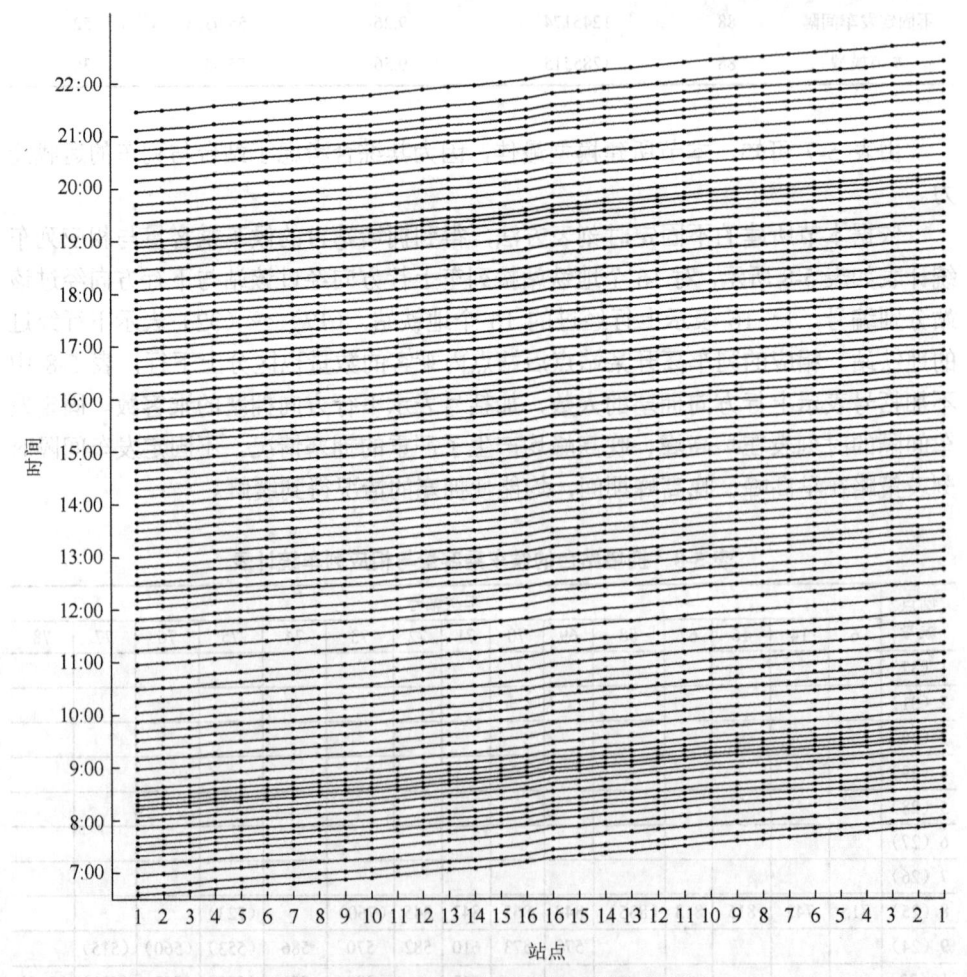

图 5-20 优化后非固定间隔的时刻表发车图

列车可调度量与站台服务状态有很大关系，基于最低的列车可调度量能够得到自由流状态下最小乘客出行时间，从自由流状态到拥塞状态的相变表如表 5-9 所示。可调度规模越大，拥堵事件数越少，尤其是可调度量达到 92 时，即可得到自由流状态下乘客出行时间的最小值。

表 5-9 从自由流状态到拥塞状态的相变表

发车次数（可供调度的车队规模）	平均运行时间/min	平均等待时间/min	平均载客率/%	拥塞事件数
88（9）	25.03	9.38	55.03	33
89（9）	24.74	9.21	54.41	31
90（9）	24.63	9.13	53.81	23
91（10）	24.24	8.84	53.22	4
92（10）	23.92	8.42	52.64	0

结果表明该模型可以显著降低乘客等待时间并减少拥塞事件发生的次数，这可为设计高效实时的地铁网络运行时刻表提供理论方法和参考。

5.4 基于换乘时间最小化的网络时刻表优化模型

网络层面上进行时刻表优化是为了得到高效、稳健的运营时间表。网络时刻表优化模型大致可分为两类：一类仅考虑轨道交通路网，根据客流需求制定行车计划，以列车运行安全和运力为约束条件，建立以乘客在站台等待时间最小化为目标的优化模型，并设计遗传算法求解该模型；另一类则是把轨道交通路网放在城市系统中进行研究，使整体的运行效率最高或出行费用最低，考虑车站乘降量波动导致的停站时分概率分布，建立时刻表优化模型。

本节提出一种基于换乘时间最小化的网络时刻表优化模型。研究轨道交通网络中时刻表同步优化问题，以网络中换乘站的平均列车换乘时间作为目标函数，建立基于列车衔接时间的时刻表同步优化模型，以多个线路上首站发车时刻、运行时间、停靠时间、发车间隔作为决策变量对网络时刻表进行优化，以减少列车在换乘站点的衔接时间，并对现实网络拓扑进行了实证分析。

5.4.1 模型描述

1. 模型假设和符号变量

1）模型假设

为了便于建模，从符合列车运营规律的角度出发进行综合考虑，提出如下假设。

假设1：列车严格按照预定的时刻表运行。

列车在实际的运行中受多种因素的影响，存在一定的不确定性，例如，在拥堵的情况下，乘客上下车过程会受到影响，从而导致列车离站晚点，难以严格按照时刻表运行。本节假设列车严格按照预定的时刻表运行，将这些不确定性忽略，否则无法计算衔接时间。

假设2：乘客搭乘可以衔接上的最近的一辆列车。

在换乘站，不同的衔接列车的到站时间相差一个发车间隔，从乘客行为的角度出发，绝大多数情况下乘客会搭乘最近的一辆衔接列车。因此假设乘客在换乘站点选择衔接列车时，会选择搭乘第一辆可以衔接上的列车。

假设3：城市轨道交通网络进行合理简化。

在列车时刻表同步优化方面，模型通过调整列车在区间的运行时间等来实现对换乘站点列车衔接时间的优化，从而减少了乘客在换乘时的候车时间。目前很多城市的轨道交通网络已经十分复杂，将任意两个相邻站点间的这段区间都考虑在内，这会导致模型的决策变量过多。调整列车在换乘站点间的这段大区间上的运行时间与调整在各个站点间的运行时间等效。因此本节将城市轨道交通网络进行简化，简化后只包含换乘站点，其他站点间的运行时间和停靠时间并入换乘站点间的运行时间中，也就是在模型中列车的运行时间是指换乘站点之间的运行时间。

假设4：乘客换乘行走时间固定。

乘客在换乘站点，从线路 m 的站台到线路 m' 的站台的时间。在实际情况下，不同乘客的换乘行走时间并不相同，换乘行走受多种复杂情况的影响，如乘客的年龄、站内的拥堵情况，存在较大的随机性，这会导致偏离时刻表同步优化的本质，因此假设在同一个换乘站点、同一个换乘的方向，所有的乘客在不同线路站台之间的换乘行走时间相同。

2）符号变量

模型中使用的参数及其含义如下。

$TA_u^{m,j}$：在线路 m，列车 j 到达站点 u 的时间；

$TD_u^{m,j}$：在线路 m，列车 j 离开站点 u 的时间；

h^m：在线路 m，列车的发车时间间隔；

$R_u^{m,j}$：在线路 m，列车 j 从第 u 个站点到下一个站点的运行时间；

D_u^m：线路 m 上在 u 站的停靠时间；

$t_{m,u}^{m'}$：在换乘站 u，乘客从线路 m 的站台到线路 m' 的站台的时间；

$w_{m,j,u}^{m',j'}$：在换乘站 u，由线路 m 上的第 j 辆列车换乘至 m' 上的第 j' 辆列车的衔接时间；

S_n^m：线路 m 上换乘站点的集合，$S_n^m = \{S_1^m, S_2^m, \cdots, S_{n_m}^m\}$，其中 n_m 为线路 m 上换乘站点的总数；

L：网络中换乘线路、换乘站的集合，$(m,m',u) \in L$ 表示乘客在换乘站 u，从线路 m 换乘至线路 m'；

k_m：在线路 m 上运行的列车的数量。

网络时刻表的设计更多关注如何调整各条线路以获得高效的换乘效率，给乘客提供转换线路的服务是换乘站点的主要职能，它直接影响到对乘客的服务水平。乘客在轨道交通线路中进行换乘时，需要从轨道交通线路的一个换乘站下车（输送列车），从该线路的站台（输送车站站台）换至另一条线路的站台（衔接车站站台），而且还需要下一辆列车（衔接列车）的到来，因此在换乘站的换乘时间主要包括以下两部分。

（1）换乘行走时间。乘客从乘客在换乘站点，从线路的站台（输送车站站台）到另一条线路的站台（衔接车站站台）的时间。

（2）等待时间。乘客到达衔接车站站台后，等待前来衔接的列车的时间。

根据已有的基本假设，乘客在换乘时选择最近到达的车辆换乘，列车衔接时间的定义如下：

如图 5-21 所示，假设乘客在换乘站 u，从线路 A 换乘至线路 B。在线路 A 上，乘客所搭乘的列车（输送列车）到达 u 站的时间为 t_1，然后乘客从线路 A 的站台（输送车站站台）步行至线路 B 的站台（衔接车站站台），到达线路 B 站台（衔接车站站台）的时间为 t_2，则线路 A 与线路 B 之间的换乘走行时间为 $t_2 - t_1$。在线路 B，衔接列车到达换乘站 u 的时间为 t_3，衔接列车的发车时间为 t_4，列车停靠时间为 $t_4 - t_3$。当 $t_2 \leq t_4$ 时，乘客可以在衔接列车离开前登上列车，衔接时间为 $t_4 - t_2$，否则乘客无法换乘上这列列车。

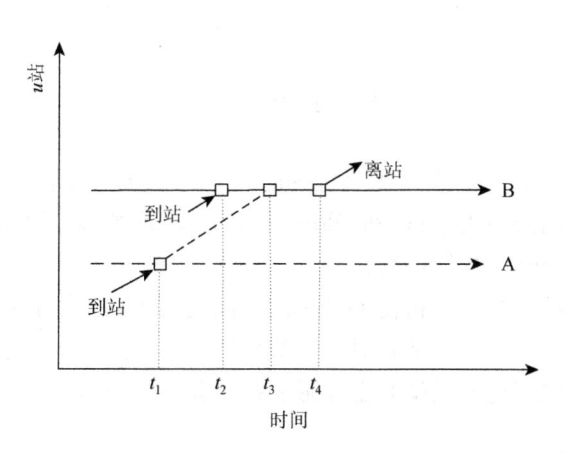

图 5-21 列车衔接时间示意图

列车的时刻表是由列车运行图得到的，列车运行图（图 5-22）的设计是在线路的始发站，根据第 1 辆列车在始发站的发车时间、各个站点间的运行时间、各个站点的停靠时间等参数，依次计算得到列车在各个站点的到站时间、离站时间。然后根据线路的发车时间间隔，进一步确定后续列车的发车时间，直至得到完整的列车运行图。

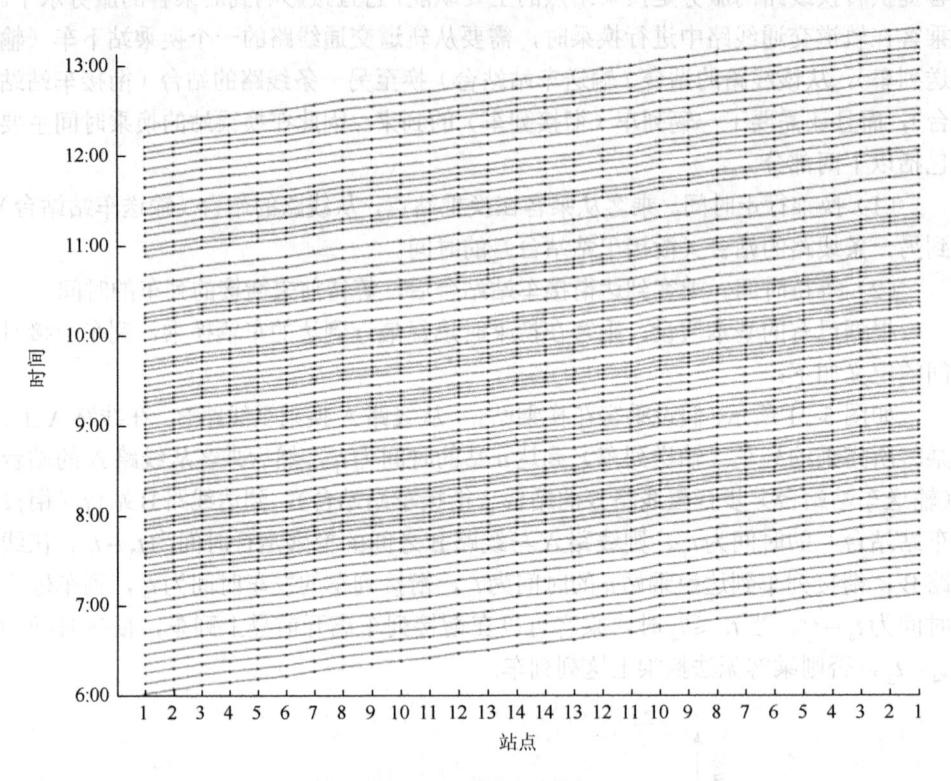

图 5-22 列车运行图

其中，横坐标表示站点，纵坐标为时间，每一条折线表示一辆列车的到站/离站情况。折线的密集表示该段时间内列车的发车次数多，以满足高峰时刻的客流需求。客流较少时，折线稀疏。

在换乘站点，乘客的等待衔接列车的时间受到了列车的到站时间、离站时间的影响，而列车在站点间的运行时间、线路的发车间隔又决定了列车在各个站点的到站时间。因此在建立模型时上述影响都需要考虑在内。

2. 约束条件

1）线路的首站发车时刻 $TD_1^{m,1}$

$TD_u^{m,j}$ 表示在线路 m 上，第 j 辆列车离开站点 u 的时间；$TD_1^{m,1}$ 是线路 m

上第 1 辆列车离开始发站的时间。在实际情况中，不同线路的时刻表并不相同，因此不同线路在始发站的发车时间并不相同，这也影响了列车到达换乘站点的时间。该线路上其余列车离开始发站的时间通过 $TD_1^{m,1}$ 与该线路的发车间隔获得。

2）站点间的列车运行时间 $R_u^{m,j}$

根据假设 3 将城市轨道交通网络进行简化（图 5-23），其他站点间的运行时间和停靠时间并入换乘站点间的运行时间中。因此站间运行时间在这里是指相邻两个换乘站之间列车的实际运行时间。

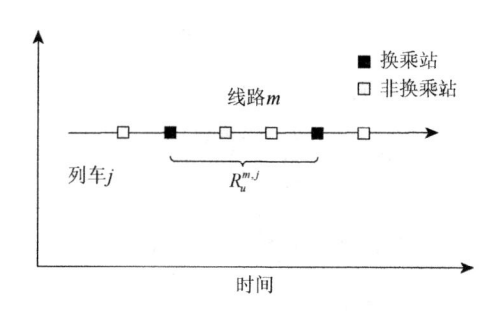

图 5-23　线路简化示意图

3）发车间隔 h^m

缩短行车间隔能够减少线路上乘客的平均等待时间，提高线路运力。受列车安全制动距离、车站停留时间等影响，存在最小行车间隔。每条线路的发车时间间隔不同，当优化算法确定了线路发车时间间隔后，列车严格按照所确定的发车间隔发车。

列车到站时间和发车时间的计算如下：

$$TA_u^{m,j} = TD_1^{m,j} + \sum_{u'=1}^{u-1} R_{u'}^{m,j} + \sum_{u'=1}^{u-1} D_{u'}^m + (j-1) \cdot h^m \quad (5-25)$$

$$TD_u^{m,j} = TA_u^{m,j} + D_u^m \quad (5-26)$$

式中，$TA_u^{m,j}$ 为线路 m 上列车 j 到达换乘站 u 的时间；$TD_u^{m,j}$ 为线路 m 上列车 j 离开换乘站 u 的时间。

列车的发车间隔上下限为

$$h^m - \Delta t \leqslant \hat{h}^m \leqslant h^m + \Delta t \quad (5-27)$$

式中，h^m 为在线路 m 的原始发车时间间隔；Δt 为发车间隔调整的幅度；$\hat{h}^m$ 表示调整后的发车间隔，该约束保证了列车的安全运行。

线路 m 上第一列列车在始发站发车时间的范围为

$$0 \leqslant \mathrm{TD}_1^{m,1} \leqslant h^m + \Delta t \tag{5-28}$$

列车运行时间调整范围也要满足一定的要求,运行时间的约束为

$$(1-\beta)R_u^{m,j} \leqslant \hat{R}_u^{m,j} \leqslant (1+\beta)R_u^{m,j} \tag{5-29}$$

式中,$R_u^{m,j}$ 为调整前的运行时间;$\hat{R}_u^{m,j}$ 为调整后的运行时间;β 为列车运行时间调整的比例。

衔接时间约束如式(5-27)所示,列车的衔接时间为不超过线路发车间隔的非负数。

$$0 \leqslant w_{m,j,u}^{m',j'} \leqslant \hat{h}^m \tag{5-30}$$

因此,城市轨道交通网络同步优化模型可以写为

$$\min Z = \sum_{(m,m',u)\in L} \sum_{j=1}^{k_m} \sum_{j'=1}^{k_{m'}} w_{m,j,u}^{m',j'} \Big/ N \tag{5-31}$$

$$\text{s.t.} \begin{cases} \mathrm{TA}_u^{m,j} = \mathrm{TD}_1^{m,j} + \sum_{u'=1}^{u-1} R_{u'}^m + \sum_{u'=1}^{u-1} D_{u'}^m + (j-1)\cdot h^m \\ \mathrm{TD}_u^{m,j} = \mathrm{TA}_u^{m,j} + D_u^m \\ h^m - \Delta t \leqslant \hat{h}^m \leqslant h^m + \Delta t \\ 0 \leqslant \mathrm{TD}_1^{m,1} \leqslant h^m + \Delta t \\ (1-\beta)R^{m,j} \leqslant \hat{R}^{m,j} \leqslant (1+\beta)R^{m,j} \\ 0 \leqslant w_{m,j,u}^{m',j'} \leqslant \hat{h}^m \end{cases} \tag{5-32}$$

3. 多目标优化函数

从乘客需求的角度考虑,列车衔接时间越短则越利于乘客的出行,列车衔接时间的缩短可以有效减少乘客的换乘时间。因此,从乘客需求的角度出发,建立了最小化网络中列车衔接时间的目标函数,来实现减少乘客换乘时间的目标。目标函数为

$$\min Z = \sum_{(m,m',u)\in L} \sum_{j=1}^{k_m} \sum_{j'=1}^{k_{m'}} w_{m,j,u}^{m',j'} \Big/ N \tag{5-33}$$

式中,$w_{m,j,u}^{m',j'}$ 为衔接时间,如果衔接不成功则 $w_{m,j,u}^{m',j'} = 0$;N 为衔接成功的次数。

5.4.2 模型求解

在 5.4.1 节中建立的模型,其决策变量是每条线路在始发站第 1 辆列车的发车

时刻 $TD_u^{m,1}$、各线路的发车间隔 h_m、列车在各个换乘站点间的运行时间 $R_u^{m,j}$。由这些决策变量组成相应染色体。

编码方法大致可以分为如下几类：①二进制编码；②实数编码；③整数或字母排列编码；④一般数据结构编码。

本章采用整数编码对决策变量进行编码，种群初始化时，根据设定的上下限的范围，随机生成。将式（5-33）的目标函数的值作为遗传算法的适应度。

交叉算子采用均匀交叉的方法，从两个父代染色体中随机选取元素来对子代进行赋值。

（1）利用选择操作从父代染色体中选出两条染色体。
（2）随机地从一条染色体中选择一个基因赋值给子代染色体的同一个位置。
（3）重复步骤（2），直至得到完整的子代染色体，如图5-24所示。

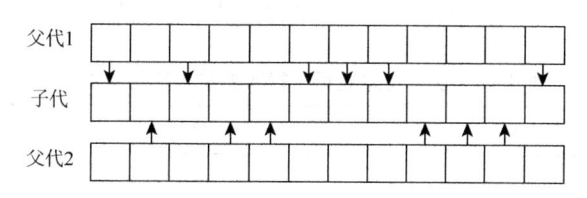

图 5-24 均匀交叉

为了避免陷入局部最优，随机选择两点并交换其内容（图5-25），需要注意的是，交换的内容需要是同类型的决策变量，如 h_1 与 h_5 交换。

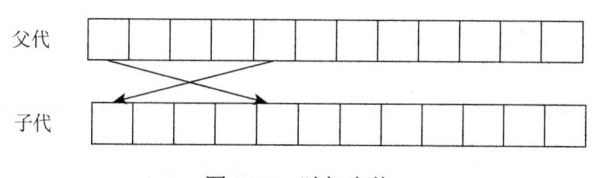

图 5-25 随机交换

5.4.3 案例分析

从乘客需求的角度考虑，建立了最小化网络中列车衔接时间的目标函数，来实现减少乘客换乘时间的目标。对列车发车间隔进行二进制遗传算法编码，以南京地铁网络线路为例，南京部分线路地铁网络图（图5-26）由四条双向线路组成，其中有7个换乘站点（S1～S7），8个始发站/终点站（T1～T8）。表5-10为从始发站到每个换乘站的列车运行时长表，表5-11为列车在每个换乘站的停靠时间，表5-12为不同线路间的列车发车间隔时间，表5-13为不同线路间的换乘时间。

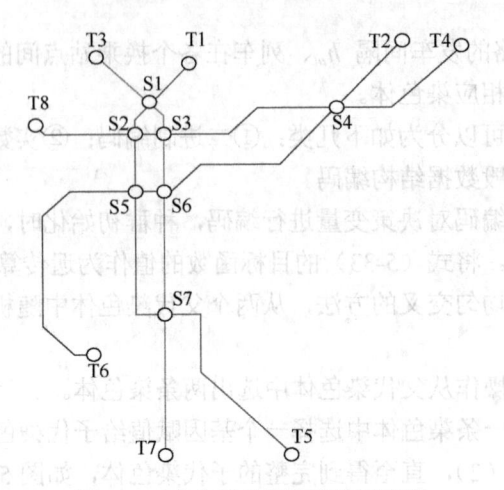

图 5-26 南京部分线路地铁网络图

表 5-10 从始发站到每个换乘站的列车运行时长表 （单位：s）

换乘站点	T1	T2	T3	T4	T5	T6	T7	T8
S1	300	—	450	—	3600	—	2850	—
S2	750	—	—	2100	3150	—	—	450
S3	—	—	750	1950	—	—	2550	600
S4	—	900	—	900	—	2850	—	1650
S5	1050	2250	—	—	2850	1500	—	—
S6	—	2100	1050	—	—	1650	2250	—
S7	2250	—	2250	—	1650	—	1050	—

表 5-11 列车在每个换乘站的停靠时间 （单位：s）

线路	S1	S2	S3	S4	S5	S6	S7
1号线	40	30	—	—	40	—	40
2号线	—	30	30	30	—	—	—
3号线	40	—	—	—	—	30	40
4号线	—	30	30	30	—	—	—

表 5-12 不同线路间的列车发车间隔时间 （单位：s）

线路	1号线	2号线	3号线	4号线
发车间隔时间	210	210	300	300

第 5 章 城市轨道交通运营时刻表优化

表 5-13 不同线路间的换乘时间　　　　　　　　（单位：s）

换乘	S1	S2	S3	S4	S5	S6	S7
1号线—2号线	—	—	—	—	90	—	—
1号线—3号线	90	—	—	—	—	—	90
1号线—4号线	—	80	—	—	—	—	—
2号线—3号线	—	—	—	—	—	90	—
2号线—4号线	—	—	—	80	—	—	—
3号线—4号线	—	—	80	—	—	—	—

根据所设置的交通网络基础运行信息，计算初始情况下的列车的衔接时间，以 1 号线与 3 号线的换乘站 S1 为例。初始情况下的列车衔接时间如下：首先，计算 1 号线与 3 号线上的列车在换乘站 S1 的到站时间、离站时间。然后，计算每辆列车换乘站的原始列车衔接时间，如表 5-14 所示，其中 1U 表示 1 号线上行方向，1D 表示 1 号线下行方向，1U—3U 表示 1 号线上行方向换乘至 1 号线下行方向。

表 5-14 换乘站的原始列车衔接时间　　　　　　（单位：s）

衔接列车号	1U—3U	1D—3U	1U—3D	1D—3D	3U—1U	3D—1U	3U—1D	3D—1D
1	10	—	190	—	—	—	100	100
2	190	—	280	—	10	—	10	10
3	70	—	160	—	—	—	—	—
4	160	—	40	100	130	—	130	130
5	40	—	130	190	40	—	40	40
6	130	—	10	70	—	—	—	0
7	120	—	—	160	160	—	160	160
8	100	—	—	40	70	—	70	70
9	190	—	—	130	—	—	—	—
10	70	—	—	10	190	—	190	190
11	160	—	—	100	100	—	100	100
12	40	100	—	190	10	—	10	10
13	130	190	—	70	—	—	—	—
14	10	70	—	160	130	130	130	130
15	—	160	—	40	40	40	—	40
16	—	40	—	—	130	—	—	—
17	—	130	—	10	160	160	—	160

衔接列车号	1U—3U	1D—3U	1U—3D	1D—3D	3U—1U	3D—1U	3U—1D	3D—1D
18	—	10	—	—	70	70	—	70
19	—	100	—	—	—	—	—	—
20	—	190	—	—	190	190	—	190

假设在研究的时间段内，1号线与3号线上各有20辆车运行，在S1这个换乘站会产生8个换乘方向，对于每个换乘方向（如从1号线上行方向换乘至3号线上行方向），可以算出衔接列车的列车衔接时间。3号线下行方向换乘至1号线下行方向，则3号线下行的列车为输送列车，1号线下行的列车为衔接列车。表5-14中的"—"代表错过了衔接列车，或所得的衔接时间不满足约束式（5-30）。

在优化过程中，将运行时间调整的比率 β 设为1%，发车间隔调整的幅度 Δt 设为30s，首站发车时间的区间设为 $[0, h_m]$。种群的数目设为300，迭代的最大次数设为200次，交叉概率设为0.8，变异的概率设为0.1。迭代过程中适应度的变化情况如图5-27所示。不同方法的统计结果对比情况如表5-15所示。

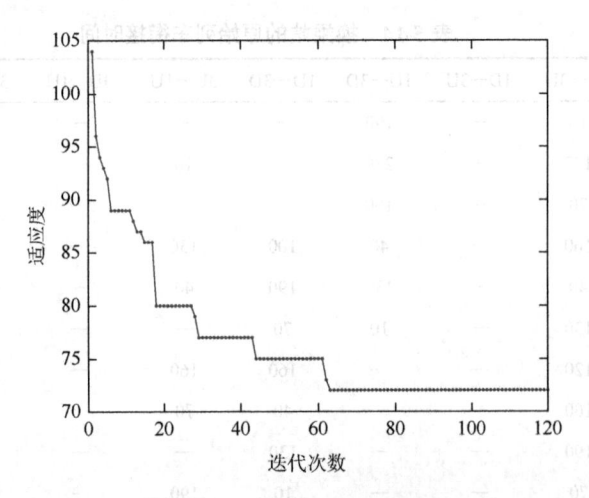

图5-27 适应度的变化情况

表5-15 不同方法的统计结果对比

对比项	平均衔接时间/s	优化比例/%	最大衔接时间/s	优化比例/%
优化前	104.6	—	280	—
优化后	72.1	31.1	220	21.4

经过优化后，列车的平均衔接时间由104.6s下降至72.1s，与优化前相比减少了31.1%。最大衔接时间由280s下降至220s，优化的比例达到21.4%，该模型优化效果显著。

5.5 本章小结

本章以南京地铁为例，研究了城市轨道交通时刻表调度基本理论与客流时空分布特征，对比分析了复合疏散网络中不同网络间的系统特性；以乘客需求为核心，考虑了乘客的等待时间、列车容量、站点容量等因素，建立了以乘客等待时间最小化、拥塞最小化等为目标的优化函数，以客流守恒与最小恢复允许时间等为约束条件，采用平衡流原理建立了计算优化指标的方程，并借助线性和非线性规划理论对模型进行了整合，提出了一种基于列车-站点交互的线路时刻表优化模型及求解算法；研究了时间价值系数，将时间费用转化为广义时间费用，以列车满载率、发车间隔、时间相位差及站台聚集人数为约束条件，构建了基于换乘时间最小化的网络时刻表优化模型。

第6章　城市轨道交通应急处置体系设计

城市轨道交通突发事件一旦发生，将有可能影响正常行车、危及行车安全、造成经济损失甚至重大人员伤亡。完善的城市轨道交通应急组织体系应能实现轨道交通突发事件预防、预警、指挥、响应、救援、恢复等各个过程的迅速响应，这样能够有效防止突发事件发生，减少突发事件的负面影响。因此构建城市轨道交通应急组织体系的总目标是形成统一指挥、科学合理、结构完整、功能齐全、反应灵敏、运转高效、资源共享、保障有力的管理体系，保障轨道交通运输组织工作的畅通。

6.1　应急处置体系架构

6.1.1　构建原则

城市轨道交通系统是一个多层次、多机构的复杂大系统，这一特点注定了城市轨道交通应急组织体系也将是一个全方位、多层次的综合性机构。实际经验表明，城市轨道交通应急组织体系的构建首先要保证应急信息的高效率运转，在纵向上，要尽量减少信息流传递的层次以防止信息的丢失或失真；在横向上，要实现不同部门之间的信息共享。完善合理的城市轨道交通应急组织体系是应急处置执行力的集中体现，通过对轨道交通突发事件应急管理全过程实施有效的监督和控制，提高应急管理水平和效率，是轨道交通应急管理工作取得成效的关键所在。因此，为保证构建的应急组织体系能够高效运转，在进行城市轨道交通应急组织体系的构建前，需要遵循一定的原则。

1. 完整性与层次性

城市轨道交通应急组织体系应能够体现应急管理全过程的完整性。城市轨道交通应急组织机构应该承担应急预案的管理、应急保障资源的配置与调配、应急处置工作的指挥和实施、事后恢复等一系列职责。负责从应急准备到应急恢复整个过程所有事务的管理和执行。城市轨道交通突发事件应急管理过程包含预测、准备、响应、恢复等环节，应急组织体系的职能需要覆盖以上各个环节。

应急组织体系应该能够根据突发事件的性质、可能造成危害的程度、波及的范围、影响力的大小及人员财产损失等情况，对事件的处理采用不同级别的预案、组织不同层次和不同职能的机构参与、联动。

2. *可执行性与高适应性*

应急组织体系构建的目的主要是能够在突发事件出现的情况下可以立刻进行响应和处置，因此，必须具备可执行性。这个可执行性在突发事件战时状态下能够保证信息流程的高效和处置流程的顺畅，尽最大可能减小突发事件造成的影响。在非警戒和平时状态下则可以有效完成日常的运营生产工作，在保证较低人员成本的情况下为运营公司创造更多的效益。

应急组织体系的构建应考虑针对性和适应性相结合的原则，计划赶不上变化，任何以往经验和预测方法都不可能解决未来可能发生的所有突发事件。这就要求构建出来的应急组织体系的各个组织和机构可以根据突发事件的性质和具体情况进行及时调整和切换，从而在突发事件发生时能够更恰当地根据当前实际情况有效控制事件影响范围，并最大限度地减少突发事件造成的损失。

3. *快速性与经济性*

快速性是指组织体系的快速运作，包括决断快、决策和执行快、信息处理快、指令下达和反馈快、人员物资到位与传递快、资金到位快等。有效性主要是指应对有效、组织机构运行调控有效、手段和措施有效等。

经济性是指以小的投入得到大的收效、杜绝浪费、减少运作成本和维持成本。可行性分为经济可行性与社会可行性。

6.1.2 职能结构

城市轨道交通应急组织体系是由参与应急管理和突发事件应对的有关人员构成的开放性机构。应急组织机构是城市轨道交通应急能力中最为活跃的要素，在要素整合、重构和运用过程中起主导作用，与应急保障资源、应急预案和应急信息有着密切联系。应急组织机构应具有灵活性，根据突发事件的类型和级别，按照预案中的相关规定，正常生产状态下的应急组织机构迅速向非正常生产状态下的应急组织机构转变，实现应急组织的平战结合，迅速转换。

城市轨道交通突发事件应急组织体系的组织结构涉及很多部门，各部门之间紧密联系，相辅相成，构成了一个复杂的系统。以南京为例，南京地铁突发事件应急组织体系的组织机构分为应急指挥领导小组、应急指挥中心、区域运行控制中心（operation control center，OCC）及现场处置机构，形成应急处置过程中的决策层、判断层、执行层的多层次应急组织体系，应急组织体系如图 6-1 所示，根据城市轨道交通突发事件四级应急响应机制，不同层次及部门具有不同的职责和工作内容。

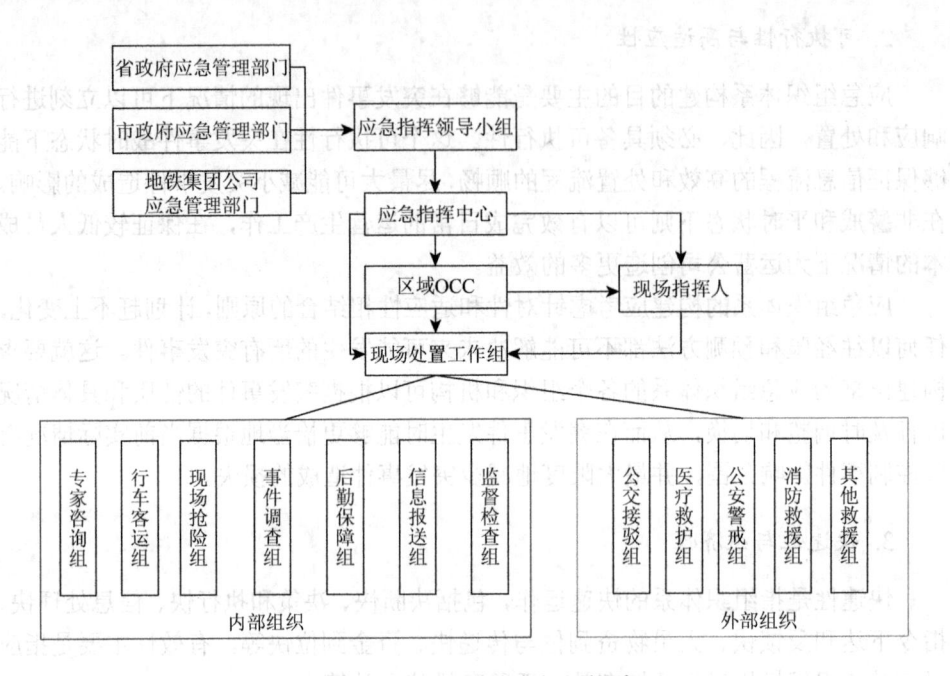

图 6-1 南京地铁应急组织体系

6.1.3 运行机制

应急组织的高效运行是保证城市轨道交通应急能力产生的基础，而完善的应急组织运行机制是保障组织有效运行的关键。为有效应对突发事件，轨道交通运营公司在应急组织运行上应注重对突发事件做出快速响应，并随着突发事件的不断演变，对应急组织进行调整以适应突发事件应对的需要。城市轨道交通应急组织的运行机制主要包括统一调度、分工协作、分级响应、属地管理、及时切换和沟通协调。

1. 统一调度

在突发事件应对中，专业统一指挥，快速反应，统一调度资源，尽可能减少突发事件造成的次生灾害和衍生灾害是突发事件处置追求的目标。在发达国家突发事件处置中，指挥特别强调岗位职责，而不在于指挥人员的职务高低，尤其重视指挥的专业性。按照"综合协调、专业处置、属地为主、高度授权"的原则，科学界定宏观战略决策、中观战役指挥、微观战术行动三个层次之间的关系，坚持岗位权力大于级别权力,高层官员在现场"到位不越位",根据"谁先到达谁先指挥,依法逐步移交指挥权"的原则,建立专业化的指挥团队和动态灵活的现场指挥机制,强化突发事件现场指挥官制度,规范现场指挥权的交接方式和程序,确保应急指挥科学有序进行。

2. 分工协作

城市轨道交通应急处置应在应急指挥领导小组的统一指挥下,明确相关责任人职责权限,落实应急参与部门、人员的岗位责任,加强部门之间的沟通,做到分工协作、密切配合、形成合力,提高应急处置效率。这既是提高整个组织有效运行的基础,也是使不同应急组织机构有效实现同一目标的基础。

3. 分级响应

分级响应机制是指制定统一的分级标准,分别针对不同级别的突发事件,组织不同的应急组织和人员,采用不同的应急方法,调动不同的应急资源,制定不同的应急预案,使用不同的应急信息,这些要素都要在突发事件发生前加以明确。城市轨道交通应建立分级响应机制,以保证在突发事件发生后职责明确,思路清晰,处置及时有力,提高应对处置的工作效率。应急响应机构、人员及故障事件级别列表如表 6-1 所示。

表 6-1 应急响应机构、人员及故障事件级别列表

突发事件等级	超出应急处置能力范围	特别重大级(Ⅰ级)红色	重大级(Ⅱ级)橙色	较大级(Ⅲ级)黄色	一般级(Ⅳ级)蓝色
预警响应值守人员	集团公司领导及其以上的市政府、省政府应有领导值守,各专业应急救援队人员在现场处置	公司、职能部门和相关中心应有领导值守,各专业应急救援队人员在现场处置	职能部门和相关中心应有领导值守,各专业应急救援队人员在现场处置	相关中心应有领导值守,各专业应急救援队部分人员在现场处置	相关中心应有中层领导值守,各专业加强人员在现场处置
应急响应机构及人员	超出轨道交通处置能力	特别重大级	重大级	较大级	一般级
市政府及其以上领导	√				
集团公司领导	√	√			
运营公司总经理	√	√	√		
运营公司分管副总	√	√	√	√	各专业负责应急处置工作
应急指挥中心	√	√	√	√	
现场指挥机构(指挥人)	√	√	√	√	
专家咨询组	√	√	√	√	

续表

突发事件等级	超出应急处置能力范围	特别重大级（Ⅰ级）红色	重大级（Ⅱ级）橙色	较大级（Ⅲ级）黄色	一般级（Ⅳ级）蓝色
行车客运组	√	√	√	√	
现场抢险组	√	√	√	√	
事件调查组	√	√	√		各专业负责应急处置工作
后勤保障组	√	√	√		
信息报送组	√	√	√	√	
监督检查组	√	√	√		

4. 属地管理

突发事件的紧迫性特征，决定了"与时间赛跑"在事件应对中的重要性。突发事件发生地相关部门的迅速反应和正确、有效应对，是有效遏止突发事件发生、发展的关键。相关部门（中心）能否在第一时间发现突发事件苗头、预防发生、实施有效应急处置，防止扩散（引发、衍生新的突发事件）是突发事件应对的关键。轨道交通突发事件应急处置实行属地原则，各级应急组织机构应该主动配合、密切协作、整合资源、信息共享、形成合力，保证突发事件信息及时准确地传递、快速有效地得到处理。

5. 及时切换

城市轨道交通应急管理具有正常生产状态和非正常生产状态两种，同时，根据分类分级处理的标准，每种突发事件又划分成不同的级别，每种级别的突发事件所对应的应急组织架构有所不同。及时切换机制是指城市轨道交通应急组织在正常生产状态下和非正常生产状态下切换应急组织的架构和职责，以及随着突发事件的演变，对应急组织进行动态调整。及时切换机制主要包括平战切换、级别切换和前后期切换。

1）平战切换

平战切换是指当利用各种手段和方法都无法避免和阻止突发事件最终发生时，应急组织从正常生产状态切换进入非正常生产状态。组织运行的平战切换机制包括两个方面：一是当预防措施无法阻止突发事件发生时，应急组织激活进入非正常生产状态，相关的应急处置职能部门集中力量应对突发事件，应急人员要迅速到位，参与到应急处置，并按照突发事件处理流程进行处置。二是在突发事件处置结束后，应急组织从非正常生产状态回归正常生产状态，应急组织中各部门人员重新回归原工作岗位。

2）级别切换

级别切换是指在突发事件等级发生变化时，尤其是突发事件等级升高时，为保证有效处置突发事件，减少突发事件造成的损失，应急组织应不断进行调整。如当突发事件由一般级（IV）事件转换为较大级（III）事件时，应急组织应成立应急指挥领导小组；当突发事件由重大级事件（II）转换为特别重大级（I）事件时，应急处置工作则需上报至轨道交通集团公司领导，成立相应级别的应急指挥领导小组。

3）前后期切换

在突发事件发生的前期，应急指挥领导小组往往起到应急决策中心的作用，负责突发事件的统一指挥，调动所需要的应急救援队伍，联系外部力量。随着突发事件处置进程的推进，以及突发事件进一步演化的状态，应急组织的重心逐渐前移，现场处置指挥机构逐渐成为决策指挥中心，应急指挥领导小组逐渐过渡到资源调配、对外联络和全局协调联动的功能。

6. 沟通协调

沟通协调机制包括对内沟通协调和对外沟通协调两个方面。对内沟通协调是指在突发事件的应急处置过程中会涉及轨道交通运营公司内部的多个部门、多个专业，它们之间的协调与沟通是有效控制突发事件的关键。对外沟通协调是指由于资源来自政府、轨道交通自身系统、企业、公共组织等不同的单位，应急处置中应急组织应首先确保内部应急资源得到最大的利用，当本系统的资源和能力难以承受时，再与外部进行协调与沟通，请求支持和救援。因此，轨道交通运营公司应完善沟通协调机制，内部沟通协调及与外部系统的衔接，保证处置过程中信息流通，形成应急网络。

6.1.4 管理制度

在组织构架和职能分工的基础上，运营公司应将应急组织的运行机制固化为应急管理制度，落实激励措施，保障应急组织的有效运行。轨道交通运营公司应急管理制度主要包括应急值守制度、例会月报制度、教育培训制度和考核评估制度。

1. 应急值守

根据轨道交通运营公司应急管理规定，由各部门（中心）成立相应的应急管理办公室，承担本部门（中心）所管辖区域的应急值守、信息汇总工作，各应急管理办公室按照要求配置专人负责应急值守。具体的应急值守制度暂设为如下形式：

总部安排分管安全的领导进行值班（突发事件情况下，其为总指挥），方式为电话值班且不能离开运营公司所在城市；下面各中心和应急职能部门也应建立中心级值班制度，其中，线网指挥中心和线路控制中心领导晚上应在现场值班，此方式通常为行政值班，代表总部处理各类突发事件。应急条件下，各中心和职能部值班领导默认为本中心或部门的应急组织负责人，负责本中心或部门的一切应急管理。

应急管理值班人员应做到定时监测，定期检查，强化对日常突发事件的信息掌握，保证在第一时间对突发事件做出快速反应，及时报告。为积极、有序、高效地处置好突发事件信息，运营公司需对突发应急信息的报送内容、方式、报送时限及相应的程序进行规范，且应严格执行突发事件信息收集、整理、传递、处置、上报工作程序，杜绝迟报、误报、错报和漏报现象。信息报送内容应包括突发事件发生的时间、地点、等级、灾情、处置情况、抢险方案和预计抢通时间；信息报送程序应按照现场工班向二级调度，二级调度向一级调度逐级上报原则，遇特殊情况时，现场可以直接向运营公司负责该类突发事件的部门及其办公室越级报告，同时将突发事件信息上报总调中心。

2. 例会月报

运营公司、部门（中心）、分中心各应急组织机构应定期召开工作会议，传达公司层面的应急管理工作要求及指示精神，总结阶段应急管理工作情况，对当前突出问题进行剖析，制定解决措施，对下阶段应急管理工作进行部署，部署临时任务。安保部负责运营公司内各部门（中心）相应月报内容的收集汇总和加工整理，各部门（中心）将月度应急管理工作总结报安保部，以保证各部门（中心）能及时反馈应急管理工作情况和规范应急管理工作上报程序。

3. 教育培训

轨道交通运营公司应加强应急管理知识培训和救援技能培训，提高应急工作人员的业务素质和处理技能，提高处置突发事件的能力。各部门（中心）按照运营公司的要求和充分利用现有的培训教育资源，切实加强应急管理工作的教育培训，并且结合应急预案的编制及演练工作，制定切实可行的学习培训计划，把应急知识、突发事件处置技能及专业技术知识融入日常培训教育工作中。

4. 考核评估

轨道交通运营公司应根据实际建立应急评价体系，完善考核机制和考核办法。通过对各部门（中心）实行全方位的考核评估，对各类风险进行预测，掌握和有效消除危险点，及时发现和弥补应急管理工作的不足，超前做好预警和防控工作；

通过对各部门（中心）实行考核评估，将应急管理工作与日常工作有机结合，及时反馈工作开展情况，有效解决内部存在的问题，切实发挥好辖区内监督协调作用。各部门（中心）应对各岗位实行安全、质量和效益考核制度，注重将安全、质量与效益挂钩，最大限度地提升运营公司内职工的安全意识和应急处置的能力，加强考核评估的针对性和科学性，建立健全奖罚激励机制，加强违章违纪考核，各部门（中心）相关负责人调动积极性和主动性，使职工在作业标准和作业效率上严格要求自己。

6.2 应急信息管理

应急信息是指在突发事件应对过程中，各种数据按照一定规则组合在一起形成的集合体。应急信息是整个应急能力体系建设中的重要基础要素，城市轨道交通应急能力很大程度上取决于对有关信息的掌握程度。在新的历史条件下，如何结合计算机技术整合各类应急资源，建设跨部门横向互联与纵向贯通的轨道交通应急信息平台，提高轨道交通安全运营和处置突发事件的能力，使应急响应更加迅速、决策更加科学、处置更加有效、保障更加有力、重建更加有序，已成为判断城市轨道交通应急能力提升的主要依据。

6.2.1 应急信息分类

1. 客流预警信息

从轨道交通运营状况可以看出，随着城市轨道交通客流量逐年增大，大客流给路网运营带来了一定的压力，尤其是工作日的早晚高峰客流量非常大，这也促使运营公司在高峰时段采取一系列的措施来缓解早晚高峰的客流压力，包括站外限流、换乘通道限流、缩短发车间隔、加开临时客车及加强乘客疏导等措施。因此，对城市轨道交通车站客流量进行预测预警十分重要。通过加强车站客流量监测和预测，为车站未来的管理、决策提供依据。

1）进站客流量预警信息

预测客流进站量在一定程度上反映了车站未来的客流量大小，根据预测值来确定是否需要对车站进行限流，减少进站客流。预警指数提示车站人员未来车站客流进站量的大小程度及危险等级，以便及时采取限流措施。

进站客流量预警指数 P_1 是根据实时进站客流环比率、预测进站客流环比率、预测进站客流同比率计算得到的，计算公式为

$$P_1 = \omega_{11}P_{11} + \omega_{12}P_{12} + \omega_{13}P_{13} \tag{6-1}$$

式中，P_1 为进站客流量预警指数；P_{11} 为实时进站客流环比率；ω_{11} 为实时进站客流环比率的权重；P_{12} 为预测进站客流环比率；ω_{12} 为预测进站客流环比率的权重；P_{13} 为预测进站客流同比率；ω_{13} 为预测进站客流同比率的权重。

式（6-1）计算得到的值反映了预警进站客流相比之前实际进站客流的变化情况。将反映变化情况的变化值划分等级区间，对每个区间进行预警等级定义。当计算的预警值落在哪个区间内，就发出相应的预警信号。对进站客流预警阈值进行等级划分，进站客流预警等级如表6-2所示。

表 6-2 进站客流预警等级

序号	预警值范围	预警等级	颜色	预警措施
1	≤2%	良好	蓝	车站客流情况良好，不需要采取措施
2	2%～6%（包括）	轻警	黄	提醒工作人员注意客流走向
3	6%～10%（包括）	中警	橙	准备采取限流等措施
4	>10%	重警	红	立刻采取限流等措施

2）断面客流预警信息

车站未来的断面客流量在一定程度上反映了该车站的载客能力大小，根据预测值来确定是否需要对车站进行限流，缓解列车客流压力。预警指数提示车站人员及时采取限流措施。

当轨道交通列车客流达到或超过承载力的70%时，乘客的乘坐舒适度就会降低，此时需要适时采取限流或封站措施。然而实际的轨道交通载客情况却不容乐观，尤其是在早晚高峰时段，有一半以上的线路区间小时最大满载率超过了70%。所以以断面客流量的对比情况为依据，对断面客流预警指数进行研究。断面客流量预警指数是根据实时断面客流环比率、预测断面客流环比率、预测断面客流同比率计算得到的，计算公式为

$$P_2 = \omega_{21}P_{21} + \omega_{22}P_{22} + \omega_{23}P_{23} \tag{6-2}$$

式中，P_2 为断面客流量预警指数；P_{21} 为实时断面客流环比率；ω_{21} 为实时断面客流环比率的权重；P_{22} 为预测断面客流环比率；ω_{22} 为预测断面客流环比率的权重；P_{23} 为预测断面客流同比率；ω_{23} 为预测断面客流同比率的权重。

式（6-2）计算得到的值反映了预警断面客流相比之前实际断面客流的变化情况。将反映变化情况的变化值划分等级区间，对每个区间进行预警等级定义。当计算的预警值落在哪个区间内，就发出相应的预警信号。对断面客流预警阈值进行等级划分，断面客流预警等级如表6-3所示。

表 6-3 断面客流预警等级

序号	预警值范围	预警等级	颜色	预警措施
1	≤2%	良好	蓝	列车拥挤度良好，不需要采取措施
2	2%~6%（包括）	轻警	黄	提醒工作人员注意列车载客量
3	6%~10%（包括）	中警	橙	准备采取限流等措施
4	>10%	重警	红	立刻采取限流等措施

2. 设施预警信息

1）预警信息指标

a. 本月故障次数

（1）定义。按系统分类（电扶梯系统、车辆系统、供电系统、环控及给排水系统、通风空调系统、乘客信息系统、信号系统、通信系统、综合监控系统及火灾报警系统）统计本月设施设备的故障次数，不同的系统设施设备故障次数不叠加。单位：次。

（2）指标含义。反映了该类设施设备本月发生的故障次数，也从一定程度上反映了其安全可靠度。

（3）数据来源。直接接入各类设备实施系统，由系统自动累计。

b. 环比上月故障数

（1）定义。按系统分类（电扶梯系统、车辆系统、供电系统、环控及给排水系统、通风空调系统、乘客信息系统、信号系统、通信系统、综合监控系统及火灾报警系统）将本月设施设备的故障次数与上个月的设施设备的故障次数进行对比得到的数量变化值。单位：次。

（2）指标含义。反映了该类设施设备本月的故障次数相对上月的增长程度，也从一定程度上反映了其潜在的危险值。

（3）计算公式为

环比上月故障数 = 本月故障次数 − 上月故障次数

（4）预警阈值与等级划分。设施设备本月的故障次数如果超过了上月的故障次数，那么它就存在潜在的危险，并有可能再次发生故障。通过对历史的设施设备故障次数规律的研究，结合环比上月故障数指标，对指标的值进行数值区域划分，预警值落在哪个区域，就发出预警信号。

c. 相比月均故障数

（1）定义。按系统分类（电扶梯系统、车辆系统、供电系统、环控及给排水系统、通风空调系统、乘客信息系统、信号系统、通信系统、综合监控系统及火灾报警系统）将本月设施设备的故障次数与每月设施设备的故障次数的平均值（取本月之前 12 个月的均值）进行对比得到的数量变化值。单位：次。

（2）指标含义。反映了该类设施设备本月的故障次数相比月平均值的增长程度，也从一定程度上反映了其潜在的危险值。

（3）计算公式为

$$相比月均故障数 = 本月故障次数 - 月均故障次数$$

（4）预警阈值与等级划分。设施设备月均故障次数是系统在长期运行过程中，发生故障的平均值，它反映了一个周期内某类故障经常发生的界限值，表示故障的频率。通过与它的对比，可以得到故障的发生次数是否已经超过了此月均值，超过了就打破了这个平衡，存在危险因素，并有可能发生更多的故障。结合相比月均故障数指标，对指标的值进行数值区域划分，预警值落在哪个区域，就发出预警信号。具体设施设备故障相比预警等级分布情况如表 6-4 所示。

表 6-4 设施设备故障相比预警等级

序号	预警值范围	预警等级	颜色	预警措施
1	≤1	良好	蓝	故障数稳定且较低，不需要采取措施
2	1～3（包括）	轻警	黄	故障数不高，未达到需要注意的程度
3	3～5（包括）	中警	橙	需要时刻注意
4	>5	重警	红	需要立即开展预防检修措施

2）电扶梯故障预警信息

（1）定义。根据统计分析的本月电扶梯故障信息，对未来本月电扶梯可能发生故障的情况作出预警。单位：无。

（2）指标含义。电扶梯故障影响乘客的行进，造成乘客拥挤、滞留等现象，突发的电扶梯故障甚至会造成乘客伤亡事故。及时对电扶梯故障作出预警，工作人员可提前检修、防御，减少因此带来的乘客伤亡事件。

（3）数据来源。直接接入设备系统的电扶梯故障数或人工输入。

（4）预警等级。电扶梯故障预警基于环比预警和相比预警两个因素，当其中任意一个达到预警标准，则电扶梯系统发出预警信号。电扶梯故障预警等级如表 6-5 所示。

表 6-5 电扶梯故障预警等级

序号	预警值范围	预警等级	颜色	预警措施
1	当电扶梯故障环比预警值和电扶梯故障相比预警值均未达到预警界限	良好	蓝	故障数稳定，不需要采取措施
2	当电扶梯故障环比预警值达到预警界限，而电扶梯故障相比预警值未达到预警界限	环比预警等级	同环比	同环比

续表

序号	预警值范围	预警等级	颜色	预警措施
3	当电扶梯故障环比预警值未达到预警界限，而电扶梯故障相比预警值达到预警界限	相比预警等级	同相比	同相比
4	当电扶梯故障环比预警值和电扶梯故障相比预警值均达到预警界限	等于2个中较高的等级	同较高	同较高

3）车辆故障预警信息

（1）定义。根据统计分析的本月车辆故障信息，对未来本月车辆可能发生故障的情况作出预警。单位：无。

（2）指标含义。车辆故障影响列车的运行，造成列车晚点、停运等现象，突发的车辆故障甚至会造成乘客伤亡事故。及时对车辆故障作出预警，工作人员可提前检修、防御，减少因此带来的运营事故。

（3）数据来源。直接接入设备系统的车辆故障数或人工输入。

（4）预警等级。车辆故障预警基于环比预警和相比预警两个因素，当其中任意一个达到预警标准，则车辆系统发出预警信号，其预警等级参照上述电扶梯故障预警等级表。

4）供电设备故障预警信息

（1）定义。根据统计分析的本月供电设备故障信息，对未来本月供电设备可能发生故障的情况作出预警。单位：无。

（2）指标含义。供电设备故障会影响列车的运行、车站的作业等一切电气设备的运行，突发的供电故障甚至会造成运营事故。及时对供电设备故障作出预警，工作人员可提前检修、防御，减少因此带来的运营事故。

（3）数据来源。直接接入设备系统的供电设备故障数或人工输入。

（4）预警等级。供电故障预警基于环比预警和相比预警两个因素，当其中任意一个达到预警标准，则供电系统发出预警信号，其预警等级参照表6-5所示电扶梯故障预警等级表。

5）环控及给排水设备故障预警信息

（1）定义。根据统计分析的本月环控及给排水设备故障信息，对未来本月环控及给排水设备可能发生故障的情况作出预警。单位：无。

（2）指标含义。环控及给排水设备故障会对车站、隧道等区域造成不良影响。隧道环境状况不好会影响列车运行，车站环境不好会影响乘客出行和站务员工作。及时对环控及给排水设备故障作出预警，工作人员可提前检修、防御，减少环境的不良影响。

（3）数据来源。直接接入设备系统的环控及给排水故障数或人工输入。

（4）预警等级。环控及给排水故障预警基于环比预警和相比预警两个因素，当其中任意一个达到预警标准，则环控及给排水系统发出预警信号，其预警等级参照表 6-5 所示电扶梯故障预警等级表。

6）乘客信息设备故障预警信息

（1）定义。根据统计分析的本月乘客信息设备故障信息，对未来本月乘客信息设备可能发生故障的情况作出预警。单位：无。

（2）指标含义。乘客信息设备故障会影响乘客信息的发布，不能及时向乘客传达列车运行信息和站务员引导信息。一般乘客信息设备故障不会造成太大的运营事故，但是当有运营事故发生时，乘客信息设备是必不可少的引导乘客的工具，可以有效减少事故伤亡。及时对乘客信息设备故障作出预警，使工作人员提前检修、防御，减少因此带来的不良影响。

（3）数据来源。直接接入设备系统的乘客信息设备故障数或人工输入。

（4）预警等级。乘客信息设备故障预警基于环比预警和相比预警两个因素，当其中任意一个达到预警标准，则乘客信息设备系统发出预警信号，其预警等级参照表 6-5 所示电扶梯故障预警等级表。

7）信号设备故障预警信息

（1）定义。根据统计分析的本月信号设备故障信息，对未来本月信号设备可能发生故障的情况作出预警。单位：无。

（2）指标含义。信号设备故障会影响列车的运行，严重时甚至会造成运营事故，造成人员伤亡事件。及时对信号设备故障作出预警，工作人员可提前检修、防御，减少因此带来的运营事故。

（3）数据来源。直接接入设备系统的信号故障数或人工输入。

（4）预警等级。信号设备故障预警基于环比预警和相比预警两个因素，当其中任意一个达到预警标准，则信号设备系统发出预警信号，其预警等级参照表 6-5 所示电扶梯故障预警等级表。

8）通风空调设备故障预警信息

（1）定义。根据统计分析的本月通风空调设备故障信息，对未来本月通风空调设备可能发生故障的情况作出预警。单位：无。

（2）指标含义。通风空调设备故障会对车站和隧道的温度造成影响。隧道温度过高会影响列车的运行，车站温度不适会造成乘客身体上的不适。及时对通风空调设备故障作出预警，使工作人员提前检修、防御，减少因此带来的不良因素。

（3）数据来源。直接接入设备系统的通风空调设备故障数或人工输入。

（4）预警等级。通风空调设备故障预警基于环比预警和相比预警两个因素，当其中任意一个达到预警标准，则通风空调设备系统发出预警信号，其预警等级参照表 6-5 所示电扶梯故障预警等级表。

9）通信设备故障预警信息

（1）定义。根据统计分析的本月通信设备故障信息，对未来本月通信设备可能发生故障的情况作出预警。单位：无。

（2）指标含义。通信设备故障会影响轨道交通运行信息的传输。通信设备故障后如果不及时修理，造成信息传输不及时，影响业务人员及时了解运营情况，造成不良影响。及时对供电设备故障作出预警，使工作人员提前检修、防御，减少因此带来的不良影响。

（3）数据来源。直接接入设备系统的通信故障数或人工输入。

（4）预警等级。通信设备故障预警基于环比预警和相比预警两个因素，当其中任意一个达到预警标准，则通信设备系统发出预警信号，其预警等级参照表 6-5 所示电扶梯故障预警等级表。

10）综合监控及火灾报警设备故障预警指数

（1）定义。根据统计分析的本月综合监控及火灾报警设备故障信息，对未来本月综合监控及火灾报警设备可能发生故障的情况作出预警。单位：无。

（2）指标含义。综合监控及火灾报警设备故障会对车站的火灾监控造成影响，若有火情发生但却由于设备故障而未被及时发现，会酿成火灾，甚至造成爆炸、人员伤亡等事故。及时对综合监控及火灾报警设备故障作出预警，使工作人员提前检修、防御，减少因此带来的火灾事故。

（3）数据来源。直接接入设备系统的综合监控及火灾报警设备故障数或人工输入。

（4）预警等级。综合监控及火灾报警设备故障预警基于环比预警和相比预警两个因素，当其中任意一个达到预警标准，则综合监控及火灾报警设备系统发出预警信号，其预警等级参照表 6-5 所示电扶梯故障预警等级表。

3. 环境预警信息

环境是保障城市轨道交通安全运营的又一关键条件。恶劣的环境或天气影响人们出行，一方面客流量会相应减少，另一方面也容易造成轨道交通设备的故障进而影响运营。因此，准确获取当前天气情况，提前获取未来天气情况，对危险天气（大风、雷雨、冰雪等）提前发出预警信息，是便于工作人员提前做好各项应对准备、减少不良影响的重要举措。

1）实时天气状况信息

（1）定义。显示当前时刻的天气状况。单位：无。

（2）指标含义。天气情况会在一定程度上影响轨道交通客流大小，恶劣的天气状况甚至会导致运营故障。因此，实时关注天气状况是必要的。

（3）数据来源。接入中央气象台发布的天气状况。

2）强风预警信息

（1）定义。对可能发生的因为大风引起的危险情况作出预警。单位：无。

（2）指标含义。强风会对地面上的城市轨道交通造成影响，进而对整条线路甚至路网的轨道交通造成不良影响。及时发布预警信息，做好强风应对措施，减少不良影响带来的运营事故。

（3）数据来源。接入中央气象台发布的强风预警信息，以及利用轨道交通沿线重点监测点安装的测风仪监测预警信息。根据系统的要求，测风仪的安装高度为距轨面(4±0.5)m，安装在线路的迎风侧。

（4）预警等级。沿海城市一般受强风影响较严重，会受到台风带来的灾害。对于一般的内陆城市，很少有台风等级的大风。但是，仍不能忽视强风灾害，需要做好预防措施，对强风实时监测预测，及时排除强风带来的灾害。以国家实施的"气象灾害预警信号发布与传播办法"为依据，发出强风预警，强风预警等级如表6-6所示。

表6-6 强风预警等级

序号	名称	风速/(km/h)	陆地地面物象	海面波浪	预警等级	采取措施
0	无风	<1	静，烟直上	平静	无警	无
1	软风	1~5	烟示风向	微波峰无飞沫		
2	轻风	6~11	感觉有风	小波峰未破碎		
3	微风	12~19	旌旗展开	小波峰顶破裂	良好	风力情况良好，不需要采取措施
4	和风	20~28	吹起尘土	小浪白沫波峰		
5	清风	29~38	小树摇摆	中浪折沫波峰		
6	强风	39~49	电线有声	大浪白沫离峰	轻警	提醒工作人员注意风力情况
7	劲风	50~61	步行困难	波峰白沫成条	中警	有强风即将到来，准备采取应对措施
8	大风	62~74	折毁树枝	浪长高有浪花		
9	烈风	75~88	小损房屋	浪峰倒卷		
10	狂风	89~102	拔起树木	海浪翻滚咆哮	重警	立刻采取应对恶劣强风天气的相关措施
11	暴风	103~117	损毁重大	波峰全是飞沫		
12	台风	>117	摧毁极大	海浪滔天		

3）洪水预警信息

（1）定义。对可能发生的因为降雨引起的危险情况作出预警。单位：无。

（2）指标含义。强降雨会对城市轨道交通造成影响，地面上积水等可能造成短路，地下车站排水不利可能造成车站进水，进而对整条线路甚至路网的轨道交通运营造成不良影响。及时预警，做好降雨应对措施，减少不良影响带来的运营事故。

(3) 数据来源。接入中央气象台发布的暴雨预警信息，以及轨道交通沿线布设的雨量计预警信息。

(4) 预警等级。按照新近实施的"气象灾害预警信号发布与传播办法"规定，暴雨预警信号分四个等级，分别以"蓝、黄、橙、红"颜色表示。蓝色预警是最低的级别，即当12h内降雨量将达50mm以上或已达50mm以上，且降雨可能持续发布时，启动蓝色预警方案。红色预警级别最高，即当3h内降雨量将达100mm以上或已达100mm以上，且降雨可能持续发布时，启动红色预警方案。洪水预警等级如表6-7所示。

表6-7 洪水预警等级

序号	名称	降雨量	预警等级	预警措施
1	小雨	24h 降雨量小于 10mm；12h 降雨量在 0.2~5mm	无警	无
2	中雨	24h 降雨量在 10.1~25mm；12h 降雨量在 5.1~15mm	良好	天气情况良好，不需要采取措施
3	大雨	24h 降雨量在 25.1~50mm；12h 降雨量在 15.1~30mm	轻警	提醒工作人员注意降雨情况
4	暴雨	24h 降雨量在 50.1~100mm；12h 降雨量在 30.1~70mm	中警	降雨量较大，准备采取应对措施
5	大暴雨	24h 降雨量在 100.1~200mm；12h 降雨量在 70.1~140mm	重警	立刻采取应对恶劣降雨天气的相关措施
6	特大暴雨	24h 降雨量在大于 200mm；12h 降雨量大于 140mm	重警	立刻采取应对恶劣降雨天气的相关措施

4）地震预警信息

(1) 定义。对可能发生的因为地震引起的危险情况作出预警。单位：无。

(2) 指标含义。强烈的地震会造成地面晃动，甚至地表断裂、房屋倒塌等现象，其带来的负面效果会严重影响城市轨道交通的运营。及时预警，做好地震应对措施，减少负面效应。

(3) 数据来源。接入中央气象台发布的地震预警信息。

(4) 预警等级。中国地震烈度表简要描述如下：

1度，无感，仅仪器能记录到；

2度，个别敏感的人在完全静止中有感；

3度，室内少数人在静止中有感，悬挂物轻微摆动；

4度，室内大多数人，室外少数人有感，悬挂物摆动，不稳器皿作响；

5度，室外大多数人有感，家畜不宁，门窗作响，墙壁表面出现裂纹；

6度，人站立不稳，家畜外逃，器皿翻落，简陋棚舍损坏，陡坎滑坡；

7度，房屋轻微损坏，牌坊、烟囱损坏，地表出现裂缝及喷沙冒水；

8度，房屋多有损坏，少数破坏路基塌方，地下管道破裂；

9度，房屋大多数破坏，少数倾倒，牌坊、烟囱等崩塌，铁轨弯曲；

10度，房屋倾倒，道路毁坏，山石大量崩塌，水面大浪扑岸；

11度，房屋大量倒塌，路基堤岸大段崩毁，地表产生很大变化；

12度，一切建筑物普遍毁坏，地形剧烈变化动植物遭毁灭。

根据地震烈度表的表述，轨道交通地震预警等级如表 6-8 所示。

表 6-8 地震预警等级

序号	地震烈度	预警等级	预警措施
1	1~3度	无警（良好）	地震强度较弱，不需要采取措施
2	4度、5度	轻警	提醒工作人员注意地震变化情况
3	6度	中警	地震震度较大，准备采取应对措施
4	7度及以上	重警	立刻采取应对强烈地震的相关措施

5) 雪灾预警信息

(1) 定义。对可能发生的因为大雪引起的危险情况作出预警。单位：无。

(2) 指标含义。长时间、大面积的降雪会造成地表积雪、轨道结冰等现象，严重影响地面轨道交通的运营，进而影响整条线路甚至路网的运营。及时预警，巡查维护，做好轨道清扫和积雪融化工作，减少降雪带来的负面影响。

(3) 数据来源。接入中央气象台发布的雪灾预警信息。

(4) 预警等级。按照国家实施的"气象灾害预警信号发布与传播办法"规定，暴雪预警信号分四级，分别以蓝色、黄色、橙色、红色表示。雪灾预警等级如表 6-9 所示。

表 6-9 雪灾预警等级

序号	气象预警	降雪量	预警等级	预警措施
1	蓝色信号	12h 内降雪量将达 4mm 以上；已达 4mm 以上且降雪持续	无警（良好）	降雪量不足以造成危害，不需要采取措施
2	黄色信号	12h 内降雪量将达 6mm 以上；已达 6mm 以上且降雪持续	轻警	提醒工作人员注意降雪量情况
3	橙色信号	12h 内降雪量将达 10mm 以上；已达 10mm 以上且降雪持续	中警	降雪量较大，准备采取应对措施
4	红色信号	12h 内降雪量将达 15mm 以上；已达 15mm 以上且降雪持续	重警	立刻采取应对恶劣降雪天气的相关措施

6）雷电预警信息

（1）定义。对可能发生的因为雷暴引起的危险情况作出预警。单位：无。

（2）指标含义。雷暴容易造成电压短路、树木断裂等现象，尤其对地面上的城市轨道交通造成影响，进而对整条线路甚至路网的轨道交通造成不良影响。及时预警，做好雷暴应对措施，减少不良影响带来的运营事故。

（3）数据来源。接入中央气象台发布的雷电预警信息。

（4）预警等级。按照国家实施的"气象灾害预警信号发布与传播办法"的规定雷电预警信号分三级，分别以黄色、橙色、红色表示。雷电预警等级如表 6-10 所示。

表 6-10 雷电预警等级

序号	气象预警	雷电情况	预警等级	预警措施
1	蓝色信号	无	无警（良好）	无
2	黄色信号	6h 内可能发生雷电活动；可能会造成雷电灾害事故	轻警	提醒工作人员注意雷电情况
3	橙色信号	2h 内发生雷电活动的可能性很大；已经受雷电活动影响，且可能持续；出现雷电灾害事故的可能性比较大	中警	雷电强度较大，准备采取应对措施
4	红色信号	2h 内发生雷电活动的可能性非常大；已经有强烈的雷电活动发生，且可能持续；出现雷电灾害事故的可能性非常大	重警	立刻采取应对恶劣雷电天气的相关措施

4. 应急响应信息

指公司设立应急管理领导小组（指挥领导小组）、应急指挥中心、现场处置工作组（专家咨询组、行车客运组、现场抢险组、事件调查组、后勤保障组、信息报送组和监督检查组）这三个层级的应急处置组织机构后，由应急指挥中心和各区域控制中心根据故障/事件的影响危害程度，发布相应的应急响应等级，即特别重大级（Ⅰ级，红色）、重大级（Ⅱ级，橙色）、较大级（Ⅲ级，黄色）和一般级（Ⅳ级，蓝色），上述接收人员需根据响应等级采取应急行动的信息。

6.2.2 应急信息发布

1. 职责分工

（1）应急指挥中心及各线路 OCC，共同负责轨道交通运营信息的汇集、处理、互通和发布工作。

（2）应急指挥中心发送的信息来源为外部信息源及线路 OCC 汇报至应急指挥中心的各类信息；信息发送的类型主要是涉及集团汇报材料、新闻通稿、客运量信息、运营指标信息、舆情信息、预警信息、线网协调信息、应急管理信息、公务信息等，信息发送对象为运营公司分管安全的领导、各相关指挥室第一负责人、相关线路第一负责人、部门或中心第一负责人和外部单位对接负责人。若实行值班制度时，则信息发送对象为部门或中心的值班负责人。

（3）各线路 OCC 发送的信息来源为内部信息，主要为第一现场人员（司机、车站及相关专业工作人员）汇报的有关运营生产的信息；信息发送的类型主要为本 OCC 管辖范围内发生的各类故障/事件信息；信息发送对象为线网指挥中心、各自指挥室管辖范围内的部门或中心的二级调度和应急队伍第一负责人。

（4）应急指挥中心及 OCC 应严格按照自身信息发布权限进行信息发布，不得擅自发布管辖权限外的各类信息。

2. 发布渠道

信息收发渠道整合是解决轨道交通信息收发渠道混杂的优选方式，能够大大提高信息收发和应急响应的效率。目前已有的信息发布渠道为工作电话、钉钉平台、短信平台、等离子显示屏（plasma display panel，PDP）、微信公众号、新浪微博等新媒体等。

3. 信息流转

1）信息内部汇报流程

（1）内部信息汇报的原则是"短信为主，电话为辅"。初期信息原则上在事发 5min 内报至 OCC 及相应组别。电话汇报时应使用录音电话。

（2）根据突发故障/事件的事态发展及处置情况，OCC 应及时按"一事一报"的要求做好事件信息的续报工作，直至处置完毕。突发故障/事件引发的衍生事件信息，按续报处理。

（3）待故障/事件处置完毕后，OCC 应在 1h 内就故障/事件处置过程形成速报，2h 内就故障/事件处置过程形成专报向应急指挥中心报送。

（4）对于紧急重大突发事故、事件，应急指挥中心需在发生 30min 内拟写集团报告及新闻通稿发送至"轨道交通应急信息报送平台"微信群报送集团，具体流程详见《总调中心突发事故、事件信息报送办法》。

（5）对于 OCC 所管辖线路范围内发生的突发事件，一般分两种情况进行处理：

突发事件的影响范围仅局限于该 OCC 所管辖线路，性质不恶劣，依靠 OCC 自身力量可及时控制并得到解决时，OCC 自行进行处置，事后上报线网指挥中心相关突发事件的处置结果。

第6章 城市轨道交通应急处置体系设计

突发事件的影响范围超出该OCC所管辖区域，或是处置该事件急需线网指挥中心的相关协调，OCC无法依靠自身力量快速解决时，应及时将事件情况上报线网指挥中心，由线网指挥中心出面协调。

2）应急指挥中心外部信息受理流程

a. 应急指挥中心外部信息受理说明

（1）应急指挥中心是突发事件处置过程中所有信息的唯一扎口管理部门。

（2）各OCC接到的一切外来信息，应迅速向应急指挥中心汇报，由应急指挥中心进行对接。

（3）未得到应急指挥中心授权，各OCC严禁对媒体等外部单位进行信息发布。

b. 外来信息接收、登记

应急指挥中心接到外来信息电话后，填写《外来信息处理登记表》。具体填写要求如下：

（1）填写接到信息的日期、时间、登记人。

（2）"信息来源""信息类型""信息紧急程度"栏，在相应的选项下面打"√"。

（3）"信息详细内容"一栏中，具体写明信息的时间、地点、人物、事件内容等。

（4）"信息处理"一栏中，根据信息类型进行处理。具体划分如下：

属于运营方面的信息，按照运营公司信息通报流程处理，并在后面的横线上打"√"。

属于建设等方面的信息，按照信息的紧急程度通报相关人员，并在名字后面的横线上"√"。紧急重大事件通报集团公司分管领导，一般及较重要事件通报建设公司总经理，需要协调的事件通报集团公司办公室。

（5）"信息反馈"一栏中，填写外来信息通报后，有关人员处理的反馈信息。如信息来源是其他外单位，在信息反馈一栏中注明其电话。

（6）如有其他事项需注明，在"备注"一栏中注明。

c. 外来信息通报

（1）登记好外来信息相关内容后，按照程序向有关人员通报。

（2）该信息处理完毕后，值班主任要在《值班主任交接班记录本》上填记交接该事项，并向有关领导汇报信息处理情况。

（3）值班主任如在当班期间未完成该信息处理，需与接班值班主任重点交接，接班值班主任继续处理。

3）跨OCC间的信息流转流程

（1）本OCC管辖范围内发生的突发故障/事件，如涉及其他线路OCC，本OCC将信息报送至应急指挥中心，应急指挥中心确定其影响范围及程度后，及时向相关线路 OCC 进行信息通报，以便迅速采取措施，将故障/事件影响减至最低。

（2）涉及多个 OCC 时，各 OCC 根据节点及时汇报应急指挥中心，由应急指挥中心向相关领导、部门中心负责人进行信息发布。确保短信发送单位的"唯一性"，避免信息"重发"现象。

（3）涉及其他 OCC 故障/事件主要为以下几种：①首班车晚发、末班车早发影响其他线路换乘时；②故障导致列车到达换乘站延误 10min 及以上或超过二倍行车间隔时；③爆炸、毒气、可燃气体泄漏导致关站、关区时。

6.3 应急保障资源管理

城市轨道交通应急保障资源，从广义上，是指在城市轨道交通突发事件预防、应对、恢复等环节所需要的各类应急保障，是人力、资金、物资、信息和技术等各类资源的总和；从狭义上，仅指在城市轨道交通应急管理中所需要的各种物资保障。城市轨道交通应急保障资源，既是城市轨道交通应急管理的对象，也是应急管理有效开展的基础，为整个应急体系正常运转提供动力源。

城市轨道交通应急保障资源管理，指在特定的应急保障机制下，通过科学的方法或手段合理地为处置城市轨道交通突发事件或调配应急人力资源、应急物资、应急技术平台、应急资金等应急保障资源的行为或过程。在应对突发事件的过程中，任何一项应急管理活动都需要以应急保障资源为支撑，故应急保障资源对于应急管理具有非常重要的作用。

6.3.1 资源类型

对城市轨道交通而言，当突发事件发生时，如何提高突发事件的应急能力是一个值得深究的问题，也是一项战略性任务。城市轨道交通突发事件应急能力包括对突发事件的预防准备、有效预警、应急处置及事后恢复的应急管理能力，而它的基础支撑是各类应急保障资源的储备和供给能力。

不同类型的突发事件所需要的各类应急保障资源不同，同时应急管理的不同阶段有着不同的应急行动要求的特性，不同阶段的应急支撑资源要素也表现为不同的种类与使用要求。应急保障资源的支持能力既要体现在应急管理各个阶段的有效支撑上，还要综合反映在整个应急管理目标的完整实现上。

城市轨道交通的运转是一个庞大的联动机构，一旦发生突发事件，应急救援工作需要城市轨道交通各个部门的共同参与，需要十分齐全的城市轨道交通专业应急保障资源。同时,当城市轨道交通突发事件超出城市轨道交通应急处置能力范围时,在应急救援过程中可能还需要城市轨道交通以外的社会应急保障资源的配合和救援,如事发现场附近医院、消防等。因此,以南京为例,本章从应急管理全过程的视角,结合《国家城市轨道交通运营突发事件应急预案》的保障措施分类方式,将南京地铁应急过程中使用到的应急保障资源分为南京地铁内部应急保障资源和社会应急保障资源,再将南京地铁内部应急保障资源细分为信息通信保障资源、人力保障资源、物资保障资源、技术保障资源、资金保障资源和其他保障资源共六大类。同时,将社会应急保障资源细分为人力保障资源、物资保障资源和其他保障资源共三大类,并明确各类应急资源的重点保障内容(图6-2)。

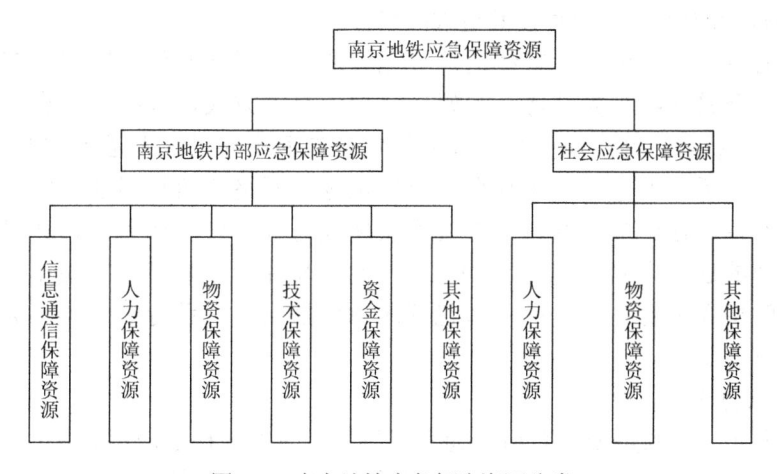

图6-2 南京地铁应急保障资源分类

1. 内部应急保障资源

1)信息通信保障资源

信息通信保障资源分为信息保障资源和通信保障资源两个方面。信息保障资源能够为城市轨道交通突发事件应急管理提供各类信息的动态趋势,及时调整应急处置措施;通信保障资源能够保证在城市轨道交通突发事件发生时,各方应急指挥协调和交流顺畅无阻。信息以通信为载体,通信传递信息,两者相辅相成,能够有效地减少应急处置时间,提高应急处置能力。

(1)信息保障资源。

在应对城市轨道交通突发事件的整个过程中,信息发挥着十分重要的作用。及时收集、发布和共享信息,能够降低突发事件造成的损失,更为重要的是一旦发生突发事件,信息沟通和交换可辅助决策者及时、准确做出决策和协调各方处理事件。城市轨道交通应急信息保障资源根据信息类型的不同，可分为事态信息、环境信息、资源信息和应急知识。事态信息包括危险源监测数据（即预警信息）、突发事件状况、应急响应情况等与突发事件和应急活动有关的信息；环境信息包括社会公众动态、地理环境变动、外界异常动向等背景情况信息；资源信息包括人力保障资源、物资保障资源、资金保障资源、技术保障资源等状态信息；应急知识则包括应急预案、应急措施、事故案例等。

（2）通信保障资源。

在应对城市轨道交通突发事件的整个过程中，除了需要及时准确的信息资源外，还需要通过各种通信手段来保障事发现场指挥的畅通，保证有关应急的数据、语音、图像的传输，进而提高城市轨道交通应急部门处置突发事件的能力，最大限度地预防和减少突发事件及其造成的损害。

通信保障资源可分为有线通信、无线通信、网络通信和广播。有线通信是指利用金属导线、光纤等有形媒质传送信息的方式，包括调度台、录音电话机、传真机等；无线通信是指仅利用电磁波而不通过线缆进行的通信方式，包括移动电话、手持台、车载台、对讲机等；网络通信是指通过网络将各个孤立的设备进行连接，通过信息交换实现人与人，人与计算机，计算机与计算机之间的通信方式，包括移动应急平台，即手机小程序（applet，APP）、应急辅助指挥平台终端等；广播包括应急广播系统、手持扩音器、大屏幕信息显示设备等。

2）人力保障资源

人力保障资源是城市轨道交通突发事件应对时的核心应急人员，包括应急管理人员、内部应急专家、应急救援队伍（图6-3）。此外，也需要一些辅助应急人员，包括专职应急队伍、外部应急专家、国家军队、志愿者队伍或社会应急组织。

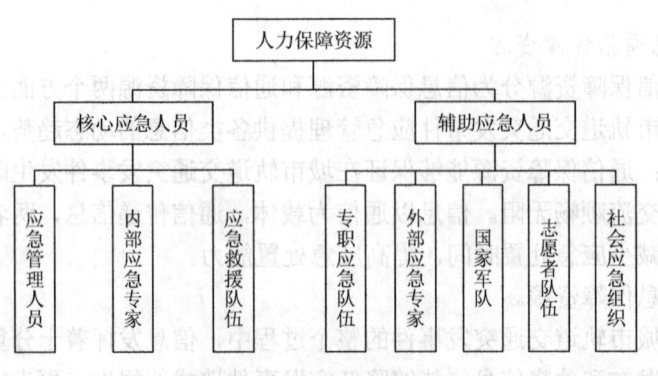

图6-3 人力保障资源分类

作为核心应急人员,应急管理人员是指安全生产应急管理体系中开展突发事件预防、准备、响应、善后和改进管理工作的专职人员。内部应急专家是指在轨道交通内部各个专业领域内有丰富经验与技术指导能力的专业人士,包括线路、轨道、结构工程、车辆、供电、通信、信号、环境与设备监控、运输组织等方面,专为有效开展突发事件应急活动提供各种建议与咨询。应急救援队伍是指当突发事件发生时,根据突发事件类型不同,选取相应专业人员组合而成,前往事发地进行应急响应处置工作的应急队伍,包括线路、轨道、结构工程、车辆、供电、通信、信号等各个专业的人员。

3)物资保障资源

物资保障资源涉及的内容最为广泛。不同类型的突发事件,需要的物资保障资源有所不同。以"事件类型为任务为物资用途为保障物资"的主线分层次思路,将应急保障重点物资分为四个层级。第一层级主要基于突发事件类型,分为自然灾害类、运营生产类、公共事件类和一般应急抢险类共四大类;第二层级在大类的基础上将应急保障物资按照应急任务进一步分为中类;第三层级则是根据完成特定任务所涉及的主要作业方式或物资功能细分为小类;第四层级针对每一小类提出相应的若干重点应急保障物资名称,涵盖了各类作业所需的工具、材料、装备、用品等物资及其数量、存放地点。

4)技术保障资源

技术保障资源包括科学研究、技术开发、应用建设和技术维护。通过政策、资金等方面的支持,开展突发事件应急领域的科学研究,不断将新的知识融入安全生产运营应急管理体系中,提升整体应急能力。同时,加强事故监测、预测、预警、预防和应急处置技术,引导和奖励相关专业研发科研专利产品,以改进企业内部整个应急管理体系的技术装备。城市轨道交通运营企业对应急技术进行开发并建立健全突发事件应急平台,不断推出新的应用系统和通过自检、联合等方式,建立一支强有力的技术保障队伍,完成对突发事件应急设备、设施的技术管理和维护。

5)资金保障资源

资金保障资源分为政府专项应急资金、城市轨道交通内部专项应急资金和其他资金。政府专项应急资金、城市轨道交通内部专项应急资金分别是指城市轨道交通所在地城市地方政府及轨道交通内部针对城市轨道交通运营突发事件处置工作设立的应急专项资金;其他资金是指通过其他渠道进行筹集的资金,包括社会捐助、专项应急资金的银行利息等。这些资金主要用于对安全生产运营应急管理体系日常应急管理、应急研究、应急资源建设、维护、更新,应急项目建设及应急准备资金(图6-4)。

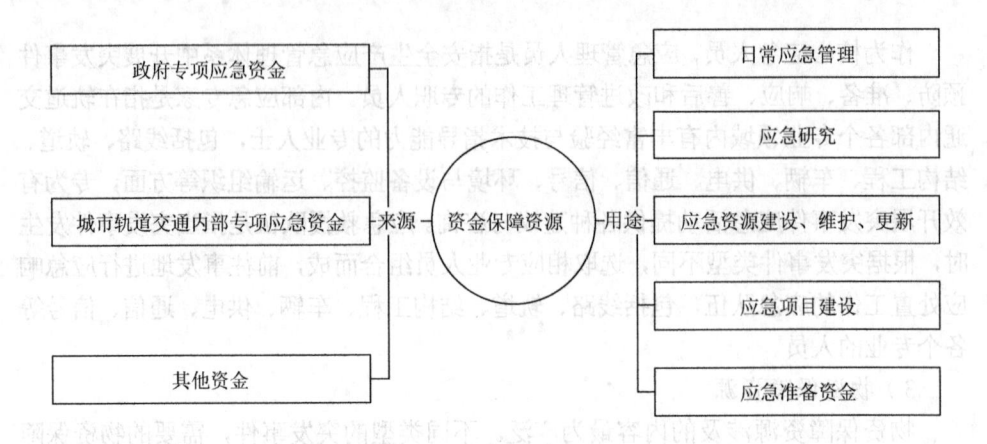

图 6-4 资金保障资源的来源与用途

日常应急管理费用主要用于保障应急机构日常应急业务工作的顺利进行，如日常应急演练活动支出、计划制定、宣传培训等；应急研究费用用于支持科研机构、高等院校和咨询机构的应急理论研究，提高企业的整体应急能力；应急资源建设、维护、更新费用用于应急资源的购置、检修、维护、补充等；应急项目建设资金用于与应急运行工作平台相关项目的开发建设、应急措施的建设、应急活动项目的开展，支持大专院校培养造就应急方面的专业人才；应急准备资金用于应急情况下的应急队伍启动，应急指挥协调动员、机构运转、现场救援、应急生产启动、应急装备物资的采购和进口、应急物资调运所需要的费用等。

6）其他保障资源

（1）运输保障。

运输保障是指在城市轨道交通突发事件发生后，用于装载应急保障物资、运送应急人员前往事发现场的运输工具，如救援抢修车、工务车、大客车等，以确保应急救援工作能够及早顺利开展。

（2）治安保障。

城市轨道交通内部的治安保障是指城市轨道交通内部配有保安等负责安全工作的人员，协助维护城市轨道交通突发事件事发现场的安全秩序。

（3）宣传、培训和演练保障。

宣传保障是指为提高群众在城市轨道交通突发事件发生时应急避险和自救互救能力，普及城市轨道交通应急方面的知识所举行的一系列宣传活动和宣传措施。培训和演练保障是指针对参与城市轨道交通突发事件应急准备和相应的人员进行培训，以及为提高应急人员的应急熟练度而举行的常发性突发事件和重点突发事件应急演练活动。

2. 社会应急保障资源

1）人力保障资源

社会应急人力保障资源包括专职应急队伍、城市轨道交通外部应急专家、国家军队、志愿者队伍和社会应急组织，作为城市轨道交通突发事件应对的辅助力量，协助城市轨道交通突发事件完成应急处置工作。

专职应急队伍是指从事突发事件应急响应处置工作的专业应急队伍，包括消防、公安、医疗救护等；城市轨道交通外部应急专家是指在城市轨道交通外部各个相关轨道交通专业领域内具有丰富经验和技术指导能力的专家学者，通过应急管理和技术交流会等多种形式为城市轨道交通应急抢险救援和日常应急管理工作提供很好的建议和咨询。志愿者队伍是指由城市轨道交通企业组织发起的，非轨道交通内部人员自发参与、经培训组成的具有一定自救、互救知识和技能的城市轨道交通志愿者团队；社会应急组织是指非政府性质的应急组织，有些是非营利组织，有些是营利组织，包括红十字会、999急救等。

2）物资保障资源

社会物资保障资源是指城市轨道交通在应对突发事件过程中，缺乏或者不足的，需要征用的社会应急保障物资。按照用途可分为防护救助类物资、食宿消毒类物资、应急交通类物资、动力照明类物资、通信广播类物资和一般工程类物资共六大类。

（1）防护救助类物资。

防护救助类物资可再划分为两类。一类是为避免、减少人员伤亡及次生危害发生，用于突发事件发生时的防护物资，包括人身防护和其他防护物资；另一类是用于突发事件发生后的紧急救助。

（2）食宿消毒类物资。

有些突发事件影响范围可能会超出城市轨道交通系统内，会造成大量建筑物、居民住宅的倒塌等，致使水、电、气供应中断。社会应急保障物资主要考虑社会范围的事故影响，因此，也要考虑到突发事件来临时，需解决受危害人民群众温饱和环境污染两个方面的问题。

（3）应急交通类物资。

应急交通类物资包括两大子类。一类是运载型物资设备，用于人员和物资的运输，另一类是交通疏通物资设备，用于保证交通运输线的畅通。

（4）动力照明类物资。

动力照明类物资包括自备发电机、柴油机组、蓄电池、干电池、不间断电源、柴油、天然气、白炽灯、荧光灯、探照灯、碘钨灯、矿灯、气灯、潜水灯、手电筒等，用于保障事发现场的动力照明正常。

(5) 通信广播类物资。

通信和广播是应急活动的重要信息传送手段。在城市轨道交通突发事件发生后，除了需要城市轨道交通内部通信信息保障，以便应急处置活动的顺利进行，还需要向社会大众告知突发事件动态，方便乘客及早规划出行线路、做好各种准备工作等。

(6) 一般工程类物资。

一般工程类物资主要包括木材、钢材、防水材料、水泥、管道等。

3）其他保障资源

(1) 医疗卫生保障。

医疗卫生保障是指由城市轨道交通所在的省（区、市）和市的医疗卫生负责，城市轨道交通协调参与拟制的医疗救护保障计划和应急准备措施等。

(2) 治安保障。

治安保障是指在突发事件发生后，由城市轨道交通所在城市成立的专门负责轨道交通安全的轨道交通公安分局负责事发现场的治安秩序保障工作，必要时与其他公安机关协同配合组织事发现场的治安警戒和治安管理工作。

(3) 交通运输保障。

交通运输保障资源是指由城市轨道交通所在城市的交通运输部门、公安部门和城市轨道交通部门联合，为保障应急响应人员、物资、装备、器材等能够顺利运输而制定的一系列应急保障计划和措施，以及事发现场及其影响范围内区域的地面交通管控措施，包括应急救援道路交通保障计划、现场交通管制、应急线路规划等。

(4) 社会动员与紧急避难场所保障。

社会动员保障是指在城市轨道交通突发事件发生后，由城市轨道交通所在地的地方政府根据需要动员和组织社会力量参与城市轨道交通突发事件应急救援的保障机制。紧急避难场所保障是指由城市轨道交通所在地的地方政府负责规划和建设的，能够满足地震、洪水等大规模突发事件发生时人员避难所需的场所。

6.3.2 管理类型

应急保障资源管理主要包括轨道交通内部应急保障资源的静态配置和救援过程中轨道交通内外部应急保障资源的调配协调过程，包含应急保障资源的配置、储备、调度和补充。并制定一系列管理规章制度协助网络化管理的顺利实施，从而实现轨道交通线网环境下的应急保障资源高效、合理配置。

1. 信息通信保障资源管理

1）信息保障资源管理

高效、可靠、丰富的信息资源是城市轨道交通日常运行和突发事件高效应对最基本的支撑。对信息保障资源的管理主要从信息的采集与整合、信息平台建设、信息更新与维护、信息的发布与共享四个方面入手。

（1）信息的采集与整合。

信息的采集与整合是对分散在各应急部门的信息资源进行物理或逻辑的集中存储、整理、分类、分级和发布，从而发挥信息资源在城市轨道交通突发事件应急处置中的最大效用。各应急部门既是信息保障资源的使用单位，同时也应是专业信息资源的主要管理单位。

（2）信息平台建设。

建立统一信息平台是实施信息采集和整合、进行有效信息资源管理的基本策略。统一信息平台是各应急部门发布、访问、共享信息资源的工作平台。

（3）信息更新与维护。

各应急部门负责自管信息的定期更新与维护。

（4）信息发布与共享。

根据信息本身在生产运营管理中的重要性，在信息发布与共享前，需要对信息进行分类分级，并依据各应急部门管理职责和个人岗位职责，结合信息分级属性，明确不同应急情况下不同层级的信息内容、发布平台、发送对象范围。

2）通信保障资源管理

为提高通信保障资源在城市轨道交通突发事件应急处置中的使用效率，确保资源的准确性、时效性和可控制性，保障应急处置过程中应急指挥人员与事发现场抢险人员间的通信畅通，可从职能与权限、运行管理、巡回检查等方面制定相关规定。

a. 职能与权限

轨道交通通信系统包括无线通信系统、视频监控系统、专用电话系统等，由轨道交通通号中心归口管理，主要负责通信系统的日常维护及运行管理，并确保突发事件应急处置过程中通信系统的安全与畅通。

b. 运行管理

为保障通信系统优质、高效、安全、可靠地运行，保证生产调度数据、语音电话、视频监控、办公网络等各项通信业务高效畅通运行，轨道交通通信系统的运行管理应做到以下几个方面：

（1）通信系统全网传输运行电路的日常运行管理应严格执行下级服从上级、局部服从整体、分支服从主干的原则。

（2）通信电路的启用、停运和检修应提出申请，经批准后方可实施。凡与轨道交通安全生产运营有关的通信电路、设备的变更，须事先征得相关部门、站点同意后方可实施。

（3）通信电源是通信系统的重要基础设施，应加强对通信电源的定期维护，严格按相关规定执行。

（4）通信电路所有设备的运行方式不得随意更改，如需更改，必须事先申请，待审批后方可实施。有关通信电路的停（更）必须按规定执行。

（5）接入通信系统的终端设备（继电保护、自动化等）需符合相关的接口标准。

（6）统一规划城市轨道交通有线、无线通信专用号段，统一各级应急指挥、救援队伍、后勤保障等应急部门的应急电话号码，并与有关单位和人员的固定或移动通信工具建立无缝连接或自动转接关系，实现信息并行群发，要形成虚拟应急专用通信网和现场指挥通信网，以提高应急信息保障效率。

（7）建立健全应急通信保障体系，与城市轨道交通所在城市的通信部门建立资源共享机制。通号、供电中心必须设置应急电源，必要时可借助通信部门的应急通信工具，以保障应急通信的畅通。

c. 巡回检查

通信系统的巡回检查主要包括日常巡回检查和定期检查。日常巡回检查是对通信设备供电、运行、电路畅通情况进行检查，确保通信系统有关各项指标正常。定期检查是在日常巡回检查的基础上，对系统配置、通信设备、交换机主控板主备用状态自动切换情况等进行测试检查，确保通信系统畅通。具体巡检项目和定期维护时间由通号中心自行规定。

d. 机房管理

通信系统使用的协议转换器、路由器、交换机、防火墙和各类服务器及光传输设备是通信网络系统的关键设备，集中放置在机房进行统一管理，因此，需要加强对通信设备用房的管理。

e. 故障处理

通信系统畅通是保障列车安全运行的首要条件，是确保轨道交通正常运营的支撑系统。对通信系统的故障处理需要考虑以下几个方面：

（1）当通信系统发生事故时，首先应确保行车调度和其他重要用户通信。若在短时间内不能恢复，应立即向上述用户说明情况，并向有关领导汇报采取必要措施。影响行车调度的通信检修工作应事先向调度部门申请，获得批准后，方可实施。严禁擅自对运行中的设备进行检修。

（2）发现通信电路异常或中断，应首先及时告知调度室调度值班人员。凡涉及外网电信运营商线路故障时，如实记录故障发生的现象及发生的时间，并积极主动地配合电信运营商相关处理工作，记录故障处理过程及终止时间，直至通信电路恢复正常。

f. 资料管理

上述工作的执行都需要记录在案，确保通信资料的连续性和完整性和便于日后的经验学习。因此，需要从以下几个方面入手进行资料管理：

（1）建立健全完善的通信系统设备台账、设备维护检修记录和设备巡检记录，保持通信资料的连续性和完整性。

（2）设备检修形成的履历台账、图纸、技术说明书应由使用单位收集、整理并归档保存。

（3）通信工程资料（包括施工、竣工、防雷资料）专项移交，归档管理。同时，必须报送通号中心归档备案。

（4）通信系统资料的借阅应严格办理资料借阅手续。

（5）管理人员对通信系统密级资料的保密负全责，应严格执行档案资料的保密制度。

2. 人力保障资源管理

人力保障资源管理是指一个国家、团体、组织为应对突发事件，把突发事件的危害降到最低程度，而对国家、团体或组织的应急人力资源进行规划、选拔、录用、培训、考核、激励、组织、控制和协调等活动的过程。作为执行应急救援工作的主体，城市轨道交通人力保障资源的充裕程度、素质高低、知识结构及配备合理程度，对及时、有效地开展突发事件应急救援工作起着举足轻重的作用。人力保障资源管理内容主要包括人员配备规划与配置、应急人员培训与演练、应急人员协调联动机制三个方面。

1）人员配备规划与配置

应急人员配备规划与配置是城市轨道交通突发事件应对的基础性工作，需要做到以下三个方面：

（1）明确各级各类应急处置和应急救援人员的需求。

通过调研掌握应急管理体制内现有人力保障资源状况，由各应急部门提出对各类人力保障资源的需求，结合对不同类型突发事件及其应急预案分析，通过统一的综合分析和能力评估，最终明确所需的人力保障资源需求，为实现人力保障资源整体优化配置、开展应急活动做好前提准备。

（2）提出应急人力保障资源储备规划。

明确人力保障资源需求后，结合各部门现有专业应急人员梳理结果，分析现有的应急人员在数量和业务能力上是否与相应突发事件应对能力相匹配，提出应急人员需求储备计划，制定相应的人力保障资源规划，包括时间计划、实施计划、培训计划、配套资源落实计划，为各部门人力资源配置提供指导。

（3）根据应急人员需求储备计划，配置与培育相应应急人员。

根据人力保障资源储备计划的要求，各部门按应急人力保障资源选择的程序，完成本部门人力保障资源的配置工作，以满足对人力保障资源构成、数量、质量、功能等方面的要求。根据应急管理主体各级各部门的具体需求，一方面，分析现有应急人员的业务能力，根据应急人员的实际情况，选拔并培育一部分专业的应急人员，组成专业抢险救援队伍。另一方面，可通过与大、中院校建立定向专业应急人员培养方式，委托学校培育一部分专业应急人员，以满足应急处置中人力保障资源需求。

2）应急人员培训与演练

由于自然和人为因素，以及轨道交通网络化运营等因素，突发的应急事件越来越复杂，影响范围和深度也越来越广泛，这对应急救援和应急管理提出更多专业技术和专业知识的要求，加强应急救援、应急处置和应急人员的培训与演练是应急机制建设的长期工程。主要从以下几个方面着手：

（1）加强关键岗位人员应急综合素质的培训。

针对如列车司机、车站工作人员、调度人员、巡检人员、应急抢修人员、应急指挥人员等分别在先期处置和后期综合处置阶段起到重要作用的关键岗位人员，基于在实际应急处置作业中形成的应急人员能力要求，在强化专业技能的基础上，重点关注应急综合素质的教育培训，采取自主培训与社会培训相结合的模式，按照定期递进式培训与不定期重点突破式培训相结合的方式，持续强化事态判断能力、专业排故能力和统一指挥能力培养，明确各个岗位的职责与任务，确保关键岗位人员能力能够有效应对各类突发事件。

（2）加强国内外先进应急管理和应急处置经验的学习。

在应急管理领域，加强与国内其他城市的城市轨道交通企业的合作与交流，并通过网络学习资源，自主学习国外城市轨道交通应急管理经验，也是城市轨道交通提高应急处置水平，做好突发事件预防应对措施的一个重要环节。主要包括加强与国内其他城市的城市轨道交通企业在应急管理研究方面的交流与合作，定期组织人员到其他城市轨道交通企业学习应急管理经验，相互学习，彼此借鉴。

（3）加强贴近实战应用需求的应急演练实效。

充分考虑到多专业、多部门的协调联动，以及将人员储备与应急技能转化为实际解决问题的应急处置能力的需要，立足于实战，适当引入市民群众参与，营造更为贴近真实的应急处置环境，并从两个层面持续加强人员能力水平。一是，定期开展贴近实战的应急演练，重点强化对应急预案和现场操作步骤的执行与操作，以及对协调联动机制的落实与优化，提升人员应急处置技能的掌握程度。二是，在实际突发事件处置过程中，重点强化过程跟踪与总结评估，提升人员应急处置技能的实际应用能力。

（4）加强对城市轨道交通应急知识的宣传普及活动。

除适时引入市民群众加入应急演练外，在日常运营过程中，可通过列车闭路电视（closed circuit television，CCTV）、站台乘客信息显示屏、轨道交通官方微信与微博平台等方式，向群众进行突发事件发生时必要的应急自救、互救知识普及，加强市民群众在城市轨道交通突发事件发生时的安全意识和自救与互救能力。

3）应急人员协调联动机制

人员配备规划、应急人员培训是应急人员协调联动机制的前提，属于基础环节。当城市轨道交通突发事件发生时，如何协调不同人员、组织前往事发现场进行应急处置才是关键。因此，应急人员协调联动机制是为有效保证不同人员、组织能够协作产生最大化应急效果而采取的一系列措施安排和制度。可按照"横向联动、纵向贯通"的基本要求建立应急人员协调联动机制，具体包括以下几个方面：

（1）应按照"统一指挥、协同配合"的原则，建立统一指挥的应急联动机制，充分发挥各部门的作用和优势，保证应急管理工作有序、高效进行。

（2）明确对内外接口的岗位与职责、轨道交通内部各应急部门在突发事件应对中的职责。对内通过纵向层间协同和横向部门协同，应确保内部应急人员形成合力，共同应对突发事件；对外通过建立接口、明确联动方式、指定联系人员等，确保应对不同突发事件时，能够快速实现联动，最大化统筹相关资源。

（3）在应急联动过程中，接口岗位应在通知相关部门、单位到位后，能及时接收到其相应的反馈信息，以便了解事件处置进程，做好后续应急联动工作，实现对突发事件的有效控制。

3. 物资保障资源管理

应急物资保障是应对城市轨道交通突发事件的最重要的要素之一。要健全应急物资储备保障制度，完善重点应急保障物资的监管、储备、调配和紧急配送体系。要围绕提高应急时效为核心，结合现有应急保障物资储备和流通体制，建立快速、有效、常备的突发事件应急物资保障机制。对于应急保障物资的管理，主要从物资整合与分类、物资储备与保存、物资储备点选址、物资调用机制四个方面进行管理。

1）物资整合与分类

物资整合与分类主要包括现有应急保障物资普查、突发事件应急物资需求统计、应急保障物资分类三个方面。

（1）现有应急保障物资普查。

突发事件发生后，在对应急保障物资进行调配前，物资调配人员需要普查、掌握线网内现有应急保障物资储备的地点和数量等具体情况，方能快速调配物资前往事发现场。

（2）突发事件应急物资需求统计。

由于突发事件的类型不同，所需的应急保障物资有所不同。在对现有的应急保障物资进行普查的同时，对不同类型突发事件应急全过程对应急物资的需求也要调查收集，一般由轨道交通各部门进行填写，具体包括突发事件应急保障物资需要数量、缺少但应急过程需要的应急保障物资名称及需要数量等信息。

（3）建立应急保障物资分类目录。

对不同突发事件应急全过程应急物资需求进行分解，结合现有的应急保障物资普查结果，归纳整理出应急保障物资的数据目录，包括名称规格、用途功能、数量、存储地点等。分类上，根据突发事件的类型不同，可分为专用物资（即自然灾害类、运营生产类、公共事件类，主要包括专业抢修工具、设备等）、通用物资（即一般应急抢险类，主要包括一般应急抢修材料、设备、应急救援车辆等），便于指导应急过程中的使用、储备、征用和调配。

2）物资储备与保存

物资储备与保存包括应急保障物资储备，应急保障物资信息建立、维护和更新，物资出入库管理制度三个方面。

（1）应急保障物资储备。

在对应急保障物资进行整合与分类后，需要对应急保障物资进行实物储备。为避免应急资源的浪费，同一类应急保障物资并非在每个应急物资储备点都配置相当充足的数量，宜按照"统筹集约、有效供给"的原则进行网络化的应急保障物资储备。

（2）应急保障物资信息建立、维护和更新。

在突发事件发生后，应急指挥人员需要准确掌握应急保障物资储备地点、数量、与应急需求点间距离等详细信息，这样才能够快速、及时、准确地调配线网的应急保障物资至事发现场，提高应急处置效率。因此，需要通过应急辅助指挥平台的应急物资管理模块，对应急保障物资进行管理，管理内容包括应急物资的采购、入库、调配、补充、储备地点及数量等具体信息。

当突发事件发生后，由线网应急预案提供预估的应急物资需求量，通过应急物资管理模块，可快速查询到最方便运送物资的储备点及储备点中的现有库存量，通过分析，得到最合理的物资调配方案。当物资从仓库调往应急地点时，可实时调整物资的库存量，及时更新物资相关信息。

（3）物资出入库管理制度。

为使应急保障物资能够做到规范化、制度化的管理，做到数据准确、质量完好、收发迅速，实现动态管理，定期补充更换，严格执行出入库制度，特制定本管理规定。

物资入库：物资验收入库时，库房管理员需要根据入库单检验实物。

物资出库：应急物资出库时，库管员根据出库单发放实物。

仓库盘点：实行缺料盘点法、循环盘点法、定期盘点法。

3）物资储备点选址

a. 物资储备点选址要求

根据突发事件的特点及储备点选址自身的限制条件，在物资储备点选址时应考虑以下几个方面的问题：

（1）物资储备点布设状态。

目前，我国城市轨道交通物资储备点覆盖率较低，难以在要求时间内到达需求点，且在已布设物资储备点的城市分别按普通车站、换乘站、车辆段或停车场分种类布设，应急保障资源的种类和数量不尽相同。但随着新线的建成，部分物资储备点的种类可能变动，如普通车站变为换乘站或车辆段停车场等，因此，需要考虑物资储备点是否要改造。

（2）应急保障物资需在时间限制条件下到达事发现场。

在网络化条件下，由于站站之间、站线之间、线线之间的联系更加紧密，某个车站或线路一旦发生突发事件，就可能通过网络放大，从而可能会影响整个网络的运行，需要设置时间限制条件保证应急救援的时效性。

（3）考虑物资储备点的全网覆盖。

由于突发事件发生地点具有不确定性，可能会发生在城市轨道交通网络的任意一点。为使发生在网络中任意地点的突发事件都能在规定时间内得到应急物资的及时供应和补给，应急物资储备点选址时需将线网内的各需求点进行全面覆盖。

（4）线网部分节点须作为物资储备点。

城市轨道交通网络中物资储备点的必选点主要包括网络的"关键节点"和已设为物资储备点的站点（如线路两头的车辆基地）两部分。"关键节点"可依据站点在网络中的重要程度或其他重要因素进行选择。

（5）考虑运送物资和人员的工具装载能力限制。

当城市轨道交通突发事件发生后，事发现场的应急保障物资无法满足应急处置需要，以及专业应急抢修人员不在事发现场时，需要通过交通运输工具输送人力和物资前往事发现场，这时需要考虑到运输工具装载能力问题。

（6）明确物资储备点选址的目标。

通常情况下，物资储备点选址的决策目标为成本最小化、需求导向化、利益最大化。处理突发事件时，需本着"时间第一，其他第二"的原则进行救援。考虑到城市轨道交通运营成本问题，为减少运营企业运营支出，在满足救援时间限制的条件下使成本最小，即目标是建设成本。针对发展中的城市轨道交通网络，例如，南京地铁，其线网随着新线的建设，轨道交通网络中普通车站可能变为换乘站或其附近加设车辆段或停车场，出现换乘站、车辆段、停车场改造成普通车站的可能性为零。因此，需考虑已有设施是否改造，若改造则需要将改造费用加到建设成本。

b. 物资储备点选址模型的基本理论

（1）图论。

图论是数学的一个分支。它以图为研究对象。图论中的图是由若干给定的点及连接两点的线所构成的图形，这种图形通常用来描述某些事物之间的某种特定关系，用点代表事物，用连接两点的线表示相应两个事物间具有这种关系。

（2）强控制集理论。

强控制集理论用于解决城市轨道交通物资储备点选址中全网覆盖问题。该理论在图论的基础上，赋予每条边一个权重值，并给定一个常数值和一个顶点集，当图中任意一点都有给定的顶点集中的一个顶点与之距离不大于给定的常数值，则称该顶点集为边赋权图的强距离-控制集，求解图含顶点最少的强距离-控制集的问题称为图的强距离-控制集问题。

（3）网络中心性分析理论。

网络中心性分析理论用于解决城市轨道交通网络中的"关键节点"问题。网络中心性分析是指按照"一定的规则"对网络中的节点或边的重要性进行排序分析。

c. 基本假设及符号标定

（1）城市轨道交通网络简化。

运用图论理论将城市轨道交通各个车站看成网络中的节点，车站之间的线路则为连接节点的边。现定义需求点为城市轨道交通网络中可能发生突发事件的任意一点，需求站为车站相邻两区间中点间的线路路段。

（2）基本假设。

①城市轨道交通网络上任意一点均至少由一个物资储备点在限制时间内为其提供服务为体现物资储备点全网覆盖的特征；②城市轨道交通物资储备点虽有种类划分，但无层次等级，仅根据各个场所的需求进行划分，即救援时并不嵌套，任意一点只要有一类应急物资储备点为其服务即可满足要求，表明四个层级的应急物资储备点并无等级划分；③普通车站、换乘车站、车辆段或停车场中的应急物资储备点可依次改造，但不能逆向改造为体现应急物资储备点的有向性；④为强调物资储备点选址的唯一性，在一个物资储备备选点上，最多只能建立一个物资储备点。

(3) 符号标定。

模型参数如下。

X：需求站集合；

H：物资储备候选点集合；

B：必选点集合；

x_i：第 i 个应急需求站，$x_i \in X$；

h_j：第 j 个物资储备候选点，$h_j \in H$；

K：物资储备点种类集，$K = \{k|k=1,2,3\}$，$k=1,2,3$ 分别表示普通车站、换乘车站、停车场或车辆段；

$R^1 = \{j|j = j_1^1, j_1^2, \cdots, j \in J\}$：已设有的普通车站的物资储备点集合；

依次类推，R^2, R^3 分别是已设有的换乘车站、车辆段或停车场的物资储备点集合；

$R'^1 = \{j|j = j_1'^1, j_1'^2, \cdots, j \in J\}$：被确定为关键节点的普通车站的物资储备点集合；

依次类推，R'^2, R'^3 分别是被确定为关键节点的换乘车站、车辆段或停车场的物资储备点集合；

c^k：第 k 类物资储备点的单位建设成本；

z_1, z_2：普通车站的物资储备点分别改造成换乘车站、车辆段或停车场的物资储备点的改造成本；

z_3：换乘车站的物资储备点改造成车辆段或停车场的物资储备点的改造成本；

d_{ij}：物资储备点至需求站 i 最远点的距离。

决策变量如下。

$$x_{ij} = \begin{cases} 1, \text{物资储备点} j \text{为需求点} i \text{提供服务} \\ 0, \text{反之} \end{cases}$$

$$y_{ij} = \begin{cases} 1, \text{候选点} j \text{被选为第} k \text{类应急物资储备点} \\ 0, \text{反之} \end{cases}$$

d. 物资储备点选址模型构建

目标函数如下。

本节的优化目标是建立在满足"应急响应时间最小"目标基础上，应急物资储备点建设投资成本（新建物资储备点的费用与已有物资储备点改造费用之和）最小化，即

$$C = \min \sum_{j \in J}\sum_{k \in K} y_j^k u^k - \sum_{j \in R^k}\sum_{k \in K} y_j^k u^k + \sum_{j \in R^1}\left(y_j^2 z_1 + y_j^3 z_2\right) + \sum_{j \in R^2} y_j^3 z_3 \quad (6\text{-}3)$$

约束条件如下。

(1) 候选点为需求站服务的前提约束。

候选点为需求站服务的基本条件是当候选点被选为物资储备点时，才能为其能够提供服务的需求站服务，反之则不能。即

$$x_{ij} \leqslant y_j, \forall j \in H \tag{6-4}$$

(2) 唯一性约束。

根据假设④，一个候选点只能建立一个物资储备点，即

$$y_j^1 + y_j^2 + y_j^3 \leqslant 1 \tag{6-5}$$

(3) 全网覆盖约束。

需求站上任意点须满足应急需求，即物资储备候选点到达离其最远的需求站的点的时间小于应急限制时间，则物资储备候选点控制需求站，反之，不能控制。同时，各个需求站至少有一个物资储备点为其提供服务，即

$$\sum_{j=1}^{|H|} x_{ij} \geqslant 1 \tag{6-6}$$

(4) 时间限制条件约束。

在突发事件发生时，至少有一个物资储备点在 t 时间内，通过平均行驶速度为 v 的应急救援运输工具到达最远距离为 d_{ij} 的需求站，即

$$d_{ij} \leqslant vt \tag{6-7}$$

(5) 必选点约束。

将网络中某些重要节点和已设有应急物资储备点的节点作为必须设置的应急物资储备点，并且该节点可改造成更大的物资储备点，即

$$y_j^1 + y_j^2 + y_j^3 = 1, \forall j \in R^1 \cup R^{'1} \tag{6-8}$$

$$y_j^2 + y_j^3 = 1, \forall j \in R^2 \cup R^{'2} \tag{6-9}$$

$$y_j^3 = 1, \forall j \in R^3 \cup R^{'3} \tag{6-10}$$

(6) 选址变量约束。

选址变量约束为 0~1 变量，即

$$y_j^1, y_j^2, y_j^3, x_{ij} \in \{0,1\}, i \in X, j \in H \tag{6-11}$$

4) 物资调用机制

(1) 建立应急保障物资信息库。

根据上述物资整合与分类步骤，建立健全的应急保障物资信息库，按照本章

制定的相关管理制度,在应急领导小组的统一部署下,做好应急保障物资储备。

(2) 加强应急保障物资管理。

通过上述物资配置与维持步骤,加强对应急保障物资的管理。按期检查,使物资质量可靠,库存充足,技术装备定期保养,性能良好。物资能够及时更新补充和维护。

(3) 网络化应急保障物资调用办法。

应急保障物资调用根据"先近后远、满足急需、先主后次"的原则进行。一般情况下,由各职能部门自行制定调用制度。发生需调用多个职能部门储备的应急保障物资,且需由应急指挥中心统一处置并动用的突发事件应急事项时,由应急指挥中心提出调用需求。

(4) 应急保障物资储备不足需征用社会资源的管理办法。

在应急保障物资不足的紧急情况(如Ⅰ级和Ⅱ级应急响应)下,可实行"先征用,后结算"的办法。应急保障物资使用后,由应急指挥中心负责与被征用方接洽落实被征用物资的数目及种类,上报应急领导小组批准后,由财务部门统一结算报销。

4. 资金保障资源管理

资金保障是应急管理的前提,城市轨道交通突发事件应急专项资金是由城市轨道交通所在城市的政府部门牵头设立的关于应急管理所需的资金保障机制。加强应急专项资金的管理是完善应急管理机制的一个重要内容。对于应急专项资金的管理,主要从资金的筹措、资金的使用和监管两个方面着手。

1) 资金的筹措

城市轨道交通应急管理是公共服务的重要内容和范畴。在突发事件应急资金的筹措上,需要做到以下几个方面:

(1) 应急资金多渠道筹措。

可实行政府主导和社会参与相结合的方式进行多渠道筹措,主要由所在城市政府财政预算安排的应急专项资金、轨道交通内部应急建设专项资金、应急资金形成的银行利息、社会捐赠资金和按规定可用于突发事件应急救助的其他资金组成。

(2) 建立应急专项资金账户。

通过多渠道筹措到的应急资金可按照"总量控制、统筹兼顾、专款专用"的原则使用,实行专户储存、专账管理。城市轨道交通在专户中建立应急救助资金专账,用于办理资金的汇集、核拨、支付等业务。同时,负责应急管理的部门要建立健全相关资金管理制度,加强应急专项资金管理。

2) 资金的使用和监管

为做到应急专项资金每一笔都用到实处,提高资金使用效益,应做到以下几个方面:

（1）明确应急专项资金使用范围和使用对象。

应急专项资金主要用于对安全生产运营应急管理体系日常应急管理，应急研究，应急资源建设、维护、更新，应急项目建设及应急准备资金。其他情况下，任何个人、组织不得动用应急资金。

（2）规定应急专项资金使用审批程序。

应急资金可由轨道交通公司财务部进行统一管理，负责应急资金的初审、拨付。各应急部门提交各自应急资金需求和预算上交至财务部进行初审，初审通过后，由集团总经理进一步审核，最终审核批准后由财务部统一拨付。在紧急情况下，为确保应急资金及时到位，可按急事急办的原则给予支付。

（3）加强应急专项资金的监督和检查。

6.4 应急预案管理

城市轨道交通应急预案是指应对轨道交通突发事件如自然灾害、重特大事故、环境公害及人为破坏的应急管理、指挥、救援计划等。它是在辨识和评估潜在的重大危险、事故类型、发生的可能性、发生过程、事故后果及影响严重程度的基础上，对应急组织体系及职能、人员、技术、装备、设施（备）、物资、救援行动及其指挥与协调等方面预先做出的具体安排。它明确了在突发事故发生之前、发生过程中及刚刚结束之后，谁负责做什么，何时做，以及相应的应对策略和资源准备等。

城市轨道交通应急预案一般应建立在综合防灾规划上。应急预案几大重要子系统为：完善的应急组织管理指挥系统；强有力的应急工程救援保障体系；综合协调、应对自如的相互支持系统；充分备灾的保障供应体系；体现综合救援的应急队伍等。

轨道交通应急预案的类型主要有以下几类。

1）应急行动指南

针对已辨识的危险制定应采取的特定的应急行动。指南简要描述应急行动必须遵从的基本程序，如发生情况向谁报告，报告什么信息，采取哪些应急措施。这种应急预案主要起提示作用，对相关人员要进行培训，有时将这种预案作为其他类型应急预案的补充。这种预案较简洁，大都针对现场工作人员，具有手册性质。

2）应急响应预案

针对现场每项设施和场所可能发生的事故情况，编制应急响应预案。应急响应预案要包括所有可能的危险状况，明确有关人员在紧急状况下的职责。这类预案仅说明处理紧急事务的必需的行动，不包括事前要求（如培训、演练等）和事后措施。

3）应急管理预案

应急管理预案是综合性的事故应急预案，这类预案详细描述事故前、事故过程中和事故后何人做何事、什么时候做、如何做。这类预案要明确制定每一项职责的具体实施程序。应急管理预案包括事故应急的 4 个逻辑步骤：预防、预备、响应、恢复。

不同类型的轨道交通应急预案其文本内容一般也不相同，然而应急预案是针对各种可能突然发生的事故所需采取的应急行动而制定的指导性文件，所以无论何种类型的应急预案，其内容要求基本是相同的，即要包括或应该做到：①确定的领导、指挥机构和人员；②具体的通信联络和报告程序；③相关部门和人员的具体行动措施；④部门之间的功能接口和职责划分；⑤所有操作规程必须体现现实性、可行性和科学性。

轨道交通应急预案不仅可以指导轨道交通运营工作人员，特别是专业应急救援人员的日常培训和演习，保证各种应急资源处于良好的备战状态，而且可以指导应急行动按计划有序进行，防止因行动组织不力或现场救援工作的混乱而延误事故应急，从而降低人员伤亡和财产损失。

6.4.1 文件体系

轨道交通应急预案要形成完整的文件体系。通常完整的企业级应急预案由总预案、程序文件、指导说明书和记录四部分构成。轨道交通应急预案包括轨道交通应急总预案，轨道交通专项预案，规定和行动手册，应急行动记录。

1）一级文件为轨道交通应急总预案

它是轨道交通应急预案的整体预案，从宏观和框架上规定和阐述了紧急情况的定义、应急管理政策、应急方针政策、应急预案目标、指导思想和工作原则、应急组织与相应的责任、应急行动的总体思路等内容。通过总预案可以很清晰地了解轨道交通的应急体系及预案的文件体系，更重要的是可以作为轨道交通应急救援工作的基础和"底线"，即使对那些没有预料到的紧急情况，也能起到一般的应急指导作用。另外，根据各类突发公共事件的性质、严重程度、可控性和影响范围等因素，总预案将突发公共事件分为四级，即Ⅰ级（特别重大）、Ⅱ级（重大）、Ⅲ级（较大）和Ⅳ级（一般）。

2）二级文件为轨道交通专项预案

这类文件比总预案具有更强的针对性与可操作性，是针对某种具体的、特定类型的紧急情况，例如，针对危险物质泄漏、火灾、某一自然灾害等的突发事件而制定的，并给出相应的应急措施，内容具体，权责明确。轨道交通专项预案是在总预案的基础上，充分考虑了某特定突发事件的特点，对应急的形势、组织机构、应急活动等进行更具体的阐述，具有较强的针对性。它的目的是为应急行动提供指南，但同时要求程序和格式简洁明了，以确保应急人员在执行应急步骤时不会产生误解。包括明确应急组织与人员，发生事故时该怎么做、由谁去做、什么时间做什么等。

3）三级文件为规定和行动手册

它是在总预案和专项预案的基础上，根据具体情况需要而编制的。它是针对某一具体站段、部门及具体的事件情况，在详细分析的基础上，对应急救援中的特定任务及某个组织或人员的职责和行动详细描述，或对某些设备、设施的使用具体说明，供应急组织内部人员或其他个人使用，如应急队员职责说明书、火灾自动报警系统说明书等，故具有更强的针对性和对现场具体救援活动的指导性。

4）四级文件为应急行动记录

应急行动期间所做的通信记录、每一步应急行动的记录等，以便事后进行事故分析、应急行动评估和资料存档。

6.4.2 分类分级

分类分级是预案研究的核心技术，是预案制定和预案库建立的基础和前提。一般情况下，为了保持应急处置体系的连贯性，轨道交通应急预案的分类是对应于突发事件的分类进行划分的，所以应急预案的分类与突发事件的分类是密切相关的。

1. 意义

将应急预案进行分类和具体细化，可以使事件状况判断和应急方案的设计更具有针对性。简单来说，分类的意义就在于要明确资源介入的种类，确定事件处置的主要机构，为预案的制定和选择提供依据。在分类的基础上，研究确定相应灾害类型下分级的相关要素和影响参数，设定相应的要素模块，再进行分级。突发事件的科学分级可帮助应急人员正确地认识突发事件危险严重度和救援的紧急度。

2. 原则

1）分类原则

不同灾害类型的应急预案与突发事件在初始发生、发展等各个阶段的特点有关，分类的原则体现在：

（1）以大量的突发事件历史资料和历史经验作为分类的依据。

(2）收集突发事件发生时的基本特征要素，选取相关影响变量，一般包括地点类要素变量、起因类要素变量、资源类要素变量三类。传统的分类方法一般只考虑突发事件发生地点和起因的性质类型这两个变量，本书特意加入了资源类型这一变量，这是因为在事件地点和起因既定的情况下，不同类型的突发事件需要的资源类型也不同，有些突发事件用一些常规性装备就能应对，而有些突发事件除了需要常规性装备还必须要求使用特殊装备才可以应对。

（3）根据上述信息确定各类分析数据和基础参数，利用统计的方法从中找出突发事件类别的特点和规律，从而建立应急预案分类体系。此外，应急预案的分类可按多层次来分类，分出大类和小类，形成一个树状分类。

2）分级原则

考虑到突发事件分级的动态性，所以进行预案分级时必须考虑以下原则：

（1）在充分借鉴、分析实际的历史资料和经验的基础上，从应对突发事件的处置流程和机理入手，通过定性和定量相结合的方法来分析突发事件的特征、原因、影响程度等内在规律，提取事件分类分级的评价指标。

（2）强调事前分级，考虑级别对突发事件处置过程的影响，即分级标准与救援的紧急程度紧密联系，要考虑到能影响灾害发展趋势及程度的因素，从而使突发事件等级划分更趋客观和合理。

（3）从系统的角度考虑分级指标的设计和应用，这是因为分类分级受多个因素的影响，其结果不仅仅取决于单个因素的变化程度，还要取决于各个因素的变化对整体级别的影响情况，所以需要结合实际数据和专家经验深入分析各个指标在事件分级中的权重，合理地反映各指标对整体的影响程度，从而建立科学的分级指标体系和分级模型。

（4）事件的分级往往不是一次完成的，而是根据突发事件样本的扩充而不断修改和完善，此时，必须对突发事件进行系统的、动态的分级，即在已建立的分级系统中，突发事件的级数和分级标准都是可调整的。定级具有系统性，主要体现在主观性、客观性和动态性上。

3. 预案分类分级

1）预案分类

通常情况下，为了便于轨道交通应急管理的快速检索、匹配和迎合应急人员的习惯，一般将轨道交通应急预案按照突发事件的种类划分为以下几种：

（1）自然灾害类。包括地震、台风、雷电、洪水、突发地质灾害等影响轨道交通运营的突发事件。

（2）公共事件类。包括在轨道交通运营范围内发生爆炸、毒气、恐怖袭击、火灾、治安事件、公共卫生事件等影响轨道交通运营的突发事件。

(3) 运营生产类。包括行车（事故）类、设备（事故）类等影响轨道交通运营的突发事件。

其中自然灾害类、公共事件类、运营生产行车类被统称为 A 类，运营生产设备类被称为 B 类。

2) 预案分级

城市轨道交通突发应急事件被分为四级：Ⅰ级（特别重大）、Ⅱ级（重大）、Ⅲ级（较大）和Ⅳ级（一般）。依次用红色、橙色、黄色、蓝色表示。所以，对应于突发事件的分级，应急预案也被分成四个等级：Ⅰ级（特别重大）、Ⅱ级（重大）、Ⅲ级（较大）和Ⅳ级（一般）。

6.4.3 预案构成

为了保证各种类型预案之间的整体协调和层次清晰，明确事前、事中、事后过程中相关部门和人员的职责，实现共性与个性、通用性与专业性的结合，宜采用分层次综合应急预案。可划分为三个层次，即综合应急预案、专项应急预案和现场处置预案。此外，预案还包括附件。

1. 综合应急预案

综合应急预案是从总体上阐述处理事故的应急方针、政策，应急组织结构及相关应急职责，应急行动、措施和保障等基本要求和程序，是应对各类事故的综合性文件。

轨道交通综合应急预案编制要素及内容要求见表 6-11。

表 6-11 轨道交通综合应急预案编制要素及内容要求

类别	要素		内容
综合应急预案	一、总则	编制目的	说明预案编制的目的、作用等
		编制依据	简述预案编制依据的法律法规、规章、规范和标准等
		适用范围	说明预案所适用的区域范围，以及事故的类型、级别
		应急预案体系	说明本单位的预案体系构成情况
		应急工作原则	说明本单位应急工作原则，内容简明扼要、明确具体
	二、危险性分析	单位概况	说明单位地址、从业人数、隶属关系、主要工作内容，周边设施、人员分布等
		危险源与风险分析	阐述本单位存在的危险源及风险分析结果

续表

类别	要素	内容
综合应急预案	三、组织机构及职责	应急组织体系	说明应急组织形式，构成单位或人员等
		指挥机构及职责	说明应急救援指挥机构总指挥、副总指挥、各成员单位及其相应职责；应急救援工作小组及工作任务与职责
	四、预防与预警	危险源监控	说明本单位对危险源监测监控的方式、方法及采取的预防措施
		预警行动	说明事故预警的条件、方式、方法和信息的发布程序
		信息报告与处置	说明事故及未遂伤亡事故信息报告及处置办法
	五、应急响应	应急分级	根据事故危害程度、影响范围和单位控制事态的能力，明确应急响应级别
		响应程度	根据事故的大小和发展态势，明确应急指挥、应急行动、资源调配、应急避险、扩大应急等响应程序
		应急结束	明确应急终止的条件、事故情况上报事项、向事故调查组处理小组移交的相关事项、应急救援总结报告
	六、信息发布	信息发布	明确事故信息发布的部门和发布原则
	七、后期处置	后期处置	包括污染物处理、事故后果影响消除、生产恢复、善后赔偿、抢险过程和应急救援能力评估、预案修订等
	八、保障措施	通信与信息保障	明确应急工作关联的人员、单位通信联系方式，并提供备用、维护方案
		应急队伍保障	明确各类应急的人力资源，包括专业、兼职队伍的组织与保障方案
		应急物资装备保障	明确应急物资和装备的类型、数量、性能、存放位置、管理责任人及联系方式等
		经费保障	明确应急经费的来源、使用范围、数量和监管措施
		其他保障	与应急相关的保障措施，如交通、治安、技术、医疗、后勤保障等
	九、培训与演练	培训	明确对相关人员应急培训计划、方式和要求
		演练	明确演练的规模、方式、频次、范围、内容、组织、评估、总结等
	十、奖惩	奖惩	明确应急工作中的奖励和处罚的条件和内容
	十一、附则	术语和定义	对预案涉及的主要术语进行定义
		预案备案	明确预案报备部门
		维护和更新	明确预案维护和更新的基本要求
		制定与解释	明确预案负责制定与解释的部门
		预案实施	明确预案实施的具体时间

2. 专项应急预案

专项应急预案是针对轨道交通发生的财产损失和较大负面影响的大客流冲击、车辆故障、供电系统故障、机电设备故障、通信和信号系统故障、线路设备故障、土建设施毁坏、火灾、水灾、恶劣天气、爆炸事件、恐怖袭击等事件而制定的预案，是综合应急预案的组成部分，按照综合应急预案的程序和要求制定，并作为综合应急预案的附件。专项应急预案应制定明确的救援程序和具体的应急救援措施。

轨道交通专项应急预案编制要素及内容要求见表6-12。

表6-12 轨道交通专项应急预案编制要素及内容要求

类别	要素		内容
专项应急预案	一、事故类型和危害程度分析		在危险源评估的基础上，对其可能发生事故类型、季节、严重程度进行确定
	二、应急处置基本原则		明确处置事故应当遵循的基本原则
	三、组织机构及职责	应急组织体系	明确应急组织形式，构成单位和人员
		指挥机构及职责	明确总指挥、副总指挥、各成员单位及人员职责；应急救援工作小组和工作任务及主要负责人职责
	四、预防与预警	危险源监控	明确危险源监控方式、方法及采取的预防措施
		预警行动	明确预警条件、方式、方法和信息发布程序
	五、信息报告程序		确定报警系统、程序及现场报警方式；确定值班信息沟通、通信及联络方式；明确相互认可的通告、报警形式和向外部求援的方式
	六、应急处置	响应分级	根据事故危害程度、影响范围和单位控制事态的能力，设定事故的不同等级，明确应急响应级别
		响应程序	根据事故的大小和发展态势，明确应急指挥、应急行动、资源调配、应急避险、扩大应急等响应程序
		处置措施	根据事故类别和可能发生的事故特点、危险性，制定相应的应急处置措施
	七、应急物资与装备保障		明确应急处置所需的物资与装备数量、管理和维护、正确使用等

3. 现场处置预案

现场处置预案是针对具体的装置、设施、岗位或场所所指定的应急处置措施，是作业人员实施应急工作的基本依据，内容具体、实用、针对性强，是专项应急预案的支持性文件。现场处置预案应根据风险评估及危险性控制措施逐一编制，做到事故相关人员应知应会，熟练掌握，并通过应急演练，做到迅速反应、正确处置。

轨道交通现场处置预案编制要素及内容要求见表 6-13。

表 6-13　轨道交通现场处置预案编制要素及内容要求

类别	要素	内容
现场处置预案	一、事故特征	危险性分析、可能发生的事故类型；事故发生的区域、地点或装置名称；事故可能发生的季节和造成的危害程度；事故前可能出现的征兆
	二、应急组织与职责	基层单位应急自救组织形式及人员构成,应急自救组织机构及相关人员的具体职责
	三、应急处置	事故应急处置程序；现场应急处置措施；报警电话及上级管理部门、相关应急救援单位和人员联系方式；事故报告内容和基本要求等
	四、注意事项	个人防护用品及抢险救援器材使用、采取救援对策或措施、现场自救和互救、现场应急处置能力确认和人员安全防护、应急结束后及特别警示等的注意事项

4. 附件

附件包括各单位抢险救援物资设备列表、运营线周边相关资源附图等。

轨道交通应急预案附件编制要素及内容要求见表 6-14。

表 6-14　轨道交通应急预案附件编制要素及内容要求

类别	要素	内容
预案附件	有关应急机构或人员联系方式	列出应急工作中需要联系的有关部门、机构或人员的联系方式
	重要物资装备名录或清单	列出预案涉及的重要物资和装备名称、型号、存放地点和联系电话
	规范化格式文本	信息接收、处理、上报等规范化表格、文本
	关键路线、标识和图纸	包括警报系统分布及覆盖范围、重要防护目标一览表及分布图、应急救援指挥位置及救援队伍行动路线、疏散路线、重要地点标识、相关平面布置图纸及救援力量的分布图纸等

6.4.4　预案管理

应急预案是应急管理的基础性工作，在突发事件应对中发挥着重要作用。应急预案管理是指对应急预案编写、使用和修订的全过程的管理，包括对潜在的风险因素进行分析，预测其发展趋势，为可能发生的突发事件制定处置方案，在实施中根据事态发展调整行动方案，并在事后根据应用效果对预案进行修订的过程进行管理。具体地讲，应急预案管理的主要环节包括预案的编制与生成、培训与演练、评估与修订、实施与调整等。应急预案的管理能力和水平对突发事件处置效果有很大影响。

1. 编制与生成

1）编制的依据

（1）法律法规及相关文件。

《中华人民共和国安全生产法》《中华人民共和国消防法》《中华人民共和国突发事件应对法》《生产安全事故报告和调查处理条例》《国务院关于特大安全事故行政责任追究的规定》《城市轨道交通运营管理规定》《国家突发公共事件总体应急预案》《国家处置城市地铁事故灾难应急预案》《突发事件应急预案管理办法》及有关法律法规。

（2）标准。

《地铁设计规范》（GB 50157—2013）、《城市轨道交通直流牵引供电系统》（GB/T 10411—2005）、《地下铁道工程施工质量验收标准》（GB/T 50299—1999）、《城市公共交通标志 地下铁道标志》（GB/T 5845.5—1986）、《生产经营单位安全事故应急预案编制导则》（GB/T 29639—2020）等。

2）编制的工作准则

应急预案的制定是一种进攻性的行为，它规定了行动的具体目标，以及为实现这些目标所做的所有工作安排。它要求制定者不仅要预见到事发现场的各种可能，而且要针对这些可能拿出具体可行的解决措施，达到预定的目的。讨论应急预案制定原则的意义在于通过分析应急管理预案的功能、特征和制定过程为轨道交通公司相关部门机构提供应急预案制定的参考性建议。

3）应急预案体系框架

应急预案可根据突发事件的类型、事件所在的区域和事件发生所在单位进行定义。就基本内容而言，一个完整的应急预案框架通常应该主要包括总则、事故类型和危害程度分析、应急处置基本原则、应急组织机构及职责、预防与预警、信息报告程序、应急处置、应急保障、附则、附录。这十个方面共同构成了轨道交通预案的要件，它们之间相互联系、互为支撑，共同构成了一个完整的应急预案框架。其中，应急组织机构及职责、应急处置、应急保障是应急预案的重点内容，也是整个预案编制和管理的难点所在。

4）编制流程

应急预案编制工作流程图如图 6-5 所示。

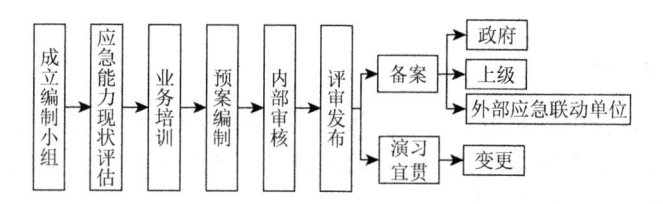

图 6-5 应急预案编制工作流程图

5）应急预案编制组织管理

按照《中华人民共和国安全生产法》《中华人民共和国突发事件应对法》等法律、法规的要求，运营公司的应急预案编制是公司主要负责人的责任。以南京为例，南京地铁应成立由公司最高管理层主要负责人组成的应急领导小组，作为应急工作的领导机构。在公司应急领导小组的领导下，成立由公司分管安全的领导任组长、安全保卫部（以下统称为"安保部"）领导任副组长的应急预案编制领导小组，负责预案编制工作的总协调和把关。在预案编制领导小组直接领导下，成立的预案编制小组或工作组，具体负责应急预案编制的各项工作。应急预案编制组织的管理如图 6-6 所示。

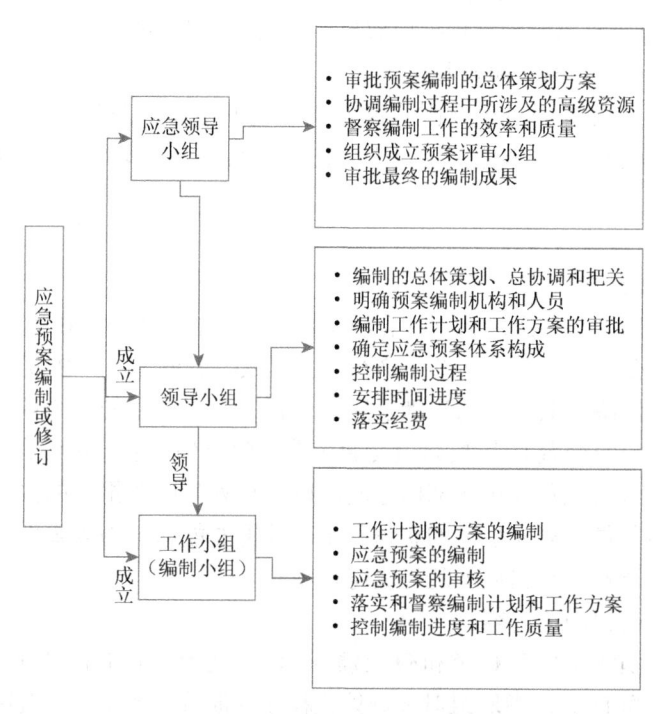

图 6-6 应急预案编制组织的管理

2. 培训与演练

预案编制完成后，要想真正发挥作用，必须让所有相关部门和人员都熟悉预案的相关内容，熟悉并能很好承担各自在预案中的职责任务。为此，必须定期、不定期地开展预案培训和演练。

1）培训与演练概述

（1）培训与演练的作用和目的。

预案培训与演练是为了培养、检验相关部门和人员按照预案履行各自职责，协同应对突发事件的能力，使有关人员明确一旦事故发生，他们应该做什么，能够做什么，如何去做，以及如何与其他应急部门和人员协调工作。另外，还能在培训过程中发现预案的漏洞和缺陷，以及是否存在与现实脱节和不适用之处，从而加以补充和改进，避免在真正的事件应急时产生失误。

（2）培训与演练的原则和范围。

应急救援培训与演练的指导思想应以加强基础、突出重点、边练边战、逐步提高为原则。应急培训与演练的基本任务是锻炼和提高整个应急系统在突发事件下的快速反应、协调联动能力以尽快恢复运营，正确指导和帮助群众防护或撤离，有效消除危害后果、提升急救和伤员转送等应急救援技能和应急反应综合素质，有效降低事故危害，减少事故损失。

应急培训及演练的对象范围应覆盖整个轨道交通应急处置体系中所可能涉及的人员，主要包括：全体员工、专业应急救援队伍、轨道交通乘客、政府相关部门。

2）培训与演练内容

（1）专项演练内容。

专项演练属于公司级的大型综合演练范畴，一般分为 A、B 类，其中 A 类指自然灾害类、公共事件类和运营生产行车（事故）类的演练，B 类指运营生产设备（事故）类演练。其演练内容涉及应急处置中可能发生的各个环节（即事前、事中和事后的应急处置），需要轨道交通多数部门及外部应急组织参与配合。这种演练方式重点考察运营公司各部门之间，以及与外部应急组织的快速反应性和协调联动性，培养员工居安思危的意识和正确处置的能力，力求事件发生时，所有应急处置人员能够做到临危不乱、快速有序。

（2）现场处置演练内容。

现场处置演练主要有 C 类和 D 类演练，C 类是指依靠中心自身力量能够处置的方案演练，而 D 类是指班组对现场处置程序的演练，属于更小范围的轨道交通专项演练，只在班组内部进行，无需班组所在部门的员工均参与。轨道交通应急专项演练的内容更具针对性和专一性，通常只涉及轨道交通突发状况时的某一个专业领域,旨在检验某项或数项应对措施、行动的应急功能,考核应急人员的操作熟练度和专业素养。

3)培训与演练计划

制定培训与演练计划是轨道交通应急预案演练准备的第一步,根据演练计划,运营公司可以清晰地知道本阶段所有演练的任务和需达到的目标。演练计划的内容主要包括演练的目的、方式、时间、地点、日期安排、演练策划领导小组组成、经费预算和保障措施等。

定期演练的专项应急预案和现场处置方案年度演练计划由各相关部门制定并填写《应急预案演练计划申报表》上报安保部;不定期演练计划由安保部自行制定,不可提前外泄。然后安保部牵头编制公司专项应急预案年度演练计划,报公司安委会审核后发布,各单位按计划实施;各单位现场处置方案的演练按计划自行组织实施。各应急预案原则上每年至少演练一次,应急演练应做到全员覆盖。

4)培训与演练实施

演练实施是将应急预案付诸行动的过程,是整个演练程序的核心环节。应急演练由于是由许多机构和组织共同参与的一系列行为和活动,其组织与实施是一项非常复杂的任务,建立应急演练策划小组(或领导小组)是成功组织开展应急演练工作的关键。策划小组应由安保部组织成立,由多种专业人员组成,包括来自消防、公安、医疗急救、应急管理、气象部门的人员,以及新闻媒体、交通运输单位的代表等;必要时,一些特殊的应急组织或机构也可派出人员参加策划小组。为确保演练的成功,参演人员不得参加策划小组,更不能参与演练方案的设计。

综合性应急演练的过程可划分为演练准备阶段、演练实施阶段和演练总结阶段 3 个阶段,各阶段的基本任务如图 6-7 所示。演练的过程需记录在《应急演练记录卡》上。

5)培训与演练评估

对各岗位人员应急处置程序、响应时间、系统设备工况、演练方案、演练实效及应急预案的适用性进行评估,并填写《应急预案演练评估报告》报演练策划方,总结分析应急处置过程、演练过程及应急预案存在的问题,并提出改进措施。

3. 评估与修订

1)预案评估

因为应急预案所应对的风险是动态变化的,应急预案实施所需要的资源情况也是动态变化的,要保持预案的针对性和有效性,必须建立定期预案评审机制,对应急预案进行科学系统的评估,全面梳理分析其薄弱环节,指明修订改进的方向和关键因素,这样预案修订工作才能有的放矢。

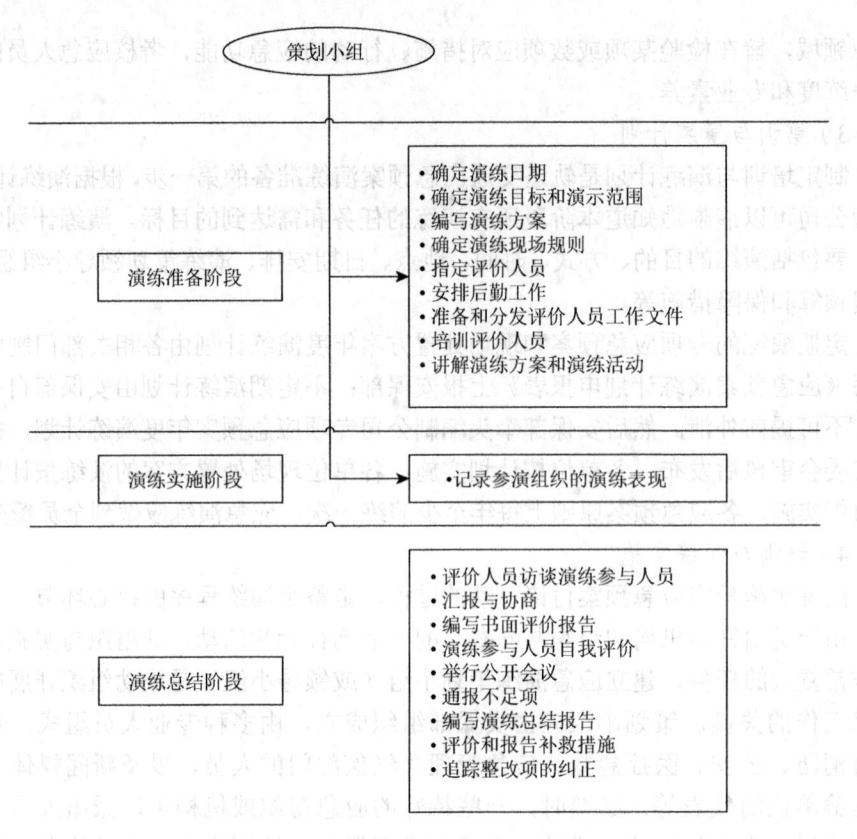

```
                    ┌─────────────┐
                    │  策划小组    │
                    └──────┬──────┘
                           │
    ┌──────────────┐       │     ┌────────────────────────────┐
    │              │       │     │ • 确定演练日期              │
    │              │       │     │ • 确定演练目标和演示范围    │
    │              │       │     │ • 编写演练方案              │
    │ 演练准备阶段 │───────┼────▶│ • 确定演练现场规则          │
    │              │       │     │ • 指定评价人员              │
    │              │       │     │ • 安排后勤工作              │
    │              │       │     │ • 准备和分发评价人员工作文件│
    │              │       │     │ • 培训评价人员              │
    │              │       │     │ • 讲解演练方案和演练活动    │
    └──────────────┘       │     └────────────────────────────┘
                           │
    ┌──────────────┐       │     ┌────────────────────────────┐
    │ 演练实施阶段 │───────┼────▶│ • 记录参演组织的演练表现    │
    └──────────────┘       │     └────────────────────────────┘
                           │
    ┌──────────────┐       │     ┌────────────────────────────┐
    │              │       │     │ • 评价人员访谈演练参与人员  │
    │              │       │     │ • 汇报与协商                │
    │              │       │     │ • 编写书面评价报告          │
    │ 演练总结阶段 │───────┴────▶│ • 演练参与人员自我评价      │
    │              │             │ • 举行公开会议              │
    │              │             │ • 通报不足项                │
    │              │             │ • 编写演练总结报告          │
    │              │             │ • 评价和报告补救措施        │
    │              │             │ • 追踪整改项的纠正          │
    └──────────────┘             └────────────────────────────┘
```

图 6-7 应急演练实施的基本过程

a. 评估目的

国际上一种前沿观点认为，过去以应急处置为核心，现在应该转移到以应急准备为重点，即使发生事故也不致造成严重伤亡。所以应急预案评估的目的是提高政府及企事业单位的应急准备能力，发现预案中的问题，并针对性地提出预案修订建议，完善预案，使预案能够成为政府及企业单位的应急准备能力的指导性文件。

b. 评估模式

预案评估采取头脑风暴的研讨模式，邀请预案内容所涉及的专家和相关部门人员进行座谈，依据相关标准要求，对预案的结构、内容等进行逐一对照讨论，分析预案中规定的任务是否符合实际情况，现有应急准备是否满足其需要。最终将意见汇总，完善预案。

c. 评估内容

借鉴美国、德国等发达国家的预案评估方面的经验，依据我国预案体制的现状，总的说来，预案评估可从五大方面入手，评估内容介绍详见表 6-15。

表 6-15 评估内容介绍

内容	详细介绍
完整性	包括预案结构和内容的完整性。一是对预案的文本结构的科学性和灵活性方面的界定，整个预案体系的结构状况的合理性分析。二是对预案内容的分析，预案内容包括：所有需要完成的任务；所有应具备的必要的应急反应能力；提供应急反应行动各个方面和一系列程序（即如何行动、何时行动、由谁指挥等）；确定成功的标准和预期的结果；估计实现目标所需时间
充分性	一个编制完善的应急预案，是建立在充分的风险评估基础之上的。如果预定的应急响应目标和能力可以有效确定，并完成其中关键性的任务，那么，该预案就是充分的
可行性	应急预案的承担机构或部门能否在预案设置的时间内，利用现有的资源履行指定的职责，并完成重要任务。这些机构或部门应根据任务，分配现有的内、外部资源，并跟踪资源的状态（归属、是否可利用等）
可接受性	确保在现有的资源条件下，预案的执行者能够履行自己的职责，尽量避免产生人员、设备物资或时间方面的额外风险。如果资源需求规模与任务要求成正比，那么预案可以根据资源的成本予以调整
规范性	一是预案内容符合我国现行应急预案法规政策标准和国家、地方上位应急预案的要求，以及相关预案间的衔接性；二是预案形式符合相关要求

d. 评估依据

（1）国家和地方有关重大事故应急法规、标准和政策。

国家和地方颁布的有关应急法规、政策等相关文件是原则性标准，任何预案的设定都要符合法律法规的要求，按照国家规定的方针政策进行编写，所以以此作为对照评估的一种标准，体现预案的符合性。

（2）上位应急预案。

主要指国家层面、上级部门等颁发的一些突发事件综合应急预案，如国家自然灾害救助应急预案、国家防汛抗旱应急预案、国家地震应急预案等。依据上位应急预案中的内容结构设置、任务设置等对照所需评估的预案，发现问题。

（3）发达国家先进的应急管理理念和方法。

可参考《美国国家事故管理系统》（*National Incident Management System*，NIMS）、《美国全国准备指南》（*National Preparation Guide*，NPG）（101），《通用任务一览表》（*Universal Task List*，UTL）等相关文件，特别是UTL中，明确对可能发生的任何突发事件在应急预案中需体现出的任务进行了归纳总结。

（4）相关研究成果。

演练评估结论主要是预案经过演练的压力测试后反映出来的一些问题总结，演练是对预案可行性的最好检验方式。预案中设定需要对预案开展定期的演练工作，在演练中会产生一些问题，如应急指挥不当、各个部门不知如何采取行动、应急处置措施不恰当等问题，在预案中分别是在应急指挥系统建立、各职责部门分工、应急处置措施设置等方面存在问题，需针对性解决，所以以演练评估结论等相关研究成果作为评估标准，体现预案的可行性。

(5) 案例分析。

通过一些真实事故发生的案例，根据其事故发生到事故处置结束整个过程中预案发挥的作用及其没有发挥作用的地方，找出预案中存在的不足。

e. 评估组织

待评估的应急预案一般有两种：一是刚编制完成的应急预案；二是已投入使用的应急预案。预案的评估方暂定由预案编制评审小组担任，评审小组负责人可定期或不定期地更换成员，以保证评估思维的多样性，进而及时发现新问题。

2) 预案修订

预案评估的主要应用就是进行预案修订。应急预案不是一成不变的，必须与时俱进。一定意义上，应急预案的生命力和有效性就在于不断地更新和改进。

(1) 修订时机。

对于预案修订的时机，目前主要有两种规定，一种是定期修订，这种期限可能是在本预案自身的附则中规定的，也可能是在相关预案管理办法中规定，其主要目的是保持预案的针对性和有效性而采取的一种保底的做法。另一种是适时修订，主要在预案所依据的法律、法规、规章和标准发生变化、相关组织机构及其职责调整、危险源、危险区域发生变化、演练或应急处置评估总结发现较大问题时，需及时对预案进行修订。无论是定期修订还是适时修订，修订的方向和内容都来自预案评估结果。目前预案评估机制尚远未建立完善，预案修订工作的有效性也必然受到很大影响。

(2) 修订标准。

《中华人民共和国突发事件应对法》第17条第4款规定，应急预案制定机关应当根据实际需要和情势变化，适时修订应急预案。应急预案的制定、修订程序由国务院规定。但有关应急预案的修订条件和程序，至今没有专门的规定。安全监管总局等七部委发布的《关于加强企业应急管理工作的意见》中原则性地规定："各企业要根据有关法律、法规、标准的变动情况，应急预案演练情况，以及企业作业条件、设备状况、产品品种、人员、技术、外部环境等不断变化的实际情况，及时评估和补充修订完善预案。"许多应急预案中仅有一句非常原则的规定。由于修订程序的欠缺，加之预案的修订工作尚未引起许多机关的重视，实践中对已经制定的预案进行修订的情况较为少见。

(3) 修订依据。

参照国务院办公厅发布的《突发事件应急预案管理办法》相关文件，结合轨道交通应急预案的特殊性，总结了以下几种情形需要及时修订轨道交通应急预案：①有关法律、行政法规、规章、标准、上位预案中的有关规定发生变化的；②应急指挥机构及其职责发生重大调整的；③面临的风险发生重大变化的；④重要应急资源发生重大变化的；⑤预案中的其他重要信息发生变化的；⑥在突发事件实际应对和应急演练中发现问题需要作出重大调整的；⑦通过定期预案评估机制发现问题需要做出重大调整的；⑧应急预案制定单位认为应当修订的其他情况。

(4) 修订组织。

为了应急预案管理的简便性和统一性，预案修订任务宜由曾负责该预案编制的编制组负责，这样安排的好处有两点：一是易于管理和节省人力资源；二是编制组对预案较为熟悉，修订效率更高。

4. 实施与调整

预案编制是基础，预案实施是目的。虽然应急预案经过多次模拟演练，但终究不是实战，很难模拟出真正的突发场景，所以一切的应急准备都是为实战而服务的，实战是检验轨道交通应急预案是否被落实到实处的最后的也是最有效的一道程序。在预案实施过程中，可根据应急实际情况予以调整，形成最佳处置方案。应急预案是应急处置过程的指导性文件，是应急处置成败的关键，预案实施的过程也是应急处置的过程。

应急预案实施流程图如图 6-8 所示。

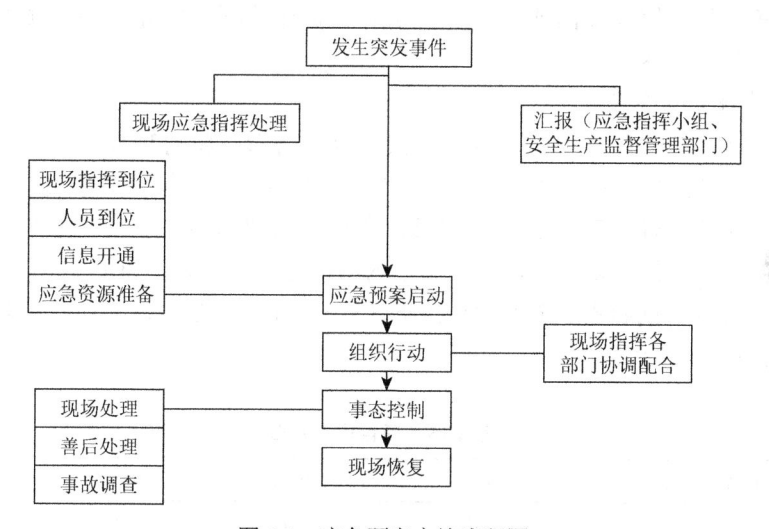

图 6-8 应急预案实施流程图

6.4.5 有效性分析

6.4.1～6.4.4 节内容分别对轨道交通应急预案的编制、演练、实施、评估与修订等一整套流程进行了研究，梳理了应急预案管理的重点，而预案制定后是否有效，能否达到预期的目标，需要用科学的评价方法对预案进行有效性评价。本节着重介绍了通过责任分解方法建立应急程序和应急人员间的责任矩阵评价，以及采用故障树分析法计算不完备度的完备性评价这两种分析方法,以供轨道交通应急预案管理人员参考。

1. 责任矩阵评价

在轨道交通突发事件应急处置过程中,由于各自的责任不明确,部门或者责任人无法高效有序地开展应急工作、责任落实不详、无法严格执行的根源问题与我国现处于的经济社会阶段有着非常紧密的联系。我国正处于高速发展的阶段,国家应急法制、监管制度相对不完善,安全文化等缺失,导致突发状况发生时,无法高效合理地进行预警与响应。尤其是组织结构责权不明,无法形成统一的调度。因此为了落实各部门安全管理,可以在应急预案编制中明确部门职责,明确第一责任人、主要责任人和相关责任人。一个完整的应急预案应该是内容完备、结构清晰、职责分明,具有很强的可操作性,为了保证应急响应及时、高效的开展,本节引入项目管理中的责任矩阵(responsibility matrix)。将责任矩阵引入到应急管理中,可以把应急过程中涉及的各个应急部门或人员进行责任分配,使各部门或人员分工明确、责任清晰,并建立应急预案中责任矩阵的标准化体系。

1)责任矩阵介绍

责任矩阵是项目管理中的重要工具,以表格形式将每项任务责任到人。角色、任务和责任是责任矩阵的 3 个要素,一个项目一般包括多个相互衔接的任务,每个任务都有相应角色负责完成,在矩阵纵列列出项目中的每个任务,横排写出项目所需各种角色,在其交叉格内写出这个角色对当前任务的责任关系,用字母 A 表示审批职责,R 表示直接责任职责,I 表示参与职责,构建项目责任矩阵如表 6-16 所示。

表 6-16 项目责任矩阵

任务分解包	角色 1	角色 2	角色 3	…
任务 1	R	I	I	
任务 2	R	R	R	
任务 3	A	R	I	
…				

建立责任矩阵能清楚显示项目中各项任务中每个角色的职责,使项目人员分工明确,各司其职。同时对责任矩阵横向和纵向进行检查,可以发现每个任务需要的角色配置,以及每个角色在各项任务中的职责,有利于从宏观上看清任务、角色的设置是否恰当,必要时进行调整和优化,确保项目进展顺利。

2）应急预案中责任矩阵的构建

根据以上责任矩阵 3 要素的分析，应急预案责任矩阵的建立包括 3 个步骤：①确定角色；②把应急过程分解成多个相衔接的任务；③进行部门和人员责任划分。

应急预案中的应急过程可以分解为预防与应急准备、监测与预警、应急响应、后期处置 4 个分项任务，按照自上而下逐层分解的方式构建任务分解包。公路轨道交通突发事件应急预案中的任务分解包如表 6-17 所示。

表 6-17　应急预案中应急过程的任务分解包

应急过程	任务分解包	任务说明
预防与应急准备	宣传教育	开展应急知识的宣传普及活动
	培训演练	包括对应急人员的培训，根据应急预案进行演练和评估检验等
	组建应急救援队伍	根据各自职责组建应急救援队伍
	联系技术专家	对应急救灾进行技术指导
	建立应急信息通信网络	包括事件信息、应急人员信息、应急物资信息、应急通信信息等
	储备应急物资	根据物资储备制度的规定，储备一定的物资
	救灾资金筹办	准备救灾基金，为救援过程提供财力保障
	风险评估	对事件发生风险进行评估
	制定和管理应急预案	包括应急预案的编制、管理及其更新等
	监督检查	监督检查在应急处置过程中的违法违纪现象
监测与预警	建立监测预警系统	包括事件信息监测的硬件、软件支持
	信息的监测	对事件信息进行监测，并及时、客观地向上级报告并接收上级回复信息
	信息的汇总和分析	对事件信息进行汇总，评估损失，并对其发展趋势作出预测
	预警信息的发布	确定预警级别，并发布公告
应急响应	先期处置	事件发生前期的应急处置工作
	分级响应	确定事件的级别，启动相应应急预案
	应急启动	包括指挥与协调，应急物资调度等
	抢险救护	对损坏的设施设备进行抢险，以及受伤乘客的救护等
	其他相关线路保畅和应急协调	保障相关线路畅通运营，以及实施附近区域线路行车协调的措施等，以疏散故障点的乘客
	信息发布与新闻报道	包括事件信息、事件影响程度信息、运营信息及对外公告等的发布
后期处置	应急结束	确认应急结束，并发布应急结束公告
	现场恢复	撤除人员和设备，恢复正线运营
	调查与总结	包括事件损失评估报告、事件总结、应急总结等

由于轨道交通突发事件应急过程中人员责任与项目管理有所不同,需要对责任进行重新划分。轨道交通突发事件应急过程中每项任务可以由一个或多个角色完成,每个角色的职责也各不相同,分为4种责任:直接责任R、支持S、建议A、约束P。

直接责任:在任务中负主要责任,能根据情况变化合理指挥相关行动、协调相关人员、调配所需资源,用符号R(responsibility)表示。

支持:参与任务执行,提供任务所需的人员、物资等后勤保障,用符号S(support)表示。

建议:根据专业知识为任务提供信息和科学的意见,用符号A(advice)表示。

约束:不直接参与任务过程,但对任务进行有强制性影响,可以是上级部门,也可以是利益相关部门,用符号P(press)表示。

责任矩阵的评价准则为:

(1)每一项任务有且只有一个角色负责(即$\Sigma R = 1$,ΣR是某项任务中处于R地位的角色个数)。

(2)每个角色至少参与到一个任务中(即$\Sigma r + \Sigma p + \Sigma a + \Sigma s \geqslant 1$,$\Sigma r$,$\Sigma p$,$\Sigma a$,$\Sigma s$是某一角色在整个应急过程中处于$R$,$P$,$A$,$S$地位的任务个数)。

针对特定的应急预案,通过分析角色在应急过程每项任务中的责任地位,可以利用坐标图把角色的责任用图形形式直观地表达出来,角色责任分配坐标图如图6-9所示。

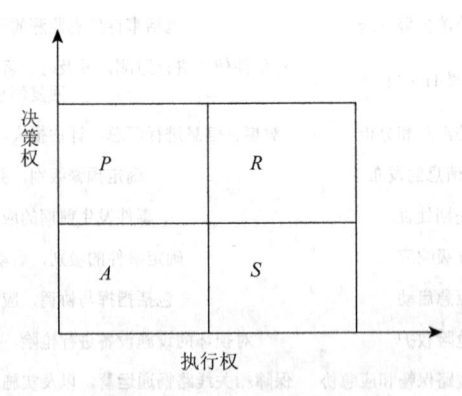

图6-9 角色责任分配坐标图

2. 完备性评价

应急预案的完备性是对待评价的预案进行完备度评价,需要明确是否完备,哪里需要改善。相关工作人员无法对上述问题进行量化回答,究其原因是预案的设计和评价过多地依靠经验主义,多出自主观感觉,这些问题将直接导致预案无法进行科学评价和针对性改良及广泛应用,也无法进行针对性的预案修缮工作。相关学者针对上述现象,提出了完备性研究,高度重视应急预案的完备性设计与研究,并指出完备性应当成为行业标准,是后续预案设计的理论依据和参考标准。一些学者针对故障树分析(fault tree analysis,FTA)方法对完备性问题进行研究,本研究采用故障树分析法建立轨道交通应急预案标准故障树,确定基本事件集合,以及各基本事件的权重,通过比较待评价应急预案与应急预案标准故障树的基本事件集合,得出待评价应急预案缺失的基本事件,并根据缺失的基本事件及其对应的权重,计算待评价应急预案的不完备度。

1)故障树介绍

故障树是一种用符号描述系统中各种事件因果关系的倒立树状逻辑关系图,图中的符号有事件符号、逻辑门符号和转移符号。

故障树的主要符号如表 6-18 所示。

表 6-18　故障树的主要符号

符号	说明
○	基本事件:根据研究目的,不需要再次拆分分析的事件
□	顶上事件或中间事件:根据研究目的,需要继续向下拆分进行分析的事件
与门 A，$B_1 \cdots B_n$	$B_i(i = 1, 2, \cdots, n)$为门的输入事件,A 为门的输出事件,只有 B_i 同时发生时,A 才会必然发生。逻辑关系用逻辑"与门"描述,逻辑表达式为 $A = B_1 \cap B_2 \cap B_3 \cap \cdots \cap B_n$
或门 A，$B_1 \cdots B_n$	当输入事件中有任意一个发生时,输出事件 A 发生。逻辑关系用逻辑"或门"描述,逻辑表达式为 $A = B_1 \cup B_2 \cup B_3 \cup \cdots \cup B_n$

2)应急预案标准故障树的建立

建立应急预案的标准故障树是故障树分析方法的关键,只有确定标准故障树的基本事件集合,以及各基本事件的权重,待评价应急预案才能与之进行对比分析,根据缺失的基本事件及其对应的权重,计算得出待评价应急预案的不完备度。

应急预案的标准故障树建立步骤图如图 6-10 所示。

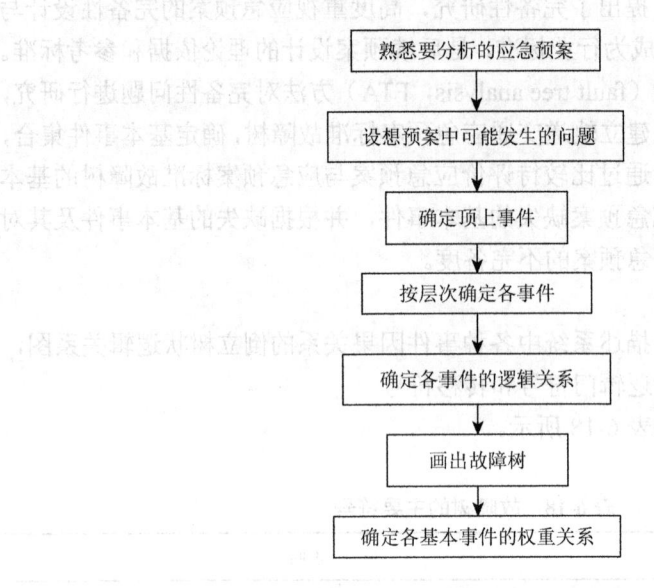

```
熟悉要分析的应急预案
        ↓
设想预案中可能发生的问题
        ↓
    确定顶上事件
        ↓
   按层次确定各事件
        ↓
  确定各事件的逻辑关系
        ↓
     画出故障树
        ↓
 确定各基本事件的权重关系
```

图 6-10　标准故障树建立步骤图

"应急预案不完备"的发生是"未进行预防与应急准备""未进行监测与预警""未进行应急响应""未进行后期处置"导致的结果，如图 6-11 所示。

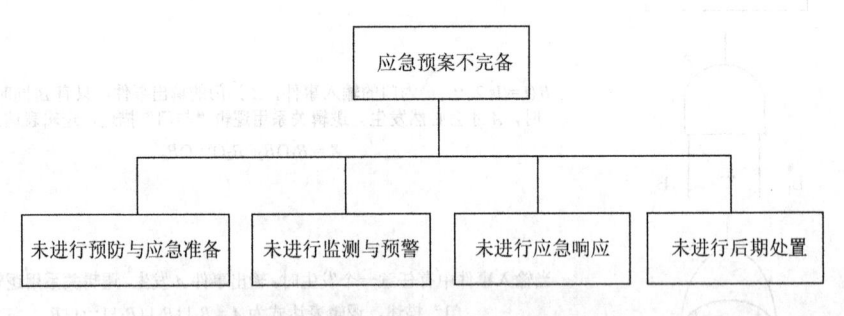

```
              应急预案不完备
    ┌─────────┬─────────┬─────────┐
未进行预防  未进行监测  未进行应急  未进行后期
与应急准备  与预警      响应        处置
```

图 6-11　应急预案故障树的主要组织结构

可能导致"未进行预防与应急准备""未进行监测与预警""未进行应急响应""未进行后期处置"发生的所有问题事件，预防与应急准备的组织结构如图 6-12 所示。

将图 6-12 和图 6-13 组合起来就是一个完整的应急预案标准故障树，这里就不再重新画出。为了便于记录，可将各事件由事件符号表示，符号与事件对应关系表如表 6-19 所示。

第 6 章　城市轨道交通应急处置体系设计

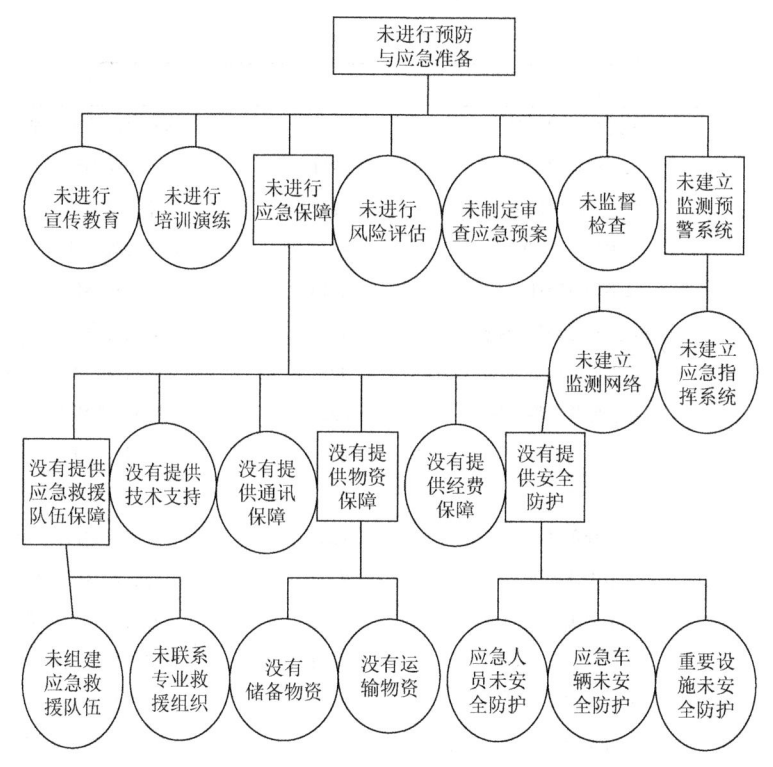

图 6-12　预防与应急准备的组织结构

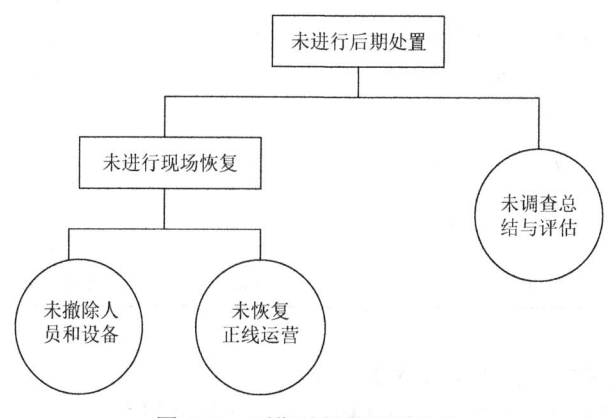

图 6-13　后期处置的组织结构

表 6-19　符号与事件对应关系表

符号	事件	符号	事件
A	应急预案不完备	A2	未进行监测与预警
A1	未进行预防与应急准备	A3	未进行应急响应

续表

符号	事件	符号	事件
$A4$	未进行后期处置	$A172$	未建立应急指挥系统
$A11$	未进行宣传教育	$A211$	未监测现场
$A12$	未进行培训演练	$A212$	未上报事件信息
$A13$	未进行应急保障	$A213$	未接收事件信息
$A14$	未进行风险评估	$A214$	未确认事件信息
$A15$	未制定与审查应急预案	$A221$	未进行事件评估
$A16$	未监督检查	$A222$	未分析事件发展趋势
$A17$	未建立监测预警系统	$A231$	未对事件预警分级
$A21$	未监测信息	$A232$	未发布预警信息
$A22$	未进行信息分析	$A321$	未对响应进行分级
$A23$	未进行预警行动	$A322$	响应未进行升降级
$A31$	未先期处置	$A331$	未进行指挥和协调
$A32$	未分级响应	$A332$	未进行应急物资调度
$A33$	未进行应急启动	$A341$	未进行周边线路保畅
$A34$	未进行应急处置	$A342$	未抢险救护
$A35$	未宣布应急结束	$A343$	未信息发布与报道
$A41$	未进行现场恢复	$A411$	未撤除人员和设备
$A42$	未调查与总结	$A412$	未恢复正线运营
$A131$	没有提供应急救援队伍保障	$A1311$	未组建应急救援队伍
$A132$	没有提供技术支持	$A1312$	未联系专业救援组织
$A133$	没有提供通信保障	$A1341$	没有储备物资
$A134$	没有提供物资保障	$A1342$	没有运输物资
$A135$	没有提供经费保障	$A1361$	应急人员未安全防护
$A136$	没有提供安全防护	$A1362$	应急车辆未安全防护
$A171$	未建立监测网络	$A1363$	重要设施未安全防护

3）标准故障树各基本事件权重的确定

在标准故障树中，从故障树的结构可以确定每个基本事项对顶上事件的权重。

$$p(e_i) = \begin{cases} 1 & e_i\text{为顶上事件} \\ p(e_j) & e_i\text{不是顶上事件，逻辑关系为"或"} \\ \dfrac{1}{t} \times p(e_j) & e_i\text{不是顶上事件，逻辑关系为"与"} \end{cases} \quad (6\text{-}12)$$

式中，$p(e_i)$ 为事件 e_i 的权重；事件 e_j 为事件 e_i 的直接上层事件；t 为事件 e_j 的直接子事件的数量。

根据式（6-1），A 为顶上事件，所以 $p(A)=1$；$A1$、$A2$、$A3$、$A4$ 是 A 的子事件，逻辑关系为"或"，所以 $p(A1)=p(A2)=p(A3)=p(A4)=p(A)=1$，同理 $p(A17)=p(A1)=1$；$A171,A172$ 是 $A17$ 的子事件，逻辑关系为"与"，所以 $p(A171)=p(A172)=\frac{1}{2}\times p(A17)=0.5$。由此类推确定基本事件的权重对应表如表 6-20 所示。

表 6-20 基本事件权重对应表

基本事件	权重
$A11, A12, A14, A15, A16, A31, A35, A42, A132, A133, A135, A211, A212, A213, A214, A321, A322, A331, A332, A341, A342, A343$	1
$A1311, A1312, A1341, A1342, A171, A172, A221, A222, A231, A232, A411, A412$	0.5
$A1361, A1362, A1363$	0.33

4）应急预案的完备性评价

要对应急预案进行完备性评价，首先建立轨道交通应急预案标准故障树，确定基本事件集合，以及各基本事件的权重，通过比较待评价应急预案的基本事件与标准故障树的基本事件集合，得出待评价应急预案缺失的基本事件，并根据缺失的基本事件的权重，利用标准故障树中导致顶上事件发生的基本事件最小集合的数量对评价结果进行处理，确定应急预案的不完备度 $P_{\text{incompleteness}}$。

$$P_{\text{incompleteness}} = \sum_{i=1}^{n} \frac{p(e_i)}{m} \times 100\% \qquad (6\text{-}13)$$

式中，m 为标准故障树中导致顶上事件发生的基本事件最小集合的数量；n 为待评价预案与标准故障树对比缺失的基本事件数量；$p(e_i)$ 为基本事件 e_i 的权重。

6.5 应急处置机制

轨道交通运营给城市带来发展的同时，面临的挑战也在日益增加，特别是轨道交通突发事件的爆发与应急处置方面的矛盾尤为突出。为了进一步规范应对突发事件行为，建立健全统一高效、科学规范、反应迅速、处置有力的应急体制和应对机制，提高保障线网运营安全和应对突发事件的处置能力，最大程度预防和减少突发事件及其造成的损害，保障广大乘客的生命财产安全，维护公共安全和社会稳定，促进轨道交通又好又快发展，建设一个统一的智慧化应急指挥辅助平台是轨道交通线网化运营后的迫切需要。通过在轨道交通企业的实际应用，证明一个高效有序运转的应急指挥平台能够切实提高运营决策者的日常工作质量和应急处置效率。本篇将详细阐述如何应用轨道交通应急指挥辅助平台，来实现突发事件的迅速处置和应急处置过程中各相关信息的高效流转。

6.5.1 预防预警

在轨道交通突发事件演进过程中，预防预警是应对各种风险因素的关键环节和内容。城市轨道交通应急预防预警是力求避免城市轨道交通内外部风险演化为突发事件，而对城市轨道交通内外的关键风险要素进行监测、预防和预警。对此，必须要加强和完善轨道交通突发事件的预防预警工作。预防预警工作主要包括设施设备安全监测、环境与设备监控系统（building automation system，BAS）监控、火灾报警系统（fire alarm system，FAS）监控、搭建"一网五库"系统等方面内容。但在日常的轨道交通应急预防预警过程中，轨道交通中风险的种类不断增多，表现得更为复杂化、多样化。面对动态演进和瞬息万变的风险，应急预防预警必须借助方便、快捷的信息技术、计算机技术和通信技术等，实现突发事件预防预警的标准化和快捷化，预防预警是整个轨道交通应急管理活动开展的前提，没有合理的预警机制，整个应急系统的活动就是盲目甚至是无用的。另外是对轨道交通日常运营状况进行全面监测跟踪，及时分析和研究判断，进而全面提高轨道交通突发事件预防预警的效率，进而达到及时有效地预防、发现和处置可能出现的轨道交通突发事件。

1. 状态监测

轨道交通预防预警的有效实现依靠通过运行轨道交通系统中的设施设备状态监测预警、车站状态监测预警和客流状态监测预警等智能化的监控系统，采用人工监控和自动化设备监控相结合的监控方法，对车辆系统状态、信号系统状态、通信系统状态、供电系统状态、隧道与桥梁状态、轨道与路基状态、车站状态、客流状态及系统运行环境和外部环境条件等对象实施监测预警，并通过建立应急指挥平台，实现多线、多专业、多工况的联控功能，满足网络化运营安全监控的要求，为运营服务、维护检修和应急处置提供预报支持，保障网络安全、可靠、高效运营。安全监控系统的总体框架如图 6-14 所示。其中，轨道交通网络运营安全监控系统结构设计如图 6-15 所示。其中，ATS 监测系统指列车自动监控系统（automatic train supervision，ATS）。

第6章 城市轨道交通应急处置体系设计

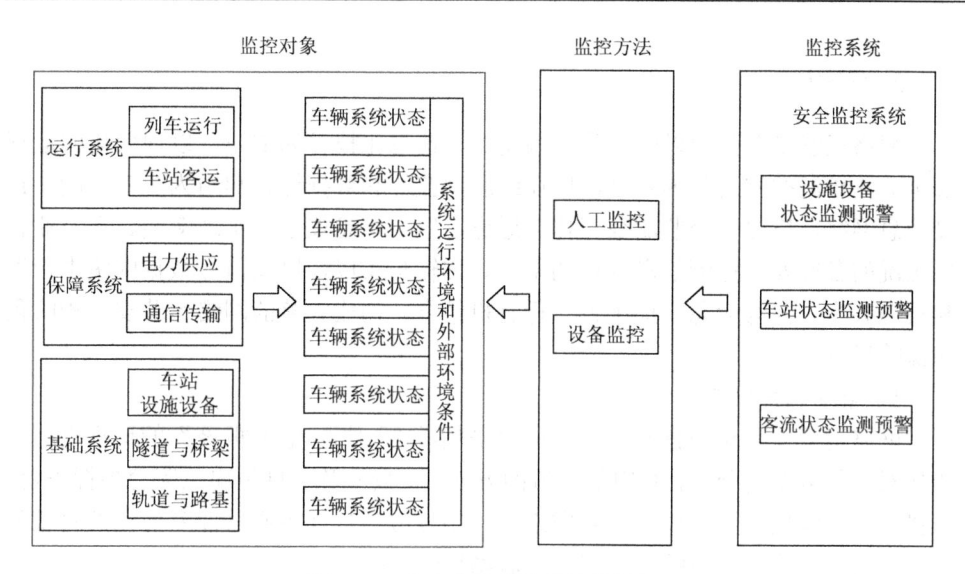

图 6-14 安全监控系统的总体框架

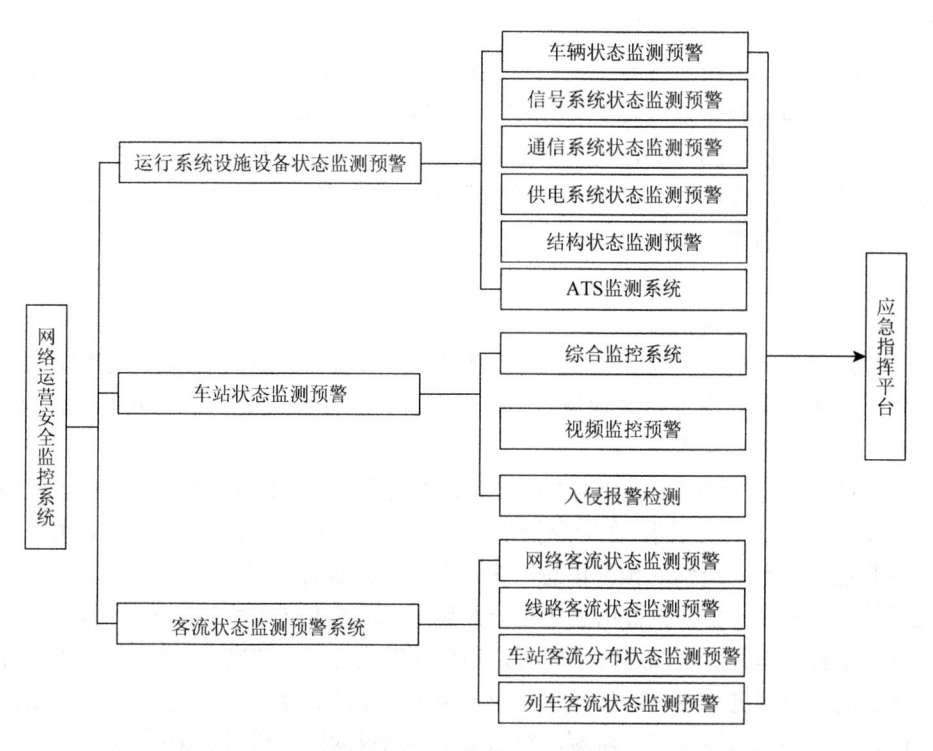

图 6-15 轨道交通网络运营安全监控系统结构设计

2. 保障机制

网络运营安全监控以网络化、系统化、信息化技术为依托，以现代化的运营安全监测检测技术装备为基础，以在线联网监控和数据综合利用为主要功能，建设信息网络，搭建安全监测数据传输通道，统一信息渠道，实现多线、多专业、多工况的各类安全检测信息的自动采集、传输与集成，以及监测数据的集中管理和资源共享，并与应急指挥平台进行有机结合，构成完整的网络运营安全预防预警保障机制。

1）监测判别机制

网络运营安全预防预警主要采取"采集-分析-传递-触发报警"的运行机制，依托对采集数据的分析，利用信息流的方式，将数据及信息传递至应急指挥平台，直接显示在调度大厅大屏上并触发报警，指导应急指挥中心采取专业化的对策和措施，实现多线、多系统、多工况的联动预防预警。

在运作流程上，网络运营安全预防预警主要按照"监测为判别为预警为继续监测"的流程进行循环运作。

网络运营安全预防预警主要由自动化在线监测设备对直接影响网络运营安全的专业系统和设施设备进行实时监测，并依靠人工和相应的检测工具与设备对现场异常情况进行监测检测，将获得的监测数据和信息，与设定的预警指标进行对比。当超过指标阈值时，需要将相关信息进行进一步的判别分析；当不超过指标阈值时，作为历史数据进行储存。

2）报警机制

（1）自动化设备报警。

超过指标阈值的信息，根据预设目标进行判别，当超过预设目标值时，触发预警，完成报警；当不超过预设目标值时，可作为重点关注信息，实时关注其发展动向，暂不进行预警报警。

当进行预警报警时，需要根据突发事件的危害程度、发生场所、影响范围等因素，设定不同的预警级别，在应急指挥辅助平台的大屏上分别以"红、橙、黄、蓝"四种颜色显示不同级别的预警信息（客流预警信息除外，其被分为六级），并且人工报警信息和设备自动报警信息应被分开显示。通过不同颜色的提示信息，应急指挥辅助平台工作人员可以迅速确定突发事件的发生位置、初判事件情况，及时派相关人员赶赴现场进行事件确认，统筹应急资源，迅速、高效地开展应急处置工作。同时，对现场状态继续进行监测，对衍生出的新风险隐患进行有效控制。

（2）人工报警。

突发事件发生后，发现突发事件的现场第一人应立即通过移动终端登录应急APP，使用其"报警"按钮向应急指挥中心报告突发事件，根据现场需要，选择文字、语音、图片、视频、电话等方式汇报突发事件,并应根据现场情况及时续报。

应急报告的内容包括:事故发生的时间、地点,人员伤亡情况及设施设备损坏情况,事故现场情况,事故的简要经过及对行车或服务的影响,已经采取的措施,其他应当报告的情况。

当应急指挥中心收到应急 APP 的人工报警信息后,应急指挥辅助平台大屏会自动弹出报警信息,平台工作人员可根据地理信息系统(geographic information system,GIS)地图显示的位置和报警信息内容,迅速确定突发事件的发生位置、初判事件情况,及时派相关人员赶赴现场进行事件确认。

6.5.2 先期处置

1. 接警处置

接警是指应急指挥辅助平台对收到的报警信息进行汇集、记录并判断其是否为紧急事件的过程,对于重复的报警信息,应急指挥辅助平台可对其合并处置。

1)报警信息接收次序

应急指挥辅助平台的接处警子系统对报警信息的级别可通过信息发送渠道进行初步判断。在接处警子系统中,来电处理的优先级别最高,语音次之,传真和短信处理优先级别最低。当接处警接到报警信息时,系统首先判断该信息是否属于来电,如果是来电就采用声、光、闪烁标题等形式提示操作员,若操作员当前正在处理语音、传真或短信信息,可以暂时保存便于处理来电后继续修改。

2)接警事件记录

接警子系统具有记录报警信息的来源(如报警人、报警设备信息)、报警时间、报警信息内容、对突发事件进行初步分类分级及接警员信息等,借助报警人的移动终端设备的 GIS 定位功能,应急指挥平台还可以自动定位跟踪报警人位置,以便迅速确定事件地点。

接警员在听到报警提示后,应最大限度地迅速接收和记录有关事件更多的详细信息,如事件发生区的基本情况、事件发生区的精确位置、现场先期处置情况等,若对事件信息仍有疑问,应再次联系相关报警人确认。

3)接警受理

接警员在确定报警确实为紧急事件报警后,立即上报给 OCC 的相关事件处置人员,并按预案规定上报其上一级岗位,紧急事件由此转入受理过程。

2. 先期处置

先期处置是指对事件演化的早期阶段进行先期介入、先期处置,采取有效措施及时疏导、化解矛盾的过程。先期处置强调当突发事件发生时,要第一时间控制事态发展，最大程度减少次生灾害的发生，将损失尽可能地降到最低。

1）先期处置的原则

在轨道交通应急处置机制中，先期处置作为为确保快速排除事故而采取的第一项措施，应遵循以下原则：

（1）以人为本，安全第一。

相关应急人员开展先期处置时，应把保障公众的生命安全和身体健康、最大限度地预防和减少突发事件造成的人员伤亡作为首要任务，切实加强应急救援人员的安全防护。

（2）统一指挥，控制事态。

整个先期工作的意义是在现场负责人的领导下，应急人员统一认识，步调一致，细致工作，及早发现，及早控制，共同疏导防范；其中心任务是控制局势，减少乱源，防止事态扩大，将尚未形成或初步形成的事态迅速平息；追求的效果是"防患于未然，制止于初始。"

（3）科学处置，规范操作。

在专业的应急救援队伍未到达前，现场先期处置人员应本着实事求是的态度，按照相关应急预案规定和岗位职责要求，实施科学、规范的救援。而对自己不熟悉的救援领域和专业设备不可擅自处置，以免造成难以估计的后果。

（4）保持信息通畅，及时反馈情况。

现场的先期处置人员应时刻保持通信渠道通畅，利用人熟、地熟、情况熟的优势，尽可能地收集、掌握事件信息，并及时传递给OCC，以便预测发展趋势，增强工作主动性，从而做出正确合理的决策。

2）先期处置构成

先期处置按照"首地负责制"的原则，由事发现场的人员或组织承担现场先期处置作业，旨在尽力控制事态发展，为后期综合处置争取时间，并创造较好的处置条件。

先期处置小组主要包括协调指挥组、乘客疏散组、信息联络组、区域控制组、灾情控制组和后勤保障组。特殊紧急情况下，在人员数量不足时，部分人员可同时兼任两个小组（不建议超过两个）的职能。

协调指挥组：由组长和副组长组成，一般由车站站长和区域站长担当。组长负责现场处置的统一指挥，副组长负责相关人员和资源的统筹协调统筹与联动。

乘客疏散组：负责组织乘客有序疏散撤离至安全场所，确保乘客人身安全，并负责对受伤乘客进行先期医疗处理。同时，组织车站限流，避免因站外及换乘客流集中涌入而造成的踩踏、拥挤等事故。

信息联络组：负责与线路控制中心及相关部门保持联系，实时进行信息采集与沟通，保证指挥部门实时了解现场情况。

区域控制组：负责对事发现场进行保护，并进行隔离，避免乘客误入造成伤害。

灾情控制组：负责根据应急工作预案及操作手册，力所能及地开展灾情控制与处理作业，避免事态进一步扩大，为后续综合处置创造条件。

后勤保障组：根据协调指挥小组的要求，提供所需的物资材料和器具等，以及根据情况关闭车站电扶梯、开启应急照明，为现场处置提供有力保障。

3）先期处置流程

车站班组、区域站长及司机等现场人员接到报警信息后，快速做出响应，第一时间开展先期处置工作。城市轨道交通先期处置流程图如图6-16所示。

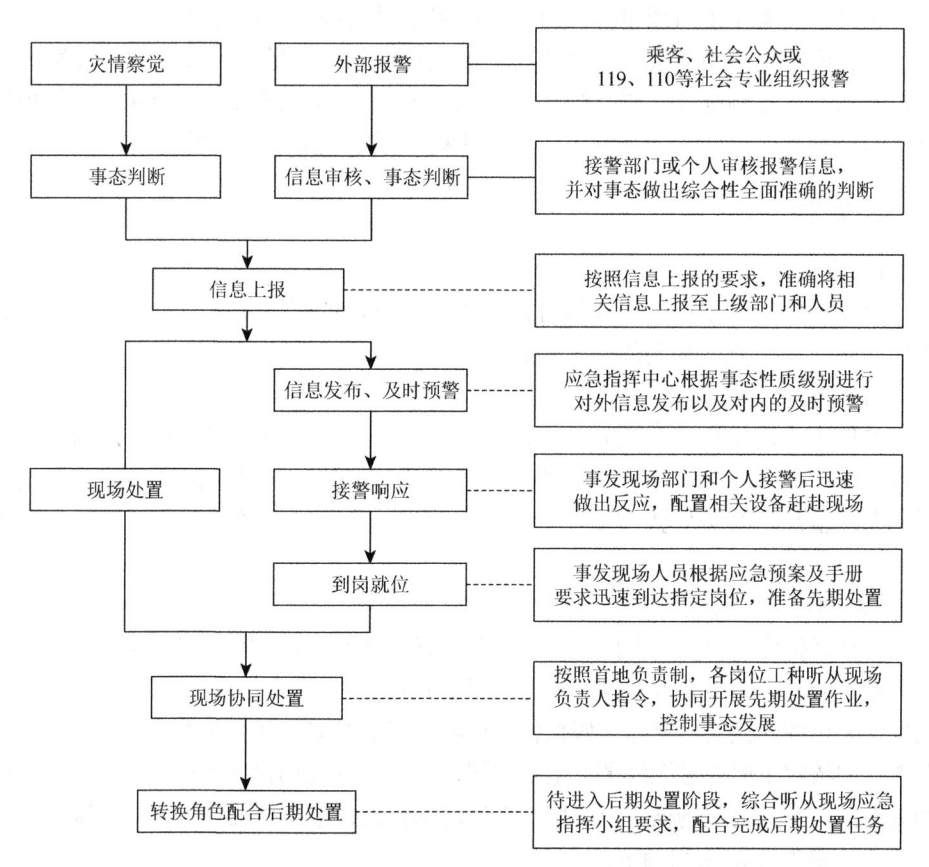

图6-16 城市轨道交通先期处置流程图

6.5.3 应急响应

1. 基本要求

应急反应机制是为响应预警信息启动应急预案而采取的一系列措施安排和制

度，宜按照"分级响应、动态适应"的要求进行运作。

分级响应是指结合城市轨道交通网络层级式的管理架构特点，将响应主体划分为不同层级，根据预警信息，明确突发事件的发生场所、影响范围、预警级别等内容，实现"准确的主体响应准确的预警信息"，达到快速响应目的，并在第一时间发出应急指令，组织相关资源开展应急处置。轨道交通的应急响应主体包括应急指挥领导小组、应急指挥中心与OCC、现场处置工作组三个层次。发生一、二级突发事件时，启动应急指挥中心，应急指挥中心为所有应急信息的唯一扎口；发生三、四级突发事件时，不启动应急指挥中心，此时，OCC为所有应急信息的唯一扎口，只需在事后或事件升级时将处置结果上报应急指挥中心。

动态适应是指由于突发事件具有动态变化、衍生扩散的特性，结合突发事件的影响范围、影响强度、事件性质及控制事态能力等方面的变化情况，根据预警级别的动态变化，同步调整响应主体和流程，保证响应的准确性。

2. 运作流程

1）事件初判

突发事件初判是根据接警信息，判断突发事件的基本状况，实现事件定位、事件核实、事件类别级别的初步判断。

（1）事件定位。

实现事件发生位置的精确定位，并可通过GIS平台在OCC和应急指挥辅助平台大屏上显示。突发事件的定位主要通过接警获得的地理信息、线路、车站、区间上报信息、视频监控图像、车辆定位信息、报警人员的移动终端地理位置等方式实现。

（2）事件核实。

根据接警信息和应急指挥中心或OCC与现场的核实结果，自动生成突发事件记录信息。应急指挥中心或OCC工作人员利用电话回拨、查看视频监控系统等方式，实现突发事件的核实，排除虚假报警、机器故障等带来的错误报警。具体而言，突发事件的核实主要通过无线调度电话回拨，电话联系现场报警人员，或由其附近的相关专业人员赶赴现场核实，或切换事件现场附近视频监控图像等方式实现。

（3）事件类别级别确定。

应急指挥中心或OCC根据报警信息和突发事件核实结果，判断该突发事件的类别。通过分析突发事件的影响范围和严重程度与突发事件分级标准（详细分级标准见6.4.2节）进行比对，确定事件级别。

2）事件信息发布

a. 基本原则

及时性：发生突发事件时，要在2~5min内将信息（急报信息）发出。在每天 21:00 至次日的 7:30 时间段内发生的对运营、安全影响不大的突发事件,事发当时不发信息,可采取事后补发的方式。

准确性:事件信息短信内容编制用词准确、描述恰当、阐述清晰。

完整性:短信内容精练,实现信息接收主体对所关注信息点的全面覆盖,满足信息接收主体的实际需要,利于做出判断和决定。

客观性:发布信息采用客观的描述方式,不带有主观推断的内容,确保信息接收主体不会受到误导。

规范性:不同类型、不同主体的信息在发布时必须遵循统一的标准规范,确保信息传达的始终统一,不受时间、空间等因素的影响,是保证信息及时、准确发布的基础。

信息发布特例:信息发布时遇有运营中高层一周工作例会及所有中层参加的大会议,微信、影响较小的故障短信需推迟发送。

b. 发布要求

(1) 发布方式。

短信平台是发布突发事件信息的重要渠道之一,一、二级突发事件信息应由应急指挥中心组织,三、四级突发事件信息应由 OCC 组织。通过短信平台,按照突发事件类别和级别向相关人员发送应急短信,以便相关人员第一时间掌握突发事件信息,及时登录应急处置移动终端接收处置方案,此项措施是应对突发事件信息发布的重要辅助手段。

(2) 发布流程。

有关一、二级应急响应信息由应急指挥中心工作人员拟写,经应急指挥中心值班主任审核后发布;三、四级应急响应信息由 OCC 工作人员拟写,经 OCC 值班主任审核后发布。

短信发送组别应根据 6.2.2 节中的分组进行选择。

随着突发事件的处置,影响程度扩大,导致信息类型升级时,应急指挥中心或 OCC 工作人员按照《突发事件汇报分组表》进行电话汇报。进行信息续报时应将前发信息进行编辑后连同信息续报一并发送给事件升级后的相关人员。

(3) 发布内容。

突发事故报告坚持"情况准确,集中发布,分别响应,联动迅速,持续跟进"的报告原则;

发生事故的时间、地点、所属部门专业、线路、车号;

发生事故的车站及受影响车站的乘客滞留情况;

事故的初步原因;

后果及影响,包括人员伤亡、运营影响、客运秩序、社会影响等;

已采取的措施;

可能造成的进一步危害；

针对本突发事件所采取的应急响应级别；

需要帮助、协调解决的问题。

相关人员收到事件发布短信后，迅速登录应急处置移动终端，接受应急指挥中心或 OCC 通过移动终端发送的应急处置方案，点击"确认"后，方可进行下一步的应急处置工作。

3）预案搜索

预案搜索的最终目的是通过应急指挥辅助平台的预案库中输入突发事件的关键字信息及情景信息等，系统自动匹配出处置方案，实现在突发事件紧急发生情况下快速有效地做出应急响应，故预案搜索必须按照与处置事件相关的属性和反映处置要点本身性质、特征的属性等进行搜索，便于处置方案与突发事件信息的准确匹配，以及对处置要点进行添加、修改等管理，预案搜索关键词如图 6-17 所示。

图 6-17 预案搜索关键词

（1）事件特征。

反映预案所适用事件的特征，如事件类型、事件级别、危害程度等。

（2）时间特征。

反映执行预案所应具备的时间条件，如预案中划分的处置阶段、适用的时段特征或日期特征等。

（3）地点特征。

反映执行预案时所处空间位置，如预案适用的位置范围是车站、区间、列车等。

（4）执行主体。

反映执行预案的具体岗位、人员，如预案的适用岗位、适用部门等。

(5) 信息交互维度。

反映处置主体之间信息交互情况。由于突发事件的处置工作通常不是单个人员或部门就可以完成的，各人员、各部门的处置工作也不是独立进行的，而是需要进行协同处置。预案应具备反映信息交互情况的属性，如处置要点的执行是否需要反馈、反馈源、反馈内容、有哪些与其相关的处置要点等。

(6) 环境特征维度。

反映预案执行时所应具备的环境状况，如实时天气、是否有人员伤亡等。

4）预案启动

根据上述预案搜索的关键词，如事件类型、响应等级等信息，系统自动从应急指挥辅助平台的应急预案库中进行应急预案数字化模型的适应和匹配，列出相适应的专项应急预案，由应急指挥中心或 OCC 工作人员通过应急指挥辅助平台中搜索到的预案，选择是否启动该项应急预案。根据启动的应急预案内容，初始化生成应急处置方案，主要包括应急指挥领导小组成员及其联系方式、现场指挥人及其联系方式、应急任务、应急资源、处置措施等内容。应急指挥中心或 OCC 工作人员在确定启动预案，发布处置方案前可根据实际情况进行调整与完善。根据事件类型、事发地点，系统自动列出相应应急救援队伍及其成员、联系电话、传真信息等，以便参与应急处置的各相关部门能够高效地沟通协调。对于应急指挥中心或 OCC 调集的队伍和人员，在应急处置移动终端上确认收到应急指挥中心或 OCC 发送的应急处置方案后，系统提供所有参与应急救援人员的预案执行情况和处置工作进展情况的记录功能。

6.5.4 应急处置

应急处置模块是整个应急管理体系的核心部分，也是应急管理研究的重点和落脚点，绝大部分的应急管理都是为应急处置服务的。应急指挥辅助平台的处置模块是基于 GIS 的资源保障系统和应急监测系统来实现其应急处置功能的，通过操作指挥辅助平台，应急人员可迅速掌握所有的轨道交通相关的应急资源情况，并对资源的调配进行分析、决策，以使应急资源能够尽快到达事发现场。应急监测系统是连接现场与指挥中心的"纽带"，通过对事发现场处置情况的实时监测、跟踪，实现各方协调联动功能。

1. 基本要求

应急处置机制是为确保快速排除事故故障而采取的一系列措施安排和制度，宜按"先期介入、属地为主、公众动员、协同有序"的要求进行运作。

先期介入强调当突发事件发生时，遵循"第一时间控制事态发展"的原则，由最先发现突发事件和最接近突发事件发生场所的人员或组织，根据自身的工作职责，先期介入采取相应措施，实施紧急疏散，并最大程度减少次生灾害的发生，控制突发事件的影响范围和程度，为后续专业化应急处置的顺利开展争取时间、创造条件。

属地为主强调以现场应急指挥处置为主的原则，由现场应急指挥处置小组制定微观层面的应急决策，实行应急处置工作。而应急指挥小组依托现场，掌握第一手信息和资料，实时跟踪突发事件的变化情况，制定宏观和中观的层面的应急决策，指挥相关组织和人员为现场应急处置工作的顺利开展提供资源保障。

公众动员强调依靠城市轨道交通运营公司的日常宣传和演练，增强公众在突发情况下的自我保护和协同配合意识，能够在突发事件处置过程中，实现公众乘客的有效动员，积极配合完成人员疏散和救援，确保应急处置的顺利进行。

协同有序强调以专业为核心，在现场应急指挥处置小组的统一指挥下，有效统筹各专业资源，协同配合，共同处置，最大化地发挥应急处置效果，实现对突发事件的快速有效应对。同时，明确在不同情况下的处置次序，有序进行人员疏散、人员救援、危害清除、设备抢修、故障排除、心理治疗等多项应急处置行为，确保应急处置过程中的流畅性和有效性。

2. 处置功能

应急指挥辅助平台的应急处置模块功能主要是依托基于 GIS 的资源保障系统及应急监测系统来实现的。应急指挥中心或 OCC 的工作人员利用应急处置模块高效地为事发区确定一个最优的具体实施方案，主要包括：实现资源、应急队伍的快速、合理调配，救援车辆的最佳路径选择及实时跟踪，以及现场处置情况的监测等。

1）基于 GIS 的应急资源保障功能

GIS 是以地理空间数据为基础，采用地理模型分析方法，适时地提供多种空间的和动态的地理信息，对各种地理空间信息进行收集、存储、分析和可视化表达，是一种为地理研究和地理决策服务的计算机技术系统。其中，GPS 实时监控指利用全球定位系统（Global Position System，GPS）技术实现实时监控功能。

基于 GIS 的应急资源保障系统的构成如图 6-18 所示。

2）应急监测跟踪功能

应急处置的监测跟踪功能主要通过两种手段实现：一种是应急指挥中心或 OCC 通过大厅大屏进行视频连线现场，实施实时应急监测，明确现场处置情况，随时提供有效快捷的应急监测指导。另一种是指派信息报送组充当应急指挥中心

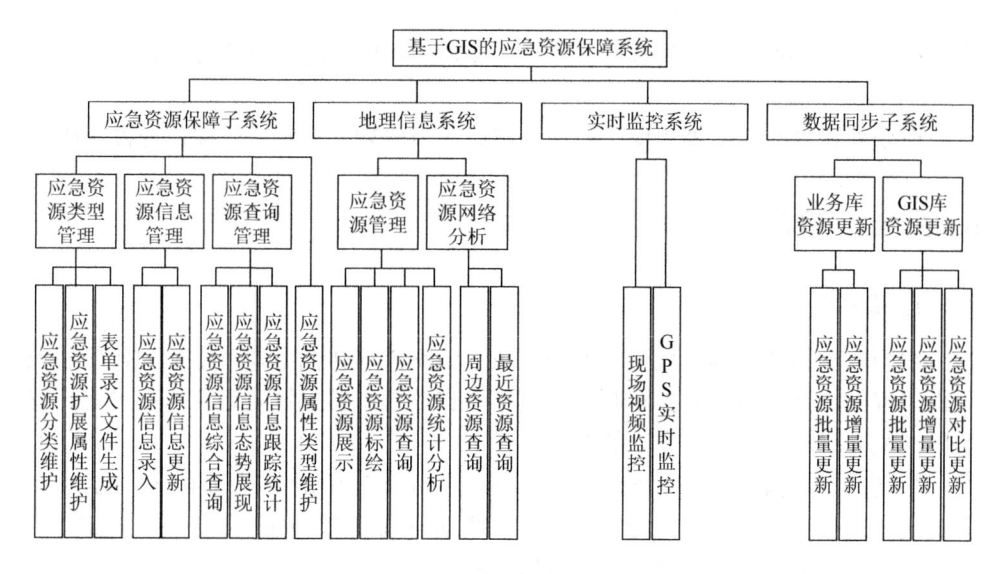

图 6-18 基于 GIS 的应急资源保障系统构成

或 OCC 的"眼睛"。信息报送组通过移动工作终端登录应急 APP，输入或更新预案的当前执行进展，应急指挥平台将立即显示或更新当前预案执行信息以实现实时跟踪。预案执行信息一般以可视化的方式直接展现给用户，例如，将整个应急预案划分为多个模块，已执行完成的模块用绿色显示，正在执行的模块用红色展示，而还未执行的模块用灰色显示，以达到直观、形象的效果。

3）快速咨询功能

当遇到难以解决的问题、处于应急处置的瓶颈时，应急指挥人员或现场处置人员可通过应急指挥辅助平台或应急 APP 快速登录专家库或历史案例库，输入关键词（如专家信息、问题描述、案例相关信息等），实现快速咨询或查阅。

3. 运作流程

应急处置机制主要包括应急决策、应急指挥和现场处置三个部分。其中，现场处置由先期处置和后期综合处置组成，按照"先期处置→应急决策→应急指挥→后期综合处置"的流程进行运作。

1）应急决策

应急决策主要围绕突发事件的类型、性质和级别及发生场所启动相应的应急预案，同时根据资源配置、事态发展等实际条件，由应急指挥小组根据现场应急指挥处置小组的意见，会同相关专家，制定统一的应急决策。

2）应急指挥

应急指挥由应急指挥机构负责人根据应急决策统一发布应急指令，明确不同组织和人员的职责及作业要求,保障多作业、多部门之间高效的协同联动。

3)现场处置

现场处置主要负责事故现场的处置作业,由先期处置和后期综合处置组成。

6.5.5 线网联动

1. 基本要求

线网联动指挥是为有效保证不同人员、组织能够协同运作产生最大化应急效果而采取的一系列措施安排和制度,贯穿于自应急预警到恢复运营的全过程,宜按照"横向联动、纵向贯通"的要求进行运作。

横向联动是指在应急处置的不同阶段之中,所涉及的网络内部和外部的组织、人员之间均按照应急预案的相关规定建立联动协调机制,确保多专业、多部门的组织和人员之间的顺畅联动,产生最佳的应急合力效应。

纵向贯通是指自应急预警到恢复运营的全过程,各个环节的组织与人员要在纵向上按照应急预案的相关规定建立贯通性的协调机制,结合自身的工作职责,理顺应急处置过程中的流程程序和关系,确保全过程的高效运转。

2. 运作流程

从应急联动的主体看,城市轨道交通应急联动包括内部联络和外部联动,内部联动主要是指系统内部组织人员之间的联动,重点通过纵向层间协同与横向部门协同,确保内部应急资源与力量形成合力,共同应对突发事件。外部联动主要指轨道交通系统与外部市级有关部门,以及公安、消防、医疗等外部专业单位之间的双向联动,通过建立接口、明确联动方式、指定联系人员等,确保应对不同的突发事件时,能够快速实现联动,最大化统筹相关资源,借助专业化力量,实现对突发事件的有效控制。

3. 实现方式

轨道交通应急指挥辅助平台是一个能够对突发事件处理的全过程进行跟踪和支持的应急指挥系统。应急指挥辅助平台的线网联动指挥功能可以提供多种通信方式(传真、固定电话、移动电话、视频会议、短信、语音、卫星电话、卫星通信等),供轨道交通内部、线网间及与外部的应急联动需要。一旦发生突发事件,各层级、各部门(中心)的相关人员可迅速通过其相应的权限登录应急指挥辅助平台网页(web)端或客户端进行通信,保证突发事件现场情况的上报和上级部门处置指令的及时传达。还可以组织网上视频会议,供应急指挥领导小组尚未到位时,及时对突发事件的处置方案等进行商讨决策,也可以通过远程视频会议,借助外部社会力量对突发事件处置过程中遇到的难题进行讨论和决策，并对决策过程进行实时全程监控。

6.5.6 恢复运营

1. 基本要求

恢复运营是为恢复正常运营，以及妥善处理后续事情而采取的一系列措施安排和制度，宜按照"全面排查、持续跟踪"的要求进行运作。

全面排查强调在对因突发事件造成损坏的设施设备进行维修抢险和恢复基本功能，并将人员有效疏散到安全区域的基础上，对设施设备技术状态、关键岗位的人员到位情况、工作人员的工作状态、乘车候车环境等进行全面逐项排查，保证轨道交通网络系统安全稳定运转能力。在获得各方面准备就绪的信息后，由应急指挥中心或OCC值班主任发布解除应急状态的指令，并恢复正常运营。

持续跟踪强调在通过全面排查恢复正常运营的基础上，继续对受影响区域的设施设备，以及运行环境进行持续修复，使其完全恢复各项功能。同时，重点强化以人为本的服务理念，重视突发事件对乘客及相关工作人员的心理影响，采取跟踪观察的方式，对其进行持续保护，并做好相关的乘客解释和退票、发放致歉信等后续工作，最终使系统设备、运行环境和相关人员得到完全有效的恢复。

2. 运作流程

恢复运营主要按照"现场判断为递交申请为指令下达为信息发布"的流程进行运作，轨道交通恢复运营运作流程图如图6-19所示。其中，ETC指电子收费系统（Electronic Toll Collection，ETC）。

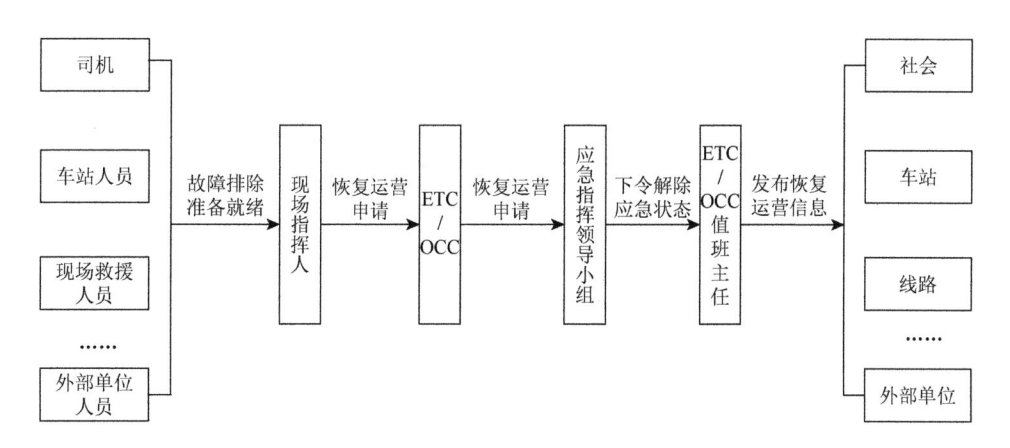

图6-19 轨道交通恢复运营运作流程图

当突发事件处置结束后，由司机、车站人员、应急抢修人员及外部单位人员等现场处置人员对所负责的处置工作进行判断，向现场指挥人报告"故障排除、可以恢复运营"的信息，由现场指挥人进行综合判断，向应急指挥中心或 OCC 提交恢复运行的申请，由应急指挥中心或 OCC 综合突发事件全过程的处置情况，向线网指挥中心或最高级别的应急指挥领导小组提交恢复运营的申请，由应急指挥领导小组负责人下达"解除应急状态、恢复运营"的指令。

6.6 本章小结

本章依据城市轨道交通应急处置体系构建原则，进行了相关应急组织体系的结构设计与职能划分，设置了应急组织体系的多级响应与分工协作等运行机制，提出了应急值守、例会月报、教育培训、考核评估等管理制度。

在构建应急处置体系基础上，提出了多样性应急信息的发布管理方法，剖析了轨道交通应急保障资源特征，以南京市为例，进行了轨道交通应急资源分类，并提出了各类保障资源的管理方法。在研究轨道交通应急预案类型与内容要求基础上，设计了应急预案文件体系并对其分类分级，提出应急预案管理步骤，进行了应急预案的有效性分析，并构建了轨道交通应急处置机制。

第 7 章 城市轨道交通与地面公交多维度应急接驳

在网络化运营条件和高强度客流冲击下，城市轨道交通网络局部的运营延误或中断若处理不当会被放大和扩散，造成严重的社会和经济危害。地面公交运营具有机动灵活、调度方便、便于部署等优点，其作为城市公交体系的重要部分有必要也有条件为城市轨道交通系统提供辅助和支持。在城市轨道交通系统故障情境下，利用公交进行接驳疏运，确保城市不丧失主体客运服务能力，同时给城市轨道交通系统自身运输的恢复留出必要的余地。因此，研究城市轨道交通与地面公交多维度应急接驳理论与方法具有重要的现实意义。

7.1 城市轨道交通故障情境下的公交衔接网络设计

7.1.1 城市轨道交通与公交复合网络构建

1. 复合网络拓扑结构

本章规定公交接驳线路 OD 均为城市轨道交通站点，接驳公交停靠在城市轨道交通站点附近设置的临时停靠点。城市轨道-接驳公交复合网络可以用有向图 $G(V,A)$ 表示，其中 $V=V_M \cup V_B$，表示网络节点为轨道节点集 V_M 和公交节点集 V_B 的并集；$A=A_M \cup A_B \cup A_T$，表示网络中的弧为城市轨道交通弧 A_M、公交弧 A_B 和换乘弧 A_T 的并集，其中换乘弧包括了轨道线路之间的换乘弧及城市轨道与公交线路之间的换乘弧。

图 7-1 表示原有轨道交通线网图（部分），点内标号 m-1 表示该点为 1 号轨道线的站点，n-2 表示该点为 2 号轨道线的站点，其中 3-1 和 130-2 对应实际站点中的换乘站，两点之间的弧为轨道交通线路之间的换乘弧。当轨道交通线路发生区间运营中断时，如图 7-2 中所示，当 1 号线路 2, 6 站点中间发生区间中断，两端开行城市轨道小交路，中间利用基本接驳线路进行站站桥接。图 7-2 中虚线圆圈表示接驳公交站点，基本接驳线路 b_0 的站点对应于原有轨道线路中断站点，在两端站点（2, 140）和（6, 144）之间存在轨道交通与基本公交接驳线路的换乘弧。此外，由于中断区间包含了原有换乘站点，（141, 130）之间也存在轨道线路与公交线路的换乘弧。点 145 和 146 表示补充接驳公交停靠站点，图 7-2 中虚线表示在原有轨道线路站点 2-1、4-1 之间开行直达补充接驳线路。

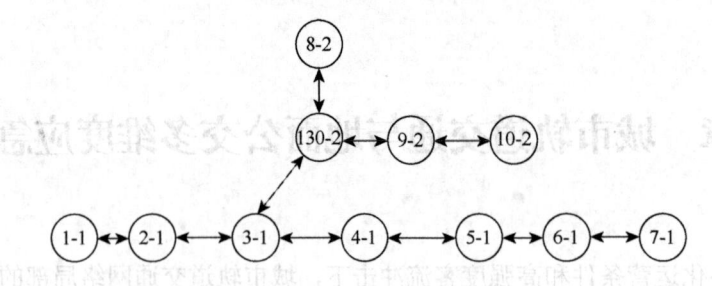

图 7-1 原有城市轨道网络表示

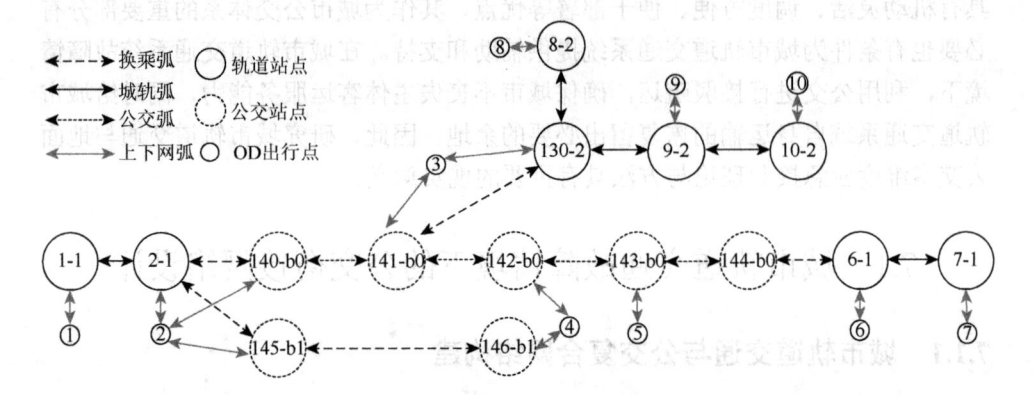

图 7-2 城市轨道-接驳公交复合网络表示

图 7-2 中，小号圆圈表示原有轨道交通站点对应的客流 OD，其与接驳公交线路和原有轨道站点的连线表示客流出行的上下网弧，乘客通过上下网弧进入和离开复合网络系统，完成一次出行。这些点代表的 OD 对为路径搜索和客流分配的对象。

2. 网络结构矩阵存储

采用矩阵形式来表示网络中各类弧段和节点之间的连接关系，主要分为：弧段权值邻接矩阵，用于表示连边的连接关系和出行时间；弧段类型矩阵，用于标记弧段是否为换乘弧，以便之后对于站点换乘的特殊处理。

1）权值邻接矩阵

$$w_{ij} = \begin{cases} 0, & i = j \\ t_{ij}, & (i,j) \in V \\ \infty, & 其他 \end{cases} \quad (7-1)$$

式中，$W = (w_{ij})_{n \times n}$ 为有向图 $G(V, A)$ 的邻接矩阵，其元素表示节点 i 和 j 之间的出

行时间，同一节点间出行时间为 0，不连接节点间出行时间为无穷。对于公交和轨道线路行驶弧，其权值为区间行驶时间，对于换乘弧，其权值为线路之间换乘时间，对于上网弧，其权值为乘客等车时间，对于下网弧，其权值取为很小的一个值，这里取 0.001。

2）弧段类型矩阵

$$\mathrm{TR}_{ij} = \begin{cases} 1, & (i,j) \text{为换乘弧} \\ 0, & \text{否则} \end{cases} \tag{7-2}$$

式中，$\mathrm{TR} = (\mathrm{TR}_{ij})_{n \times n}$ 为网络弧段的类型表示，其元素值为 1 时，表示节点 i 和 j 之间的弧为换乘弧，用于之后对有效路径搜索过程中同站换乘问题的处理，以及乘客出行换乘次数限制的标记处理。

7.1.2 网络设计策略分析

同时拥有地面公交和轨道交通的城市，事实上已经构成了一定水平的公交复合网络，但复合水平参差不齐，需进行系统的梳理和整合，提升其网络韧性。城市轨道交通故障情境下，围绕城市轨道交通站点会形成一个个临时的公交出行需求点，对地面公交网络产生冲击。由于城市轨道交通网络改建成本巨大，因此本书对城市轨道交通网络的调整不作考虑，该问题实质是对地面公交网络围绕城市轨道交通站点进行整合优化。

从站点交会、线路整合、冗余储备等不同角度，提出多形式的公交衔接策略，实现乘客出行范围复合公共交通网络多链路覆盖、多路径可选，达到复合公交网络弹性提升的目的。采取"由点织网，逐线优化，融合一体"的思路进行网络弹性提升优化，即站点优化、线路优化、网络优化。由点织网，选定城市轨道交通中故障频发、客流巨大、结构重要站点，对该类站点周边公交站点进行重点整合；逐线优化，以线路为单位对地面公交围绕城市轨道交通站点进行整合优化；融合一体，对其中重复、冲突、缺失的部分进行梳理，最终形成一个协调一致的韧性提升优化方案。

在实际操作层面，调整策略落实到公交站点和线路走向的调整，本书根据弹性提升思路，设计为站点交会、线路调整和策略组合三个层次，如图 7-3 所示。

1）站点交会设置

以城市轨道交通站点为核心，围绕站点进行环境分析，包括周围道路条件、公交站点间距等约束，研究交会站点衔接距离对换乘选择的影响，进行换乘联络线（连通不同的城市轨道交通线路）、交叉连接线（连通城市轨道交通线路和公交线路）等衔接设计。

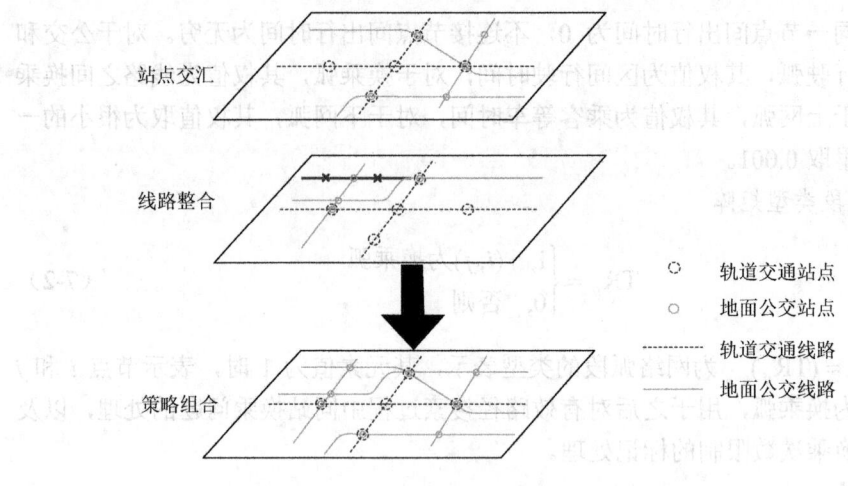

图 7-3　网络弹性提升策略操作层级

2）线路整合设置

确保公交线路大的走向和线路功能服务定位不随站点调整发生偏移，立足公交线路局部站点整合，针对辅助分流、功能互补、服务覆盖等目的，考虑站点衔接因地制宜形成共线（与城市轨道交通车站和线路重合）、交叉线（与城市轨道交通线路有站点重合）、新开线（填补城市轨道交通功能薄弱区）等形式。

3）策略组合设计

进一步分析不同衔接策略间的多维适配关系与内部对接方式，以城市轨道交通网络状态（包括网络结构、事件频率、客流需求等要素）和公交衔接调整成本（包括站点变动、走向调整、运力增加等要素）作为策略选择依据，研究公交衔接策略及其各种组合对复合公交网络弹性增强的适应性。

7.1.3　公交接驳线路设置

当轨道交通运营中断事件较为严重，导致其无法通过自身列车运行组织来满足乘客的出行需求时，就需要通过地面交通对受影响乘客进行疏运。目前常用的地面交通主要为公交车、出租车，鉴于公交车调度灵活、运量大且部署快捷的特点，通常以地面公交为主，增开接驳公交快速弥补轨道交通因中断而损失的运能，提供乘客运输的替代服务，及时疏运受影响乘客。合理的公交接驳线路设置是分担轨道交通客流压力，确保受影响乘客及时完成出行的关键。为了更合理有效地使用公交的运输能力，减小应急接驳的成本，接驳线路的设置应该结合轨道交通站点建设情况、中断区间周边路网布局及客流需求进行设置，通常情况下是沿轨道交通中断线路开行接驳公交。

1. 应急备车点选择

快速调配疏运车辆是实现应急公交接驳的前提。因此，城市轨道交通应急驻车点需满足的基本条件就是应急公交车辆必须在规定时间内到达受影响站点。则驻车点的服务范围即是公交车辆在规定时间能够行驶的最远距离，范围内覆盖的站点越多，意味着该驻车点服务对象越多，其应急救援能力也就越强。因此，通常将城市轨道交通线路沿线的枢纽场站作为公交接驳运力支持的应急场站。

1）大型的公交枢纽站

公交枢纽站是为多条线路、多种客运模式交会对接而设置的综合性换乘与服务站点，途经枢纽站的每条公交线路都有其各自的行车计划来运送旅客。通常情况下，枢纽站都会有备用的运力作为应对突发事件可能引起的紧急疏运。因此，可以抽调这些备用公交车辆作为公交接驳车辆。

2）公交车首末站

公交首末站是公交车辆完成一次运行的停靠点，也是公交车进行停靠休整的场所。通常在首末站会停靠大量的备用公交车辆、停驶车辆及保养车辆，在不影响其他常规公交线路运行的情况下，根据中断事件的紧急程度可以临时征调部分公交车辆进行客流疏运。其中的备用车辆是应急接驳调配的主要对象。

3）公交中途站

通常来讲，中途站的运营车辆正处于运行状态，从满足该公交线路的客流正常出行的角度出发，并不适宜作为公交接驳的调配疏运车辆。但如果接驳线路与途经中途站的线路平行或者重合，可将该中途站考虑作为调整线路的应急场站，原有线路的营运车辆可作为应急公交接驳的疏运车辆。不过值得注意的是，为满足该线路其他客流的正常出行，应适当增加该线路的发车频率。

当确定启动应急公交车辆参与应急救援时，首先应该确认距离事故区间最近的公交车驻车点是否有可以参与调度的公交车辆及公交车司机，确认之后立即调度能够参与救援的应急车辆在最短的时间内到达停运区段站点参与疏运工作，从确定应急公交车辆到车辆行驶至受影响轨道交通车站的时间不应该超过10min，依据该条件把距离事故车站不超过5km的上述站点作为应急驻车点。

2. 线路起讫点选择

一般情况下，城市轨道交通发生区间运营中断事件后，轨道交通会在中断区间两端搜索距离最近的中间折返站，构建小交路行车实行线路分段运行，以此最大限度利用线路运能。因此，应急公交接驳线路的起讫点的首要选择就是停运区段两端的中间折返站，同时充当换乘服务站点，与城市轨道交通做好无缝衔接，确保及时运送受影响乘客至目的站点。

针对中断区间两端没有中间折返站，轨道交通无法开行小交路行车的情况，起点一般即是中断区间最边缘的受影响站点，对于讫点的选择主要有以下几个方案：

1）停运区段邻近的轨道交通换乘站

换乘站由多条轨道交通线路交会而成，且一般能够提供其他客运方式的换乘服务。将受影响乘客运送到邻近的换乘站，使乘客可以及时换乘其他轨道交通线路到达出行目的地，同时也可以选择其他客运方式，如地面公交、出租车等，完成后续的出行。

该方案下乘客仍可选择轨道交通出行方式，在一定程度上节省了出行时间，但是这种方案会加重换乘站的运营压力，需要加强客流引导，一般要慎重选择此方案。

2）停运区段邻近的交通枢纽

当邻近的换乘站无法满足滞留乘客的疏运需求时，也可以将乘客疏运至邻近的交通枢纽，交通枢纽是不同运输方式的交通网络运输线路的交会点，同换乘站区别不大，乘客在交通枢纽可以换乘至轨道交通其他线路到达目的站点，也可以选择其他交通方式完成后续出行。

这种方案主要是针对城市发展引导型的城市轨道交通线路，通过较少的接驳公交将滞留乘客疏运至周边枢纽，尤其适合在客流较少，站间距较大的引导型城市轨道交通线路。但是会增加乘客的换乘次数，导致出行时间增加。

3. 接驳线路设置

临时公交接驳线路的设置与城市轨道交通运营中断的严重程度相关，通常情况下是公交接驳线路替代停运区段开行。当运营中断较为严重，也会考虑公交接驳线路替代全线开行的模式。

1）中断区段替代开行

城市轨道交通运营中断事件发生后，线路受影响范围有限，中断区间较短时，以中断区间的轨道交通站点为停靠站上下乘客，沿着中断区间开行应急公交往返接驳线路，以公交线路替代中断区间衔接轨道交通网络，中断区段替代开行示意图如图7-4所示。

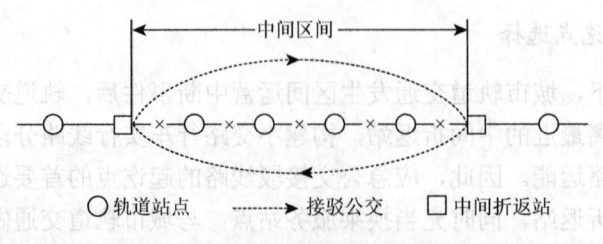

图 7-4 中断区段替代开行示意图

这种线路开行方式可以在第一时间内对滞留的旅客进行运送，能够有效缓解轨道交通因运能不足而带来的客流压力。对于进出站客流、出站客流来说，不用再换乘其他交通工具就可以直接到达目的地；对于进站客流与通过性客流来说，可以通过接驳线路再次进入轨道交通网络完成后续出行。但这种方式对轨道交通线路沿线的道路条件有较高要求，需要保证公交车能够行驶且有空间提供站点停靠。

2）全线替代开行

当城市轨道交通运营中断事件较为严重，无法通过自身行车组织调整形成小交路行车，造成线路中断区间过长或者整个线路都丧失运营能力的时候，可以考虑沿发生运营中断的轨道交通线路全线开行应急公交线路往返运行，以公交线路替代整条轨道交通线路，全线替代开行示意图如图 7-5 所示。

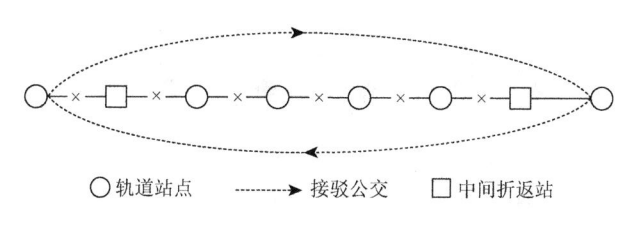

图 7-5　全线替代开行示意图

这种线路开行方式可以最大程度降低突发中断对线路造成的负面影响与损失，保障受影响乘客顺利出行。公交开行过程中，如果道路条件允许，可以完全按照轨道交通线路的站点进行停靠；为了降低乘客出行时间、减少运行成本，也可以选择客流量较大的轨道交通站点停车，实行跨站停车的方式。

7.2　应急客流重分配模型

7.2.1　运营中断对城市轨道交通客流的影响

城市轨道交通运营中断事件的发生，使得列车无法按照初始运营图行车，进而造成轨道交通线路部分区间或车站的客流发生突变。同时，随着轨道交通网络拓扑结构的改变，客流在各个路径上的分布也会发生相应的波动。不同类型的突发客流在进行计算时有着不同的处理方式，因此，就需要根据路网中乘客的特征及受影响情况对运营中断下的客流进行分类，为受影响客流的量化及重分配提供理论支撑。

1. 受影响客流分类

考虑到轨道交通线路区间停运对乘客出行的实际影响，基于常态（即正常运营的线网）可以划分为受影响客流和无影响客流[157]。突发中断位置及轨道交通线网的实际环境，如折返站的具体位置，决定了轨道交通网络运营局部中断后列车自身运输组织调整开行临时小交路的节点，进而确定出"停运区段"。考虑乘客进出站的位置与停运区段之间的关系，受影响客流又可划分为四种类型：进出站客流、进站客流、出站客流、通过性客流[174]。不同类型的客流示意图如图 7-6 所示。

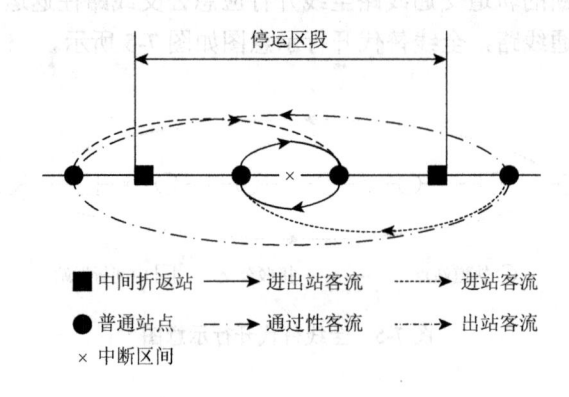

图 7-6 不同类型的客流示意图

1）进出站客流

进出站客流是指起讫点车站均处于停运区段之内的客流。城市轨道交通系统发生运营中断事件后，一般会采取紧急关闭车站、进站限流等措施对受影响车站的进站进行严格限制。处于这一状态的乘客无法通过原有轨道交通路径完成出行，即使前往上下游邻近车站也会面临长时间绕行或仍无法继续出行的问题，所以更倾向于使用其他交通方式直接前往目的地，如果存在路面公共交通接驳疏运，这部分客流是受众构成之一。

2）进站客流

进站客流是指起点车站位于停运区段之内，讫点车站位于停运区段之外的客流。城市轨道交通运营中断事件发生后，由于停运区段的车站处于紧急关闭、禁止乘客进站的状态，这部分客流无法使用轨道交通按原路径前往目的地。面对这种情况，停运区段进站客流在出行起点车站通常可以有两种选择，一是放弃轨道交通出行，直接使用其他路面交通方式前往目的地；二是乘坐其他交通工具前往邻近正常运营的轨道交通站点，然后进站继续使用轨道交通前往目的地。具体乘客会选用哪种出行方式则因乘客的个人特征和运营中断造成的实际影响而异。

3）出站客流

出站客流与进站客流正好相反，其起点车站位于停运区段之外，讫点车站位于停运区段之内的客流。同理，这部分客流同样无法按照原有路径完成出行。与进站客流类似，这部分客流也有两个选择：一是立刻放弃轨道交通并选择其他交通方式；二是先利用轨道交通前往邻近目的车站的正常运营车站再换乘其他交通方式完成出行。由于轨道交通具有速度快的优势，乘客选用后一出行方式的可能更大，出站客流同样是路面桥接方式的使用客流之一。

4）通过性客流

通过性客流是指起讫点车站均处于停运区段之外，但原有出行路径包含停运区段的客流。运营中断事件的发生造成这部分乘客的原有最优出行路径不可用，使得乘客不得不选择次优路径完成出行；同时乘客也可以选择其他出行方式及路径完成出行。虽然选择其他路径出行使得乘客的出行成本有所增加，但总体而言运营中断事件对这部分客流的影响最小。

5）无影响客流

一般将起讫点车站均位于停运区段之外，且原有出行路径不包含停运区段的客流称为无影响客流，其与通过性客流的关键区别在于原有路径是否包含停运区段。运营中断事件的发生对这部分客流的初始出行路径不造成影响，乘客仍可以选择原有出行路径完成此次出行，但是由于其他受影响客流会在轨道交通网络内重新进行分配，导致无影响客流的路径上的客流量增加，由此而带来的列车车内拥挤和服务水平的下降在一定程度会对这部分乘客造成影响，严重时会使其放弃轨道交通出行，转而选择其他交通方式。但总的来说，运营中断事件对这部分客流的干扰能力有限，一般不予考虑。

2. 受影响客流量化方法

通过分析运营中断对城市轨道交通乘客的影响机理可知，运营中断事件发生后，受影响客流是受运营中断影响无法按照原有路径完成出行的客流。因此，受影响客流量在数值上实际等于原有路径通过停运区段的断面客流量，断面客流量的计算与客流在出行路径上的分布有关。

1）基于行车时刻表的客流量化方法

城市轨道交通正常运营情况下，乘客一般选择最短路径出行，受影响客流即是通过停运区段的最短路径上的客流之和。基于此假设，运营中断下的城市轨道交通网络局部拓扑图如图7-7所示。

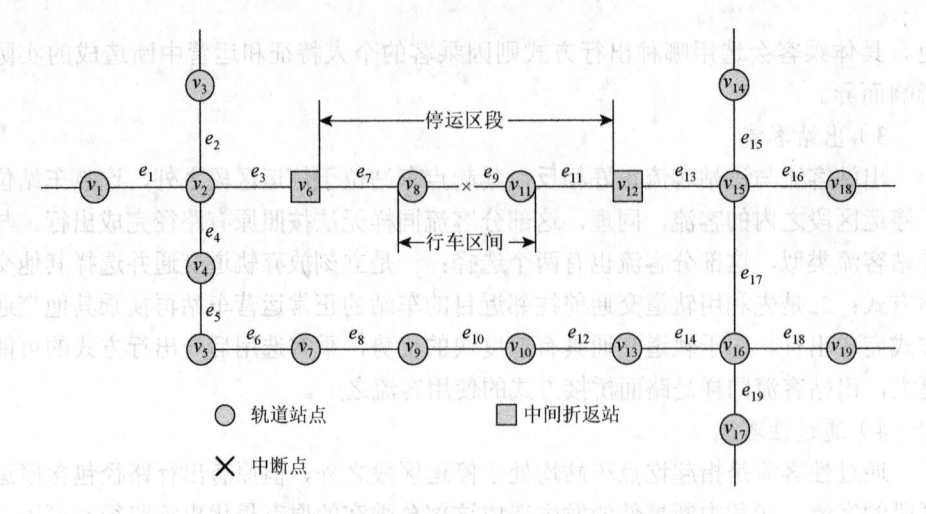

图 7-7 运营中断下的城市轨道交通网络局部拓扑图

根据城市轨道交通网络拓扑图,利用最短路径搜索算法找到网络中所有 OD 对之间的最短路径,得到最短路径集合 R。如图 7-7 所示,假设城市轨道交通行车区间 (v_8, v_{11}) 在 T_1 时刻发生突发事件造成区间运营中断,根据线路中间折返站 v_6 与 v_{12} 的设置,列车进行临时交路调整,可以确定停运区段,其中的站点集合 $V^* = \{v_8, v_{11}\}$,$V^* \subseteq V$;边集合 $E^* = \{e_7, e_9, e_{11}\}$,$E^* \subseteq E$。基于最短路径集合,可得到各类客流与中断区间的关联矩阵。

(1) 出行 OD 车站位于中断区间的客流,即进出站客流、进站客流与出站客流,这部分客流的关联矩阵 $M_1 = (m_{ij}^1)_{n \times n}$ 可以表述为

$$m_{ij}^1 = \begin{cases} 1, & \{i,j\} \cap V^* \neq \varnothing \\ 0, & \text{其他} \end{cases} \quad (7\text{-}3)$$

式中,i, j 为乘客出行的 OD 车站节点。

(2) 出行 OD 车站均不位于中断区间,但出行路径包含中断区间的客流,即通过性客流,这部分客流的关联矩阵 $M_2 = (m_{ij}^2)_{n \times n}$ 可以表述为

$$m_{ij}^2 = \begin{cases} 1, & r_{ij} \cap E^* \neq \varnothing \text{ 且 } i, j \notin V^* \\ 0, & \text{其他} \end{cases} \quad (7\text{-}4)$$

式中,i, j 为乘客出行的 OD 车站节点,r_{ij} 表示 OD 对 (i, j) 间的最短路径,$r_{ij} \in R$。

式(7-3)与式(7-4)中,m_{ij}^1 与 m_{ij}^2 值为 1 表示受到中断事件的影响,反之则没有。因此,可得到城市轨道交通网络中受影响客流的关联矩阵 $M = (m_{ij})_{n \times n}$,计算公式为

$$M = M_1 + M_2 \quad (7\text{-}5)$$

由 M 可得到受影响 OD 对集合：
$$P = \{(i,j) \mid m_{ij} = 1\} \quad (7\text{-}6)$$

当城市轨道交通的某个区间发生突发事件造成线路运营中断时，由于不同站点到达中断区间所花费的时间不同，出发站点 i 的发车时刻决定了乘客出行是否会受到运营中断的影响。已知中断时长为 t，受影响 OD 站点对 (i,j) 中出发站点 i 的列车发车时刻为 T_{ij}，从站点 i 到达中断区间的最短路径时间为 t_{ij}，则发车时刻 T_{ij} 满足式（7-7）和式（7-8）所示条件时乘客会受到运营中断的影响。

$$T_1 \leqslant T_{ij} + t_{ij} \leqslant T_1 + t \Rightarrow T_1 - t_{ij} \leqslant T_{ij} \leqslant T_1 + t - t_{ij} \quad (7\text{-}7)$$

$$T_1 \leqslant T_{ij} \leqslant T_1 + t \quad (7\text{-}8)$$

式（7-7）是对发生运营中断时列车发车时刻的约束条件，式（7-8）表明城市轨道交通在解决中断事件后才能恢复通行。综合式（7-7）与式（7-8）即可得到受影响 OD 站点对 (i,j) 中站点 i 发车时刻受影响时间范围（不考虑乘客对恢复通车的等待时间极限）：

$$T_1 - t_{ij} \leqslant T_{ij} \leqslant T_1 + t \quad (7\text{-}9)$$

因此，在已知受影响站点对及受影响发车时刻范围的情况下，通过乘客正常出行 OD 分布矩阵即可求出区间运营中断下的受影响客流 OD 分布矩阵。

（1）对于发车时刻 T_{ij} 位于时间段 $[T_1 - t_{ij}, T_1)$ 的乘客，由于此时列车已经从站点 i 发出，区间运营中断时乘客势必在中间站点滞留。鉴于列车的运行时间固定，假设乘客到达出发站点均匀，本书将这部分乘客平均分配到 OD 站点对 (i,j) 间最短路径上站点 i 至中断位置区段内的站点。

设站点 i 至中断位置的区段内的站点集合为 ψ_{ij}，站点个数为 n_{ij}，通过轨道交通历史客流数据可获得该时段内受影响站点对 (i,j) 的客流量 d_{ij}，则受影响 OD 对 (i,j) 的客流在运营中断时会在站点 k 滞留的客流量 $q_{kj}^{(i)}$ 计算公式为

$$q_{kj}^{(i)} = \frac{d_{ij}}{n_{ij}}, \quad k \in \psi_{ij} \quad (7\text{-}10)$$

则该时段内受影响客流出行 OD 分布矩阵 $\boldsymbol{Q}_1 = (q_{ij}^1)_{n \times n}$ 表示为

$$q_{ij}^1 = \begin{cases} \sum_l q_{ij}^{(l)}, & (i,j) \in P \\ 0, & \text{其他} \end{cases} \quad (7\text{-}11)$$

式中，q_{ij}^1 为运营中断发生时受影响 OD 对 (i,j) 的客流滞留在站点 i 的客流量。

（2）对于上车时刻 T_{ij} 位于区间 $[T_1, T_1+t)$ 的乘客，此时中断事件已经发生，列车停止运行，受影响站点对 (i,j) 的乘客并未出发，滞留在站点 i。通过轨道交通历史客流数据可获得该时段内受影响站点对 (i,j) 的客流量 d_{ij}，则该时段内受影响客流的出行 OD 分布矩阵 $\boldsymbol{Q}_2 = (q_{ij}^2)_{n \times n}$ 表示为

$$q_{ij}^2 = \begin{cases} d_{ij}, & (i,j) \in P \\ 0, & 其他 \end{cases} \tag{7-12}$$

式中，q_{ij}^2 为中断事件发生后OD对 (i,j) 的客流滞留在站点 i 的客流量。

因此，城市轨道交通运营中断下的受影响客流的出行OD分布矩阵 $\boldsymbol{Q} = (q_{ij})_{n \times n}$ 计算公式为

$$\boldsymbol{Q} = \boldsymbol{Q}_1 + \boldsymbol{Q}_2 \tag{7-13}$$

则受影响客流量的计算则可以表述为

$$\boldsymbol{Q} = \sum_{i,j} q_{ij}, \quad i,j \in V \tag{7-14}$$

式中，i,j 为受影响乘客的出行起讫点车站；$\boldsymbol{Q}$ 为受影响客流总量。

2）算例分析

以某简单的虚拟网络为例进行计算分析，对上述受影响客流量化方法的有效性进行检验。虚拟的轨道交通网络如图7-8所示，网络由3条线路组成，共18个车站，圈内数字代表车站编号，线上字母和数字分别表示行车区间编号和区间运行时间（单位为分钟），换乘站换乘时间均为2min，网络中设置折返线的站点有1、4、7、9、13、14、16及17号车站。

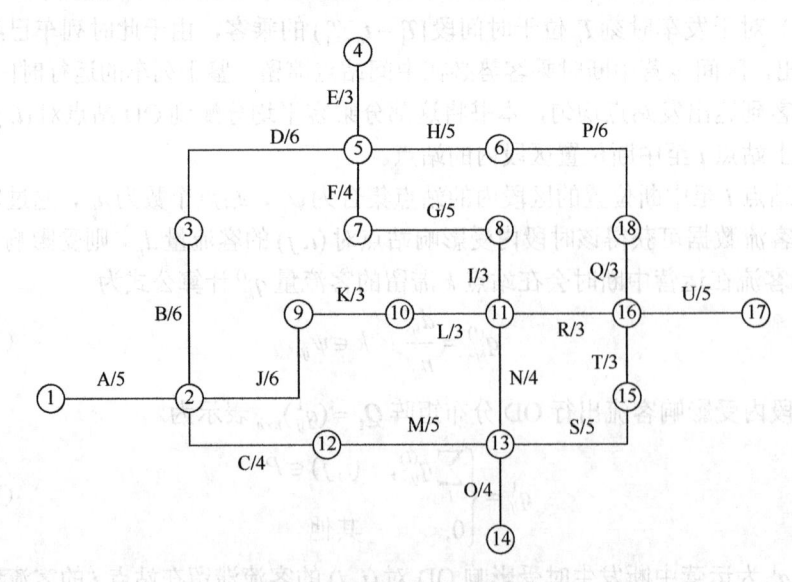

图7-8 虚拟的轨道交通网络

假定上午10点11号车站发生突发事件，根据网络折返线的设置情况，轨道交通开行临时交路列车，则区间 G、I、R、N、L、K 发生运营中断，因此中断区间停止运行的站点集合 $V^* = \{8,10,11,13,16\}$；运行停止的路段 $E^* = \{(7,8),(9,10),(8,11),$

(11,13),(13,16)}。已知中断时长预计为1h,并利用最短路径算法得到OD对之间的最短路径集合R。

(1) 根据最短路径集合R与运行中断的路段集合E^*,利用式(7-3)与式(7-4)获得关联矩阵M_1与M_2,根据式(7-5)计算得到城市轨道交通OD对与中断区间的关联矩阵M,并通过M获得受影响站点集合P。

(2) 基于最短路径时间费用与中断时长,由式(7-9)可获得受影响OD对(i,j)中出发站点i的受影响时刻范围$[T_1-t_{ij}, T_1+t]$。

(3) 通过AFC数据获取受影响站点间在$[T_1-t_{ij}, T_1]$时段内的OD正常出行时的客流分布,由式(7-10)与式(7-11)计算可得该时段内受影响站点的OD客流分布矩阵Q_1。

(4) 通过AFC数据获取受影响站点间在$[T_1, T_1+t]$时段内的OD正常出行时的客流分布,由式(7-12)计算可得该时段内受影响站点的OD客流分布矩阵Q_2。

(5) 根据式(7-13),得到轨道交通网络受影响客流的OD分布矩阵Q,如表7-1所示。

表7-1 受影响客流的OD分布矩阵Q

V	1	2	3	4	5	6	7	8	9	10	11	12	13	14	15	16	17	18
1	0	0	0	0	0	0	0	461	0	420	337	0	424	0	0	316	0	0
2	0	0	0	0	0	0	0	232	0	377	405	0	316	0	0	439	0	0
3	0	0	0	0	0	0	0	408	0	375	343	0	269	0	0	276	0	0
4	0	0	0	0	0	0	0	298	346	299	346	0	326	484	0	452	445	0
5	0	0	0	0	0	0	0	245	324	296	304	0	261	397	0	257	356	0
6	0	0	0	0	0	0	0	338	0	238	485	0	327	0	0	323	0	0
7	0	0	0	0	0	0	0	249	366	280	299	298	336	390	280	292	418	334
8	449	351	313	407	340	417	368	0	249	450	274	395	301	310	216	378	407	313
9	0	0	0	363	432	118	440	248	0	464	377	0	299	0	0	396	0	0
10	320	281	272	353	408	283	341	395	315	0	420	300	246	374	294	409	301	442
11	279	266	366	318	311	258	294	489	378	338	0	300	389	310	342	290	319	301
12	0	0	0	0	0	0	0	458	390	0	398	357	0	438	0	338	0	0
13	349	355	277	422	457	225	459	372	398	411	355	401	0	231	424	381	308	309
14	0	0	0	283	335	0	280	307	0	431	306	0	362	0	0	439	0	0
15	0	0	0	0	0	0	306	276	0	376	275	0	454	0	0	342	0	0
16	276	274	330	397	350	358	430	413	325	233	284	294	430	255	388	0	267	257
17	0	0	0	273	332	0	351	447	0	341	367	0	206	0	0	245	0	0
18	0	0	0	0	0	0	273	306	0	373	311	0	362	0	0	440	0	0

(6) 根据式 (7-14), 计算得到受影响客流量的值为 $Q = \sum_{i,j \in V} q_{ij} = 59937$ 人。

7.2.2 基于随机效用理论的应急客流重分配模型

城市轨道交通运营中断事件发生后,乘客总是试图选择广义费用最小的路径完成后续出行,但在实际情况下,每个乘客并不能及时掌握整个道路网络的交通信息,每个乘客对路径的主观感知费用是不确定的,出行者对路径选择具有一定的随机性,在交通分配中,这种出行选择行为可以通过效用理论进行描述;同时,路径上各弧段的阻抗随弧段的流量变化而变化,进而又影响乘客的出行选择,直至乘客无法通过单方面改变路径来降低其出行费用,这使得应急客流重分配问题成为一个随机配流过程。因此,本节将以随机效用理论作为理论基础,构建乘客的路径选择模型,进而建立区间运营中断下城市轨道交通应急客流随机用户均衡配流模型,并提出求解算法。

1. 路径选择模型

考虑某一给定的 OD 间的全部乘客,该 OD 对由多条可供选择的路径连接,每条路径都有其自己的出行费用,由于每个乘客对出行费用的期望估计不同,乘客一般会选择自身主观认为的出行费用最小的路径,这使得每条路径都有被选择的可能性。

假定每条路径的出行费用大小是分布于出行者总体中的一个随机变量,令 C_k^{rs} 表示起点为 r、终点为 s 的路径 k 的乘客感知费用,而 c_k^{rs} 表示起点为 r、终点为 s 的路径 k 的实际出行费用,其中 $k \in \kappa$,κ 为 OD 对 (r,s) 间的全体有效路径的集合。根据随机效用理论,则乘客感知费用与实际出行费用的关系可以表示为

$$C_k^{rs} = c_k^{rs} + \xi_k^{rs}, \quad \forall k \in \kappa \tag{7-15}$$

式中, ξ_k^{rs} 为乘客对路径出行费用的感知误差,是一随机项。交通出行中,如将路径的出行费用作为出行路径效用的衡量标准,则效用越大即意味着乘客更容易到达目的,所以出行费用的负数与效用大小成正比,则起点为 r、终点为 s 的路径 k 的效用可以表示为

$$U_k^{rs} = -\theta C_k^{rs}, \quad \forall k \in \kappa \tag{7-16}$$

式中,θ 为参数且大于 0。由式 (7-13) 与式 (7-14) 可得

$$U_k^{rs} = -\theta c_k^{rs} - \theta \xi_k^{rs}, \quad \forall k \in \kappa \tag{7-17}$$

将式 (7-15) 中的随机项 $-\theta \xi_k^{rs}$ 替换为 ε_k^{rs},则有

$$U_k^{rs} = -\theta c_k^{rs} + \varepsilon_k^{rs}, \quad \forall k \in \kappa \tag{7-18}$$

假定 ε_k^{rs} 是一随机项，服从 Gumbel 分布且相互独立，则根据效用选择的 Logit 模型，可得以 r 为起点、s 为终点的乘客选择路径 k 的概率为

$$P_k^{rs} = \frac{\mathrm{e}^{-\theta c_k^{rs}}}{\sum_l \mathrm{e}^{-\theta c_l^{rs}}}, \quad \forall k,l \in \kappa \qquad (7\text{-}19)$$

考虑到在实际应用时传统 Logit 模型会使得部分重叠的路径被分配过多的客流量，或者 OD 对间多条路径之间阻抗差别不大时，产生过于集中的客流分配结果，在阻抗较大时，计算结果误差较大。因此，提出用相对阻抗来代替绝对阻抗，对传统的 Logit 模型进行改进，改进后的 Logit 模型表示为

$$P_k^{rs} = \frac{\mathrm{e}^{-\theta \cdot \frac{c_k^{rs}}{\bar{c}^{rs}}}}{\sum_l \mathrm{e}^{-\theta \cdot \frac{c_l^{rs}}{\bar{c}^{rs}}}}, \quad \forall k,l \in \kappa \qquad (7\text{-}20)$$

式中，$\bar{c}^{rs}$ 为 OD 对 (r,s) 间所有路径的平均阻抗。从式（7-20）可以直观地看出参数 θ 的物理意义：当 $\theta \to \infty$ 时，$P_k^{rs} \to 1$，可以理解为几乎全部的乘客均选择了路径 k，说明这时感知费用的误差很小，随机项趋向于 0；当 $\theta \to 0$ 时，$P_k^{rs} \to 0.5$，这说明虽然路径 k 的实际走行时间小于路径 l，但仍然有接近 50% 的乘客选择了路径 l，感知费用的误差项就变得很大，这时实际的出行费用对流量分配没有影响。所以可以认为参数 θ 是衡量感知费用与实际出行费用之间误差大小的参数，或者说是度量乘客总体对路网熟悉程度的指标。

2. 基于 Logit 加载的随机用户平衡配流模型

超网络下的多模式交通网络问题可以视为一般网络问题进行处理，乘客对 OD 间的每条路径均有一个选择概率，乘客的路径选择行为是按照某种随机分布的规律进行的。因此，应急客流重分配的问题实则是一个随机用户平衡分配（stochastic user-equilibrium，SUE）的问题。

当路网的流量分配满足随机平衡条件时，路网的状态为：出行者无法通过变更路径来减少其感知出行费用，被占用路径上的实际出行费用不会相等。本研究中各 OD 对间受影响的客流是确定的，则 SUE 条件下网络中路径上的流量与 OD 对间的流量关系为

$$\begin{cases} f_k^{rs} = q_{rs} P_k^{rs} \\ \sum_{k \in \kappa_{rs}} f_k^{rs} = q_{rs} \end{cases}, \quad \forall k,r,s \qquad (7\text{-}21)$$

式中，f_k^{rs} 为 OD 对 (r,s) 间路径 k 上的流量；q_{rs} 为 OD 对 (r,s) 间的流量；P_k^{rs} 为 OD 对 (r,s) 间路径 k 被乘客选择的概率；κ_{rs} 为 OD 对 (r,s) 间的路径集合。

将式（7-19）代入式（7-21）得到基于 Logit 模型的路径流量表达式为

$$f_k^{rs} = q_{rs} \times \frac{e^{-\theta \cdot \frac{c_k^{rs}}{c^{rs}}}}{\sum_{l \in \kappa_{rs}} e^{-\theta \cdot \frac{c_l^{rs}}{c^{rs}}}}, \quad \forall k \in \kappa_{rs}, \quad \forall r,s \tag{7-22}$$

路段流量表达式为

$$x_a = \sum_{rs} \sum_{k \in \kappa_{rs}} f_k^{rs} \delta_{a,k}^{rs}, \quad \forall a \in (L \cup E \cup D) \tag{7-23}$$

约束条件为

$$\sum_k f_k^{rs} = q_{rs}, \quad \forall k \in \kappa_{rs}, \quad \forall r,s \tag{7-24}$$

$$f_k^{rs} \geq 0, \quad \forall k \in \kappa_{rs}, \quad \forall r,s \tag{7-25}$$

$$x_a \leq C_a, \quad a \in (L \cup E \cup D) \tag{7-26}$$

式中，c_k^{rs} 为 OD 对 (r,s) 间路径 k 的广义费用；L，E，D 分别为多模式网络中的上下网弧集、换乘弧集及行驶弧集；x_a 为经由弧段 a 进行疏运的客流量；δ_{ak}^{rs} 为弧段 a 与路径 k 的关联关系，当弧段 a 在路径 k 上，则 $\delta_{ak}^{rs}=1$，反之 $\delta_{ak}^{rs}=0$；C_a 表示路段 a 的通行能力。

在 SUE 问题中，通常构造数学规划模型求解随机平衡条件下的交通流量，构造的无约束等价极小规划模型为

$$\begin{aligned} \min z(x) = & \sum_a x_a c_a(x_a) - \sum_a \int_0^{x_a} c_a(\omega) d\omega \\ & - \sum_{rs} q_{rs} M\left[\min_{k \in \kappa_{rs}}\{C_k^{rs}\} \mid c^{rs}(x)\right] \end{aligned} \tag{7-27}$$

式中，$M[\min_{k \in \kappa_{rs}}\{C_k^{rs}\} \mid c^{rs}(x)]$ 为期望理想费用函数；$c_a(x_a)$ 为弧段 a 的实际出行费用 c_a 与弧段 a 的流量 x_a 的函数关系，即 $c_a = c_a(x_a)$。

给出模型与 SUE 平衡条件之间的等价性证明，即模型解满足式（7-22）及其约束条件，并进一步说明该极小值问题存在唯一极小解。

1）等价性

证明：对于无约束极值问题，其极值点上的一阶条件为

$$\nabla z(x) = 0 \tag{7-28}$$

对第一项有

$$\frac{\partial}{\partial x_b}\left[\sum_a x_a t_a(x_a)\right] = c_b + x_b \frac{dc_b}{dx_b} \quad c_a = c_a(x_a) \tag{7-29}$$

对第二项有

$$\frac{\partial}{\partial x_b}\left[-\sum_a \int_0^{x_b} c_a(\omega)\mathrm{d}\omega\right] = -c_b \tag{7-30}$$

对第三项有

$$\frac{\partial}{\partial x_b}\left\{-\sum_{rs} q_{rs} M\left[\min_{k\in\kappa_{rs}}\{C_k^{rs}\}\mid c^{rs}(x)\right]\right\}$$
$$= -\sum_{rs} q_{rs} \sum_k \frac{\partial M\left[\min_{k\in\kappa_{rs}}\{C_k^{rs}\}\mid c^{rs}(x)\right]}{\partial c_k^{rs}}\frac{\partial c_k^{rs}(x)}{\partial x_b} \tag{7-31}$$

因为

$$\frac{\partial M\left[\min_{k\in\kappa_{rs}}\{C_k^{rs}\}\mid c^{rs}(x)\right]}{\partial c_k^{rs}} = P_k^{rs} \tag{7-32}$$

$$\frac{\partial}{\partial x_b}\left\{-\sum_{rs} q_{rs} M\left[\min_{k\in\kappa_{rs}}\{C_k^{rs}\}\mid c^{rs}(x)\right]\right\} = -\sum_{rs} q_{rs} \sum_k P_k^{rs} \frac{\mathrm{d}c_b}{\mathrm{d}x_b} d_{b,k}^{rs} \tag{7-33}$$

得到极值点的条件为

$$\frac{\partial z(x)}{\partial x_b} = \left[-\sum_{rs}\sum_k q_{rs} P_k^{rs} d_{b,k}^{rs} + x_b\right]\frac{\mathrm{d}c_b}{\mathrm{d}x_b} = 0, \quad \forall b \tag{7-34}$$

由弧段的费用函数可知$\mathrm{d}c_b/\mathrm{d}x_b \geqslant 0$，欲使式（7-34）成立，则有

$$-\sum_{rs}\sum_k q_{rs} P_k^{rs} d_{b,k}^{rs} + x_b = 0 \tag{7-35}$$

由式（7-35）即可解得

$$x_b = \sum_{rs}\sum_k q_{rs} P_k^{rs} d_{b,k}^{rs}, \quad \forall b\in(L\cup E\cup D) \tag{7-36}$$

式（7-36）正是 SUE 的平衡条件，见式（7-23），因此可知式（7-22）的解与 SUE 条件等价。

2）唯一性

目标函数 $z(x)$ 的黑塞矩阵虽然是不确定阵，但其在均衡点上是正定的，即均衡点是该无约束极小化问题的一个局部极小点，而且 $z(x)$ 在极小点附近是严格凸的，该局部最小点仍然是全局极小点。

3. 求解算法

可以采取求解无约束极小化问题的最速下降法等方法来求解模型，这类算法基本的运算步骤是寻找下降方向和迭代步长，即

$$\boldsymbol{x}^{n+1} = \boldsymbol{x}^n + \alpha_n \boldsymbol{d}^n \tag{7-37}$$

式中，$\boldsymbol{x}^n$ 为第 n 次迭代时的路段流量向量；α_n 为需要确定的迭代步长；$\boldsymbol{d}^n$ 为目标函数在 $\boldsymbol{x}^n$ 点的下降方向。

对于随机用户平衡问题，通常采取连续平均法（method of successive algorithm，MSA）进行求解。MSA 的基本原理是沿下降方向预先确定步长，但其步长 α_n 需要满足式（7-38）的条件才能使目标函数收敛到极小点。

$$\begin{cases} \sum_{n=1}^{\infty} \alpha_n = \infty \\ \sum_{n=1}^{\infty} \alpha_n^2 < \infty \end{cases} \qquad (7\text{-}38)$$

MSA 中通常采用 $\alpha_n = k_1 / (k_2 + n)$ 的步长序列，式中，k_1 为正常数；k_2 为非负常数。k_1 决定了步长的长度，k_2 的作用是对起始步的补偿。本书采用最简单的步长形式，即 $\alpha_n = 1/n$。

为了满足本书研究需要，给出改进的 MSA 流程图如图 7-9 所示。

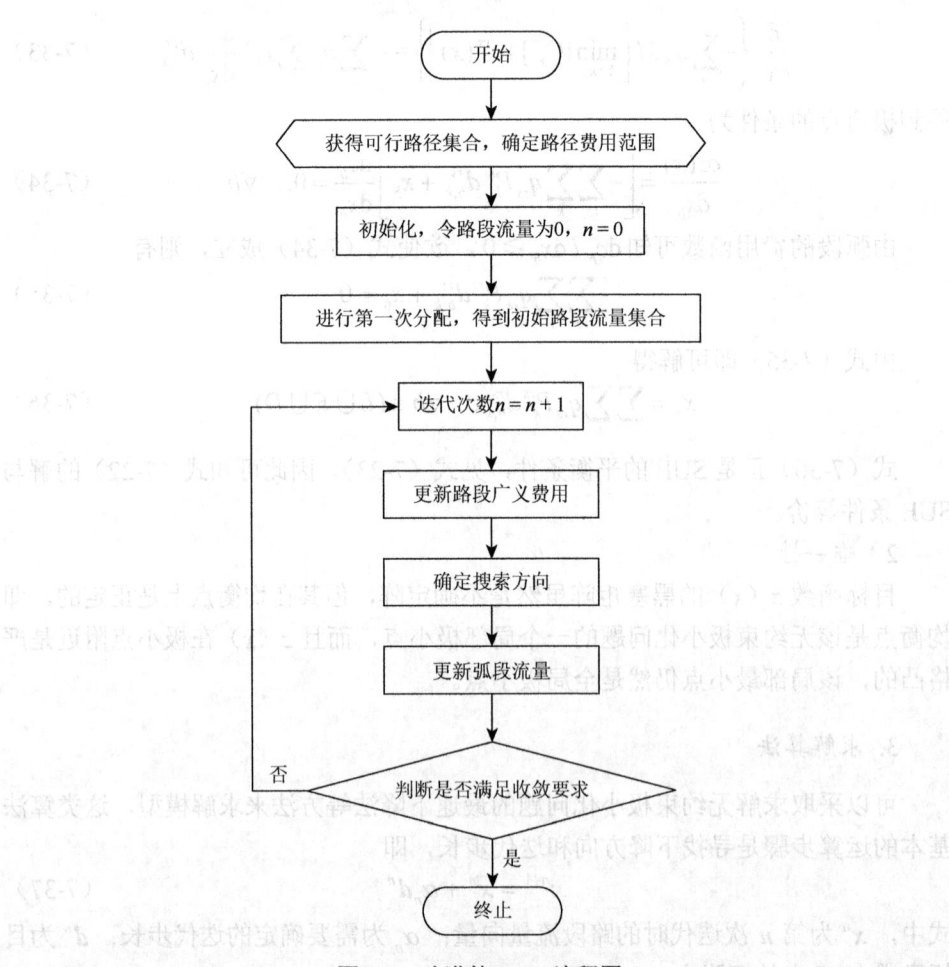

图 7-9　改进的 MSA 流程图

步骤 1：利用有效路径搜索算法获得 OD 对 (r, s) 间的可行路径集合 R^{rs}，得到由可行路径构成的路网，记下 OD 对 (r, s) 间可行路径中的最小广义费用 $c_{\min}^{rs}$；

步骤 2：初始化。设定各必要参数值，令弧段新增流量 $x_a^{(0)} = 0$，并置迭代次数 $n = 0$；

步骤 3：更新路段广义费用。根据各弧段的新增流量 $x_a^{(n)}$，由弧段广义费用计算方法得到各弧段的广义出行费用，进而对可行路径集进行筛选获得有效路径集 R_{valid}^{rs}；

步骤 4：确定搜索方向。根据各弧段当前的广义出行费用对 OD 对间流量 q^{rs} 进行有效路径 Logit 流量加载，得到各有效路径弧段的附加交通流量 $y_a^{(n)}$，进而得到搜索方向 $d_a^n = y_a^n - x_a^n$；

步骤 5：更新弧段流量

$$x_a^{n+1} = x_a^n + \frac{1}{n} d_a^n = x_a^n + \frac{1}{n}(y_a^n - x_a^n) \tag{7-39}$$

步骤 6：判断是否满足收敛条件。如果满足则停止循环，否则返回步骤 3，且 $n = n + 1$。收敛条件为

$$\max\left[\frac{\sqrt{\left(\overline{x_a^{n+1}} - \overline{x_a^n}\right)^2}}{\overline{x_a^n}}\right] \leqslant \varepsilon \tag{7-40}$$

式中，$\overline{x_a^n}$ 为最后 m 次迭代中的流量平均值；$\overline{x_a^n} = \frac{1}{m}\sum_{l=0}^{m-1} x_a^{n-l}$，一般取 $m = 3$；ε 为指定的常数。

7.2.3　基于客流重分配结果的疏运需求计算

基于客流重分配结果，可以有效预测不同后续出行反应的客流量与各交通方式的疏运需求量，为制定城市轨道交通应急响应策略提供准确的数据支撑与参考。

1. 不同后续出行反应的客流量

受影响客流即是延误客流，根据乘客的后续出行反应，可以划分为等待客流、绕行客流与损失客流。由于本书研究的中断场景的中断时间较长，等待客流可忽略不计，主要对绕行客流与损失客流进行计算。

1）绕行客流计算

绕行客流的形成是由于乘客的理想出行路径因中断区间或车站无法通行，不得不通过改变进出站点或换乘站点，继续在轨道交通网络内选用其他出行路径绕行完成部分出行或整个出行。因此本书认为乘客的后续出行路径中只要含有轨道

交通，则将该乘客视为绕行客流，绕行客流量即是含有轨道交通模式的出行路径上的流量之和，计算表达式为

$$Q_{\text{bypass}} = \sum_k f_k^{rs} \varphi_k^{rs}, k \in \kappa_{rs}, \forall r, s \quad (7\text{-}41)$$

式中，κ_{rs} 为 OD 对 (r,s) 间的路径集合；f_k^{rs} 为 OD 对 (r,s) 间的路径 k 上的客流量；φ_k^{rs} 为决策变量，若路径 k 上含有轨道交通模式，则 $\varphi_k^{rs}=1$，反之则为 0。

2）损失客流计算

损失客流的形成是由于乘客无法按照原有路径完成此次出行，且绕行距离过大、绕行时间过长，从而放弃轨道交通（立即从当前车站直接退出）并选择其他交通方式完成此次出行。因此本书认为乘客的后续出行路径中不会出现轨道交通模式，损失客流量即是不含有轨道交通模式的出行路径上的流量之和，计算表达式为

$$Q_{\text{loss}} = \sum_k f_k^{rs} \varsigma_k^{rs}, k \in \kappa_{rs}, \forall r, s \quad (7\text{-}42)$$

式中，ς_k^{rs} 为决策变量，若路径 k 含有轨道交通模式，则 $\varsigma_k^{rs}=0$，反之则为 1；其他变量含义同上。

2. 各交通方式的疏运需求量

城市轨道交通区间运营中断下的应急响应策略急需解决的问题是提高行车组织效率，实现滞留乘客的快速疏运，解决对线网其他线路造成的客流压力，保证应急资源的合理调度与准确分配。因此，有针对性地预测各交通方式的疏运需求量对制定行之有效且精准到位的疏运策略就显得尤为重要。

本书主要考虑了乘客在后续出行中最可能选择的轨道交通（包含接驳公交）、地面公交及小汽车这三种交通方式作为疏运方式，接驳公交视为轨道交通的一部分，根据受影响客流在多模式疏运超网络中的重分配结果即可算出各交通方式的疏运需求量。关于疏运需求量的计算应遵循以下原则：

（1）将每个乘客看作后续出行中第一次选择的交通方式的疏运需求，但不作为之后因为换乘而选择的其他交通方式的疏运需求；

（2）在由多种模式组合的后续出行中，本书认为只有第一种模式在疏运过程中做出贡献，故只对第一种模式计算其疏运需求。

根据上述原则，本书认为某种交通方式的疏运需求量即是与该交通方式子网相连的所有上网弧段的流量之和，计算表达式为

$$\text{TD}_m = \sum_a x_a^m, \quad m \in N, \quad a \in L_u^m \quad (7\text{-}43)$$

式中，TD_m 为模式 m 的疏运需求量；x_a^m 为模式 m 的上网弧段 a 上的流量；N 为

模式集；L_u^m 为模式 m 的上网弧集。注意，接驳公交的疏运需求量同样按式（7-43）计算，在实际计算中可将接驳公交与轨道交通分开计算。

7.3 城市轨道交通与地面公交应急接驳运行组织设计

7.3.1 城市轨道交通列车临时交路运行组织

针对中断的轨道交通线路，制定新的运输组织方案是快速疏运滞留乘客、缓解城市轨道交通运力与运量不匹配的重要手段。由于中断线路无法按照原有的交路方式正常运行，为了减缓运营中断事件对整个城市轨道交通网络所造成的影响，通常的做法是从线路运行中断位置的两端向外搜索距离最近的中间折返站，利用中间折返站开行临时交路并制定列车运营计划，即在原有轨道交通线路上实行分段运行，最大限度发挥线路中各种设施设备能力。

1. 列车交路计划

临时交路可以恢复轨道交通路网的部分连通性，乘客据此到达路网中较近的换乘站完成出行，最大程度减少放弃轨道交通出行的乘客比例，避免客流转移而可能引起的地面交通拥堵。根据乘客在未中断线路的客流分布情况及中间折返站的情况，可以确定临时交路形式，以下仅给出某一端的未中断区段的交路形式说明，另一端同理。临时交路的形式主要有以下两种：

（1）当未中断区段的轨道交通线路客流都比较均匀，则采用长交路形式，列车直接在中间折返站与线路起终点间运行，在行车途中不进行折返作业。这种交路运行组织简单，对中间站设备要求也不高，未中断区间单一交路示意图如图 7-10 所示。

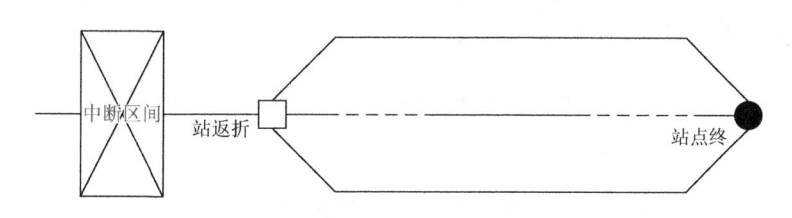

图 7-10 未中断区间单一交路示意图

（2）当未中断区间的轨道交通线路客流分布不均衡，客流有明显的区段划分，则采用长短交路形式，将列车运行的区间分成多个，在部分区间存在长交路列车和短交路列车共线运行的情况。长交路列车在起终点站折返，短交路列车在特定的中间车站折返。这种交路可兼顾不同出行距离乘客的需求，又能提高列车的满载率，加快短交路列车的周转，未中断区间嵌套交路示意图如图 7-11 所示。

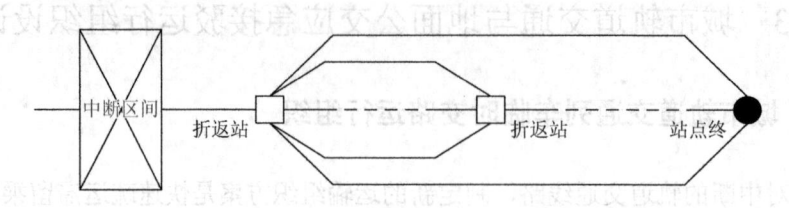

图 7-11 未中断区间嵌套交路示意图

综合来说，列车交路计划一般采用长交路形式，但在线路各区段客流量不均衡程度较大的情况下，可根据实际情况采用短交路形式加以辅助，组织列车在线路上按不同的客流密度行车。采用长短交路时，为加速中间折返站作业，不影响线路通过能力，对中间折返站的客运组织工作提出了很高的要求。

2. 列车停车计划

城市轨道交通列车停站设计中，一般规定列车需要站站停车。当城市轨道交通出现运营中断时，从提高列车旅行速度和节约乘客出行时间的角度出发，列车可以不用在每个途经车站都停车。与列车交路计划类似，根据客流重分配结果可以得知轨道交通各站点的客流分布情况，据此制定列车停车计划，停车的方式主要有以下三种：

1）站站停车

站站停车是指列车在其行驶的线路上途经的所有车站均会停车，站站停车示意图如图 7-12 所示。此停车方案运营组织简单，线路上开行列车种类简单且乘客无须换乘。但是当线路客流分布严重不均时，列车运力无法得到充分运用，并影响客流量大的车站客流的及时疏运。

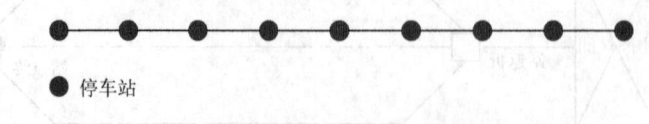

图 7-12 站站停车示意图

2）分段停车

分段停车主要适用于城市轨道交通列车采用嵌套交路运行情况。具体停车方案是按长交路行驶的列车在短交路区段内不停车通过，但在短交路区段外每站均停车；按短交路行驶的列车仅在其行驶区段内站站停车，且短交路列车的中间折返站同时又是乘客换乘车站，为跨区段的乘客提供换乘服务。分段停车示意图如图 7-13 所示。

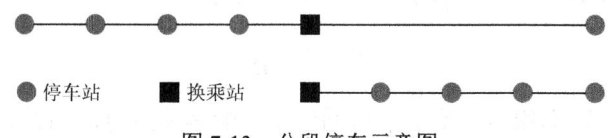

图 7-13　分段停车示意图

分段停车方案能够减少列车停站次数，缩短长交路列车的停站时间总和，进而提高了列车行车速度，压缩了列车周转时间，保证列车具有较高的行车效率。但是需要在部分中间站修建侧线，避免因行车量较大而出现列车越行的情况；同时，会增加在不同交路区段间上下车的乘客的换乘时间，并延长在短交路区段内上下车的乘客的候车时间。

3）跨站停车

跨站停车是指特定类型的车只能在指定类型的车站停车。跨站停车示意图如图 7-14 所示，将线路上运行的列车分为 I、II 两类，线路上的车站分为 A、B、C 三类，其中 A、B 类车站的设置按相邻分布的原则，C 类车站的设置可按每隔 2 个、4 个或 6 个车站设一个的原则。停车规则是 A 类站点只停 I 类列车，B 类站点只停 II 类列车，C 类站点两类列车均可停。

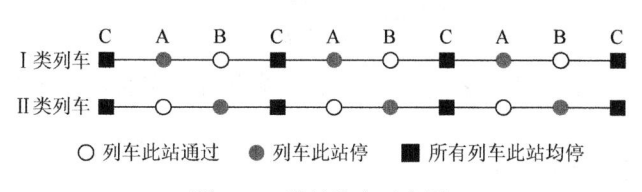

图 7-14　跨站停车示意图

跨站停车与区段停车类似，能够减少列车停站次数，缩短乘客的行程时间与列车的周转时间，提高列车的运行效率，进而降低总体车辆需求数量，提高列车运营的经济效益。但是当乘客在 A、B 两类车站间上下车时，会给乘客带来不便并增加其在 C 类车站的换乘时间。该停车方案多用于城市轨道交通列车采用长交路方式的运行情况，尤其是 C 类车站上下车客流较大并且乘客乘车距离较远的情形。

3. 列车行车计划

参照正常运营情况下全日行车计划的编制，根据临时交路的客流分配结果，制定中断下的行车计划，主要包括中断时间内开行城市轨道交通车次、行车间隔时间及运用车辆数。

1）计算中断时间内开行城市轨道交通车次 n

中断时间内开行列车数与中断时长内交路最大客流断面乘客人数 $p_{\max}$、列车的定员人数 c_p 及列车满载率 β 有关，计算公式为

$$n = \frac{p_{\max}}{c_p \times \beta} \tag{7-44}$$

式中，最大客流断面乘客人数 $p_{\max}$ 可通过受影响客流重分配后的结果获得，列车的定员人数 c_p 是列车编组数和车辆定员数的乘积，列车的满载率 β 是指在单位时间内特定断面上的车辆载客能力利用率，通常情况下，线路断面满载率是指高峰 h 内，单向最大客流断面的车辆载客能力利用率是指实际载客量与设计载客容量之比。计算公式为

$$\beta = \frac{p_{\max}}{c_{\max}} \times 100\% \tag{7-45}$$

式中，$p_{\max}$ 为正常运行情况下线路最大断面客流量；$c_{\max}$ 为高峰 h 内线路输送能力，等于时段内通过的列车数与列车定员的乘积；$p_{\max}$ 和 $c_{\max}$ 两个参数可通过历史客流数据算出，一般情况下，满载率可取 0.75～0.90，运营中断情况下，为了提高车辆运用效率，满载率应该尽可能大。

若已知轨道交通中断线路正常状态下的发车频率 $f_{正}$，则中断时间内开行城市轨道交通车次 n 计算公式为

$$n = \max\left(\frac{p_{\max}}{c_p \times \beta}, \frac{60}{f_{正}}\right) \tag{7-46}$$

若 $n = 60/f_{正}$，说明保持正常运营下的城市轨道交通行车计划即可完成疏运需求。

2）计算发车间隔时间

$$t_{间} = \frac{60}{n} \tag{7-47}$$

式中，$t_{间}$ 为发车间隔时间，单位为分钟。

3）计算运用车辆数

通常人们会制定车辆运用计划来完成城市轨道交通的日常运输任务，车辆运用计划中的车辆包括运用车、检修车和备用车。面对城市轨道交通突发运营中断事件，为保证轨道交通的服务水平，快速疏运滞留乘客，会根据实际受影响情况，调用备用车，弥补运用车的运力不足。区间运营中断下，运用车辆数与中断时长内的开行列车对数、列车的行驶速度及在折返站停留时间等因素有关，计算公式为

$$N = \frac{t_{列} \times m}{t_{间}} \tag{7-48}$$

式中，区间运营中断下，列车运用的车辆数 N 与中断时长内的开行列车编组数 m、列车的行驶速度及在折返站停留时间等因素有关。列车周转时间包括列车在区间运行时间、列车在中间站停留时间及列车在折返站作业时间停留时间，计算公式为

$$t_{列} = \sum t_{运} + \sum t_{站} + \sum t_{折} \tag{7-49}$$

式中，$\sum t_{运}$ 为列车在线路上往返一次各区间的运行时间之和（min）；$\sum t_{站}$ 为列车在线路上往返一次在各中间站的停站时间之和（min）；$\sum t_{折}$ 为列车在折返站的停留时间之和（min）。

7.3.2 地面公交应急接驳开行联动

当轨道交通运营中断事件较为严重，导致其无法通过自身列车运行组织来满足乘客的出行需求时，需要通过地面交通对受影响乘客进行疏运。目前常用的地面交通主要有公交车、出租车，鉴于公交车调度灵活、运量大且部署快捷的特点，通常以地面公交为主，增开接驳公交快速弥补轨道交通因中断而损失的运能，提供乘客运输的替代服务，及时疏运受影响乘客。

1. 公交接驳启动条件

考虑到公交接驳开行所涉及部门合作、人车调度及路网协调，通常城市应急管理相关部门不会轻易启动应急公交接驳。但是，在面对城市轨道交通运营中断情况时，又要求能够快速准确地做出启动应急公交接驳的判断，达到及时疏运受影响乘客的目的，避免因乘客滞留而带来更大的安全隐患。因此，应急公交接驳的开行需要有严格的执行标准。本书通过总结相关文献[175,176]、应急预案和相关规定，将应急公交接驳启动条件总结如下：

（1）城市轨道交通出现大面积线路故障，导致线路不能正常运营或者中断，使站台和车厢内滞留大量乘客，甚至路网临时关闭、完全丧失运营功能，已经对城市公共交通路网产生严重影响。

（2）城市轨道交通线路双向中断 30min 以上或者单向中断 40min 以上。线路双向中断时表示中断区间已经不能通过列车运行组织调整来输送客流，这势必会导致两端的客流大量急速滞留，单向中断尽管能通过列车运行组织调整来获得较低的运能输送双向客流，但当中断时间过长，较低的运能并不能满足输送需求，同样会造成客流滞留。

（3）单线中断采用单线双向运行策略时发车间隔在 20min 以上。单线双向列车运行可以最大限度地发挥设备、设施的潜能，但发车间隔过长已经表明中断区间距离过大，中间停留时间过长，这并不能满足乘客对出行的需求。

（4）城市轨道交通线路设备故障等突发事件发生并未造成线路某个区段完全中断，但导致列车双向行车延误 40min 以上。

总的来说，城市轨道交通运营中断事件发生，启动应急公交接驳应该视运营中断对城市轨道交通运营所造成的影响程度而定，不同的城市应该根据自身城市的路网布局及客流分布特点，明确不同的突发中断事件的等级判定标准，进而确定应急接驳公交开行的前提条件，并将其明确、完备置入应急预案之中。

2. 公交接驳调度计划

启动应急公交接驳联动策略，确定公交接驳线路的同时，为了保证应急公交能够快速进入疏运工作，及时科学地组织运送乘客，确保公交接驳运行工作有序地进行，需要制定城市轨道交通区间运营中断条件下的公交调度计划，确保接驳响应的快速性、公交运行的组织性及公交运力的准确性，主要包括行车组织方式及公交运行方案。

1）行车组织方式

行车组织方式是指公交车在运营时所采取的车辆发车形式，线路上的客流分布情况决定了调度形式的选取。城市轨道交通区间运营中断事件具有偶然性、突发性，因此应急公交的发车形式，通常根据车辆运行区间与停站方式进行划分，分别是全程车、区间车及快车。

（1）全程车。

接驳公交车沿着轨道交通线路在中断区间内往返行驶，依次途经中断区间每个站点并停靠上下乘客，完成对每个站点的乘客疏运，全程车运行示意图如图 7-15 所示。

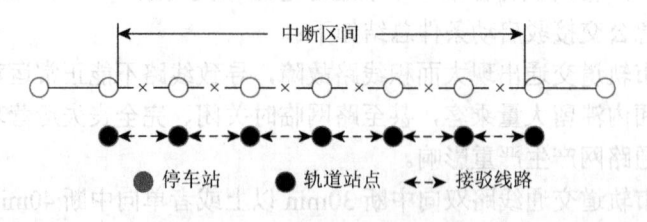

图 7-15 全程车运行示意图

（2）区间车。

接驳公交车在整个中断区间内往返行驶，但仅在中断区间内客流量大且相对集中的区段内的站点停靠上下乘客，完成乘客疏运，这是一种辅助调度形式，通常根据路段不均匀系数或者断面客流量确定发车区间，区间车运行示意图如图 7-16 所示。

图 7-16 区间车运行示意图

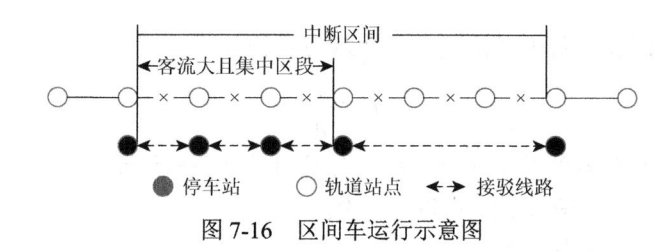

（3）快车。

接驳公交车在整个中断区间内往返行驶，但仅在中断区间内客流量较大的轨道交通车站停靠上下乘客，即跨站快速运行。快车又分为大站快车和单向快车，前者通常适用于乘坐距离比较远的乘客，后者适用于上下行乘客数异常不均衡的线路。快车运行示意图如图 7-17 所示。

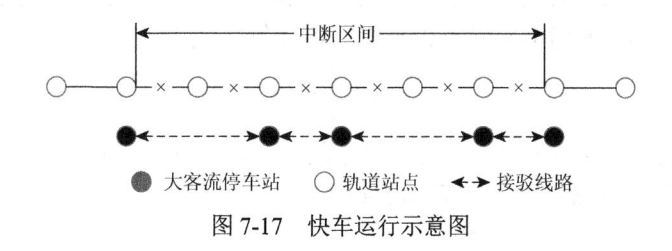

图 7-17 快车运行示意图

在实际的公交调度过程中，全程车是最基本的调度形式。同时，为了节省乘客出行时间，提高公交运行效率，也会基于线路的客流分布特征采用其他调度形式进行辅助。

2）公交运行方案

为了有计划地调度公交车辆，确保接驳公交运行的科学性与组织性，及时完成疏运任务，有必要制定应急公交接驳的运行方案。根据公交线路上的客流分布和现有车辆的配置，确定接驳公交运行车次、发车间隔、周转时间与公交接驳需求车辆数。

（1）公交车辆的运行车次。

公交车辆的运行车次与公交线路上断面最大客流量、公交车额定载客量及满载率有关，计算公式为

$$n = \frac{q_{\max}}{c \times \delta} \tag{7-50}$$

式中，$q_{\max}$ 为中断时长内接驳线路上的断面最大客流量，可通过客流重分配结果获得；c 为公交车额定载客量；δ 为公交车满载率，一般取值为 0.9。

（2）公交车辆的发车间隔。

公交车辆的发车间隔是某一时间段的长度与该时间段内的通过车次的比值，

城市轨道交通区间运营中断情况下，计算公式为

$$t_{间} = \frac{t_{断}}{n} \tag{7-51}$$

式中，$t_{间}$ 为公交车辆的发车间隔；$t_{断}$ 为突发事件造成轨道交通区间运营中断的持续时长；n 为中断时长内所需的公交车次。

（3）公交接驳周转时间。

公交接驳周转时间主要包含公交运营时间与公交车在首末站规定的停车时间，即

$$t_{公} = t_{运} + t_{停} \tag{7-52}$$

式中，$t_{公}$ 为公交车的周转时间；$t_{运}$ 为公交车的运营时间；$t_{停}$ 为公交车在首末站规定的停车时间，在高峰时段一般取值 3~5min，平峰时段取公交运营时间的 15%。

其中，公交运营时间跟公交线路的长度和公交车的行驶速度有关，主要包括公交车在路上的行驶时间和站点停靠时间，计算公式为

$$t_{运} = 2 \times \frac{L}{v} + k t_{站} \tag{7-53}$$

式中，L 为公交线路的长度；v 为公交车的平均行驶速度；$t_{站}$ 为每个站点的停靠时间，通常取 45s；k 为中途停靠站的数量。

（4）公交接驳需求车辆数。

提供充足的运力是提高公交运行效率，及时疏运滞留乘客，保证公交接驳工作顺利进行的关键。公交接驳需求车辆数是公交车周转时间与发车间隔的比值，计算公式为

$$N = \frac{t_{公}}{t_{间}} \tag{7-54}$$

7.3.3 案例分析

由于突发事故，南京地铁 1 号线部分区间发生中断，如图 7-18 所示。假设本次城市地铁运营中断事件已达到应急公交接驳启动条件，地铁在应对此次突发事件时，一是需要进行列车运行自身调整，二是启动公交接驳联动策略。

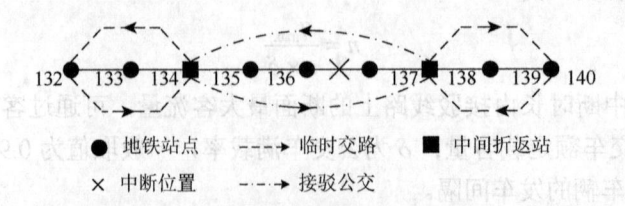

图 7-18 疏运策略示意图

根据城市地铁线路站点建设情况可知,1号线安德门站与南京南站为折返站,因此列车可以开行临时交路,南京地铁1号线分为两段运行,一是三山街站(132)至安德门站(134)双向运行,二是南京南站(138)至宏运大道站(140)双向运行;对于停运区段,则启动公交接驳,沿停运区段开行临时公交接驳线路,起讫点站分别是安德门站与南京南站。疏运策略示意图如图7-18示。

1. 列车运行组织

临时交路进行折返作业时根据折返站的实际情况采用相应的折返方式,同时根据沿线客流情况,并确保无影响乘客的可达性,停站方式采用站站停车,具体的行车计划根据临时交路路段客流情况来定,基于客流重分配结果及无影响乘客的起讫点分布,临时交路客流分布情况如表7-2所示。

表7-2 临时交路路段客流分布情况

路段编号	路段客流量/(人/h) 上行方向	下行方向	合计
132～133	966	979	1945
133～134	1320	904	2224
138～139	454	3026	3480
139～140	418	1186	1604

1)列车相关参数标定

目前南京市地铁1号线采用宽体A型地铁列车,每一列车有6节编组,单节载客量310人,整列载客量1860人。由于列车编组相对固定,列车编组数 $m=6$,列车的定员人数 $c_p=1860$ 人。同时,南京地铁1号线早高峰时期正常运行下132～134段的发车间隔 $f_{正1}=3.6$min,138～140段发车间隔为 $f_{正2}=7.2$min,列车的满载率 β 取值为0.80。

2)开行地铁车次 n

按照式(7-46)计算132～134段小交路地铁车次 n_1 为

$$n_1 = \max\left(\frac{\max(1945,2224)}{1860 \times 0.8}, \frac{60}{3.6}\right) \approx 18 (车次)$$

按照式(7-46)计算138～140段小交路地铁车次为 n_2 为

$$n_2 = \max\left(\frac{\max(3480,1604)}{1860 \times 0.8}, \frac{60}{7.2}\right) \approx 8 (车次)$$

3)发车间隔 $t_{间}$

由(2)的计算结果可知, $n_1=60/f_{正1}$ 且 $n_2=f_{正2}$,因此,两段小交路的发车间隔均采用早高峰时段地铁正常运行下的发车间隔：$t_{间1}$=3.6min，$t_{间2}$=7.2min。

4）运用车辆数

已知安德门站为站前折返，南京南站为站后折返，分别取折返时间为 $t_{折1}$=182s，$t_{折2}$=325s，中间站停留时间 $t_{停}$=36s，因此，两段小交路的列车周转时间分别为 $t_{列1}$=21.6min，$t_{列2}$=19.6min。

按照式（7-48）计算 132~134 段小交路运用车辆数 N_1 为

$$N_1 = \frac{21.6 \times 6}{3.6} = 36 (辆)$$

按照式（7-48）计算 138~140 段小交路运用车辆数 N_2 为

$$N_2 = \frac{19.6 \times 6}{7.2} \approx 18 (辆)$$

综上计算，南京地铁 1 号线发生运营中断事件时，地铁 1 号线开行临时小交路，分为两段运行，分别为 132~134 段与 138~140 段。其中，132~134 段小交路开行地铁 18 车次，发车间隔为 3.6min；138~140 段小交路开行地铁 8 车次，发车间隔为 7.2min。两段小交路均采用站站停车方式，需要车辆数分别为 36 辆与 18 辆。

2. 公交接驳开行

公交接驳线路沿中断区间开行，起讫点站分别是安德门站与南京南站，采用全程车的发车形式，接驳公交车依次途经停运区段每个站点并停靠上下乘客，具体的运行方案根据接驳公交路段的客流分布情况制定，基于客流重分配结果，确定接驳公交线路路段客流分布情况如表 7-3 所示。

表 7-3 接驳公交线路路段客流分布情况

路段编号	路段客流量/（人/h）		
	上行方向	下行方向	合计
134~135	1586	1063	2649
135~136	1309	1215	2524
136~137	954	1754	2708
137~138	651	1940	2591

（1）公交相关参数标定。

依据南京市公交车辆的实际情况，公交车额定载客数 c 为 90 人，公交车的满载率 δ 取值为 0.9，车辆在中途站的停车时间 $t_{停}$ 取值为 45s，在首末站的停车时间 $t_{停}$ 取值为 4min。

（2）计算公交车辆的运行车次为

$$n = \frac{1940}{90 \times 0.9} \approx 24 \, (车次)$$

（3）计算公交车辆的发车间隔 $t_{间}$ 为

$$t_{间} = \frac{60}{24} = 2.5 \, (\min)$$

（4）计算公交接驳周转时间 $t_{公}$ 为

假设已知公交车的运营时间 $t_{运} = 51.6 \min$，公交接驳周转时间为

$$t_{公} = 51.6 + 2 \times 4 = 59.6 \, (\min)$$

（5）计算公交接驳需求车辆数 N。

基于（3）（4）的计算结果，公交接驳需求车辆数为

$$N = \frac{59.6}{2.5} \approx 24 \, (辆)$$

综上计算，南京地铁 1 号线发生运营中断事件，公交接驳联动沿地铁线路中断区段 {(134,135),(135,136),(136,137),(137,138)} 开行临时线路，在中断区间站点 {134,135,136,137,138} 设置临时公交站点，线路开行 24 车次，发车间隔为 2.5min，需要从附近的公交场站或枢纽站抽调公交车 24 辆。

7.4 本章小结

本章第一节在轨道交通与公交复合网络构建的基础上，探讨了复合网络设计策略，列举了常用公交接驳线路的设置形式。第二节利用随机效用理论描述乘客出行选择行为，构建基于 Logit 模型的乘客路径选择模型，在随机平衡条件下，建立基于 Logit 加载的随机用户平衡配流模型，对应急客流进行重分配。第三节从地铁列车运行组织和公交应急联动两方面制定了应急客流疏运方案。列车运行组织主要探讨了列车的交路计划、停车计划及行车计划，并计算列车的发车间隔、周转时间及运用车辆数；公交接驳联动首先提出了公交接驳的启动条件，进而对接驳线路的设置方法进行讨论，并制定了公交车辆的调度计划。

第8章 南京地铁网络化运营应用实践

本章以南京地铁网络为例,提出地铁运营安全风险辨识与评估方法,进行安全隐患排查治理,规范应急预案操作,建立"风险分级管控、隐患排查治理"双重预防性工作机制,研发运营安全监测与风险管控系统、客流异常状态识别与预警系统,搭建应急处置体系与可视化联动平台,并进行极端恶劣天气下地铁网络化运营风险管控与应对实践应用。

8.1 安全风险辨识与评估

8.1.1 风险辨识案例分析

1. 事故树分析法

选取南京地铁运营组织专业(站务)进行风险辨识。
步骤1:确定风险类型。

站务工作人员根据历史数据、实际操作经验,根据21种事故类型划分,确定站务存风险类型表,如表8-1所示。

表8-1 站务风险类型汇总表

专业名称	风险类型
运营组织专业 (站务)	火灾
	行车事故
	坍塌
	恐怖袭击
	踩踏
	治安事件
	影响运营服务质量事件
	物体打击
	其他伤害
	职业健康伤害

步骤 2：确定风险源。

询问站务工作人员，根据步骤 1 分析出来的风险类型，推测出该专业存在的风险源，务必集思广益，不要遗漏。将梳理出的风险源名称填入表 8-2。

表 8-2 站务风险源汇总表

专业名称	风险类型	风险源名称
运营组织专业（站务）	火灾	车站失火
	行车事故	车站行车工作执行错误
		施工、检修作业防护不当
		监控管理不细致
		站台与客车之间存在间隙
	坍塌	车站沉降
	恐怖袭击	车站遭受恐怖袭击
	踩踏	乘客推挤发生踩踏事件
		车站疏散路径不畅
	治安事件	站内发生斗殴或打砸事件
		站内发生偷盗事件
	影响运营服务质量事件	设备故障
		环境因素致使影响服务质量
		服务类设备使用不善
	物体打击	车站人员受到打击伤害
		车站物体脱落
		列车受到打击受损
	其他伤害	违反劳动作业纪律
		发生工伤事件
	职业健康伤害	吸入粉尘
		化工污染

步骤 3：确定存在区域。

根据步骤 2 分析出的风险源，推测出该风险的存在区域，存在区域分为三级：站点级、线路级、线网级，详见 3.2.3 节中存在区域划分。

步骤 4：确定诱发风险源的风险因素。

本案例就以车站失火风险源作为分析对象，简要介绍如何就一个风险源用事故树分析法确定风险因素。

通过引导和询问站务工作人员，从人、物、环境、管理四方面，对车站失火风险源梳理风险因素。从人的因素考虑，风险因素包括违规使用电器、不法分子纵火、工作人员在车站内堆放易燃物、站内吸烟；从物的因素考虑，风险因素包括设备老化导致电器火灾；从环境因素考虑，风险因素包括高温、干燥天气导致失火；从管理因素考虑，风险因素包括设备安检没有按照三逢原则进行、运营公司监管不力、安检公司培训不到位、巡查不到位、工作人员违反操作规定、人员违反地铁管理条例、公司宣传不到位、商铺人员私拉乱接电线。

步骤 5：归类汇总。

对已辨识出的风险源，按照专业、风险类型、风险源名称、存在区域、风险因素等项目进行归类汇总，由于篇幅原因，本案例只详细介绍车站火灾这一风险源，站务车站失火风险因素分析表如表 8-3 所示。

表 8-3 站务车站失火风险因素分析表

专业名称	风险类型	风险源名称	存在区域	风险因素
运营组织专业（站务）	火灾	车站失火	线网级	车站内堆放易燃物
				站内吸烟
				违规使用电器
				不法分子纵火
				设备老化导致电器火灾
				高温、干燥天气导致失火
				设备安检没有按照三逢原则进行
				监管不力
				安检公司培训不到位
				巡查不到位
				工作人员违反操作规定
				人员违反地铁管理条例
				公司宣传不到位
				消防器材缺损、失效
				消防通道被占用
				消防设备、设施维修不及时
				商铺人员私拉乱接电线

2. 事件树分析法

选取南京地铁供电专业进行风险辨识。

步骤 1：确定初始事件。根据南京地铁内部调查统计，得到一个供电存在的风险源，弓网故障，将其确定为初始事件。

步骤 2：分析安全功能。针对弓网故障，由电网报警系统进行监控。

步骤 3：画事件树。考察初始事件，对于弓网故障有两种状态、一是电网报警器报警，为成功状态，画在上分枝；二是电网报警器未报警，为失败状态，画在下分枝。

步骤 4：考察初始事件上分枝及后续事件。

步骤 4.1：先考察初始事件的上分枝电网报警器报警这一新事件，它有两种状态。一是员工及时处理，为成功状态，画在上分枝；二是未及时处理，为失败状态，画在下分枝。

步骤 4.2：继续考察及时处理这一新事件，若得到及时处理，可以判断设备安全，到达最终事件，这一分枝结束。

步骤 4.3：继续向下考察未处理这一新事件，其有两种状态。一是设备自动停机，为成功状态，画在上分枝；二是设备未停机，为失败状态，画在下分枝。

步骤 4.4：继续考察设备自动停机，可以判断系统处于危险状态，到达最终事件，这一分枝结束。同理考察设备未停机，可以判断会发生事故，到达最终事件，这一分枝结束。

步骤 5：考察初始事件下分枝及后续事件。

步骤 5.1：再考察初始事件的下分枝电网报警器未报警这一新事件，它有两种状态。一是设备自动停机，为成功状态，画在上分枝；二是设备未停机，为失败状态，画在下分枝。

步骤 5.2：继续考察设备自动停机，可以判断系统处于危险状态，到达最终事件，这一分枝结束。同理考察设备未停机，可以判断会发生事故，到达最终事件，这一分枝结束。

步骤 6：找出事故联锁。在事件树画完后寻找最终事件是危险或者事故的数量，即为事故联锁数。本次分析最终有 4 条事故联锁，占总最终事件树的 4/5，所以这是一个风险较大的风险源。图 8-1 是完整的弓网故障事件树图。

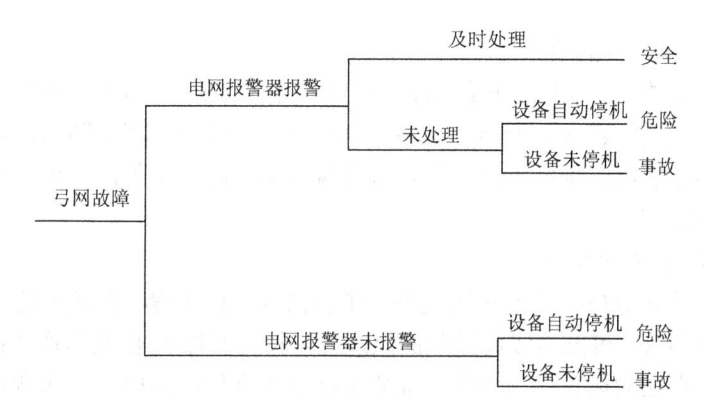

图 8-1 弓网故障事件树图

3. 工作危害分析法

选取南京地铁运营供电专业进行风险辨识。

步骤 1：成立工作危害分析小组。

本案例中主要选取供电专业进行分析，并成立供电专业工作危害分析小组。

步骤 2：介绍工作危害分析步骤。

把设计好的工作危害分析表分发给每个小组成员，介绍表 3-9 中要填写的内容及表格中每列内容之间的逻辑关系。

步骤 3：将作业划分为若干步骤中。

本案例中选取接触网作业（线岔调整）进行分解，参照注意事项，划分 4 个基本步骤：准备工具、验电接封线、推梯车到作业点、梯车作业，最终填入表 8-4。

表 8-4 工作步骤风险类型统计表

专业	作业名称	流程步骤	风险类型	风险源名称	存在区域	风险因素
供电专业	接触网作业（线岔调整）	准备工具	高空坠落			人 物 环境 管理
		验电接封线	触电			
		推梯车到作业点	高空坠落			
		梯车作业	高空坠落			

步骤 4：确定风险类型。

根据历史数据、实际操作经验，找出各工作步骤存在的风险类型，具体各步骤所含风险类型如表 8-4 所示，准备工具中含有风险类型高空坠落，验电接封线含有风险类型触电，推梯车到作业点含有风险类型高空坠落，梯车作业含有风险类型高空坠落。

步骤 5：确定风险源。

根据步骤 4 分析出来的风险类型，推测出各工作步骤存在的风险源，准备工具中的高空坠落，可能造成此风险的风险源为接触网梯车/作业车作业；验电接封线中触电，存在的风险源是停车作业安全措施不到位；推梯车到作业点和梯车作业中风险源与准备工具中风险源重复，详见表 8-5。

表 8-5 风险源分析表

专业	作业名称	流程步骤	风险类型	风险源名称	存在区域	风险因素
供电专业	接触网作业（线岔调整）	准备工具	高空坠落	接触网梯车/作业车作业		人 物 环境 管理
		验电接封线 推梯车到作业点 梯车作业	触电	停电作业安全措施不到位		

步骤 6：确定存在区域。

根据步骤 5 分析出的风险源，推测出该风险的存在区域，存在区域分为三级：站点级、线路级、线网级，详见上节存在区域划分。

步骤 7：识别每个步骤的风险因素。

以准备工具中的高空坠落为例，存在的风险源为接触网梯车/作业车作业，从人、物、环境、管理方面考虑：人的方面，风险因素包括作业安全交底不清、未按要求使用劳动防护用品；物的方面，风险因素包括安全防护用品失效、作业车有缺陷、梯车有缺陷；环境方面，风险因素包括作业现场湿滑；管理方面，风险因素包括安全教育不到位、劳动组织不合理、安全检查不仔细。

步骤 8：填写工作危害分析表。

结合步骤 7，形成最终的工作危害分析汇总表，如表 8-6 所示。

表 8-6 工作危害分析汇总表

专业	作业名称	流程步骤	风险类型	风险源名称	存在区域	风险因素
供电专业	接触网作业（线岔调整）	准备工具	高空坠落	接触网梯车/作业车作业	站点级	人：作业安全交底不清；未按要求使用劳动防护用品
						物：安全防护用品失效；作业车有缺陷
						环境：梯车有缺陷；作业现场湿滑
		验电接封线	触电	停电作业安全措施不到位	站点级	人：未按要求穿戴劳动防护用品；作业安全交底不清；误入带电区域
						物：安全防护用品失效；变电五防装置失效；验电器失效；

续表

专业	作业名称	流程步骤	风险类型	风险源名称	存在区域	风险因素
供电专业	接触网作业（线岔调整）	验电接封线 推梯车到作业点 梯车作业	触电	停电作业安全措施不到位	站点级	管理	未按要求执行停电、验电、挂地线、悬挂警示标牌制度

4. 专家经验法

选取南京地铁车辆（维修）专业进行风险辨识。

步骤1：选取专家。

由城市地铁企业组织，邀请车辆（维修）专业的专家共4名，其中高级职称2人。

步骤2：搜索地铁行业的相关标准、法规。

安排相关工作人员搜索车辆（维修）专业的相关标准、法规。

步骤3：组织专家进行风险辨识。

4名专家根据步骤2搜索出的车辆专业的标准、法规，借助工作经验，归纳出本专业存在的风险类型包括：火灾、行车事故、物体打击、车辆伤害、机械伤害、起重伤害、触电、高处坠落、影响运营服务质量事件，专家经验法风险源清单如表8-7所示。

表8-7 专家经验法风险源清单

序号	专业归属	风险类型	风险源名称	存在区域	风险因素
1	车辆（维修）	火灾			
2		行车事故			
3		物体打击			
4		车辆伤害			
5		机械伤害			
6		起重伤害			
7		触电			
8		高处坠落			
9		影响运营服务质量事件			

专家根据表 8-7 中的风险类型,继而提出本专业可能存在的风险源,挑选触电为例进行风险类型分析,确定该风险的存在区域。触电存在的风险源如表 8-8 所示。

表 8-8 触电存在的风险源

序号	专业归属	风险类型	风险源名称	存在区域	风险因素
1	车辆（维修）	触电	高压接触网断送电触电	站点级	
2			维修车辆电气设备触电	站点级	
3			库房内设备设施漏电造成触电	站点级	

根据表 8-8,专家从人、物、环境、管理方面进行风险因素分析,以触电风险类型存在的一个风险源进行分析,触电存在的风险因素如表 8-9 所示。

表 8-9 触电存在的风险因素

专业归属	风险类型	风险源名称	存在区域	风险因素
车辆（维修）	触电	维修车辆电气设备触电	站点级	未断电维修电气设备
				蓄电池作业短接正负极
				牵引箱、辅助箱开箱前未断电或放电不充分
				司机室屏幕车辆电气设备静电较大
				电动工器具漏电

步骤 4：组织专家开会。

组织者召集专家开会,专家交换意见、集思广益,针对可能造成严重后果的风险源进行深入讨论,使风险辨识更加细致、具体。

步骤 5：形成完整的风险源清单。

归纳总结专家梳理出的风险源、存在区域和风险因素,形成完整的风险源清单。由于篇幅的关系,只展示触电风险源清单,可以根据实际情况进行调整,如表 8-10 所示。

表 8-10 触电风险源清单

专业归属	风险类型	风险源名称	存在区域	风险因素
车辆（维修）	触电	高压接触网断送电触电	站点级	作业时没有正确穿戴绝缘防护器具
				两人同时操作
				挂接线、送电前没有确认股道
				高平台有人时送电

续表

专业归属	风险类型	风险源名称	存在区域	风险因素
车辆（维修）	触电	维修车辆电气设备触电	站点级	未断电维修电气设备
				蓄电池作业短接正负极
				牵引箱、辅助箱开箱前未断电或放电不充分
				司机室屏幕车辆电气设备静电较大
				电动工器具漏电
		库房内设备设施漏电造成触电	站点级	雨天漏雨淋湿电器柜漏电
				梅雨季节未加强检查
				雨雪天未及时关闭门窗

5. 德尔菲法

选取南京地铁运营组织（调度）专业进行风险辨识。

步骤1：选取专家。

由城市地铁企业组织，邀请运营组织（调度）专业的专家共8名，其中高级职称3人。

步骤2：设计调查问卷。

由组织者设计出运营组织（调度）专业的风险辨识的开放式调查表，设计出的表格可以根据实际情况进行调整，运营组织（调度）风险辨识调查表样表如表8-11所示。

表8-11 运营组织（调度）风险辨识调查表样表

风险源辨识调查表		编号：
专业：运营组织（调度）		日期：
风险类型：	风险源名称：	存在区域：
从人、物、环境、管理进行风险因素分析：		

（1）人的因素：在没有许可情况下操作、以不正确方法操作、不正确地使用设备、使用有缺陷的工具、不正确地使用个人防护设备、忽略报警、忽略/不遵守程序、胡闹嬉戏、工器具使用失误、违反作业规律；

（2）物的因素：保护设备不足、不正确防护罩或围栏不足、报警系统不足、噪声环境、超高温或超低温、环境照明不足或过度、通风不足；

（3）管理因素：计划安排不当、人员组织不当、部门协调不当、制度制定不当、安全文化薄弱、人员调配失误、工作流程错误、安全监管不力、内务凌乱；

（4）环境因素：自然天气（雨、雪、雾、雷电、洪水、地震等）、安全通道情况、作业间布置、生产系统的结构、布局等。

步骤3：第一轮专家调查。

组织者将设计好的调查表发给每位专家，进行第一轮风险源辨识调查，并将调查结果汇总整理，由于篇幅的关系，这里以行车事故中的一个风险源为例。

步骤4：整理第一轮调查结果。

组织者回收第一轮专家调查表，并编写出行车事故中挤岔风险源清单，详见表8-12。

表8-12　行车事故中挤岔风险源清单

专业归属	风险类型	风险源名称	存在区域	风险因素
运营组织（调度）	行车事故	调度处置不当导致列车挤岔	线网级	未准备好进路接发列车
				盲目通知司机闯红灯运行
				道岔故障盲目通知司机动车
				道岔区段计轴故障、轨道区段故障盲目通知司机动车
				接近区段有车占用，取消进路未通知司机

步骤5：第二轮专家调查。

将编写出的风险源清单反馈给专家，由专家提出意见，组织者根据第二轮专家意见，整理和补充风险源清单，第二轮风险源清单详见表8-13。

表8-13　第二轮风险源清单

专业归属	风险类型	风险源名称	存在区域	风险因素
运营组织（调度）	行车事故	调度处置不当导致列车挤岔	线网级	未准备好进路接发列车
				盲目通知司机闯红灯运行
				道岔故障盲目通知司机动车
				道岔区段计轴故障、轨道区段故障盲目通知司机动车
				接近区段有车占用，取消进路未通知司机
				列车紧制盲目通知司机动车
				漏发、错发调度命令
				占用表示异常，盲目使用强行转岔及区段解锁、总人工解锁按钮解锁进路
				对处于延时解锁的列车进路盲目使用区段人工解锁、强解（道岔）区段
				列车未出清就排列与该进路信号联锁设备有关联的其他进路

步骤 6：重复步骤 4 和步骤 5。

步骤 7：得出最终的风险源清单。

专家再次对风险源清单进行评价和权衡，组织者归纳总结各种意见的理由及争论点，形成最终的风险源清单，由于篇幅的原因，这里主要展示行车事故（挤岔），最终风险源清单详见表 8-14。

表 8-14 最终风险源清单

专业归属	风险类型	风险源名称	存在区域	风险因素
运营组织（调度）	行车事故	调度处置不当导致列车挤岔	线网级	未准备好进路接发列车
				盲目通知司机闯红灯运行
				道岔故障盲目通知司机动车
				道岔区段计轴故障、轨道区段故障盲目通知司机动车
				接近区段有车占用，取消进路未通知司机
				列车紧制盲目通知司机动车
				漏发、错发调度命令
				占用表示异常，盲目使用强行转岔及区段解锁、总人工解锁按钮解锁进路
				对处于延时解锁的列车进路盲目使用区段人工解锁、强解（道岔）区段
				列车未出清就排列与该进路信号联锁设备有关联的其他进路
				列车未停妥，提前人工解锁列车保护区段进路
				压岔调车时，未将进路上的有关道岔进行锁闭
				未按规定执行要道还道制度
				调车作业未执行"问路式"调车制度

6. 安全检查表法

选取南京地铁架大修电机组作业进行风险辨识。

步骤 1：把握岗位总体工作内容。

各岗位员工要熟悉城市地铁系统的规模和结构，明确本岗位的职责和操作流程，以及国家和行业规范。

步骤 2：工作内容细分。

对本岗位各个生产环节进行勘察，熟悉现场的工作环境，分别对每一项工作内容在生产设备、装置，管理设施、安全防护等，环境条件这三个方面进行总结，全面了解自己的工作内容，梳理工作环节，使得后面对自己工作内容的分解更加全面，工作内容细分表详见表 8-15。

表 8-15 工作内容细分表

序号	工作内容	工作内容细分	内容描述
1	分解、组装电机	生产设备、装置	分解组装工装；烘箱
		管理设施、安全防护等	有安全防护设施及安全防护标识
		环境条件	有专用车间；按照流水线操作布置
2	定子的检修	生产设备、装置	检修工装；定子耐压测试仪；定子浸漆设备
		管理设施、安全防护等	有安全防护设施及安全防护标识
		环境条件	有专用车间；按照流水线操作布置
3	转子检修	生产设备、装置	转子动平衡检测仪
		管理设施、安全防护等	有安全防护设施及安全防护标识
		环境条件	有专用车间；按照流水线操作布置
4	电机的空载实验	生产设备、装置	空载试验台
		管理设施、安全防护等	有安全防护设施及安全防护标识
		环境条件	有专用车间；按照流水线操作布置

（1）生产设备、装置：机械设备、电气设备、危险较大设备等；
（2）管理设施、安全防护等：危险场所有无安全防护措施，有无安全标志，燃气、物料使用有无安全措施等；
（3）环境条件：安全通道情况、作业开间布置、生产系统的结构、布局等。

步骤 3：确定风险类型。

各岗位员工可根据历史数据、实际操作经验，在表 3-7 所罗列出的风险类型提示下，找出每一项工作内容在生产设备、装置，管理设施、安全防护等，环境条件这三个方面存在的风险类型。表 3-7 风险类型如有不全，可另行补充。

步骤 4：确定风险源。

根据步骤 3 分析出来的风险类型，推测出各项工作内容存在的风险源。

步骤 5：确定存在区域。

根据步骤 4 分析出的风险源，推测出该风险的存在区域，存在区域分为三级：站点级、线路级、线网级。

步骤 6：确定诱发风险源的风险因素。

根据步骤 2、步骤 4，总结风险源的风险因素。

步骤7：风险源的梳理。

对同一岗位不同员工所辨识出的结果进行汇总，并对汇总得出的风险源结果进行梳理整合，工作内容细分表详见表8-16。

表 8-16 工作内容细分表

序号	工作内容	工作内容细分	内容描述	风险类型	风险源	存在区域	风险因素
1	分解、组装电机	生产设备、装置	分解组装工装、烘箱	起重伤害	电机维修作业起重伤害	站点级	没有资质的人员进行起重作业 未按规定穿戴劳保防护用品 指挥不当 作业人员身体突发不适 设备带"病"工作，如刹车失灵 作业前未检查吊具 气候等外部原因造成事故 电机质量大，起重操作有摆动 电机内部部件可能脱落
				灼烫	电机组装轴承加热组装造成烫伤（电机班）	站点级	未按规定穿戴劳保防护用品 无警示标牌 作业过程中，注意力不集中 违反操作规章制度 轴承组装过程中相邻高温端盖间距较小 轴承加热时，烘箱内部空间狭小
		管理设施、安全防护等	有安全防护设施及安全防护标识	—	—	—	—
			环境条件	有专用车间；按照流水线操作布置	—	—	—
2	定子的检修	生产设备、装置	检修工装定子耐压测试仪定子浸漆设备	触电	电机定子检查耐压测试触电（电机班）	站点级	未按规定穿戴劳保防护用品 耐压测试仪未设置高压警示灯、标志、范围，检查不到位 设备带"病"工作 违反操作规章制度
				灼烫	电机定子浸漆作业高温定子造成烫伤（电机班）	站点级	未按规定穿戴劳保防护用品 无警示标牌 作业过程中，注意力不集中 违反操作规章制度 高温定子转运空间狭小
		管理设施、安全防护等	有安全防护设施及安全防护标识	—	—	—	—
			环境条件	有专用车间；按照流水线操作布置	—	—	—

续表

序号	工作内容	工作内容细分	内容描述	风险类型	风险源	存在区域	风险因素
3	转子检修	生产设备、装置	转子动平衡检测仪	物体打击	电机转子动平衡作业转子飞出	站点级	使用前没有检查设备情况；设备长期使用，造成的突发性故障；防护措施不完善；对于风险区域标识不够明显
		管理设施、安全防护等	有安全防护设施及安全防护标识	—	—	—	—
		环境条件	有专用车间；按照流水线操作布置	—	—	—	—
4	电机的空载实验	生产设备、装置	空载试验台	—	—	—	—
		管理设施、安全防护等	有安全防护设施及安全防护标识	—	—	—	—
		环境条件	有专用车间；按照流水线操作布置	—	—	—	—

7. 风险清单分析法

选取南京地铁运营组织专业（站务）进行风险辨识。

步骤1：分类列出各种可能出现的风险。

运用分类方法，列出可能出现的各种风险。要确保城市地铁运营所面临的主要风险都能被识别，至少要确保重大风险没有被遗漏，得到一个全面的可能出现的风险序列。主要按照风险类型进行划分。

步骤2：建立风险清单。

对步骤1中所列出的风险进行优化和精简，避免同一个风险重复出现。对步骤1中得到的风险进行合理的合并和组织，避免清单过于繁杂，建立一个标准的风险清单，确定风险源的存在区域。

表8-17是城市地铁站务风险清单样表（因内容较多，仅列举行车事故这一风险类型），按照同样的方式可以建立乘务、供电等其他部门的风险清单表。

表 8-17　城市地铁站务风险清单样表

风险类型	风险源名称	存在区域	风险因素	控制措施	责任岗位
行车事故	车站行车工作执行错误	线网级	现场操作工作站（local operator workstation，LOW）命令误操作		
			调令执行或传达错误		
			人工错办进路		
			未准备好进路接发列车		
			错误办理行车凭证发车		
			错误打手信号		
			复诵制度未执行		
			未及时或错误按压列车紧停按钮		
			未确认区间空闲接发列车		
	施工、检修作业防护不当	线网级	站内施工监管不力		
			异物侵限		
			施工防护未执行到位		
			站台门故障防护不当		
	监控管理不细致	线网级	车门、站台门关闭状态未确认		
			乘客翻越半高门侵入轨行区		
			乘客冲抢进出列车		
			无操作资质或未经批准操作行车设备		
			未经批准进入轨行区		
			施工销点未确认人走料清		
			误入或违规进入非计划作业区域		
	站台与客车之间存在间隙	线网级	上下列车踏空		
			防踏空胶条脱落		
	……				

步骤 3：建立各类风险的防范和应对措施。

在步骤 2 中得到的风险清单中添加存在区域、各种风险的控制措施并判断责任岗位，如表 8-18 所示。

表 8-18　城市地铁站务风险清单样表

专业归属	风险类型	风险源名称	存在区域	风险因素	控制措施	责任岗位
站务	行车事故	车站行车工作执行错误	线网级	LOW 命令误操作 调令执行或传达错误 人工错办进路 未准备好进路接发列车 错误办理行车凭证发车 错误打手信号 复诵制度未执行 未及时或错误按压列车紧停按钮 未确认区间空闲接发列车	严格执行行车用语复诵制度，对未执行行车用语复诵制度的人员，根据《站务中心绩效考核管理》办法相应条款予以考核 严格按照作业标准进行信号显示；车站控制室与现场要做好互控；加强员工有关行车凭证填记技能的培训 制定人工办理进路用时标准，加强员工人工办理进路技能培训 加强员工 LOW 操作技能的培训，通过中心抽考、线上抽查员工技能的薄弱环节，制定针对性的培训计划，落实培训	车站工长
		施工、检修作业防护不当	线网级	站内施工监管不力异物侵限 施工防护未执行到位 站台门故障防护不当	车站严格按照《站台门故障应急处理规定》处置安全门故障 加强员工安全门故障处置技能的培训；车站及施工负责人明确红闪灯放置的时机、位置 加强站内施工巡查，发现违章立即制止并上报 制定车门、屏蔽门夹人夹物应急处置预案，加强站台岗作业标准培训 加强站台门尤其是头端门的管理，对于故障的站台门安排专人现场看守，当值人员密切关注车控室站台门监视系统，如有报警，立即查看，必要时通知现场人员确认并处	车站工长
		监控管理不细致	线网级	车门、站台门关闭状态未确认 乘客翻越半高门侵入轨行区 乘客冲抢进出列车 无操作资质或未经准操作行车设备 未经批准进入轨行区；施工销点未确认人走料清 误入或违规进入非计划作业区域	车站值班员要严格落实"进入轨行区作业要经行调批准"的规定，行调布置人员进入轨行区时，严格按流程通知车站做好卡控 发现人员未经批准进入，及时按压紧急停车按钮 车站员工通过现场引导、巡视、CCTV 等方式对作业人员进行监控，防止进入错误线路或侵入邻线 请点时值班人员认真核对人员数量及物料清单，销点时进行复核 督促施工负责人做好施工现场管理；站台和车控室加强开关门作业的监控，发现夹人夹物立即采取措施 早晚高峰、大客流时增加站台保障人员，加强对乘客的引导 增加禁止攀爬警示标识	车站工长

续表

专业归属	风险类型	风险源名称	存在区域	风险因素	控制措施	责任岗位
站务	行车事故	站台与客车之间存在间隙	线网级	上下列车踏空 防踏空胶条脱落	车控室加强广播，提示乘客注意站台与客车之间的空隙，早晚高峰适当增加此类提示广播的频率 站台工作人员加强巡视，发现异常，立即按压紧急停车按钮，及时上报和现场处置 行值需做好每列到站列车的监控；加装防踏空胶条及发光二极管（light emitting diode，LED）灯带 曲线站台根据公司规定，站台岗工作人员，配合司机确认乘客上下车情况； 工作人员加强维修保养	车站工长
……						

步骤4：对风险清单进行合理管理。

在使用过程中补充清单中的不完善之处，在风险清单建立前期补充频率可以是一周一次，后期可逐渐调为一季度一次。在某些运营管理方法发生变化之后，要及时将风险清单进行更新。

8. 运营单位相关岗位辨识方法推荐

对于本小节所述地铁运营安全风险辨识方法，运营单位各专业、各岗位可以有针对性地选择其中若干种方法开展风险辨识工作。运营单位相关岗位辨识方法推荐表如表8-19所示。

表 8-19　运营单位相关岗位辨识方法推荐表

序号	单位	岗位	风险辨识方法					
			事故树	事件树	工作危害	专家经验	德尔菲	安全检查	风险清单
1	各单位	技术管理	★★	★★	★	★★★	★	★	★
2	各单位	综合管理	★	★★	★	★★★	★	★	★
3	运管	主调、副调	★★★	★	★	★★	★	★	★
4		综调、客调	★★★	★	★	★★	★	★	★
5	站务	车站维护工、值班员	★★	★	★	★★★	★	★★	★
6		值班站长、站务工长	★★	★	★	★★★	★	★★	★
7	通号	通信巡检工、通信班组长	★★	★	★	★★★	★	★★	★
8		信号巡检工、信号班组长	★★★	★	★	★★★	★	★★	★
9		通号调度	★★	★	★	★★★	★	★	★

续表

序号	单位	岗位	风险辨识方法						
			事故树	事件树	工作危害	专家经验	德尔菲	安全检查	风险清单
10	供电	高压维护工	★★	★	★★	★★★	★	★	★
11		接触网维护工	★★	★	★★	★★★	★	★	★
12		电力调度	★★	★	★	★★★	★	★	★
13	机电	风水电维护工	★	★	★★	★★★	★	★	★
14		自动化维护工	★	★	★★	★★★	★	★	★
15		门梯维护工	★	★	★★	★★★	★	★	★
16		环境调度	★	★★	★	★★★	★	★	★
17		AFC 巡检工	★	★★	★	★★★	★	★	★
18		系统保养维护工	★	★★	★	★★★	★	★	★
19	工务	轨道巡检工、探伤巡检工	★	★	★★	★★★	★	★	★
20		土建巡检工	★	★	★★	★★★	★	★	★
21		工务调度	★★	★	★	★★★	★	★	★
22	乘务	电客车司机	★★	★	★★	★★★	★	★	★
23		司机长	★★	★	★★	★★★	★	★	★
24	车辆	车辆维修工	★★	★	★★	★★★	★	★	★
25		架大修维修工	★	★	★★★	★★	★	★	★
26		设备操作维修工	★	★	★★	★★★	★	★	★
27		工程车司机	★★	★	★	★★★	★	★	★

注：★★★的方法是城市地铁运营风险辨识推荐方法；当★★★方法无法详尽辨识所有风险源时，★★和★方法可作为风险识别的补充。

8.1.2 风险评估案例分析

1. 运营组织（调度）专业

步骤 1：选取风险源。

本案例选取运营组织（调度）专业为示范，并挑选该专业的一个风险源"调度处置不当导致列车冲突"进行分析，风险源等级评估案例分析表如表 8-20 所示。运营组织（调度）专业对该风险源的风险因素进行分析，可以得出如下结论：

（1）工程车/调试列车施工防护区域不当；

（2）无列车自动防护/列车自动控制系统（automatic train protection/automatic train control，ATP/ATC）保护列车运行安全防护距离不满足条件；

（3）未准备好进路接发列车；

（4）电话闭塞法行车时列车定位错误；

（5）联锁故障未及时通知故障区域限制人工驾驶/非限制人工驾驶模式（restriction management/unrestriction management，RM/URM）列车及时停车；

（6）盲目通知司机闯红灯运行；

（7）相对方向同时接车或同方向同时接发列车；

（8）基于通信的列车控制系统(communication based train control system，CBTC)救援编组未切除 ATP/ATC 运行；

（9）擅自向占用区间接入或发出无 ATP 保护列车；

（10）列车未停到位盲目通知邻线列车动车；

（11）轨道区段故障盲目通知司机通过；

（12）机轴故障时未按规定处理；

（13）漏发、错发调度命令；

（14）未按规定组织列车退行；

（15）列车电子公告板系统(bulletin board system，BBS)运行未限速；

（16）突发事件时未及时扣停列车。

表 8-20　风险源等级评估案例分析表

专业	风险源	L	E	C	D	风险等级
运营组织（调度）	调度处置不当导致列车冲突					

步骤 2：选取专家。

本案例选取运营组织（调度）专业 8 名专家，其中高级职称 4 人，中级职称 4 人，工作年限均 10 年以上。

步骤 3：进行第一轮专家评估。

将评估指标取值待定的风险源评估表发给选定的各位专家，请他们独立给出每个风险源的评估指标取值，并填入表 8-20。

步骤 4：整理第一轮结果。

回收第一轮专家评分结果，按照式（8-1）计算各评估指标的平均值，整理填入表 8-21。

$$L_j = \frac{\sum_{i=1}^{n} L}{n}, E_j = \frac{\sum_{i=1}^{n} E}{n}, C_j = \frac{\sum_{i=1}^{n} C}{n} \qquad (8-1)$$

式中，L_j 为第 j 轮专家评估 L 的平均值；E_j 为第 j 轮专家评估 E 的平均值；C_j 为第 j 轮专家评估 C 的平均值；n 为该专业的专家个数。

计算第一轮评估后，各项评估指标的平均值为

$$L_1 = \frac{1.2+1.5+1.4+1.3+2.0+1.1+1.3+1.2+1.0}{8} = 1.5$$

$$E_1 = \frac{6.2+5.8+6.0+5.5+6.6+5.9+6.0+6.2}{8} = 6.03$$

$$C_1 = \frac{110+96+98+102+97+93+107+90}{8} = 99.1$$

表 8-21 第一轮风险源评估结果表

专业	风险源	L_1	E_1	C_1	D_1 ($D_1 = L_1 \times E_1 \times C_1$)	风险等级
运营组织（调度）	调度处置不当导致列车冲突	1.5	6.03	99.1	896.4	

步骤 5：进行第二轮专家评估。

将第一轮风险源评估结果（表 8-21）返还给各位专家，让所有专家在第一轮的评估基础上重新确定各指标评估值，并填入表 8-20。

步骤 6：整理第二轮结果。

回收第二轮专家评分结果，得到每个风险源评估指标新的平均取值，计算 D_2 值，填入表 8-22。

表 8-22 第二轮风险源评估结果表

序号	专业	风险源	L_2	E_2	C_2	D_2 ($D_2 = L_2 \times E_2 \times C_2$)	风险等级
1	运营组织（调度）	调度处置不当导致列车冲突	1.3	5.98	99.4	772.7	

步骤 7：进行第三轮专家评估。

将第二轮专家评分结果（表 8-22）返还给各位专家，让所有专家在第二轮的评估基础上重新确定各指标评估值，并填入表 8-20。

步骤 8：整理第三轮结果。

回收第三轮专家评分结果，得到每个风险源评估指标新的平均取值，计算 D_3 值，填入表 8-23。

表 8-23 第三轮风险源评估结果表

序号	专业	风险源	L_3	E_3	C_3	D_3 ($D_3 = L_3 \times E_3 \times C_3$)	风险等级
1	运营组织（调度）	调度处置不当导致列车冲突	1.1	6.01	99.8	659.8	

步骤9：确定每个风险源的各评估指标值。

采取就近原则，L_3 为1.1，与1最为接近（第四级别：可能性小，完全意外），E_3 与6最为接近（第二级别：每天工作时间内暴露），C_3 与100最为接近（第一级别：10人以上死亡，或者30人以上重伤，或者直接经济损失1亿元以上的）。

选取与表8-23各评估指标的平均值距离最近的各评估指标的不同级别的赋值，作为该风险源的各评估指标取值，并填入表8-20，计算 D 值。

步骤10：判断等级。

参照表3-19，根据步骤9计算得出的 D 值，判断该风险源的等级，最终形成表8-24。

表 8-24　风险源评估等级表

序号	专业	风险源	L	E	C	$D(D=L\times E\times C)$	风险等级
1	运营组织（调度）	调度处置不当导致列车冲突	1	6	100	600	特别重大风险（Ⅰ级）

2. 运营组织（乘务）专业

步骤1：选取风险源。

本案例选取运营组织（乘务）专业为示范，并挑选该专业的一个风险源"司机驾驶中断瞭望"进行分析。运营组织（乘务）专业对该风险源的风险因素进行分析，可以得出如下结论：

（1）司机驾驶列车时做与行车无关的事；
（2）司机精神状态不佳，疲劳驾驶；
（3）司机未执行作业标准化或流于形式；
（4）班组、车队管理不到位；
（5）安全教育不到位，司机安全意识薄弱。

步骤2：选取专家。

本案例选取运营组织（乘务）专业8名专家，其中高级职称3人，中级职称5人，工作年限均10年以上。

步骤3：进行第一轮专家评估。

将评估指标取值待定的风险源评估表发给选定的各位专家，请他们独立给出每个风险源的评估指标取值，并填入表8-25。

表 8-25　风险源等级评估案例分析表

序号	专业	风险源	L	E	C	$D(D=L\times E\times C)$	风险等级
1	运营组织（乘务）	司机驾驶中断瞭望					

步骤4：整理第一轮结果。

回收第一轮专家评分结果，按照式（8-1）计算各评估指标的平均值，整理填入表8-26。

表8-26 第一轮风险源评估结果表

序号	专业	风险源	L_1	E_1	C_1	D_1（$D_1 = L_1 \times E_1 \times C_1$）	风险等级
1	运营组织（乘务）	司机驾驶中断瞭望	3.3	7.2	20.4	484.704	

第一轮评估后，各项评估指标的平均值为

$$L_1 = \frac{4.6+2.8+2.5+3.8+2.9+2.5+3.6+3.9}{8} = 3.3$$

$$E_1 = \frac{6.8+8.1+7.2+5.2+5.9+7.5+7.1+9.2}{8} = 7.2$$

$$C_1 = \frac{15+15+31+19+25+15+16+27}{8} = 20.4$$

步骤5：进行第二轮专家评估。

将第一轮风险源评估结果（表8-26）返还给各位专家，让所有专家在第一轮的评估基础上重新确定各指标评估值，并填入表8-25。

步骤6：整理第二轮结果。

回收第二轮专家评分结果，得到每个风险源评估指标新的平均取值，计算D_2值，填入表8-27。

表8-27 第二轮风险源评估结果表

序号	专业	风险源	L_2	E_2	C_2	D_2（$D_2 = L_2 \times E_2 \times C_2$）	风险等级
1	运营组织（乘务）	司机驾驶中断瞭望	3.1	6.5	17.2	346.58	

步骤7：进行第三轮专家评估。

将第二轮专家评分结果（表8-27）返还给各位专家，让所有专家在第二轮的评估基础上重新确定各指标评估值，并填入表8-25。

步骤8：整理第三轮结果。

回收第三轮专家评分结果，得到每个风险源评估指标新的平均取值，计算D_3值，填入表8-28。

表 8-28　第三轮风险源评估结果表

序号	专业	风险源	L_3	E_3	C_3	$D_3（D_3 = L_3×E_3×C_3）$	风险等级
1	运营组织（乘务）	司机驾驶中断瞭望	3.1	6.2	16	307.52	

步骤 9：确定每个风险源的各评估指标值。

采取就近原则，L_3 为 3.1，与 3 最为接近（第三级别：可能，但不经常），E_3 为 6.2，与 6 最为接近（第二级别：每天工作时间内暴露），C_3 与 15 最为接近（第三级别：造成 3 人以下死亡，或者 10 人以下重伤，或者直接经济损失 50 万元以上 1000 万元以下，或者连续中断行车 2h 以上 6h 以下）。

选取与表 8-28 各评估指标的平均值距离最近的各评估指标的不同级别的赋值，作为该风险源的各评估指标取值，并填入表 8-25，计算 D 值。

步骤 10：判断等级。

根据步骤 9 计算得出的 D 值，判断该风险源的等级，最终形成表 8-29。

表 8-29　风险源评估等级表

序号	专业	风险源	L	E	C	$D（D=L×E×C）$	风险等级
1	运营组织（乘务）	司机驾驶中断瞭望	3	6	15	270	重大风险（Ⅱ级）

8.2　安全隐患排查治理

8.2.1　基本要求

1. 隐患排查范围

城市地铁运营隐患排查范围包括：地铁的车站、区间、车辆基地、主变电站（所）、运营控制中心、附属设施等城市地铁运营单位负责管理的区域和城市地铁保护区区域。

2. 隐患排查内容

城市地铁运营隐患排查（以下简称"隐患排查"）内容包括：安全管理、运营组织、设施设备、施工管理、外界环境、治安保卫。

1）安全管理

安全管理隐患排查内容包括，但不限于：

（1）安全目标，包括方针、资源配置、控制指标、目标考核等；

（2）管理机构与人员，包括安全管理机构、安全管理人员等；

（3）安全责任体系，包括安全责任制、一岗双责、责任考核等；

（4）法规与制度，包括法律法规识别、更新、转化，以及规章规程制定、修订、培训等；

（5）安全投入，包括安全费用提取、使用以及工伤保险等；

（6）安全培训，包括主要负责人、安全管理人员、从业人员、特种作业人员安全教育等；

（7）风险管理，包括风险识别与评价、重大风险防范、建档、备案等；

（8）隐患管理，包括隐患识别、排查、分析、治理、登记、报备等；

（9）职业健康，包括职业健康检查、防护、检测、满意度调查等；

（10）应急救援，包括应急预案编制、演练、评审，以及应急物资配备、宣传教育等；

（11）事故管理，包括事故上报、调查、分析、处理、建档、备案等。

2）运营组织

运营组织隐患排查内容包括，但不限于：

（1）系统负荷，包括线路负荷、车站设施负荷；

（2）调度指挥，包括调度工作、调度人员要求；

（3）列车运行，包括行车工作、列车驾驶员要求；

（4）客运组织，包括大客流组织、应急疏散设施设备、乘客安全管理、乘客安全监控系统、乘客安全宣传教育、票务组织、车站值班员要求、站务人员要求。

3）设施设备

设施设备隐患排查内容包括，但不限于：

（1）车辆系统，包括车辆安全性能与安全防护设施、车辆维修体系；

（2）供电系统，包括变电站、接触网（接触轨）；

（3）消防系统，包括火灾自动报警系统及联动控制、气体灭火系统、消防给水系统、自动喷水灭火系统、应急照明及疏散指示、灭火器配置与管理；

（4）线路及轨道系统，包括线路及轨道；

（5）机电系统，包括自动扶梯与电梯、屏蔽门系统与防淹门系统、给水排水设备、通风和空调设备；

（6）通信系统，包括传输系统、广播系统、电话系统和视频监控系统等；

（7）信号系统，包括列车自动监控（ATS）子系统、列车自动防护（automatic train protection，ATP）子系统、列车自动运行（automatic train operation，ATO）子系统、车载信号设备等；

（8）环境与设备监控系统，包括环境与设备监控系统；

（9）自动售检票系统，包括自适应巡航控制/线路中央系统（adaptive cruise control/line center，ACC/LC）；

（10）车辆段与综合基地，包括车辆段、停车场等；

（11）土建设施，包括隧道、桥梁、风亭等。

4）施工管理

施工管理隐患排查内容包括，但不限于：

（1）施工制度，包括制度、档案建立等；

（2）施工计划，包括计划申报、审批等；

（3）施工组织，包括组织程序、资质要求等；

（4）施工监管，包括作业要求、防范措施等。

5）外界环境

外界环境隐患排查内容包括，但不限于：

（1）自然灾害，包括防风灾、防雷电、防水灾、防高温、防冰雪、防地震灾害、防地质灾害；

（2）城市地铁安全保护区，包括地下、地面、高架线路和设施设备安全保护区等；

（3）生命线工程，包括交通系统、供（排）水系统、电力系统、通信系统等。

6）治安保卫

治安保卫隐患排查内容包括，但不限于：

（1）开放区域，包括车站出入口、安检区、通道、车站站厅、站台和列车客室等；

（2）非开放区域，包括车站设备与管理用房、列车司机室（行李）室、变电所、运营控制中心、车辆基地等；

（3）安全防范系统，包括安全检查系统、入侵和紧急报警系统、出入口控制系统、信息显示与广播系统等；

（4）防恐管理，包括应急预案、宣传教育等。

3. 隐患分级

隐患分为重大隐患、较大隐患和一般隐患。

1）重大隐患

指可能造成人员死亡，或者5000万元（不含本数）以上直接经济损失，或者治理难度、治理投入很大的隐患。

2）较大隐患

指可能造成人员重伤，或者1000万元以上5000万元以下直接经济损失，或者治理难度、治理投入较大的隐患。

3）一般隐患

指可能造成人员受伤，或者1000万元（含本数）以下直接经济损失，或者治理难度、治理投入一般的隐患。

4. 隐患排查方式

1）定期排查

指运营单位定期对运营安全隐患进行排查。

定期排查每年应不少于1次。

2）专项排查

指运营单位在一定范围、领域开展的针对特定安全隐患进行排查。包括：

（1）法律法规、标准规范变化；

（2）季节性气候变化；

（3）大型活动或法定节假日；

（4）新线开通前；

（5）相关事故事件发生后；

（6）运营条件变化；

（7）上级部门有关部署等；

（8）其他专项排查。

5. 隐患排查组织形式

1）单位自查

指运营单位依照法律法规及标准开展的内部检查活动。

2）行业互查

指政府主管部门组织的城市地铁运营单位之间的行业内部检查。

3）第三方排查

指邀请独立第三方机构开展的隐患排查。

6. 隐患排查方法

可采用以下方法开展隐患排查，包括但不限于：

（1）查阅资料；

（2）查验证书；

（3）抽考抽问；

（4）检测检验；

（5）监督检查。

8.2.2 实施要求

1. 运营单位职责

1) 主要负责人
主要负责人对隐患排查工作负有下列职责：
(1) 建立、健全隐患排查治理的各项工作制度；
(2) 保证隐患排查治理资金的有效投入；
(3) 部署、督促隐患排查实施；
(4) 及时消除事故隐患等。

2) 安全管理部门
安全管理部门应履行下列隐患排查工作职责：
(1) 制定隐患排查治理工作制度；
(2) 定期组织开展隐患排查；
(3) 组织对重大隐患级别进行认定；
(4) 实施隐患督办、核销等监督管理。

3) 职能部门和生产部门
职能部门和生产部门应履行下列隐患排查职责：
(1) 制定本部门的隐患排查治理制度；
(2) 实施具体的隐患排查工作；
(3) 实施隐患排查治理教育和培训；
(4) 实施隐患登记、治理、监控、统计与报备；
(5) 落实隐患治理整改措施；
(6) 确保隐患治理效果并实施改进等。

2. 隐患排查实施

1) 一般要求
运营单位隐患排查工作包括：
(1) 明确隐患排查范围和内容；
(2) 制定隐患排查方案；
(3) 实施隐患排查与治理；
(4) 评估隐患治理效果，并实施改进；
(5) 建立隐患信息档案。

2）隐患识别与分析

（1）隐患识别。

运营单位应依据法律法规、标准、规范等，采用适宜的方法（如安全检查表分析、故障模式及影响分析、经验总结、历史数据分析等）对人的不安全行为、物的不安全状态、场所的不安全因素和管理缺陷等隐患进行识别。

运营单位应建立举报受理制度，公开举报电话、信箱或者电子邮件地址，建立健全举报管理网络，在隐患受理范围内接受有关安全隐患的举报。

（2）隐患分析。

运营单位应对隐患现状、形成原因、转化条件、危害后果和影响范围等形成分析资料，依据隐患分析结果对构成重大隐患的条件进行确认。

运营单位应将重大隐患向政府主管部门报备。报备内容包括：①隐患名称、所属单位及所在行政区域；②隐患现状描述及产生原因；③可能导致发生的事件及后果；④治理方案或已经采取的治理措施；⑤治理效果和可能存在的遗留问题；⑥隐患整改验收情况、责任人处理结果；⑦治理期间发生事故的，还应报送事故及处理结果等信息。

3）隐患治理

（1）隐患登记。

运营单位对发现或排查出的隐患，应当按照隐患分级判定标准，确定隐患等级并登记，形成隐患清单。重大隐患应逐项建立专门档案。

（2）重大隐患治理。

运营单位除依照前款规定报送外，应按照下列措施实施重大隐患治理：

经判定属于重大隐患的，运营单位应及时组织评估，并编制重大隐患评估报告书。重大隐患评估报告书应包括重大隐患类别、影响范围、风险程度，以及对重大隐患监控措施、治理方式、治理期限的建议等内容；

运营单位应根据重大隐患评估报告书制定重大隐患治理方案，包括治理的目标和任务；采取的方法和措施；经费和物资的落实；治理的机构和人员；治理的时限和要求；安全措施和应急预案。

重大隐患治理措施包括配备适宜的设施设备和具备相应专业资格的人员；隐患消除前应公示隐患危害程度、影响范围和应急措施；隐患消除过程中无法保证安全的，应当责令从危险区域内撤出，暂时停止使用相关设施、设备；对暂时难以停产或者停止使用后极易引发生产安全事故的相关设施、设备，应加强维护保养和监测监控，制定现场处置方案或应急处置措施；隐患消除后应组织治理效果评估等。

（3）较大隐患治理。

运营单位应按照下列要求实施较大隐患治理：①经判定属于较大隐患的，运营单位应当制定较大隐患治理方案,明确治理措施及治理期限,并采取相应监控和防范措施;②较大隐患应当在一定期限内消除,不能在治理期限内完成治理的,应重新进行隐患等级判定。

(4) 一般隐患治理。

运营单位应按照下列要求实施一般隐患治理:

经判定属于一般隐患的,运营单位应当制定一般隐患治理计划,明确治理措施及治理期限,并采取相应监控和防范措施;

一般隐患应当在短期内尽快消除,不能在短期内完成治理的,应重新进行隐患等级判定。

(5) 隐患督办。

重大隐患由企业负责人挂牌督办。较大隐患由安全管理部门组织督办。一般隐患由责任单位组织督办。

督办工作应根据管辖范围内重点区域、重点监管对象和运营单位工作部署等制定安全生产督办检查计划,明确督办检查责任部门、检查范围及要点。

4) 效果评估

(1) 重大隐患治理效果评估。

运营单位应组织本单位的技术人员和专家对重大隐患的治理情况进行评估或者委托依法设立的为安全生产提供技术、管理和咨询服务机构对重大隐患治理情况进行评估,包括:①验证隐患治理方案实施情况;②确认隐患处置措施的有效性;③评估隐患治理结果。

(2) 较大隐患治理效果评估。

运营单位应组织对较大隐患治理时限、责任人、资金、内容、措施等落实情况进行效果评估,可通过监督检查、系统运行数据统计分析等验证治理效果可行性。

(3) 一般隐患治理效果评估。

责任单位应组织对一般隐患治理效果进行验证,验证结果须经运营单位安全管理部门确认。

(4) 隐患核销。

重大隐患治理评估后,评估人员或机构应给出评估结论。运营单位应将隐患治理评估结论报送政府主管部门并提出隐患核销申请,由政府主管部门确认通过后予以核销。

较大隐患和一般隐患经运营单位确认隐患消除的,予以核销;隐患局部消除或未消除的,责任单位应制定后期治理措施并采取相应的防范措施。

(5) 改进。

运营单位应通过对隐患信息和数据的统计与分析、隐患排查工作总结等,制定隐患排查治理的持续改进计划。

8.3 应急预案操作

8.3.1 客运分公司应急操作

1. 车站火灾应急处置程序

车站火灾应急处置程序如表 8-30 所示。

表 8-30 车站火灾应急处置程序

岗位	应急处置
	车站站台、站厅发生火灾
工长/值班站长	（1）工长在岗时，由工长负责现场指挥，落实下列职责；工长不在岗时，由值班站长落实下列职责；工长在收到相关信息后，应第一时间赶赴现场，履行职责 （2）接报后第一时间会同客运值班员赶赴现场了解火因及火势规模，指示行车值班员汇报上级（线路工程师、线路主任） （3）就近使用灭火器进行先期扑救，视火势情况组织工作人员封锁现场、疏散乘客 （4）安排站厅保安赶赴 3 号口，关闭（站厅-地面）残梯（务必确认轿厢内无人）、电扶梯，引导疏散乘客；安排一名安检员赶赴 1 号口，关闭电扶梯，引导疏散乘客 （5）安排车站维护工关窗，打开边门，与另一名安检员一起负责疏散站厅乘客，同时做好安抚工作，避免发生恐慌 （6）安排站台保安关闭（站厅-站台）残梯（务必确认轿厢内无人）、电扶梯，同时值班站长前往站台协助站台保安引导乘客从楼梯处疏散 （7）原则上值班站长负责上行头端楼梯处乘客疏散，站台保安负责下行头端楼梯处乘客疏散 （8）到列车发生火灾，若车门无法打开，值班站长须立即组织车站人员协助司机紧急解锁车门，疏散列车内乘客 （9）安排客运值班员、一名保洁员及时救助受伤乘客 （10）再安排一名安检员至车控室协助行车值班员做好相关处置用品的配送 （11）安排另一名保洁员在车站 3 号口外负责引导 120、119、110 进站救援 （12）确认乘客疏散完毕后，根据现场情况，必要时关闭全部出入口，同时在出入口张贴关站告示，等待 120、119、110 现场救援；在现场能够控制的情况下，合理安排工作人员有序撤离
行车值班员	（1）接报后第一时间安排就近人员现场确认，同时通知值班站长赶赴现场进行先期处置 （2）根据值班站长现场确认和处置情况向行调、环调、驻站民警（警辅）、工长汇报，视现场实际情况及值班站长指示拨打 119、120、110 （3）请示环调同意后，启动 FAS 联动设备及消防应急广播，开启 AFC 紧急疏散模式，根据现场火势情况，通知现场人员穿戴好简易呼吸器等相关防护装备 （4）利用广播做好宣传，做好 CCTV 监控，通过对讲机等通信方式及时与现场人员保持联系，做好现场、控制室、调度之间的沟通，及时传递相关信息，了解滞留乘客动态 （5）根据现场实际情况做好信息续报工作 （6）确认车站疏散完毕、站内无滞留人员后，提醒值班站长关闭车站全部出入口，必要时请求驻站民警（警辅）给予协助 （7）根据行调指令，协助做好列车运行控制 （8）确认车站全部出入口关闭后，汇报行调做好撤离准备
客运值班员	（1）协助值班站长进行初期火灾扑救 （2）若火势较大，车站无法灭火时，及时通知行车值班员关闭所有自动售票机（ticket vending machine，TVM） （3）引导疏散及安抚慌恐乘客 （4）根据值班站长指示，会同一名保洁员对受伤乘客进行救助 （5）待乘客全部疏散完毕后，根据现场情况，协助关闭车站出入口，张贴关站告示

续表

岗位	应急处置
车站维护工	（1）关窗，打开边门，与一名安检员一起负责将站厅乘客向1号、3号出入口疏散，做好安抚工作，避免发生恐慌，视现场情况穿戴好简易呼吸器等相关防护装备 （2）引导疏散及安抚慌恐乘客 （3）待乘客全部疏散完毕后，作为现场机动人员，负责协助其他各岗位人员工作
站厅/站台保安	（1）站厅保安赶赴3号口，关闭（站厅-地面）残梯（务必确认轿厢内无人）、电扶梯，引导疏散乘客 （2）站台保安关闭（站厅-站台）残梯（务必确认轿厢内无人）、电扶梯，同时负责下行头端楼梯处乘客疏散 （3）引导疏散及安抚慌恐乘客
安检员	（1）一名安检员赶赴1号口，关闭电扶梯，引导疏散乘客 （2）一名安检员负责疏散站厅乘客，同时做好安抚工作，避免发生恐慌 （3）一名安检员至车控室协助行车值班员做好相关处置用品的配送
保洁员	（1）一名保洁员协助客运值班员及时救助伤员 （2）另一名保洁员在车站3号口外负责引导120、119、110进站救援 （3）引导疏散及安抚慌恐乘客 （4）待火灾处置完毕后，及时清理现场
车站设备房、管理用房发生火灾	
工长/值班站长	（1）工长在岗时，由工长负责现场指挥，落实下列职责；工长不在岗时，由值班站长落实下列职责，工长在收到相关信息后，应第一时间赶赴现场，履行职责 （2）接报后第一时间会同客运值班员赶赴现场了解火因及火势规模，指示行车值班员汇报上级（线路工程师、线路主任） （3）有气体灭火装置的设备房发生较小火情，就近使用灭火器进行先期扑救；若火势较大，则确认无人后关闭防火门且现场气体灭火装置处于自动状态，通知行车值班员向环调汇报，启用FAS联动装置进行灭火 （4）在无气体灭火装置的设备房里，发生较小火情，就近使用灭火器进行先期扑救；若火情得不到控制，视火势情况组织工作人员封锁现场、疏散乘客 （5）安排站厅保安赶赴3号口，关闭（站厅-地面）残梯（务必确认轿厢内无人）、电扶梯，引导疏散乘客；安排一名安检员赶赴1号口，关闭电扶梯，引导疏散乘客 （6）安排车站维护工关窗，打开边门，与另一名安检员一起负责疏散站厅乘客，同时做好安抚工作，避免发生恐慌 （7）安排站台保安关闭（站厅-站台）残梯（务必确认轿厢内无人）、电扶梯，同时值班站长前往站台协助站台保安引导乘客从楼梯处疏散，原则上值班站长负责上行头端楼梯处乘客疏散，站台保安负责下行头端楼梯处乘客疏散 （8）安排客运值班员、一名保洁员及时救助受伤乘客 （9）再安排一名安检员至车控室协助行车值班员做好相关处置用品的配送 （10）另安排一名保洁员在车站3号口外负责引导120、119、110进站救援 （11）确认乘客疏散完毕后，根据现场情况，必要时关闭全部出入口，同时在出入口张贴关站告示，等待120、119、110现场救援；在现场能够控制的情况下，合理安排工作人员有序撤离
行车值班员	（1）接报后第一时间安排就近人员现场确认，同时通知值班站长赶赴现场进行先期处置 （2）根据值班站长现场确认和处置情况向行调、环调、驻站民警（警辅）、工长汇报，视现场实际情况及值班站长指示拨打119、120、110 （3）根据值班站长要求，经请示环调同意后，启动FAS联动设备及消防应急广播，开启AFC紧急疏散模式，根据现场火势情况，通知现场人员穿戴好简易呼吸器等相关防护装备 （4）利用广播做好宣传，做好CCTV监控，通过对讲机等通信方式及时与现场人员保持联系，做好现场、控制室、调度之间的沟通，及时传递相关信息，了解滞留乘客动态 （5）根据现场实际情况做好信息续报工作 （6）确认车站疏散完毕、站内无滞留人员后，提醒值班站长关闭车站全部出入口，必要时请求驻站民警（警辅）给予协助 （7）根据行调指令，协助做好列车运行控制 （8）确认车站全部出入口关闭后，汇报行调做好撤离准备

续表

岗位	应急处置
客运值班员	（1）协助值班站长进行初期火灾扑救 （2）若火势较大，车站无法灭火时，及时通知行车值班员关闭所有 TVM （3）根据值班站长指示，会同一名保洁员对受伤乘客进行救助 （4）待乘客全部疏散完毕后，根据现场情况，协助关闭车站出入口，张贴关站告示
车站维护工	（1）关窗并收好票款，打开边门，与一名安检员一起负责将站厅乘客向 1 号、3 号出入口疏散，做好安抚工作，避免发生恐慌，必要时戴上简易呼吸器（或以湿毛巾捂住口鼻） （2）待乘客全部疏散完毕后，作为现场机动人员，负责协助其他各岗位人员工作
站厅保安/安检员	（1）站厅保安携带对讲机、残梯及电扶梯钥匙赶赴 1 号出入口，关闭电扶梯，必要时戴上简易呼吸器（或以湿毛巾捂住口鼻） （2）一名安检员携带手提广播、警戒绳赶赴 1 号出入口，迅速引导乘客疏散，并设置警戒线防护，必要时戴上简易呼吸器（或以湿毛巾捂住口鼻） （3）待乘客全部疏散完毕后，根据值班站长指示，关闭车站 1 号出入口，张贴关站告示
站台保安/安检员	（1）站台保安负责关闭（站厅-站台）残梯（务必确认轿厢内无人）、电扶梯，同时引导乘客从楼梯处疏散，值班站长予以协助，原则上值班站长负责上行头端楼梯处乘客疏散，站台保安负责下行头端楼梯处乘客疏散 （2）一名安检员携带手提广播、警戒绳赶赴 3 号出入口，迅速引导乘客疏散，并设置警戒线防护，必要时戴上简易呼吸器（或以湿毛巾捂住口鼻） （3）如火情发生在站厅，组织乘客往出入口方向疏散；如火情发生在站台，组织乘客向站厅方向疏散 （4）待乘客全部疏散完毕后，根据值班站长指示，协助关闭车站全部出入口
保洁员	一名保洁员在车站 3 号出入口处负责引导 120、119、110 进站救援

2. 车站爆炸、毒气应急处置程序

车站爆炸、毒气应急处置程序如表 8-31 所示。

表 8-31　车站爆炸、毒气应急处置程序

岗位	应急处置
工长/值班站长	（1）工长在岗时，由工长负责现场指挥，落实下列职责；工长不在岗时，由值班站长落实下列职责；工长在收到相关信息后，应第一时间赶赴现场，履行职责 （2）接报后第一时间组织车站工作人员携带警戒绳、手提广播、对讲机赶现场疏散周围乘客，封锁现场，并向上级汇报（线路工程师、线路主任） （3）爆炸引发火灾时，视情况组织车站人员进行初期火灾扑救工作，若爆炸影响范围较大，组织车站人员疏散乘客 （4）安排客运值班员赶赴 3 号口，关闭（站厅-地面）残梯（务必确认轿厢内无人）、电扶梯，引导疏散乘客，安排车站维护工赶赴 1 号口，关闭电扶梯，引导疏散乘客 （5）安排站台保安关闭（站厅-站台）残梯（务必确认轿厢内无人）、电扶梯，同时负责下行头端楼梯处乘客疏散 （6）安排站厅保安打开边门，与一名安检员一起负责疏散站厅乘客，同时做好安抚工作，避免发生恐慌 （7）安排另一名安检员与一名保洁员及时救助受伤乘客 （8）再安排一名安检员至车控室协助行车值班员做好相关处置用品的配送 （9）另安排一名保洁员在车站 3 号口外负责引导 120、119、110 进站救援 （10）确认乘客疏散完毕后，根据现场情况，必要时关闭全部出入口，同时在出入口张贴关站告示，等待 120、119、110 现场救援，在现场能够控制的情况下，合理安排工作人员有序撤离

续表

岗位	应急处置
行车值班员	(1) 接报后立即通知值班站长，并向行调、环调、驻站民警（警辅）、工长汇报，由工长向站务中心上级领导逐级汇报，视现场实际情况及时拨打 119、120、110 (2) 根据值班站长指令，开启 AFC 紧急疏散模式，根据环调指令，检查相应排风是否开启 (3) 利用广播做好乘客疏散指引，做好 CCTV 监控，通过对讲机等通信方式及时与现场人员保持联系，做好现场、控制室、调度之间的沟通，及时传递相关信息 (4) 根据现场实际情况做好信息续报工作（疏散情况、人员伤亡情况、现场处置情况）
客运值班员	(1) 协助值班站长进行初期火灾扑救 (2) 若火势较大，车站无法灭火时，及时通知行车值班员关闭所有 TVM (3) 赶赴 3 号口，关闭（站厅-地面）残梯（务必确认轿厢内无人）、电扶梯，引导疏散乘客 (4) 待乘客全部疏散完毕后，根据现场情况，协助关闭车站出入口，张贴关站告示
车站维护工	(1) 赶赴 1 号口，关闭电扶梯，引导疏散及安抚慌恐乘客 (2) 待乘客全部疏散完毕后，作为现场机动人员，负责协助其他各岗位人员工作
站厅/站台保安	(1) 站厅保安打开边门，与一名安检员一起负责疏散站厅乘客，同时做好安抚工作，避免发生恐慌 (2) 站台保安关闭（站厅-站台）残梯（务必确认轿厢内无人）、电扶梯，同时负责下行头端楼梯处乘客疏散 (3) 引导疏散及安抚慌恐乘客
安检员	(1) 一名安检员赶赴 1 号口，关闭电扶梯，引导疏散乘客 (2) 一名安检员配合一名保洁员及时救助受伤乘客 (3) 一名安检员至车控室协助行车值班员做好相关处置用品的配送
保洁员	(1) 一名保洁员配合一名安检员及时救助受伤乘客 (2) 一名保洁员在车站 3 号口外负责引导 120、119、110 进站救援 (3) 引导疏散及安抚慌恐乘客 (4) 待火灾处置完毕后，及时清理现场
车站发生毒气事件	
工长/值班站长	(1) 工长在岗时，由工长负责现场指挥，落实下列职责；工长不在岗时，由值班站长落实下列职责；工长在收到相关信息后，应第一时间赶赴现场，履行职责 (2) 接报后第一时间组织车站工作人员携带简易呼吸器、手提广播、对讲机赶赴现场疏散站台、站厅乘客，封锁现场，并向上级汇报（线路工程师、线路主任） (3) 可燃气体爆炸引发火灾时，视情况组织车站人员进行初期火灾扑救工作；若有毒气体影响范围较大（包括车站周边发生的），尽快组织车站人员疏散乘客 (4) 安排站厅保安赶赴 3 号口，关闭（站厅-地面）残梯（务必确认轿厢内无人）、电扶梯，引导疏散乘客 (5) 另安排一名安检员赶赴 1 号口，关闭电扶梯，引导疏散乘客 (6) 安排车站维护工关窗，打开边门，与一名安检员一起负责疏散站厅乘客，同时做好安抚工作，避免发生恐慌 (7) 安排客运值班员、一名保洁员及时救助受伤乘客 (8) 再安排一名安检员至车控室协助行车值班员做好相关处置用品的配送 (9) 另安排一名保洁员在车站 3 号口外负责引导 120、119、110 进站救援 (10) 确认乘客疏散完毕后，根据现场情况，必要时关闭全部出入口，同时在出入口张贴关站告示，等待 120、119、110 现场救援 (11) 在现场能够控制的情况下，合理安排工作人员有序撤离

续表

岗位	应急处置
行车值班员	（1）接报后立即通知值班站长，并向行调、环调、驻站民警（警辅）、工长汇报，由工长向站务中心上级领导逐级汇报，视现场实际情况及时拨打119、120、110 （2）根据值班站长指令，开启AFC紧急疏散模式，根据环调指令，检查相应排风是否开启 （3）行车值班员利用广播做好乘客疏散指引，做好CCTV监控，通过对讲机等通信方式及时与现场人员保持联系，做好现场、控制室、调度之间的沟通，及时传递相关信息 （4）根据现场实际情况做好信息续报工作（疏散情况、人员伤亡情况、现场处置情况） （5）乘客疏散过程中，做好自身安全防护工作，待乘客疏散完毕后，及时撤离现场
客运值班员	（1）协助值班站长进行乘客疏散 （2）引导疏散及安抚慌恐乘客 （3）根据值班站长指示，会同一名保洁员对受伤乘客进行救助 （4）待乘客全部疏散完毕后，根据现场情况，协助关闭车站出入口，张贴关站告示
车站维护工	（1）关窗，打开边门，与一名安检员一起负责将站厅乘客向1号、3号出入口疏散，做好安抚工作，避免发生恐慌，视现场情况穿戴好简易呼吸器等相关防护装备 （2）引导疏散及安抚慌恐乘客 （3）待乘客全部疏散完毕后，作为现场机动人员，负责协助其他各岗位人员工作
站厅/站台保安	（1）站厅保安赶赴3号口，关闭（站厅-地面）残梯（务必确认轿厢内无人）、电扶梯，引导疏散乘客 （2）站台保安关闭（站厅-站台）残梯（务必确认轿厢内无人）、电扶梯，同时负责下行头端楼梯处乘客疏散 （3）引导疏散及安抚慌恐乘客
安检员	（1）一名安检员赶赴1号口，关闭电扶梯，引导疏散乘客 （2）一名安检员负责疏散站厅乘客，同时做好安抚工作，避免发生恐慌 （3）一名安检员至车控室协助行车值班员做好相关处置用品的配送
保洁员	（1）一名保洁员协助客运值班员及时救助伤员 （2）一名保洁员在车站3号口外负责引导120、119、110进站救援 （3）引导疏散及安抚慌恐乘客

3. 车站列车故障救援应急处置程序

车站列车故障救援应急处置程序如表8-32所示。

表8-32 车站列车故障救援应急处置程序

岗位	应急处置
工长/值班站长	（1）工长在岗时，由工长负责现场指挥，落实下列职责；工长不在岗时，由值班站长落实下列职责；工长在收到相关信息后，应第一时间赶赴现场，履行职责 （2）接到列车故障救援的指令后，第一时间会同客运值班员携带喊话器赶赴站台，如列车在本站需要清客，立即组织客运值班员、站台保安做好后四节车厢的清客工作 （3）安排行车值班员通过广播向乘客通报运营信息，安抚站内候车乘客，提醒乘客排队上下车，同时通知一名安检员及驻站民警（警辅）到站台协助维持秩序 （4）站台拥挤时，通知行车值班员关闭部分进站闸机，缓解客流压力 （5）如故障影响范围较大，通知车站维护工做好现场退票及乘客解释工作 （6）安排站厅保安协助车站维护工做好现场退票秩序及解释工作

续表

岗位	应急处置
工长/值班站长	（7）另安排两名安检员负责在站厅引导客流 （8）当客流持续增大时，按照《车站大客流应急处置方案》进行处置
行车值班员	（1）接到列车故障救援的指令后，立即汇报值班站长、工长、驻站民警（警辅） （2）如接到列车需在本站清客的指令后，立即通知值班站长赶赴站台组织清客工作 （3）通过广播向乘客通报运营信息，并做好站内候车乘客的安抚工作，提醒乘客排队上下车，同时通知一名安检员及驻站民警（警辅）到站台协助维持秩序 （4）站台拥挤时，根据值班站长指示，关闭部分进站闸机，缓解客流压力 （5）加强CCTV监控，及时将现场情况反馈给控制中心，做好与各岗位人员之间的信息互通
客运值班员	（1）与值班站长一同赶赴站台，与站台保安一同进行后四节列车故障清客工作 （2）告知乘客客车延误信息，同时做好退票工作及乘客解释工作
车站维护工	（1）如故障影响范围较大，做好现场退票及解释工作 （2）视情况，提醒乘客换乘其他交通工具
站厅保安	（1）协助票亭车站维护工做好现场退票秩序及解释工作 （2）安抚乘客情绪，维持站厅秩序
站台保安	（1）与客运值班员一同进行后四节列车故障清客工作 （2）安抚乘客情绪，维持站台秩序 （3）做好后续乘客服务和站台安全监控
安检员	（1）一名安检员负责维持站台乘车秩序 （2）另两名安检员负责在站厅引导客流

4. 车站非正常接发列车应急处置程序

车站非正常接发列车应急处置程序如表 8-33 所示。

表 8-33　车站非正常接发列车应急处置程序

岗位	应急处置
	电话闭塞法发车作业程序
工长	（1）工长在岗时，由工长负责现场指挥，落实下列职责；工长不在岗时，由值班站长落实下列职责 （2）工长在收到相关信息后，应第一时间赶赴现场，履行职责
值班站长/行车值班员（车控室）	（1）接收行调命令并复诵：从×点×分起，在×站至×间采用电话闭塞法组织行车，××折返站固定采用×道折返 （2）根据行车日志确认列车运行的前方区间及前方站台空闲（第一趟列车向行调确认前方区间空闲，向接车车站确认接车站台空闲） （3）向前方站请求闭塞："××次请求闭塞"。（注：请求闭塞和准备进路先后顺序无要求，可同步进行） （4）布置站台："准备××次上/下行线接/发车进路" （5）听取汇报并复诵"××次上/下行线接/发车进路好了，线路出清" （6）听取接车站同意闭塞通知并复诵："电话记录××号，×点×分同意××次闭塞" （7）填写行车日志 （8）布置站台人员填写路票 （9）确认路票填记正确，以及列车门和安全门无夹人夹物后，指示站台人员向司机交付路票并显示发车信号 （10）听取站台汇报并复诵"××次出发"，填写行车日志

续表

岗位	应急处置
值班站长/行车值班员（车控室）	（11）向前方站（接车站）报点，"××次××分开"。当列车尾部越过站台头端墙后，向后方站报点"电话记录××号，××次××分开"，开通后方区间，报点站在列车动车后向行调报点"××站报点，××次×点×分到/×点×分发" （12）听取前方站解除闭塞通知并复诵"电话记录××号，××次××分开"，填写行车日志
车站维护工及以上岗位（站台）	（1）复诵"准备××次上/下行线接/发车进路" （2）确认进路准备完毕，线路出清，向车控室报告"××次上/下行线接/发车进路好了，线路出清" （3）根据车控室命令填写路票并复诵（首趟车在路票左上角标注：限速25km/h） （4）向司机交付路票，确认无异常后，在第一节车厢第四门处向司机显示发车手信号 （5）列车出清站台区（越过站台头端墙）后，向车控室报"××次出发"
电话闭塞法接车作业程序	
工长	（1）工长在岗时，由工长负责现场指挥，落实下列职责；工长不在岗时，由值班站长落实下列职责 （2）工长在收到相关信息后，应第一时间赶赴现场，履行职责
值班站长/行车值班员（车控室）	（1）接收行调命令并复诵：从×点×分起，在×站至×站间采用电话闭塞法组织行车，××折返站固定采用×道折返 （2）听取发车站请求闭塞并复诵"××次请求闭塞" （3）根据行车日志确认前方区间及前方车站站台空闲（第一趟列车向行调确认前方区间空闲，向前方车站确认前方站台空闲） （4）布置站台："准备××次上/下行线接/发车进路" （5）听取汇报后，复诵"××次上/下行线接/发车进路好了，线路出清" （6）通知发车站"电话记录××号，×点×分同意××次闭塞"，填写行车日志 （7）听取发车站的发车通知并复诵："××次××分开"，填写行车日志 （8）布置站台接车"××次接近，准备接车" （9）复诵"××次到达"，填写行车日志 （10）列车出发后（列车动车后），向前方站（接车站）报点，"××次××分开"，当列车尾部越过站台头端墙后，向后方站报点，"电话记录××号××次××分开"，开通后方区间
车站维护工及以上岗位（站台）	（1）复诵"准备××次上/下行线接/发车进路" （2）确认进路准备完毕，线路出清，向车控室报告"××次上/下行线接/发车进路好了，线路出清" （3）复诵"××次接近，准备接车"，监视列车进站停车 （4）列车对位停车后，向车控室报告"××次到达"

5. 车站大面积停电应急处置程序

车站大面积停电应急处置程序如表8-34所示。

表8-34 车站大面积停电应急处置程序

岗位	应急处置
工长/值班站长	（1）工长在岗时，由工长负责现场指挥，落实下列职责；工长不在岗时，由值班站长落实下列职责；工长在收到相关信息后，应第一时间赶赴现场，履行职责 （2）发生车站大面积停电后，第一时间安排行车值班员向控制中心汇报并询问电调停电时间 （3）若停电时间较短，组织车站人员检查事故应急照明是否满足短时间运营需要，安排备运值班员携带防爆灯（照明工具）、扩音器等工具前往站厅引导乘客 （4）安排行车值班员做好乘客广播且加强对站厅、站台、出入口的乘客动态监控 （5）安排站厅保安携带防爆灯（照明工具）、扩音器等工具赶赴3号口引导乘客，同时做好安抚解释工作

续表

岗位	应急处置
工长/值班站长	(6) 安排车站维护工引导乘客有序进出站，同时做好安抚解释工作 (7) 安排站台保安携带防爆灯（照明工具）、扩音器等工具维护站台秩序，协助司机开关门 (8) 安排两名安检员做好安检，并做好安抚解释工作 (9) 另安排一名安检员至车控室协助行车值班员做好相关处置用品的配送 (10) 安排一名保洁员携带防爆灯（照明工具）、扩音器等工具在站厅-站台东边楼梯处引导乘客，另一名保洁员在站厅-站台西边楼梯处引导乘客 (11) 确认停电时间较长，根据上级领导通知做好关站疏散工作
行车值班员	(1) 发生车站大面积停电后，立即汇报控制中心并询问电调供电恢复时间 (2) 通知值班站长、工长，请求驻站民警（警辅）协助 (3) 利用广播安抚并引导乘客，及时传递相关信息，了解进站乘客动态 (4) 根据现场实际情况做好信息续报工作 (5) 根据行调指令，协助做好列车运行控制 (6) 若供电恢复时间较长，及时汇报上级领导，根据上级领导指示做好关站疏散工作
客运值班员	(1) 根据值班站长指示，携带防爆灯（照明工具）、扩音器等工具前往站厅引导乘客，同时做好安抚解释工作 (2) 若停电时间较长，协助值班站长做好关站疏散工作
车站维护工	(1) 票亭车站维护工引导乘客有序进出站，同时做好安抚解释工作 (2) 若停电时间较长，协助值班站长做好关站疏散工作
站厅/站台保安	(1) 站厅保安携带防爆灯（照明工具）、扩音器等工具赶赴 3 号口引导乘客，同时做好安抚解释工作 (2) 站台保安携带防爆灯（照明工具）、扩音器等工具维护站台秩序，协助司机开关门 (3) 若停电时间较长，协助值班站长做好关站疏散工作
安检员	(1) 两名安检员做好安检，并做好安抚解释工作 (2) 另一名安检员至车控室协助行车值班员做好相关处置用品的配送 (3) 若停电时间较长，协助值班站长做好关站疏散工作
保洁员	(1) 一名保洁员携带防爆灯（照明工具）、扩音器等工具在站厅~站台东边楼梯处引导乘客 (2) 另一名保洁员在站厅~站台西边楼梯处引导乘客 (3) 若停电时间较长，协助值班站长做好关站疏散工作

8.3.2 乘务分公司应急操作

1. 自然灾害类

台风应急处置程序如表 8-35 和表 8-36 所示。

表 8-35　Ⅰ、Ⅱ级台风应急处置程序

岗位	应急处置
司机	(1) 运行中加强瞭望、注意线路、接触网及轨行区积水、淹水等情况，一旦发现台风造成险情，必须及时采取有效果断措施，并及时报告行调或信号楼 (2) 因暴雨或风沙扬尘等造成地面能见度小于 100m，严格按照行调命令限速运行（地面高架区段 25km/h 运行。地面能见度小于 150m，限速 45km/h 运行。能见度小于 200m 时，限速 60km/h 运行）

续表

岗位	应急处置
司机	（3）行调发布停止运营命令后正确执行行调命令 （4）台风过后加强线路瞭望
信号楼	（1）随时了解台风动态及发展趋势，做好台风导致行车设备损坏基地内行车组织预想 （2）及时安排库外列车回库避风 （3）10级以上台风时，禁止基地范围内的一切库外作业包括调车作业 （4）加强对基地内轨道电路、重点道岔的监控及测试，提前做好人工排列进路的预想
派班室	（1）随时了解台风动态及发展趋势及正线情况 （2）向换乘室、当班司机长及时通报台风预警信息，适当增加备用车司机待命 （3）根据情况，适当安排接班人员提前到达岗点
班组长及保障人员	（1）及时了解台风动态及发展趋势及地面高架的情况。做好出勤行车注意事项要求 （2）要求运行在地面或高架部分线路上的列车司机，加强对接触网及列车网压的观察，如有异常，及时汇报行调 （3）地面和高架区段，添乘司机室进行跟车保障 （4）做好晚回库、早出库保障工作

表8-36 Ⅲ、Ⅳ级台风应急处置程序（蓝色、黄色）

岗位	应急处置
司机	（1）运行中加强瞭望、对线路、接触网及轨行区积水等加强监控，遇接触网断线等异常情况及时停车，并及时汇报行调 （2）正确执行行调限速命令
信号楼	（1）随时了解台风动态及发展趋势，做好台风导致行车设备损坏库内行车组织预想 （2）及时安排库外列车回库避风
派班室	（1）随时了解台风动态及发展趋势及正线情况 （2）向换乘室、当班司机长及时通报台风预警信息，适当增加备用车司机待命 （3）根据情况，适当安排接班人员提前到达岗点
班组长及保障人员	（1）及时了解台风动态及发展趋势及地面高架的情况，做好行车注意事项要求 （2）地面和高架区段，添乘司机室进行跟车保障

2. 公共事件应急处置

司机遭挟持、人员擅入轨行区、道床伤亡应急处置程序如表8-37～表8-39所示。

表8-37 司机遭挟持应急处置程序

岗位	应急处置
司机	（1）区间列车司机遭劫持，事发列车司机应想办法维持列车进站并汇报行调，尽量与劫匪周旋，做好自救预想，应利用恰当时机向行调汇报司机代号"000" （2）停站列车司机遭劫持，事发列车司机尽可能拖延时间，利用恰当时机汇报出信息并做好自救 （3）事后接受公安机关就事件的进一步勘验和调查，并如实反映所知情况 （4）其他司机做好小交路运行的预想

续表

岗位	应急处置
信号楼	做好列车加开准备
派班室	接报信息后,做好备班人员安排的准备
班组长及保障人员	(1) 分别前往控制大厅及现场监控司机情况 (2) 立即将事件概况汇报上级领导 (3) 事后协助调查并安抚司机情绪 (4) 及时做好事件汇报总结材料

表 8-38 人员擅入轨行区应急处置程序

岗位	应急处置
司机	(1) 司机发现有人侵入轨行区,但未侵入列车限界时,应立即鸣笛警示、减速慢行,并汇报行调;如有人员侵入列车限界时,应立即采取紧急停车措施并汇报行调,按照行调指示处置 (2) 邻线列车司机接到有人侵入轨行区信息后,通过该区段时,加强瞭望,采用手动驾驶并根据行调要求限速 (3) 发生人员伤亡时,按照《道床伤亡事故应急预案》进行处置 (4) 事后如实反映情况,协助调查
信号楼	做好列车加开准备
派班室	接报信息后,向各换乘室通报人员擅入轨行区信息
班组长及保障人员	(1) 通过监听手持台及时提醒司机加强瞭望 (2) 事后向当事司机了解具体情况及司机处理方法 (3) 及时做好事件汇报总结材料

表 8-39 道床伤亡应急处置程序

岗位	应急处置
司机	(1) 司机立即紧急停车,向行调报告 (2) 做好乘客广播,安抚乘客 (3) 根据现场指挥和行调的指令动车 (4) 接受公安机关就事故的进一步勘验和调查,并如实反映所知情况 (5) 其他司机做好小交路的预想
信号楼	做好列车加开准备
派班室	接报信息后,向各换乘室通报道床伤亡信息
班组长及保障人员	(1) 立即赶赴现场,尽可能协助处理工作,安排人员将当值司机进行替换 (2) 立即向上级领导汇报信息并保持信息续报工作 (3) 事后协助调查并安抚司机情绪 (4) 及时做好事件汇报总结材料

3. 运营生产类应急处置程序

地外设施影响列车运行、电客车司机班中突发疾病、突发性大客流应急处置程序如表 8-40~表 8-42 所示。

表 8-40　地外设施影响列车运行应急处置程序

岗位	应急处置
司机	（1）司机发现设施设备侵限影响列车运行应立即采取紧急停车措施，并将情况、具体位置汇报行调并做好乘客广播 （2）司机判断侵限位置、侵限程度，经行调允许后携带手持台、方孔钥匙，拔下列车主控钥匙进入轨行区进行处理 （3）侵限异物可以移除时，司机将异物移至安全区域或司机室，处理完毕根据行调指令动车 （4）异物无法移除，经处理后不影响行车时，处理完毕根据行调指令限速25km/h离开故障点 （5）异物无法移除且影响行车时，司机根据行调指令变更进路或退回至就近车站清客 （6）如有需要，司机在处理过程中可请求胜任人员进行轨行区协助处理，并向行调报备 （7）做好车站、专业人员搭乘电客车进入轨行区处置的预想 （8）司机进入轨行区处置异物前，应与行调确认安全，经行调同意方可下车处理（如处置高低压柜门考虑是否带电等）
信号楼	做好列车加开准备
派班室	接报信息后，向各换乘室及当班司机长通报情况，提醒司机加强瞭望
班组长及保障人员	（1）及时添乘司机室赶赴现场，进行协助处理 （2）及时将现场情况汇报上级领导并做好总结材料

表 8-41　电客车司机班中突发疾病应急处置程序

岗位	应急处置
司机	（1）司机在值乘过程中如感觉身体不适，应采用列车自动运行(automatic train operation，ATO)模式驾驶，避免列车区间停车 （2）司机如突感身体严重不适，应立即汇报行调、司机长，尽量维持列车运行等待接换司机 （3）其他司机做好接换准备
信号楼	做好列车加开准备
派班室	接报信息后，做好人员备班加开安排
班组长及保障人员	（1）做好人员接车安排，及时赶赴现场协助处理 （2）司机不能继续驾驶时，立即汇报上级领导事件信息 （3）事后做好事件汇报总结材料

表 8-42　突发性大客流应急处置程序

岗位	应急处置
司机	（1）司机发现客流较大时及时向行调汇报客流信息 （2）根据行调安排合理控制停站时间，关门动车前认真确认车门站台门空隙安全，防止夹人夹物 （3）若客流过大关门困难应及时向行调汇报情况请求站务人员协助 （4）正确执行行调发布的限速、多停等调度命令 （5）因客流过大关闭车站时，司机进行客室广播，做好乘客服务
信号楼	接报信息后，做好加开列车的预想
派班室	（1）接报信息后，做好库内备用车人员加开准备 （2）向各换乘室通报信息，提醒司机掌握停站时间
班组长及保障人员	（1）及时赶赴大客流车站，加强司机开关门作业的保障 （2）通知全线司机，要求掌握停站时间，严格执行行调命令

8.4 安全风险防控与应急处置系统

以地铁为代表的城市地铁以其运量大、速度快、时间准、污染少和安全舒适等特点，在缓解大城市交通拥堵方面具有独特优越性。南京的城市地铁建设与运营已迈入快速发展阶段，依托南京地铁线网运营实践，通过改变城市地铁"孤立作战"的缺陷，从城市大交通的视角提出地铁与地面公交应急接驳策略，突破现有指挥决策技术在全链式、可视化等方面的不足，并研制城市地铁可视化应急联动指挥平台，形成城市地铁网络化运营安全风险防控与应急成套技术，并在工程中应用。可为城市地铁运营安全管理与应急能力建设提供重要技术支撑，对网络化过程中和网络化形成后的城市地铁发展均具有引领示范作用。

8.4.1 运营安全监测与风险管控系统

针对网络化运营安全风险形成机理和传播机制研究的不足，提出主动式事前风险辨识评估方法，建立风险预测模型和先验防控方法，实现由风险源经验识别、事后评估的传统方法到风险源致因推理、事前预判的转变。

1. 安全风险辨识评估方法及标准

基于网络化运营安全风险形成机理和传播机制的研究，从站点、线路和网络三个层面，围绕人、机、环、管四个角度分析城市地铁安全风险的影响因素，建立城市地铁运营安全风险评价指标体系，如图 8-2 所示。构建安全风险分级管控和隐患治理双重预防体系，编制企业标准《南京地铁运营安全风险辨识手册》《南京地铁运营安全风险评估技术手册》，在进一步推广应用基础上有望形成行业标准；围绕地铁运营风险特点，制定具有系统性、通用性和可操作性的交通运输行业标准《城市地铁运营安全隐患排查规范》。

2. 安全监测与风险管控系统

融合多检测源获取的数据，分析地铁各子系统的安全运营信息，以接收到预警信息为启动准则，提出基于预警内容和监测数据的风险源快速定位方法，并以风险主动管理和及时控制为目标构建效率最优的风险管控模型。整合安全管理信息系统、雨雪量实时监测系统、车辆在线检测系统、转辙机工况综合监测系统、电话闭塞法行车后备辅助系统等子系统，研发完成城市地铁运营安全监测与风险管控系统，实现对风险源的快速定位，优化运营安全风险管控措施。

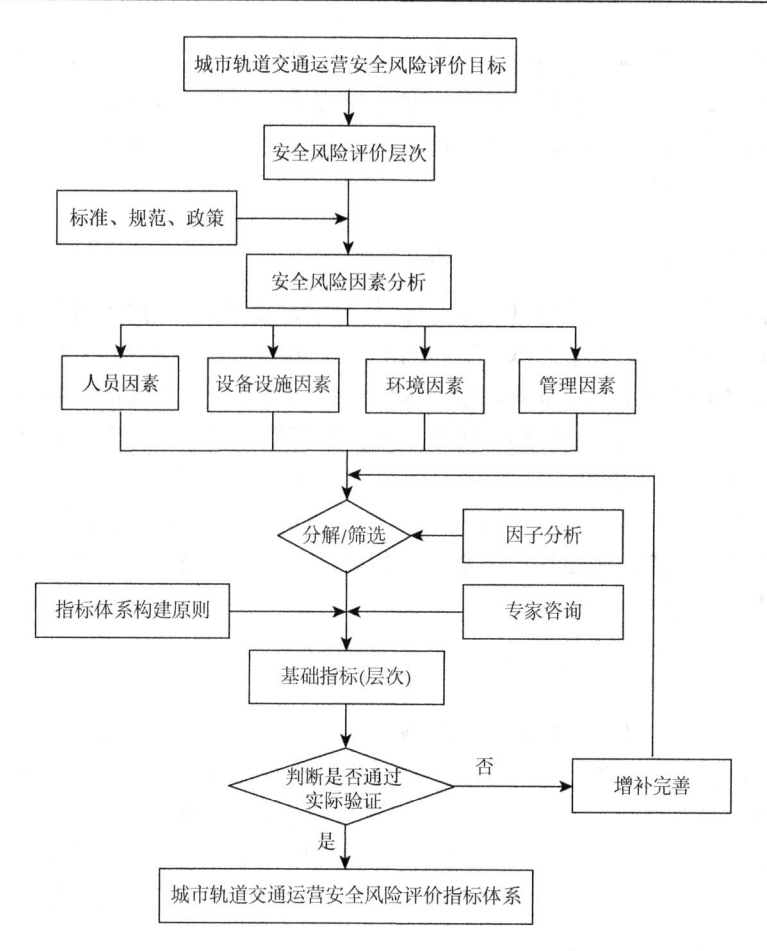

图 8-2 安全风险评价指标体系

8.4.2 客流异常状态识别与预警系统

基于历史数据、实时数据和预测数据，提出城市地铁多时间粒度客流预测方法，进而事前甄别异常客流波动，提前发布风险预警信息，并主动进行异常客流控制和疏运。

1. 多时间粒度客流预测方法

基于历史数据选取时间序列模型（ARIMA）预测月度进站客流量，引入季节指数对原始客流数据进行调整，提出基于季节指数的城市地铁月度客流预测方法；针对检测视频数据，采用方向梯度直方图特征描述器与支持向量机分类器识别行人目标，利用 Camshift 算法跟踪目标获取客流量和客流速度参数，并根据协整关系构建客流多变量预测的向量误差修正模型,提出地铁短时客流预测方法;基于历史数据与实时数据,利用云概念构建历史时间云、历史客流云、当前客流趋势云及客流预测云,通过时间云与客流云的关联规则,提出基于云模型的城市地铁短时客流预测方法。

2. 异常客流识别、预警与控制技术

提出基于AFC系统的实时进站客流量异常检测方法,采用支持向量机回归模型预测实时进站量,根据训练集工作日和非工作日各时段拟合残差序列统计分布特性,确定实时进站客流量异常检测阈值;提出基于视频图像的地铁车站异常客流识别预警方法,根据监控摄像机采集到的视频图像信息、站台层和站厅层的客流密度及IC卡刷卡数据,确定异常客流来源、流向及客流预警等级;构建以区间运输能力最大和乘客延误时间最短为复合目标的地铁客流线路协同控制最优化模型,提出异常客流控制及基于公交接驳的疏运方法,解决由地铁车站客流控制导致的客流溢出问题。

3. 异常状态识别与预警系统

根据所设定的监控摄像机采集视频图像,采用人脸识别算法生成各局部区域客流数据,基于云模型的短期客流预测机理(图8-3)进行客流预测;基于进站客流量异常检测与处理(图8-4)确定客流预警阈值,识别客流状态并进行预警;通过历史数据存储及交互调用,实现统计查询、地铁车站客运流量的实时计算、分析、存储、显示;提供预警信息,便于及时启动相应的处置预案;分析挖掘客流数据,为管理者提供决策信息。

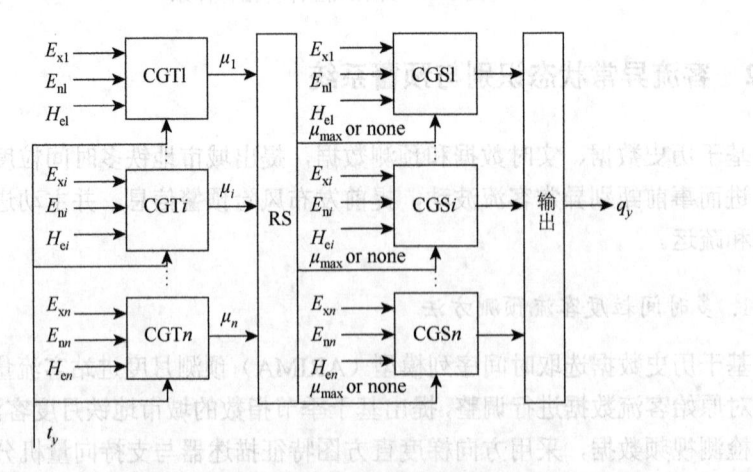

图8-3 基于云模型的短期客流预测机理

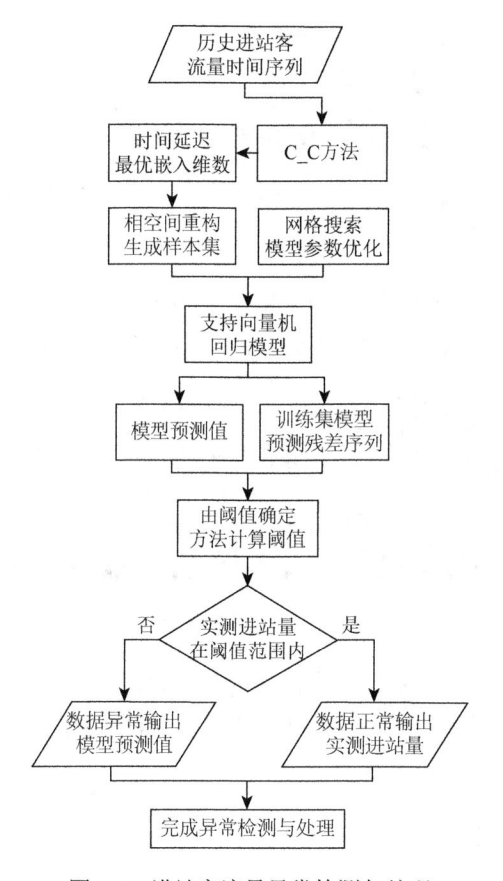

第 8 章 南京地铁网络化运营应用实践

图 8-4 进站客流量异常检测与处理

4. 客流数据可视化系统

城市地铁客流数据可视化分析系统软件利用响应式技术构建友好的页面将挖掘得到的城市地铁客流数据按一定格式录入，并设计多种个性化可视图表直观展示实时客流数据及运营情况。可视化系统框架如图 8-5 所示。

1）用户登录

用户登录界面设计如图 8-6 所示。

2）控制面板

该界面用于城市地铁实时客流信息的展示。控制面板界面中包含实时数据统计（路网内实时客流量、本日进站总客流量、正常运营线路数、

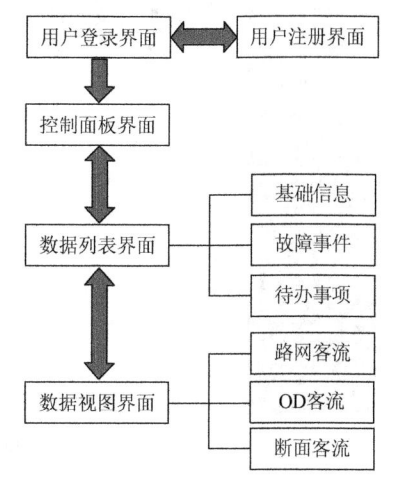

图 8-5 可视化系统框架

图 8-6 用户登录界面

正常运营车站数)、地铁线路分布图、日历、通知事项、列车运营状态实时监控等。其中，日历与通知事项两个模块普通游客无法看到。控制面板界面如图 8-7 所示。

(a) 实时数据统计与线路分布

第 8 章　南京地铁网络化运营应用实践

(b) 日历与通知事项

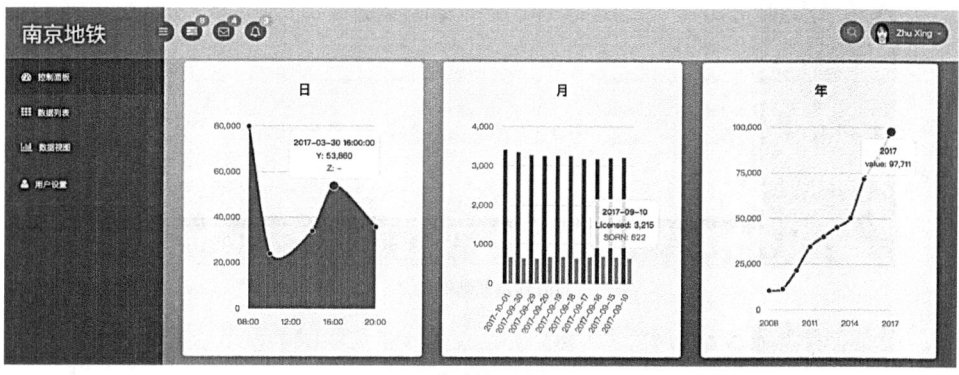

(c) 客流统计图表

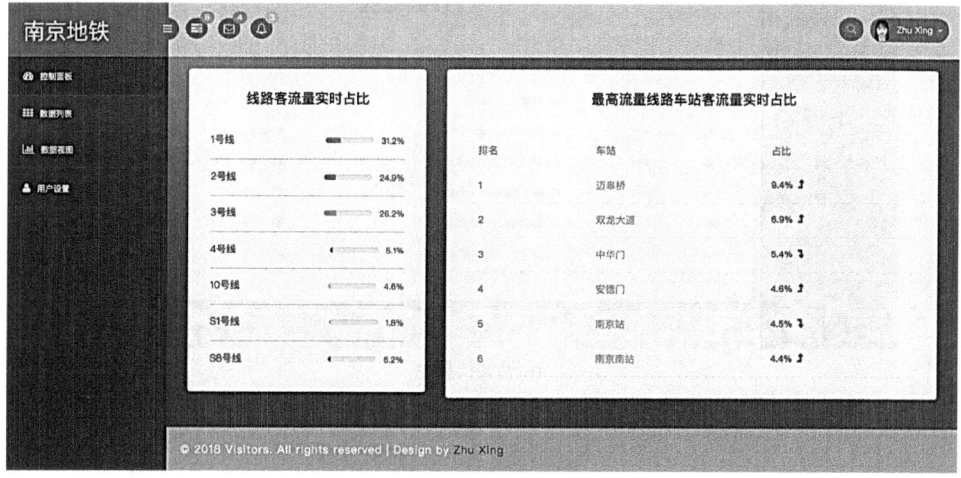

(d) 线路/车站实时客流占比

图 8-7　控制面板界面

3）数据列表

该界面用于基础信息的数值展示。数据列表界面包含三个子界面，分别为：线路基础信息表、故障信息表、待办事项表。其中，线路基础信息表用于城市地铁线路各项信息（里程、车站数、换乘站、状态）的展示。故障信息表用于显示城市地铁网络的故障事件，使出行者、运营者更全面地掌握网络的实时运行动态。待办事项表仅限管理人员与高层主管浏览，其作用等同于备忘录。数据列表界面如图 8-8 所示。

(a) 线路基础信息表

(b) 故障信息表

第 8 章 南京地铁网络化运营应用实践 ·329·

(c) 待办事项表

图 8-8 数据列表界面

4）数据视图

该界面用于可视化图表的展示。数据视图界面包含三个子界面，分别为：路网客流、OD 客流、断面客流。其中，路网客流界面中含有客流集聚点识别模块、分时段客流线路分布模块、早晚高峰断面客流分布模块。OD 客流界面中含有 OD 矩阵模块、OD 弦图模块、全日 OD 前 100 对识别模块。断面客流界面中含有适用于宏观分析的交通电子图模块和适用于微观分析的客流热力图模块。该界面所有模块图表利用 ECharts 进行个性化绘制。所有图表均可折叠，数据视图界面如图 8-9 所示。

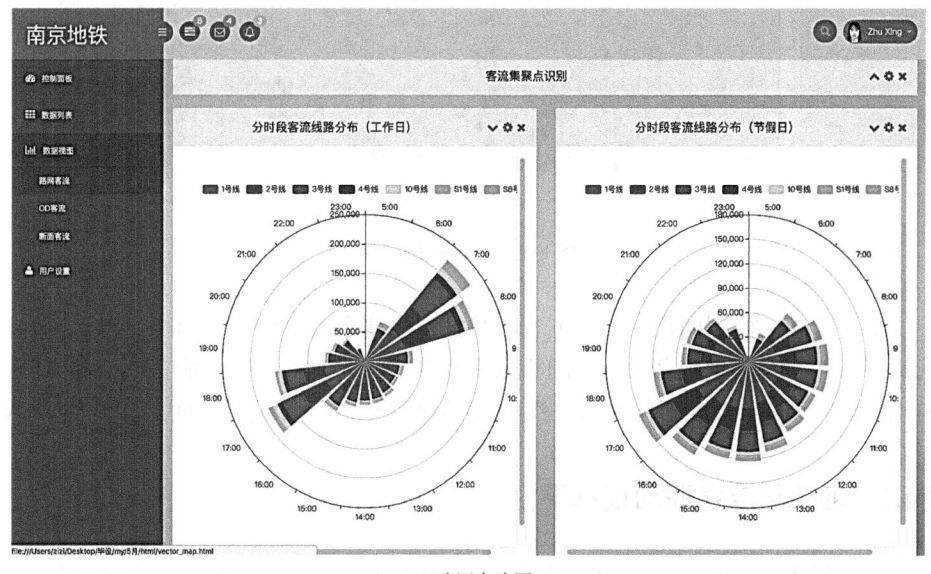

(a) 路网客流图

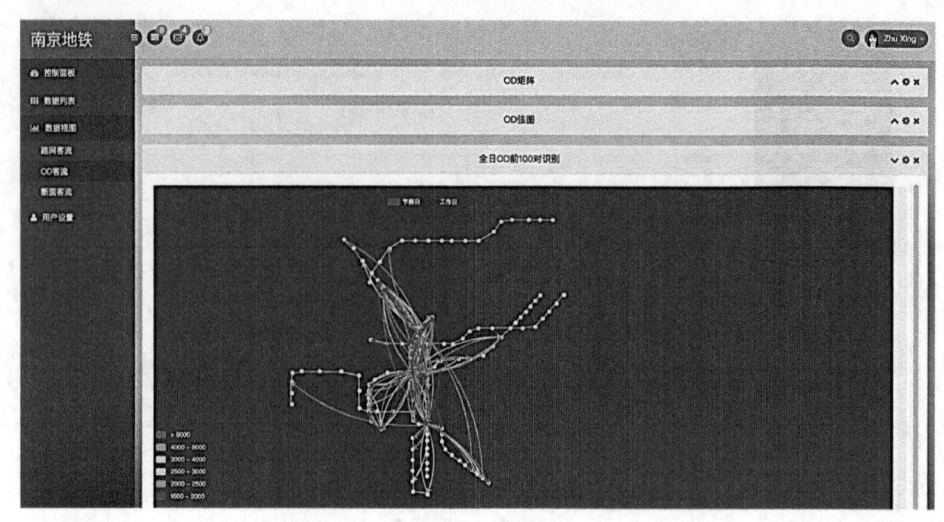

(b) OD客流图

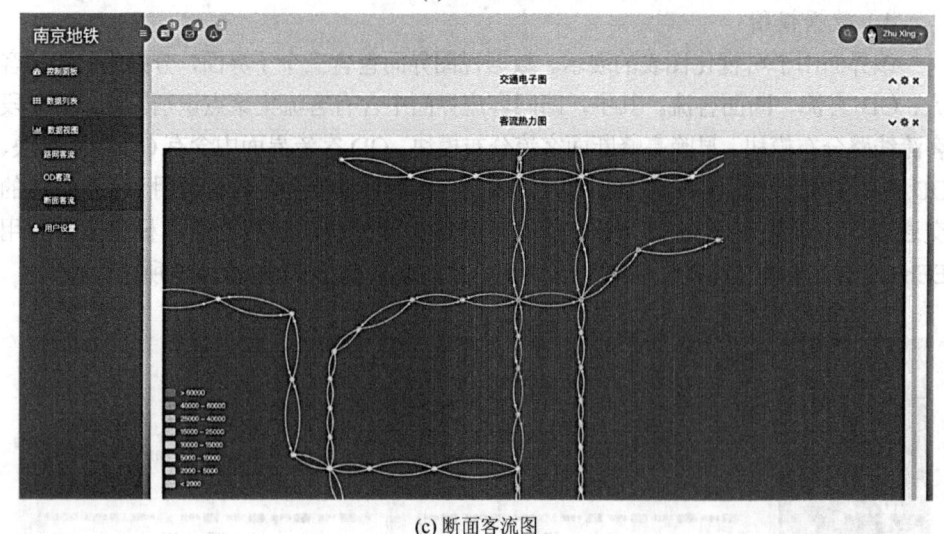

(c) 断面客流图

图 8-9　数据视图界面

用户登录、控制面板、数据列表和数据视图四个主界面的页面上方左上角为地铁部门名称，右上角为登录用户的头像及姓名。除此之外，中间的三个小标志分别为待办事项通知、未读邮件通知、紧急事件通知，具体通知信息界面如图 8-10 所示。

8.4.3　可视化应急联动指挥平台

突破国内现有指挥决策技术在全链式、可视化等方面的不足，编制整套应急

(a) 待办事项通知　　　　(b) 未读邮件通知　　　　(c) 紧急事件通知

图 8-10　通知信息界面

预案体系及操作手册，集成网络化运营安全风险辨识评估、主动防控、应急处置和仿真测试等模块，研制城市地铁可视化应急联动指挥平台。

1. 应急预案体系编制与操作方法

确立基于城市地铁特性的常规应急处置流程，针对极端恶劣天气下的城市地铁运营风险管控与应急，开展预防-备战-处置系列研究。针对地铁日常运营中可能遇到的各级事故，为各单位各岗位制定科学高效的应急预案操作流程，编制完成整套应急预案体系及操作手册为《南京地铁运营突发事件应急预案操作手册》，包括综合应急预案 1 个、专项应急预案 61 个、现场处置方案 257 个，合计应急预案 319 个，明确事前、事发、事中和事后各个过程中相关部门和人员的职责，在应急预案指导下最大限度地将地铁突发事件影响降到最低。

2. 可视化应急联动指挥平台

研究城市地铁应急指挥方案快速生成与决策优化技术、应急处置方案库构建方法、可视化多维度应急联动实时监控与评估集成技术。依托南京地铁网络化运营实践，按照"高度集中、统一指挥、逐级负责、分级响应、信息共享、协调动作"原则，通过集成开发与自主研发相结合，研制城市地铁可视化应急联动指挥平台，集成网络化运营安全风险辨识评估、主动防控、应急处置和仿真测试等模块，实现"平时"状态下对全线网动态的实时监测、"战时"状态下对全线网突发事件的及时指挥处置。

8.5　极端恶劣天气地铁风险管控与应对实战

8.5.1　案例背景

2018年1月,豫皖苏持续两轮大到暴雪,积雪已严重影响南京市交通安全及市民出行,案例背景如图8-11所示。早晨最低气温-10~-4℃,全市最大降雪深度达25~30cm,有严重冰冻。机场关闭、高铁局部停运、市内公交几近瘫痪。南京地铁客流激增,成为唯一保持畅通的市内交通工具。

图8-11　案例背景

8.5.2　暴雪前风险预防

南京地铁通过风险管控工作,共辨识出极端恶劣天气风险源25项。根据南京的气候特点和本企业的运输生产实际情况,制定《冬运防寒工作方案》。各单位梳理、申报冬运防寒物资配备(图8-12),包括草垫、大竹扫把、小竹扫把、铁锹、推雪铲、手套、大衣、工业盐、除雪剂等,同时重点做好大雾、严寒、冰冻、大雪等恶劣天气时设施设备的季节性维保工作。

8.5.3　暴雪中应急处置

运输管理事业部根据气象信息发布预警信息,同时密切关注各雨雪量计监测情况并定期发布数据。同时运营安全监测与风险管控系统(图8-13)充分发挥作用。

图 8-12 防寒物资配备

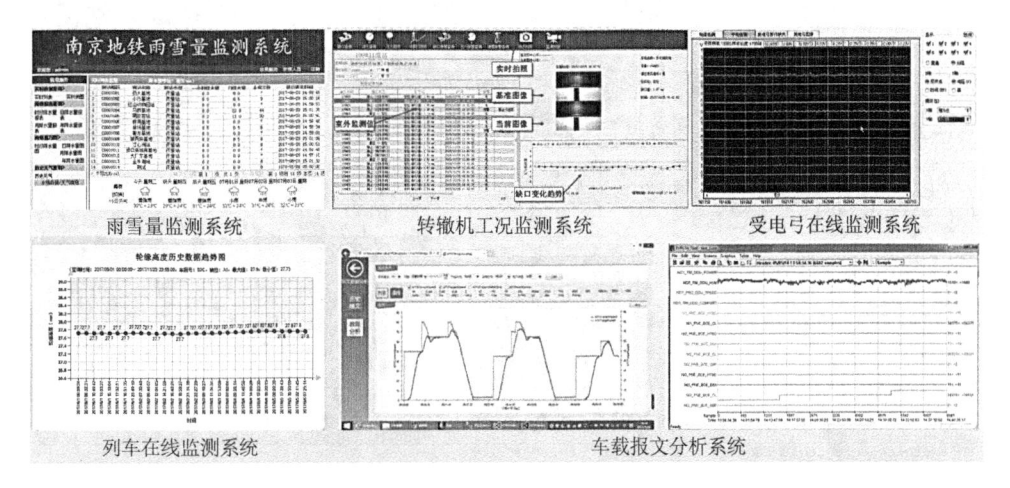

图 8-13 运营安全监测与风险管控系统

由于市内公共交通趋于瘫痪，大量市民涌入地铁车站，客流异常状态识别与预警系统（图 8-14）发出预警。

根据运营安全监测与风险管控系统、客流异常状态识别与预警系统反馈的信息和数据，调度人员通过可视化应急联动指挥平台跨网络调配物资、人员，组织行车。车站工作人员启动大客流应急处置预案疏导乘客。

应急联动指挥平台启动恶劣天气行车组织预案、扫雪防冻应急预案，各专业立即响应，根据扫雪分工划分图组织扫雪，暴雪应急处置如图 8-15 所示。

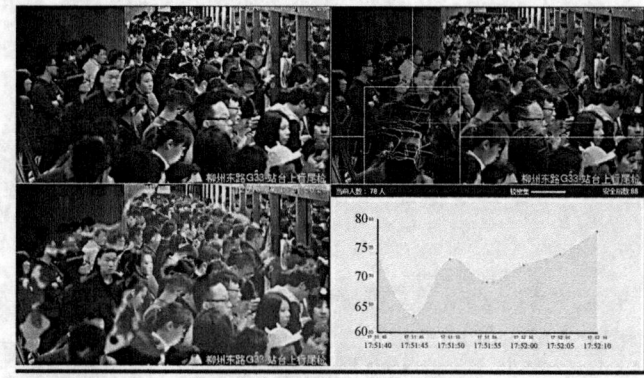

图 8-14 客流异常状态识别与预警系统

图 8-15 暴雪应急处置

8.5.4 暴雪应急处置效果

约 5000 名值班、值守员工和扫雪突击队员,启动网络化运营风险防控预案,在 9 条线路、348km 范围,出色完成了两轮暴雪环境下的地铁安全运营任务。其中,1 月 26 日,线网客运量达到 346.95 万乘次,刷新了 2017 年 4 月 28 日的 346.92 万乘次的历史记录;当天,地铁额外承担了约 54 万人次的客运量,再次凸显并筑牢了南京市公共交通第一主力军的稳固地位。

8.6 本章小结

本章以南京地铁网络为例,结合国内外地铁运营安全事故统计分析,提出了基于清单形式的风险辨识方法,剖析了地铁行业风险特征,为相关运营单位相关风险辨识方法的选择提供依据,并制定了不同风险辨识方法的操作步骤,设计了地铁行业风险评估流程。针对不同的地铁突发事件,为客运分公司与乘务分公司分别设计了针对性的应急处置程序,并编制了城市地铁运营安全隐患排查规范。

在研究城市地铁运营安全风险辨识评估方法及标准基础上,研发了相关运营安全监测与风险管控系统,提出了城市地铁多时间粒度客流预测方法与异常客流识别、预警与控制技术,并设计了城市地铁客流异常状态识别与预警系统,以及客流数据可视化系统,研发了可视化应急联动指挥平台,并以典型的极端恶劣天气地铁网络化风险管控与应对实践为例进行实践应用。

参 考 文 献

[1] 侯秀芳, 梅建萍, 左超. 2020 年中国内地城轨交通线路概况[J]. 都市快轨交通, 2021, 34(1): 12-17.

[2] 南京地铁. 南京地铁集团 2020 年度信息公开材料[EB/OL]. https://www.njmetro.com.cn/njdtweb/portal/article-detail.do?rowId = 4028ecec7a3bc471017a56bcd8b10011&columnId = 8a80800764db2dc70164e90d5c9c0013&tag = infoopen2(2015-09-14).

[3] 中央政府门户网站. 世界轨道交通资讯网. 世界各地地铁事故一览[EB/OL]. http://rail.ally.net.cn/special/ 2015/0914/5552.html. (2015-05-14).

[4] 国务院. 国家城市轨道交通运营突发事件应急预案[EB/OL]. http://www.gov.cn/xinwen/2015-05/14/content_2861962.htm(2015-05-14).

[5] Kaakai F, Hayat S, El Moudni A. A hybrid Petri nets-based simulation model for evaluating the design of railway transit stations[J]. Simulation Modelling Practice and Theory, 2007, 15(8): 935-969.

[6] Yalçınkaya Ö, Mirac Bayhan G. Modelling and optimization of average travel time for a metro line by simulation and response surface methodology[J]. European Journal of Operational Research, 2009, 196(1): 225-233.

[7] Kittelson & Associates, Inc., Parsons Brinckerhoff, Inc., KFH Group, Inc., et al. Transit Capacity and Quality of Service Manual. [M]. 3rd ed. Washington D.C.: Transportation Research Board, 2013.

[8] 中华人民共和国住房和城乡建设部. GB 50157-2013. 地铁设计规范[M]. 北京: 中国建筑工业出版社, 2014.

[9] Lam W H K, Cheung C Y, Lam C F. A study of crowding effects at the Hong Kong light rail transit stations[J]. Transportation Research Part A: Policy and Practice, 1999, 33(5): 401-415.

[10] Harris N G, Anderson R J. An international comparison of urban rail boarding and alighting rates[J]. Proceedings of the Institution of Mechanical Engineers, Part F: Journal of Rail and Rapid Transit, 2007, 221(4): 521-526.

[11] 曹守华, 袁振洲, 赵丹. 城市轨道交通出站楼梯处乘客排队机理[J]. 吉林大学学报(工学版), 2009, 39(6): 1463-1468.

[12] Fernández R. Modelling public transport stops by microscopic simulation[J]. Transportation Research Part C: Emerging Technologies, 2010, 18(6): 856-868.

[13] 陈绍宽, 刘爽, 肖雄, 等. 基于 M/G/c/c 模型的地铁车站楼梯通道疏散能力瓶颈分析[J]. 铁道学报, 2012, 34(1): 7-12.

[14] Xu X Y, Liu J, Li H Y, et al. Probabilistic model for remain passenger queues at subway station platform[J]. Journal of Central South University, 2013, 20(3): 837-844.

[15] Davidich M, Geiss F, Mayer H G, et al. Waiting zones for realistic modelling of pedestrian dynamics: a case study using two major German railway stations as examples[J]. Transportation Research Part C: Emerging Technologies, 2013, 37: 210-222.

[16] Seriani S, Fernández R. Planning guidelines for metro–bus interchanges by means of a pedestrian microsimulation model[J]. Transportation Planning and Technology, 2015, 38(5): 569-583.

[17] Fernández R, Valencia A, Seriani S. On passenger saturation flow in public transport doors[J]. Transportation Research Part A: Policy and Practice, 2015, 78: 102-112.

[18] 许心越. 城市轨道交通车站服务能力计算与能力适应性评估[D]. 北京: 北京交通大学, 2015.

[19] 曹仲明, 顾保南. 城市轨道交通网络结构的优化及其影响分析[J]. 城市轨道交通研究, 1999, 2(1): 45-49, 69.

[20] 畅明肖, 赵阿群, 吕禄明. 基于复杂网络的轨道交通网络结构特性研究[J]. 计算机系统应用, 2017, 26(2): 254-259.

[21] 袁朋伟, 宋守信, 董晓庆, 等. 城市轨道交通系统脆弱性因素辨识模型研究[J]. 交通运输系统工程与信息, 2014, 14(5): 110-118.

[22] 王志强, 徐瑞华. 基于复杂网络的轨道交通路网可靠性仿真分析[J]. 系统仿真学报, 2009, 21(20): 6670-6674.

[23] Zhang J H, Zhao M W, Liu H K, et al. Networked characteristics of the urban rail transit networks[J]. Physica A: Statistical Mechanics and Its Applications, 2013, 392(6): 1538-1546.

[24] Sun D, Zhao Y H, Lu Q C. Vulnerability analysis of urban rail transit networks: a case study of Shanghai, China[J]. Sustainability, 2015, 7(6): 6919-6936.

[25] Yang Y H, Liu Y X, Zhou M X, et al. Robustness assessment of urban rail transit based on complex network theory: a case study of the Beijing Subway[J]. Safety Science, 2015, 79: 149-162.

[26] Latora V, Marchiori M. Is the Boston subway a small-world network?[J]. Physica A: Statistical Mechanics and Its Applications, 2002, 314(1/2/3/4): 109-113.

[27] Derrible S, Kennedy C. The complexity and robustness of metro networks[J]. Physica A: Statistical Mechanics and Its Applications, 2010, 389(17): 3678-3691.

[28] 洪玲, 高佳, 徐瑞华. 城市轨道交通网络突发事件影响客流量的计算[J]. 同济大学学报(自然科学版), 2011, 39(10): 1485-1489.

[29] 赵岩. 基于网络的城市轨道交通事故影响评价方法研究[D]. 北京: 北京交通大学, 2014.

[30] Sun H J, Wu J J, Wu L J, et al. Estimating the influence of common disruptions on urban rail transit networks[J]. Transportation Research Part A: Policy and Practice, 2016, 94: 62-75.

[31] 王云琴. 基于复杂网络理论的城市轨道交通网络连通可靠性研究[D]. 北京: 北京交通大学, 2008.

[32] Fruin J J. Pedestrian planning and design[M]. New York, Metropolitan Association of Urban Designers and Environmental Planners: 1971.

[33] Helbing D, Molnár P. Social force model for pedestrian dynamics[J]. Physical Review E, 1995, 51(5): 4282-4286.

[34] Helbing D, Farkas I, Vicsek T. Simulating dynamical features of escape panic[J]. Nature, 2000, 407(6803): 487-490.
[35] Helbing D, Buzna L, Johansson A, et al. Self-organized pedestrian crowd dynamics: experiments, simulations, and design solutions[J]. Transportation Science, 2005, 39(1): 1-24.
[36] Daamen W, Hoogendoorn S P. Experimental research of pedestrian walking behavior[J]. Transportation Research Record: Journal of the Transportation Research Board, 2003, 1828(1): 20-30.
[37] Hoogendoorn S P, Daamen W. Pedestrian behavior at bottlenecks[J]. Transportation Science, 2005, 39(2): 147-159.
[38] Daamen W, Hoogendoorn S P, Bovy P H L. First-order pedestrian traffic flow theory[J]. Transportation Research Record: Journal of the Transportation Research Board, 2005, 1934(1): 43-52.
[39] Burghardt S, Seyfried A, Klingsch W. Performance of stairs-Fundamental diagram and topographical measurements[J]. Transportation Research Part C Emerging Technologies, 2013, 37(3): 268-278.
[40] 李得伟. 城市轨道交通枢纽乘客集散模型及微观仿真理论[D]. 北京: 北京交通大学, 2007.
[41] 曹守华. 城市轨道交通乘客交通特性分析及建模[D]. 北京: 北京交通大学, 2009.
[42] 赵莉. 城市轨道交通枢纽交通设计理论与方法研究[D]. 北京: 北京交通大学, 2012.
[43] Haghani M, Sarvi M. Stated and revealed exit choices of pedestrian crowd evacuees[J]. Transportation Research Part B: Methodological, 2017, 95: 238-259.
[44] Lam W H K, Cheung C Y. Pedestrian speed/flow relationships for walking facilities in Hong Kong [J]. Journal of Transportation Engineering, 2000, 126(4): 343-349.
[45] Castelain E, Mesghouni K. Regulation of a public transport network with consideration of the passenger flow: modeling of the system with high-level Petri nets[C]//IEEE International Conference on Systems, Man and Cybernetics. October 6-9, 2002, Yasmine Hammamet, Tunisia. IEEE, 2003: 5pp.vol.6.
[46] 王祎南. 突发特大客流城市轨道交通运营组织研究[D]. 北京: 北京交通大学, 2008.
[47] 张霖. 北京城市轨道交通大客流辨识与安全状态评估技术及系统[D]. 北京: 北京交通大学, 2011.
[48] 谭一帆. 综合客运枢纽客流预警研究[D]. 成都: 西南交通大学, 2018.
[49] 唐巧梅. 城市轨道交通大客流运营组织方法研究[D]. 成都: 西南交通大学, 2013.
[50] 骆晨, 刘澜, 牛龙飞. 城市轨道交通超大客流网络拥挤传播研究[J]. 石家庄铁道大学学报(自然科学版), 2014, 27(2): 83-86.
[51] 冯冬焕. 城市轨道交通大客流安全评估关键技术研究[D]. 南京: 东南大学, 2017.
[52] 刘洁. 地铁车站超大客流疏散研究[D]. 成都: 西南交通大学, 2013.
[53] 唐芳. 城市轨道交通换乘枢纽站大客流的安全疏散考察[J]. 科技信息, 2013(14): 377.
[54] 朱炜. 轨道交通车站大客流事件的形成、传播及对策[J]. 城市交通, 2013, 11(3): 55-61.
[55] 曹志超. 网络条件下城市轨道交通突发大客流演化机理和应急策略研究[D]. 北京: 北京交通大学, 2013.
[56] 彭其渊, 段力伟, 文超, 等. 突发大客流对轨道交通换乘站服务水平和列车运行影响分析

[J]. 城市轨道交通研究, 2014, 17(2): 46-49.
[57] 李凌燕. 城市轨道交通网络突发大客流传播机理及组织优化[D]. 成都: 西南交通大学, 2015.
[58] 吴冰芝. 城市轨道交通高峰时段大客流拥挤传播研究[J]. 科技与创新, 2016(7): 33-34.
[59] 何理. 地铁车站大客流疏运风险形成机理及行为特征研究[D]. 北京: 北京科技大学, 2016.
[60] 刘建华. 地铁车站大客流疏运风险形成机理及行为特征研究[J]. 商品与质量, 2017, (10): 105.
[61] Basu D, Hunt J D. Valuing of attributes influencing the attractiveness of suburban train service in Mumbai city: a stated preference approach[J]. Transportation Research Part A: Policy and Practice, 2012, 46(9): 1465-1476.
[62] Wang Y H, Li M, Yang B, et al. An urban rail transit hazard evaluation methodology based on grey system theory[J]. Procedia - Social and Behavioral Sciences, 2012, 43: 764-772.
[63] 丁丹丹. 城市轨道交通换乘枢纽疏散能力评估研究[D]. 北京: 北京交通大学, 2011.
[64] 豆飞, 潘晓军, 秦勇, 等. 基于云模型的城市轨道交通车站客流控制触发判别方法[J]. 东南大学学报(自然科学版), 2016, 46(6): 1318-1322.
[65] 马莉. 城市轨道交通枢纽乘客交通流状态分析与评价[D]. 北京: 北京交通大学, 2009.
[66] 潘罗敏. 地铁短时客流量预测预警研究[D]. 北京: 首都经济贸易大学, 2011.
[67] 张志飞, 陈建宏, 杨立兵. 地铁火灾事故中人员安全疏散时间的计算[J]. 现代城市轨道交通, 2008(3): 68-70.
[68] 王志. 城市道路行人过街立交设施服务性能综合评价体系研究[D]. 西安: 长安大学, 2004.
[69] 徐尉南, 吴正. 地铁候车厅客流运动的数学模型[J]. 铁道科学与工程学报, 2005, 2(2): 70-75.
[70] 赵保锋, 邹晓磊, 屈晓宜. 基于仿真的城市轨道交通站台客流滞留分级预警方法[J]. 城市轨道交通研究, 2017, 20(9): 107-110, 115.
[71] 丁蕾. 城市轨道交通换乘客流预警及应对方法研究[D]. 南京: 南京理工大学, 2012.
[72] 张晗. 城市轨道交通运营安全综合评估预警平台设计研究[D]. 北京: 北京交通大学, 2012.
[73] 蒋盛川, 孙轶凡, 杜豫川. 拥挤度对公共交通方式选择意愿的影响[J]. 同济大学学报(自然科学版), 2012, 40(12): 1831-1835.
[74] 李得伟, 尹浩东. 基于物联网设备检测数据的城市轨道交通车站站台多维度实时客流密集度指数预测方法研究[J]. 铁道学报, 2014, 36(3): 9-13.
[75] 胡永恺. 基于手机信令的轨道交通乘客出行行为分析方法研究[D]. 南京: 东南大学, 2017.
[76] 许伦辉, 傅惠. 交通信息智能预测理论与方法[M]. 北京: 科学出版社, 2009.
[77] 王进, 史其信. 短时交通流预测模型综述[J]. 中国公共安全(学术卷), 2005(1): 92-98.
[78] Okutani I, Stephanedes Y J. Dynamic prediction of traffic volume through Kalman filtering theory[J]. Transportation Research Part B: Methodological, 1984, 18(1): 1-11.
[79] Hobeika A G, Kim C K. Traffic-flow-prediction systems based on upstream traffic[C]// Proceedings of VNIS'94-1994 Vehicle Navigation and Information Systems Conference. August 31-September 2, 1994, Yokohama, Japan. IEEE, 2002: 345-350.
[80] 张蕾. 武广高铁客流变化分析与预测[D]. 长沙: 中南大学, 2012.
[81] Williams B M. Multivariate Vehicular Traffic Flow Prediction: Evaluation of Arimax

Modeling[M]. Washington D.C.: Transportation Research Board, 2001.

[82] Williams B M, Hoel L A. Modeling and forecasting vehicular traffic flow as a seasonal *ARIMA* process: theoretical basis and empirical results[J]. Journal of Transportation Engineering, 2003, 129(6): 664-672.

[83] 邱华瑞. 城市轨道交通客流时空演变规律研究[D]. 南京: 东南大学, 2014.

[84] Hannan E J. The identification and parameterization of armax and state space forms[J]. Econometrica, 1976, 44(4): 713-723.

[85] Lamoureux C G, Lastrapes W D. Persistence in variance, structural change, and the GARCH model[J]. Journal of Business & Economic Statistics, 1990, 8(2): 225-234.

[86] 马银超. 山岳型风景区短期客流量预测组合模型研究: 以黄山风景区为例[D]. 合肥: 合肥工业大学, 2017.

[87] 陈平. 一种改进的 RBF 神经网络及其在短期交通量预测中的应用[J]. 电气自动化, 2003, 25(1): 36-38.

[88] 杨冉. 城市轨道交通客流预测及运营调度方法研究[D]. 北京: 北京交通大学, 2010.

[89] Hong W. The application of support vector machines to forecast tourist arrivals in Barbados: an empirical study[J]. The International Journal of Management, 2006, 23: 375.

[90] Zhang Y, Xie Y. Forecasting of Short-Term Freeway Volume with v-Support Vector Machines[M]. Washington D.C.: Transportation Research Board, 2007.

[91] 赵钰棠, 杨信丰, 杨珂. 基于支持向量机的地铁客流量预测[J]. 都市快轨交通, 2014, 27(3): 35-38.

[92] 张清泉. 轨道交通客流预警系统研究[D]. 重庆: 重庆交通大学, 2016.

[93] 张国平. B—G 组合预测理论剖析[J]. 预测, 1988, 7(5): 22-25.

[94] Li R M, Lu H P. Combined neural network approach for short-term urban freeway traffic flow prediction[C]//Yu W, He H, Zhang N. International Symposium on Neural Networks. Berlin, Heidelberg: Springer, 2009: 1017-1025.

[95] Zheng W Z, Lee D H, Shi Q X. Short-term freeway traffic flow prediction: Bayesian combined neural network approach[J]. Journal of Transportation Engineering, 2006, 132(2): 114-121.

[96] Wei Y, Chen M C. Forecasting the short-term metro passenger flow with empirical mode decomposition and neural networks[J]. Transportation Research Part C: Emerging Technologies, 2012, 21(1): 148-162.

[97] 曹启辉, 王文圣, 汤成友. 一种新的小波网络组合预测模型[J]. 人民长江, 2006, 37(11): 65-67.

[98] 王玉敏. 基于改进 BP 神经网络的组合预测模型设计[J]. 数学的实践与认识, 2006, 36(4): 178-185.

[99] 肖轩. 灰色神经网络与支持向量机预测模型研究[D]. 武汉: 武汉理工大学, 2009.

[100] 毛静. 城市轨道交通客流短期预测方法及实证研究[D]. 北京: 北京交通大学, 2012.

[101] 王夏秋. 城市轨道交通线路短期客流预测研究[D]. 南京: 东南大学, 2017.

[102] Cascetta E. Transportation Systems Engineering: Theory and Methods[M]. Boston, MA: Springer US, 2001.

[103] 苏娟. 城市轨道交通客流分配研究[D]. 北京: 北京交通大学, 2009.

[104] Schmöcker J D, Bell M, Kurauchi F. A quasi-dynamic capacity constrained frequency-based transit assignment model[J]. Transportation Research Part b-Methodological, 2008, 42: 925-945.

[105] Poon M H, Wong S C, Tong C O. A dynamic schedule-based model for congested transit networks[J]. Transportation Research Part B: Methodological, 2004, 38(4): 343-368.

[106] Szeto W Y, Jiang Y, Wong K I, et al. Reliability-based stochastic transit assignment with capacity constraints: formulation and solution method[J]. Transportation Research Part C: Emerging Technologies, 2013, 35: 286-304.

[107] 田琼, 黄海军. 一个考虑早到惩罚的高峰期地铁乘车均衡模型[J]. 交通运输系统工程与信息, 2004, 4(4): 108-112.

[108] 肖冠宇. 突发中断条件下轨道交通客流疏运路径集模型[J]. 铁道运营技术, 2013, 19(4): 10-12.

[109] Yin Y F, Lam W H K, Miller M A. A simulation-based reliability assessment approach for congested transit network[J]. Journal of Advanced Transportation, 2004, 38(1): 27-44.

[110] Wei D L, Liu H C, Qin Y. Modeling cascade dynamics of railway networks under inclement weather[J]. Transportation Research Part E: Logistics and Transportation Review, 2015, 80: 95-122.

[111] 朱婕. 城市轨道交通路网局部中断条件下的客流分配方法研究[D]. 北京: 北京交通大学, 2014.

[112] 尹浩东. 运营中断条件下城市轨道交通乘客出行行为建模与客流诱导优化研究[D]. 北京: 北京交通大学, 2017.

[113] 肖冠宇. 基于突发中断条件的城市轨道交通应急客流疏运研究[D]. 成都: 西南交通大学, 2012.

[114] Canós J H, de Zulueta F. Using hypermedia to improve safety in underground metropolitan transportation[J]. Multimedia Tools and Applications, 2004, 22(1): 75-87.

[115] Tsuchiya R, Sugiyama Y, Yamauchi K, et al. Route-choice support system for passengers in the face of unexpected disturbance of train operations[C]//WIT Transactions on The Built Environment, Vol 88", "Computers in Railways X. July 10-12, 2006. Prague, Czech Republic. Southampton, UK: WIT Press, 2006.

[116] 徐志胜, 冯凯, 徐亮, 等. 基于 GIS 的城市公共安全应急决策支持系统的研究[J]. 安全与环境学报, 2004, 4(6): 82-85.

[117] 张艳伟, 曾楠. 基于空间信息服务的城市轨道交通应急管理[J]. 城市轨道交通研究, 2012, 15(5): 12-14, 17.

[118] John N. United States Transit Cooperative Research Program Transit Development Corporation and National Research Council (U.S.) [M]. Washington D.C.: National Academy Press, 2007.

[119] European Commission-DG Energy and Transport. Towards Passengers Intermodality in the EU[R]. 2004. http://www.cabri-volga.org/DOC/EG4/TowardspassengerintermodalityEU-casestudies.pdf.

[120] Kepaptsoglou K, Karlaftis M G. The bus bridging problem in metro operations: conceptual framework, models and algorithms[J]. Public Transport, 2009, 1(4): 275-297.

[121] De-Los-Santos A, Laporte G, Mesa J A, et al. Evaluating passenger robustness in a rail transit network[J]. Transportation Research Part C: Emerging Technologies, 2012, 20(1): 34-46.

[122] 滕靖, 徐瑞华. 城市轨道交通突发事件下公交应急联动策略[J]. 铁道学报, 2010, 32(5): 13-17.

[123] Jin J G, Teo K M, Sun L. Disruption response planning for an urban mass rapid transit network[C]//Washington DC: 92nd Transportation Research Board Annual Meeting, 2013.

[124] Jin J G, Teo K M, Odoni A R. Optimizing bus bridging services in response to disruptions of urban transit rail networks[J]. Transportation Science, 2016, 50(3): 790-804.

[125] Wang Y B, Guo J Q, Ceder A, et al. Waiting for public transport services: Queueing analysis with balking and reneging behaviors of impatient passengers[J]. Transportation Research Part B: Methodological, 2014, 63: 53-76.

[126] Wang Y B, Guo J Q, Currie G, et al. Bus bridging disruption in rail services with frustrated and impatient passengers[J]. IEEE Transactions on Intelligent Transportation Systems, 2014, 15(5): 2014-2023.

[127] Selim S Z, Al-Rabeh A H. On the Modeling of Pedestrian Flow on the Jamarat Bridge[J]. Transportation Science, 1991, 25(4):257-263.

[128] Seriani S, Fernández R. Pedestrian traffic management of boarding and alighting in metro stations[J]. Transportation Research Part C: Emerging Technologies, 2015, 53: 76-92.

[129] 李建琳. 上海轨道交通限流客运调整实践研究[J]. 现代城市轨道交通, 2011(4): 81-83.

[130] 谢玮. 城市轨道交通换乘站客流控制方法研究[D]. 北京: 北京交通大学, 2012.

[131] 康亚舒. 城市轨道交通车站客流控制方案的研究[D]. 北京: 北京交通大学, 2014.

[132] 王淑伟, 孙立山, 荣建. 轨道交通站点超大客流管控措施研究[J]. 都市快轨交通, 2014, 27(1): 16-18, 36.

[133] 叶丽文, 杨奎. 基于客票数据的城市轨道交通车站客流控制决策研究[J]. 都市快轨交通, 2015, 28(3): 16-19, 41.

[134] 李曼, 王艳辉, 贾利民. 城市轨道交通车站客流模态与控制策略[J]. 东南大学学报(自然科学版), 2015, 45(6): 1203-1208.

[135] Sun A C, Hickman M. The real–time stop–skipping problem[J]. Journal of Intelligent Transportation Systems, 2005, 9(2): 91-109.

[136] Cortés C E, Sáez D, Milla F, et al. Hybrid predictive control for real-time optimization of public transport systems' operations based on evolutionary multi-objective optimization[J]. Transportation Research Part C: Emerging Technologies, 2010, 18(5): 757-769.

[137] Delgado F, Munoz J C, Giesen R. How much can holding and/or limiting boarding improve transit performance?[J]. Transportation Research Part B: Methodological, 2012, 46(9): 1202-1217.

[138] Niu H M, Zhou X S, Gao R H. Train scheduling for minimizing passenger waiting time with time-dependent demand and skip-stop patterns: Nonlinear integer programming models with linear constraints[J]. Transportation Research Part B: Methodological, 2015, 76: 117-135.

[139] Gao Y, Kroon L, Schmidt M, et al. Rescheduling a metro line in an over-crowded situation after disruptions[J]. Transportation Research Part B: Methodological, 2016, 93: 425-449.

[140] Shi J G, Yang L X, Yang J, et al. Service-oriented train timetabling with collaborative passenger flow control on an oversaturated metro line: an integer linear optimization approach[J]. Transportation Research Part B: Methodological, 2018, 110: 26-59.

[141] 贺英松. 轨道交通车站乘客流量控制措施分析与研究[D]. 北京: 北京交通大学, 2013.

[142] 张正, 蒋熙, 贺英松. 城市轨道交通高峰时段车站协同限流安全控制研究[J]. 中国安全生产科学技术, 2013, 9(10): 5-9.

[143] 刘晓华, 韩梅, 陈超. 城市轨道交通车站联合客流控制研究[J]. 城市轨道交通研究, 2014, 17(5): 106-108, 114.

[144] 赵鹏, 姚向明, 禹丹丹. 高峰时段城市轨道交通线路客流协调控制[J]. 同济大学学报(自然科学版), 2014, 42(9): 1340-1346, 1443.

[145] 焦轩. 城市轨道交通突发客流传播特性及客流控制措施研究[D]. 北京: 北京交通大学, 2016.

[146] 赵提. 城市轨道交通线路高峰客流协调控制优化方法研究[D]. 北京: 北京交通大学, 2016.

[147] 姜曼. 城市轨道交通单线多站协同客流控制研究[D]. 北京: 北京交通大学, 2016.

[148] 黄倩. 城市轨道交通线路多车站协同限流方法研究[D]. 成都: 西南交通大学, 2017.

[149] 赵锴. 城市轨道交通单线协同限流策略优化研究[D]. 北京: 北京交通大学, 2018.

[150] 刘莲花, 蒋亮. 城市轨道交通网络客流控制方法研究[J]. 铁道运输与经济, 2011, 33(5): 51-55.

[151] 吴璐. 城市轨道交通网络突发客流特性及拥挤控制研究[D]. 成都: 西南交通大学, 2013.

[152] 姚向明. 城市轨道交通网络动态客流分布及协同流入控制理论与方法[D]. 北京: 北京交通大学, 2014.

[153] 孙捷萍. 城市轨道交通路网客流拥堵控制方法与模型[D]. 北京: 北京交通大学, 2016.

[154] Lam S W, Tang L C, Goh T N, et al. Multiresponse optimization of dispatch rules for public bus services[J]. Computers & Industrial Engineering, 2009, 56(1): 77-86.

[155] 彭文爱. 城市轨道交通运营突发事件客流疏散研究[D]. 南京: 南京理工大学, 2013.

[156] 胡华, 刘志钢, 朱海燕. 城市轨道交通突发事件下的公共汽车应急调配方法[J]. 城市轨道交通研究, 2013, 16(12): 67-73.

[157] 李晓玉. 城市轨道交通突发中断事件时客流疏运公交联动研究[D]. 长春: 吉林大学, 2015.

[158] 杨越迪. 城市轨道交通突发中断事件下公交接驳优化设计研究[D]. 北京: 北京交通大学, 2017.

[159] 何兆成, 周亚强, 余志. 基于数据可视化的区域交通状态特征评价方法[J]. 交通运输工程学报, 2016, 16(1): 133-140.

[160] National infrastructure advisory council (NIAC). Critical infrastructure resilience: final report and recommendations[R]. 2009. https://www.cisa.gov/sites/default/files/publications/niac-critical-infrastructure-resilience-final-report-09-08-09-508.pdf.

[161] Renschler C S, Frazier A E, Arendt L A, et al. A Framework for Defining and Measuring Resilience at the Community Scale: The PEOPLES Resilience Framework[M]. Buffalo: MCEER, 2010.

[162] 陈峰, 王子甲, 李志强. 城市轨道交通建设成本构成分析[J]. 铁道运输与经济, 2008, 30(9): 53-55.

[163] Xu X Y, Liu J, Li H Y, et al. Analysis of subway station capacity with the use of queueing theory[J]. Transportation Research Part C: Emerging Technologies, 2014, 38: 28-43.
[164] 王洋. 城市轨道交通车站内部疏散配流及疏散方案设计研究[D]. 北京: 北京交通大学, 2014.
[165] 陆卫, 张宁, 陈晖, 等. 城市轨道交通出行者信息服务水平评价[J]. 城市轨道交通研究, 2010, 13(3): 31-34.
[166] 姜桂艳, 郭海锋, 孟志强, 等. 基于实时信息的城市道路交通状态评价指标体系研究[J]. 交通与计算机, 2007, 25(5): 21-24.
[167] 祝付玲. 城市道路交通拥堵评价指标体系研究[D]. 南京: 东南大学, 2006.
[168] 姚裔虎, 林俊, 徐良杰. 铁路客运站旅客离站信息诱导系统评价方法[J]. 武汉理工大学学报(信息与管理工程版), 2009, 31(4): 650-653.
[169] 陈雪峰, 杜豫川. 公共交通枢纽内出行信息发布效用评价方法研究[J]. 公路工程, 2012, 37(3): 68-72.
[170] 艾文伟. 基于网络化运营的轨交换乘车站导乘信息设置方法研究[J]. 上海建设科技, 2012, (6): 32-35.
[171] 汤文倩. 公交出行信息有效性评价方法[D]. 南京: 东南大学, 2014.
[172] 赵德. 多方式公共交通资源耦合效能评价[D]. 南京: 东南大学, 2016.
[173] 蔡文, 杨春燕, 陈文伟, 等. 可拓集与可拓数据挖掘[M]. 北京: 科学出版社, 2008.
[174] 丁泓翔. 轨道交通突发事件下桥接公交应急联运研究[D]. 北京: 北京交通大学, 2018.
[175] 刘芳林. 运营中断对城市轨道交通网络的影响及应急策略研究[D]. 北京: 北京交通大学, 2015.
[176] 陆化普. 交通规划理论与方法[M]. 2版. 北京: 清华大学出版社, 2006.